TRAVAILLER POUR ÊTRE HEUREUX ?

DES MÊMES AUTEURS

Christian Baudelot

Avoir trente ans en 1968 et en 1998, avec Roger Establet, Paris, Seuil, 2000.

Et pourtant, ils lisent…, avec Marie Cartier, Christine Detrez, Paris, Seuil, 1999.

Maurice Halbwachs : consommation et société, avec Roger Establet, Paris, PUF, 1994.

Allez les filles !, avec Roger Establet, Paris, Seuil, 1992.

Le niveau monte, avec Roger Establet, Paris, Seuil, 1989.

Durkheim et le suicide, avec Roger Establet, Paris, PUF, 1984.

L'Évolution individuelle des salaires, 1970-1975, Paris, coll. de l'Insee, série M, n°102-103, 1983.

Les Étudiants, l'emploi, la crise, avec Roger Benoliel, Hubert Cukrowicz, Roger Establet, Paris, La Découverte, petite coll. « Maspero », 1981.

Qui travaille pour qui ?, avec Roger Establet, Paris, Hachette Littératures, coll. « Pluriel », 1979.

L'École primaire divise…, avec Roger Establet, Paris, La Découverte, petite coll. « Maspero », 1975.

La Petite Bourgeoisie en France, avec Roger Establet, Jacques Malemort, Paris, La Découverte, petite coll. « Maspero », 1974.

L'École capitaliste en France, avec Roger Establet, Paris, La Découverte, coll. « Cahiers libres », 1971.

Michel Gollac

Les Conditions de travail, avec Serge Volkoff, Paris, La Découverte, coll. « Repères », 2000.

Isabelle Coutant

Politiques du squat, Paris, La Dispute, 2000.

Olivier Godechot

Les Traders, Paris, La Découverte, 2000.

Christian Baudelot
Michel Gollac

avec

Céline Bessière, Isabelle Coutant,
Olivier Godechot,
Delphine Serre, Frédéric Viguier

Travailler pour être heureux ?

Le bonheur et le travail en France

Fayard

ISBN : 978-2-213-61505-9

REMERCIEMENTS

L'enquête dont on va lire les résultats a été réalisée de 1996 à 1999 au Laboratoire de sciences sociales de l'École normale supérieure dans le cadre d'un partenariat avec l'Insee et la Direction de l'animation de la recherche, des études et de la statistique (Dares). Nous tenons à exprimer aux responsables de ces deux administrations notre profonde reconnaissance pour la confiance qu'ils nous ont accordée, l'ampleur des moyens qu'ils ont mis au service de ce projet, l'audace et la largeur de vue dont ils ont fait preuve à toutes les étapes de cette enquête en nous laissant une liberté d'initiative totale. À l'Insee, nous remercions tout particulièrement Michel Glaude, directeur de la Direction des statistiques démographiques et sociales, et Éric Maurin, alors chef de la division « conditions de vie des ménages », sans qui cette enquête n'aurait jamais vu le jour. Anne Flipo, responsable de l'enquête à l'Insee, a participé à l'élaboration du questionnaire et a dirigé l'ensemble du travail de terrain. Notre reconnaissance s'adresse aussi à nos collègues François Héran et Nicolas Herpin, qui ont efficacement soutenu notre projet depuis le début, ainsi qu'à Danièle Guillemot et Xavier Niel.

La Dares, dirigée par Claude Seibel, puis Annie Fouquet, a assuré à l'enquête un financement complémentaire. Dominique Méda, responsable de la Mission d'animation de la recherche, nous a apporté, en compagnie de Martine Lurol, une aide incomparable, tant sur le plan matériel qu'intellectuel. Vivement stimulés par le livre qu'elle a consacré au déclin relatif de la valeur travail dans notre société [1], nous étions loin d'en partager toutes les idées. C'est donc en parfaite

1. Dominique Méda, *Le Travail, une valeur en voie de disparition*, Paris, Aubier-Montaigne, 1995.

connaissance de cause qu'elle a accepté de prêter sans barguigner son concours à une recherche partant d'hypothèses très différentes, dans la seule fin de favoriser un éclairage complémentaire à ses propres travaux sur une base empirique. Cette générosité et cette honnêteté intellectuelles sont des qualités suffisamment rares pour qu'on y insiste.

La conception et le dépouillement de l'enquête statistique, la réalisation de nombreux entretiens et d'observations sur des terrains très divers ont été assurés sur un mode collectif dans le cadre d'un séminaire hebdomadaire, dirigé par Christian Baudelot et Michel Gollac, qui s'est tenu trois ans durant au Département de sciences sociales de l'ENS. Destinée à former à la recherche en sciences sociales des élèves et des étudiants à partir d'une enquête en vraie grandeur, cette investigation a largement bénéficié du concours actif et de l'enthousiasme de ces chercheurs en herbe, sociologues, ethnologues, économistes, historiens, littéraires, philosophes, dont certains sont aujourd'hui devenus des collègues. Chacun, chacune a apporté sa pierre à l'édifice, sous la forme de contribution à l'élaboration du questionnaire, d'un ou de plusieurs entretiens, de l'exploitation d'une partie du fichier, de réflexions ou d'interventions dans le cadre du séminaire. Cet ouvrage est aussi le leur :

Gianluca Albergoni, Tania Angeloff, Claire Aubé, Christelle Avril, Luc Behagel, Laure Bereni, Céline Bessière, Thomas Brisson, Guillaume Burnod, Clémence Cardon, Marie Cartier, Damien Cartron, Jean-Louis Chapelet, Joseph Confavreux, Marie Courcelaud, Isabelle Coutant, Thomas Defaye, Mathias Dufour, Bertrand Forclaz, Zhimin Gho, Olivier Godechot, Sibylle Gollac, Céline Granjou, Sonia Grochain, Marc Gurgand, Charlotte Habasque, Jérome Heurtaux, Anne Hertzog, Fabrice Hourlier, Frédérique Houseaux, Sylvie Huguet, Frédéric Keck, Kristin Klauss, Djordje Kuzmanovic, Élisabeth Labrousse, Laura Lima, Gilles Malandain, Bénédicte de Montlaur, Cyril Nouveau, Vanessa Pinto, Jacques Plouin, Xavier Roux, Delphine Serre, Yasmine Siblot, Esther Sokolowsky, Benjamin Spector, Frédéric Viguier, Loïc Vieillard Baron, Emmanuelle Yohana.

Cette enquête a donné lieu à plusieurs mémoires de maîtrise et de DEA : les matériaux et analyses réalisés dans ce cadre par Joseph Confavreux, Olivier Godechot, Fabrice Hourlier, Frédérique Houseaux, Djordje Kuzmanovic, Gilles Malandain, Vanessa Pinto, Xavier Roux ont nourri cet ouvrage.

Nos collègues du Laboratoire de sciences sociales nous ont beaucoup encouragés tout au long de l'entreprise, et nous avons largement profité des conseils et remarques de Stéphane Beaud et Michel Pialoux, Jérôme Gautié, Florence Weber. Nicole Ruster a beaucoup contribué à la présentation finale des différents rapports d'étape, ainsi qu'à la gestion informatique des données textuelles. Élisabeth Labrousse a fait profiter le séminaire qu'elle a suivi régulièrement de ses grandes compétences en informatique. Lecteurs attentifs de toutes les versions successives de ce travail, Roger Establet et Serge Volkoff nous ont beaucoup aidés par leurs conseils et leurs nombreuses critiques. Nous tenons à les en remercier tout particulièrement.

Nous avons également largement bénéficié des remarques qui ont pu nous être faites lors d'exposés des premiers résultats dans plusieurs séminaires en France et à l'étranger. Notre reconnaissance va particulièrement à Pierre et Jérôme Bourdieu, Brigitte Le Roux, Frédéric Lebaron, Bénédicte Reynaud, Henri Rouanet, Gisèle Sapiro et aux autres participants d'un séminaire consacré aux statistiques dans les sciences sociales au Collège de France ; à Alain Chenu, Michel Glaude, Francis Kramarz, Yannick Lemel, Serge Paugam, Daniel Verger, Serge Volkoff, dans le cadre du séminaire du Crest Insee ; à Serge Dufour et aux participants d'un séminaire de l'Institut syndical d'études et de recherches économiques et sociales (Iseres); à Susan Rogers, Emmanuelle Saada et Herrick Chapman, de l'Institute of French Studies de New York University ; à François Hainard, de l'Université de Neuchâtel ; à René Doutrelepont et Frédéric Heselmans, de l'Université de Liège ; à Moacir Palmeira, Sergio Lopes et Lygia Sigaud, du Museu Nacional de l'Université de Rio de Janeiro ; à Kazunori Misushima, de l'Université de Tohoku-Sendai (Japon), et à Nicolas Baronnier, de l'Alliance française de Sendai. Paul Bernard, professeur à l'Université de Montréal, a activement participé à la première mise sur pied de l'enquête.

Un grand merci enfin à Olivier Bétourné pour la sagacité de sa lecture et de ses conseils, et à Camille Marchaut pour ses compétences et sa patience.

AVANT-PROPOS

Les consultations électorales du printemps 2002 ont fait éclater au grand jour de nouvelles lignes de fracture au sein de la société française. Déjà perceptibles au cours de la décennie précédente, ces lignes n'épousent pas les contours classiques d'un affrontement « droite-gauche » tel qu'il a pu se manifester au cours des consultations antérieures, opposant les tenants du marché à ceux de l'État. Elles ne coïncident pas non plus avec des contrastes tranchés entre des groupes sociaux que sépareraient des niveaux de revenus (riches -pauvres), des statuts d'emploi (indépendants-salariés), ou des formes d'activité professionnelle (manuels-intellectuels). Chacun de ces clivages a beau jouer un rôle, les lignes principales de fracture sont ailleurs. Et elles sont compliquées parce que l'« insécurité sociale » déborde aujourd'hui largement le cadre des populations qui occupent des emplois reconnus comme précaires. Un emploi stable peut n'être pas durable ; il peut aussi être intenable. Et cela à tous les niveaux de la hiérarchie sociale. Le fossé tend alors à se creuser entre des individus économiquement et socialement bien insérés, et d'autres, qui, pour des raisons diverses, se considèrent « dépassés », « marginalisés » par les transformations économiques et sociales en cours : internet, Europe, mondialisation, etc.

Ces consultations électorales ont aussi montré les effets ambigus de la loi sur les 35 heures. Conçue par ses promoteurs comme une mesure de progrès social inscrite dans la grande tradition des luttes ouvrières et syndicales visant à réduire la durée du travail, elle avait aussi pour objectif de lutter contre le chômage par un nouveau partage du travail. Or, sous la pression des divers patronats, elle a été appliquée dans des conditions telles qu'elle a plutôt aggravé la situation des travailleurs occupant les positions les plus fragiles. Elle a contribué à l'intensification de leur travail, accru la flexibilité de leurs emplois, diminué leur pouvoir d'achat en supprimant les heures supplémentaires sans augmenter substantiellement leur temps de loisirs. En revanche, pour un grand nombre de catégories mieux intégrées et mieux défendues, cette loi s'est traduite par une amélioration sensible de la qualité de la vie, la réduction du temps de travail s'exprimant alors par des journées supplémentaires de temps libre ou de congés. On touche ici les limites d'une action sociale descendant des sommets de l'État vers les populations dont les conditions d'existence et de travail sont les plus difficiles. Ces mesures sont d'autant plus efficaces que les questions auxquelles elles remédient sont bien cernées – le Smic, les salaires – et que les catégories concernées sont elles aussi bien identifiées et organisées. Or, la question de la durée du travail, on s'en est aperçu après coup, n'a pas le même sens aujourd'hui qu'à la fin du XIXe siècle ou en 1936. Surtout, elle n'a pas le même sens pour tout le monde, certains préférant maximiser leurs gains ou s'investir dans leur profession, alors que d'autres, disposant de ressources économiques et culturelles plus étendues, saisissent cette occasion pour rééquilibrer le partage entre vie professionnelle et vie personnelle ou familiale.

L'enquête dont on va lire les résultats analyse les relations entre bonheur et travail. Quelle place occupe le travail dans le bonheur – ou le malheur – des hommes ? Engagée en 1996, cette enquête précède de plusieurs années la mise en place de la loi sur les 35 heures et les consultations électorales du printemps 2002. Aucune question n'a donc pu être posée sur la façon dont les personnes interrogées pouvaient percevoir les effets induits par cette mesure législative sur leur existence. S'agissant d'une enquête conduite par un organisme de statistiques publics, aucune information n'a été recueillie sur le positionnement politique ou électoral des personnes interrogées.

Et pourtant, se dessinent déjà, sur le fond de carte établi à partir des relations que les individus entretiennent avec leur travail, certaines lignes de fracture au sein de la société française que mettront au jour les nombreuses enquêtes réalisées avant, pendant et surtout après les élections. Sous les effets conjugués de la précarité, de la flexibilité, de l'intensification du travail, de l'individualisation du rapport à l'emploi et à bien d'autres facteurs encore, une part importante d'individus originaires de milieux professionnels divers et de niveaux variés de la hiérarchie sociale entretiennent un rapport malheureux à leur travail. D'autres y trouvent au contraire des sources de joie, de plaisir et de bonheur, le travail étant pour eux un moyen de s'épanouir et de se réaliser. Il est encore possible à ceux qui ne trouvent pas dans leur emploi de sources particulières de plaisir d'adopter des conduites de retrait, en se limitant dans l'entreprise au service minimum et à l'investissement personnel minimal. Mais les nouvelles formes de management et de gestion des emplois rendent cette attitude de plus en plus difficile à tenir. Si bien que l'accroissement de la pression tend à créer de la souffrance là où le bonheur est impossible.

Le sociologue n'est pas un devin, encore moins un astrologue. Il ne dispose d'aucune boule de cristal. S'il arrive que l'enquête sociologique anticipe parfois le cours de la réalité sociale, c'est que les mouvements dont elle décèle l'existence ne sont pas des mouvements de court terme, ni de surface. Ils minent en profondeur des institutions, sapent des façons de s'organiser ou de se faire représenter qui assuraient des protections. Ils creusent silencieusement des écarts entre des individus, des catégories de travailleurs, des groupes sociaux. Ils recréent ailleurs de nouvelles solidarités. Les contours exacts de ces clivages demeurent longtemps invisibles à l'œil nu, tout comme l'ampleur et la profondeur des failles qu'ils produisent dans le sous-sol de la réalité sociale. Il faut, pour les saisir, étudier des objets qui sont autant d'enjeux vitaux communs à tous les membres de la société. Il faut interroger les gens sur des réalités qui les concernent profondément et durablement, parce qu'elles constituent la trame de leur vie quotidienne. Il faut observer les attitudes et les comportements qui mobilisent une grande partie de leur énergie, parce que s'y jouent des parties décisives non seulement pour les individus mais aussi pour leurs parents, leurs enfants, leurs amis et, plus généralement, pour la société tout entière. Ces grands faits sociaux ont simultanément de nombreuses dimensions : individuelles et sociales, psychologiques et économiques, symboliques et matérielles, juridiques et politiques. Étudier ces grands faits-là conduit alors, en plongeant au cœur de la réalité sociale, à saisir et observer des mouvements de fond.

Le travail est l'un de ces grands faits sociaux qui, comme le disait Marcel Mauss, « mettent en branle la totalité de la société et de ses institutions ». Il occupe une place essentielle dans l'existence des individus qui, malgré la tendance historique à la diminution de la durée du travail, y consacrent encore en moyenne une bonne part des heures de la journée pendant plus de la moitié de leur vie d'adulte. Il détermine leur niveau de vie, puisqu'à chaque profession est associé un niveau de salaire ou de revenu. Même si d'autres critères de hiérarchie et de classification sociales fondés sur la vie culturelle tendent à s'imposer, le travail demeure pour longtemps au principe d'une grande part de leurs identités sociales telles qu'elles s'imposent dans le regard des autres. Et même des identités personnelles : la pression à identifier sa personne à sa profession est si forte qu'elle a fini par s'inscrire dans le langage courant : « je *suis* prof », « je *suis* poissonnier », « je *suis* caissière ».

Le travail est aussi au fondement des divisions sociales instituées : patrons/salariés, manuels/intellectuels, riches/pauvres, urbain/rural, qualifiés/non-qualifiés, dirigeants/dirigés. Il est le lieu d'affrontement séculaire et quotidien entre groupes sociaux. Toutes les mutations intervenues dans l'univers du travail ont des répercussions souvent considérables sur l'ensemble de la société. Inversement, toutes les transformations de la vie économique, sociale et culturelle exercent des effets majeurs sur la façon dont s'organise et s'effectue le travail. Les dernières décennies n'ont pas été avares de ces bouleversements, qui ont parfois pris l'allure de véritables séismes : chômage élevé et persistant, élévation du niveau de formation, innovations technologiques à grande échelle et dans tous les domaines, intellectualisation du travail, invention de nouvelles formes de management, concentration et accélération de la vitesse de rotation des capitaux, libéralisation des échanges, internationalisation de la concurrence, toutes forces qui ont bouleversé les conditions de travail et d'existence de millions de travailleurs en instaurant et en généralisant précarité, flexibilité, intensification, individualisation, tout en réclamant des mieux lotis des formes nouvelles et plus intenses d'investissement personnel.

La place du travail dans la société et la vie des individus s'en est trouvée modifiée. D'un côté, elle s'accroît : hier, la majorité des femmes se définissaient par la place qu'elles occupaient dans la sphère domestique : mère de famille, femme de…, mère célibataire. Aujourd'hui, elles sont de plus en plus nombreuses à se définir par une identité professionnelle à part entière. De l'autre, elle diminue : on entre de plus en plus tard sur le marché du travail, on en sort de plus en plus tôt. La part des revenus du travail a diminué aux deux extrémités de la hiérarchie sociale : en haut par l'accroissement des revenus financiers, en bas par celui des revenus des prestations sociales.

Bref, le travail est bel et bien un « grand fait de fonctionnement général », comme disait Mauss, un fait social complet dont l'analyse invite à prendre en compte un très grand nombre de dimensions du système social tout entier. Le travail, c'est plus que le travail.

L'enquête statistique est de très loin l'approche la plus appropriée pour embrasser dans sa totalité, et surtout dans son extrême diversité, la nature contradictoire des relations que les individus entretiennent avec leur travail. Pour les expliquer aussi, en mettant en rapport toutes ces relations subjectives, heureuses ou malheureuses, avec ces lames de fond qui bouleversent et parfois dévastent, depuis un quart de siècle, l'univers économique et social du travail. Interrogeant, grâce en l'occurrence à l'Insee, un échantillon de personnes représentatif de la population entière, l'enquête parvient à dresser un fond de carte des nouveaux reliefs et des nouvelles fractures que dessinent en surface les forces économiques et sociales agissant en profondeur.

Ces forces ne sont pas nées d'hier. Elles travaillent notre société – et beaucoup d'autres – sur la longue durée. Elles constituent un champ de forces qui échappent en grande partie à ceux qui croient les maîtriser. Insensibles aux variations de surface comme la couleur politique des majorités parlementaires, elles sont aussi en partie réfractaires aux tentatives volontaristes qui cherchent à les infléchir sans prendre en considération les nombreuses contradictions qui les agitent.

Ce champ de forces est une donnée de structure relativement stable dans le temps. Il exerce indirectement ou directement ses effets sur les rapports subjectifs que les hommes et les femmes entretiennent avec leur travail. C'est pourquoi, loin d'être soumis aux caprices de la conjoncture ou de la mode, ces opinions et ces jugements que les individus portent sur les relations heureuses ou malheureuses qu'ils entretiennent avec leur travail constituent à leur tour un fait de structure robuste. Ils informent à leur manière sur l'état du rapport de forces dans la société d'aujourd'hui et sur ses changements.

1

Bonheur et travail, histoire d'une relation difficile

Le stress et la déprime au travail font aujourd'hui la une des grands magazines. La souffrance mentale au travail a pourtant été longtemps refoulée, son expression censurée ou tournée en dérision. Les psychologues, ergonomes, philosophes, sociologues qui s'y intéressaient devaient se battre pour dévoiler des phénomènes que les employeurs, mais aussi une large partie des salariés, préféraient, consciemment ou, le plus souvent, inconsciemment, occulter ou ignorer. Depuis quelques années, donc, le thème de la souffrance mentale au travail s'est banalisé. La plupart des grands hebdomadaires ont consacré au moins un numéro au « stress au travail ». Un test intitulé « Êtes-vous tout boulot ou tout perso ? », proposé sur le site internet de la revue *Psychologies*, illustre cette tendance de manière presque caricaturale. Une batterie de questions permet de classer les répondants selon leur score « positif » ou « négatif » dans leur vie professionnelle, d'une part, dans leur vie personnelle d'autre part. Quel que soit le résultat, la personne qui répond au test se voit prodiguer des conseils relatifs à sa façon de « gérer sa ressource affective ». Ainsi un score négatif de vie professionnelle accompagné d'un score positif de vie personnelle induit le commentaire suivant, qui fait de la souffrance au travail un problème d'abord psychologique : « Vous devez d'abord explorer vos risques réels dans votre travail : êtes-vous menacé, êtes-vous sûr de ne pas pouvoir changer de cadre de travail ? Il s'agit pour vous de cesser de subir votre travail pour reprendre une part d'initiative, pour être plus en phase avec vos aspirations et ce que vous souhaitez obtenir dans votre vie professionnelle. » Autrement dit, chacun est censé aspirer à une vie professionnelle épanouissante et avoir des chances de l'atteindre pourvu qu'il fasse preuve d'initiative. Le bonheur au travail devient même, pour certains responsables des ressources humaines, un véritable facteur de production.

Les discours sur le sens et la valeur du travail ont ainsi pris un tour plus psychologique. Qu'il s'agisse d'en valoriser la fonction – le travail est alors une source d'épanouissement personnel –, ou de dénoncer les effets destructeurs que les mauvaises conditions de travail exercent sur la personnalité.

Car, dans le même temps, le travail, devenu un bien de plus en plus rare, s'est transformé dans des directions qui rendent plus difficile d'y trouver son bonheur : explosion des emplois à statut précaire, développement du sous-emploi, accroissement de l'intensité du travail à salaire égal.

Quelle place le travail occupe-t-il dans le bonheur des hommes ? Quels sont les aspects du travail susceptibles de rendre les hommes heureux ou malheureux ? Sont-ils les mêmes pour tous ? C'est à ces trois questions que l'enquête dont on va lire les résultats s'efforce d'apporter des réponses.

Diderot contre Helvétius

Ces interrogations sont relativement nouvelles puisqu'elles impliquent, pour être posées, que le travail occupe une position centrale dans la vie sociale. Il n'en a pas toujours été ainsi[1]. Les ethnologues nous ont convaincus que le travail ne constituait pas une « catégorie réelle » de l'économie de subsistance[2]. Quant aux sociétés pré-industrielles, le travail – manuel – y représentait une nécessité vitale pour les plus pauvres, mais n'était pas pour les classes privilégiées une activité légitime. Les plus riches travaillent le moins, voire pas du tout. Lot des pauvres, le travail s'inscrit aussi dans des schémas disciplinaires : antidote à l'oisiveté, correctif aux vices du peuple et obligation morale. Le travail, comme les exercices religieux, vaut au moins autant pour ses capacités moralisatrices que pour son utilité économique[3].

1. Dominique Méda retrace la genèse de cette « invention du travail » et les trois étapes de sa mise en place, depuis Adam Smith (1776) jusqu'à aujourd'hui, *op. cit.*, pp. 60-138.

2. Marshall Sahlins, « L'économie tribale », *in* Maurice Godelier, *L'Anthropologie économique, un domaine contesté*, recueil de textes, La Haye, Mouton, 1974.

3. Robert Castel, *Les Métamorphoses de la question sociale*, Paris, Fayard, 1995.

Ce n'est qu'au XVIIIe siècle que l'idée de bonheur commence à être associée au travail, alors même que le travail commence aussi à être associé à l'idée de richesse. C'est aussi à cette époque que s'amorce le débat qui, n'ayant rien perdu de sa vigueur, oppose aujourd'hui encore deux conceptions antagonistes du travail : d'un côté, un travail conçu comme une contribution au progrès de l'humanité, le fondement du lien social et une source d'épanouissement et de bonheur personnels ; de l'autre, un travail aliéné et aliénant, qui condamne les hommes à perdre leur vie à devoir la gagner. Renvoyant, *in fine*, au sens du travail dans la vie humaine, cette contradiction traverse les trois derniers siècles. Elle se pose néanmoins à chaque époque en des termes singuliers. Le travail n'est pas une catégorie universelle et abstraite. Il n'existe que dans des formes historiques et sociales particulières, propres à un moment donné du développement d'une société.

La critique acérée d'un texte d'Helvétius par Diderot permet de se faire une idée assez précise de la façon dont se posait, au XVIIIe siècle, la question des relations entre bonheur et travail.

> Helvétius : « L'homme occupé est l'homme heureux [...]. Ainsi le menuisier qui manie son rabot éprouve tous les plaisirs de la prévoyance attachés au paiement de sa menuiserie, chaque coup de hache rappelle au charpentier les plaisirs que doit lui procurer le paiement de sa journée [...]. Le travail lorsqu'il est modéré est en général le plus heureux emploi que l'on puisse faire du temps où l'on ne satisfait aucun besoin, où l'on ne jouit d'aucun des plaisirs des sens, sans contredit les plus vifs et les moins durables de tous [...]. Dans l'artisan, c'est le travail qui, lui procurant les moyens de pourvoir à ses besoins, à des amusements qu'il n'obtient qu'à ce prix, le lui rend agréable. Pour le riche oisif, il est mille moments d'ennui pendant lesquels l'artisan et l'ouvrier goûtent les plaisirs toujours renaissants de la prévoyance » (*De l'Homme*, VIII, chap. 2 et 5, 1771).
>
> Diderot : « J'aurais plus de confiance dans les délices de la journée d'un charpentier, si c'était le charpentier qui m'en parlait et non pas un fermier général, dont les bras n'ont jamais éprouvé la dureté du bois et la pesanteur de la hache. Ce bienheureux charpentier, je le vois essuyer la sueur de son front, porter ses mains sur les hanches et soulager par ce repos la fatigue de ses reins, haleter à chaque instant, mesurer avec son compas l'épaisseur de la poutre. Peut-être est-il fort doux d'être charpentier ou scieur de pierre, mais franchement, je ne veux point de ce bonheur-là, même avec l'agréable souvenir, à chaque coup de cognée ou de scie, du paiement qui m'attendrait à la fin de la journée [...]. Il y a beaucoup d'états dans la société qui excèdent la fatigue, qui épuisent

promptement les forces et qui abrègent la vie [...]. Avez-vous jamais pensé à combien de malheureux la préparation de la chaux vive, le transport du bois flotté, la cure des fosses causent des infirmités effroyables et donnent la mort ? » (« Réfutation suivie de l'ouvrage d'Helvétius intitulé l'"Homme" », 1773-1774, in *Œuvres complètes*, éd. Assénat-Tourneux, t. II, pp. 427 *sq.*).

Pour les philosophes des Lumières, l'ennui était au principe de toutes les douleurs morales, d'où la formule d'Helvétius : « L'homme occupé est l'homme heureux [1]. » Le travail est d'abord conçu comme un remède efficace à l'ennui. Quant au bonheur, il est, pour la plupart des philosophes du XVIIIe siècle, une aptitude de l'âme plus que l'effet d'une condition sociale[2]. Il est donc théoriquement accessible à toutes les classes de la société. Un traité du bonheur du début du siècle prêche avec une égale conviction le bonheur au sommet de la hiérarchie sociale (« le bonheur dans l'exercice de la magistrature, le bonheur dans la profession des armes, le bonheur dans le commerce, le bonheur dans la profession du barreau, le bonheur dans la profession des beaux-arts »), et à la base (« le bonheur dans la vie rustique[3] »), tandis qu'un poète, dont l'œuvre n'a pas connu le bonheur de l'immortalité, célèbre les plaisirs éprouvés par l'exercice de professions manuelles :

L'artisan desséché par le feu qu'il allume
Qui fait plier le fer et fait gémir l'enclume ;
Le laboureur tardif armé d'un aiguillon,
S'appuyant sur le soc pour ouvrir un sillon ;
Le manœuvre englouti dans le sein de la terre
Qui cherche les métaux ou détache la pierre,
L'auteur dont le travail est l'effet du besoin
L'indigent orgueilleux qui quête sans témoin [...]
Offrirent à mes yeux par un juste partage
Des plaisirs en tout temps et des goûts à tout âge [4].

Célébrés par Helvétius et par d'autres[5], ces mêmes plaisirs des travaux les plus durs sont loin de convaincre Diderot, qui se livre à

1. Diderot dit la même chose : « Ce penchant décidé pour la paresse, ce mépris du travail, cette oisiveté raisonnée, est donc une source intarissable de chagrins, et, par conséquent, un puissant obstacle au bonheur » (*Essai sur mérite et vertu*, 1745).

2. Robert Mauzi, *L'Idée de bonheur dans la littérature et la pensée françaises au XVIIIe siècle*, Paris, Armand Colin, 1960.

3. Formentin, *Traité du bonheur*, 1706.

4. Hector d'Estaing, *Le Plaisir*, 1755.

5. D'Holbach, par exemple : « La félicité du pauvre (car la nature marâtre ne l'exclut pas du bonheur, à l'exemple de ces hommes hautains qui le supposent plus

une critique très moderne et détaillée des conditions de travail des ouvriers de l'époque. De fait, pour Diderot, le travail implique nécessairement cet avilissement et cette exploitation de l'homme. À aucun moment il n'imagine une société où tout le monde travaillerait, où le travail, réglementé, pourrait être humanisé. Il croit en une séparation fatale entre travail et oisiveté. Sa position est pourtant isolée : la majeure partie des philosophes et des écrivains de son époque établissaient des liens plus étroits entre bonheur et travail. La principale condition du bonheur est de travailler pour peu qu'on puisse vivre dans l'aisance du fruit de son travail. L'aristocrate ne remplit pas la condition puisqu'il souffre d'impécuniosité et que sa vie oisive demeure vide de tout intérêt. L'ouvrier ou le paysan non plus, car les conditions et les revenus de leur travail leur interdisent l'aisance.

Seul le bourgeois est à même d'associer bonheur et travail. Au XVIIIe siècle, celui que les auteurs appelaient le « bourgeois » n'était pas encore l'entrepreneur ou le patron, mais le négociant, le marchand, quoique le terme désignât aussi parfois l'écrivain de profession. Ce point de vue s'affirme et se généralise à mesure qu'on s'avance dans le siècle.

Une phrase extraite d'un ouvrage attribué au négociant Bedos résume de façon concise cette philosophie : « Le travail fait avec joie est toujours suivi de l'aisance[1]. » La formule rassemble trois idées essentielles : le travail est la justification du bourgeois ; loin d'être accablant ou désagréable, il porte en lui le bonheur de l'activité ; enfin, il tend légitimement à un profit modéré. « Travail, bonheur, profit, écrit Robert Mauzi, ces trois termes définissent la condition du bourgeois » dès le milieu du XVIIIe siècle[2]. Ce bonheur est éprouvé comme une récompense méritée, justifiée à la fois par la rectitude de sa vie personnelle, l'honnêteté de son travail et par l'utilité de son rôle dans la société. Il relève déjà par cette disposition de cette *théodicée du bonheur*, dont Max Weber énoncera le principe plus de cent ans plus tard. « L'homme heureux, écrira-t-il, se contente rarement du fait d'être heureux ; il éprouve de surcroît le besoin d'y avoir droit. Il veut être également convaincu qu'il *mérite* son bonheur, et surtout qu'il le mérite par comparaison avec d'autres. Et il veut donc également pouvoir croire qu'en ne possédant pas le même bonheur,

---

malheureux qu'eux-mêmes), la félicité, dis-je, du pauvre consiste dans les moyens de subsister par un travail modéré (d'Holbach, *La Morale universelle*, 1776, section 5, chap. 8, p. 209).

1. Bedos, *Le Négociant patriote*, Amsterdam, 1784.

2. Robert Mauzi, *op. cit.*

le moins fortuné n'a que ce qu'il mérite. Le bonheur veut être *légitime*[1]. »

Plus de quarante ans avant le sermon de Benjamin Franklin (1748), qui servira de modèle à Max Weber pour associer, pour la première fois dans l'histoire, éthique protestante et esprit du capitalisme, le travail constituait déjà un *bien de salut* pour des auteurs dont les réflexions sur le bonheur étaient en harmonie avec l'air du temps. Mais un bien de salut plus accessible et moins tragique que celui qui se trouvera au carrefour de l'éthique protestante et de l'esprit du capitalisme ; un bien de salut proportionné à la modestie du profit réalisé, plus « petit-bourgeois » que bourgeois ! « Un marchand qui vit avec honneur dans sa condition, qui ne vend ni à faux poids ni à fausse mesure et qui se contente d'un gain légitime trouve non seulement dès ce monde la reconnaissance de sa probité, par la bonne réputation qu'il s'acquiert, mais il se prépare un bonheur éternel pour l'autre où Dieu rendra poids pour poids et mesure pour mesure à chacun, selon le mérite de ses actions[2]. » Ce bonheur « petit-bourgeois » au travail n'a rien à voir avec la passion acharnée à réinvestir dans l'entreprise les profits infinis que s'efforcera d'y réaliser, à force de travail et de sacrifice, l'entrepreneur capitaliste et puritain du siècle suivant dont Max Weber a dressé le portrait.

Les catholiques avant les protestants

Contrairement à l'idée répandue, les protestants sont d'ailleurs loin d'avoir été les seuls, et surtout les premiers, à considérer le travail comme un bien de salut. Dominique Méda montre bien que, dès l'origine, le christianisme contenait en germe tous les éléments nécessaires à une valorisation du travail mais qu'il a fallu attendre la fin du Moyen Âge pour qu'ils commencent à devenir actifs. La découverte de la nécessité du travail et de sa fonction rédemptrice ne date pas non plus du XVIIIe. Elle s'enracine, comme le remarque Robert Castel, dans la malédiction biblique. La condamnation de l'oisiveté est une constante de la prédication religieuse et morale. Obligation morale, le travail ne devient source de richesse qu'à la fin du XVIIe siècle. De grandes voix du catholicisme le plus officiel en

1. Max Weber, *Introduction à l'Essai de sociologie des religions,* I, éd. A. Die, pp. 28-29, traduction J.-P. Grossein.

2. Formentin, *Traité du bonheur,* 1706.

ont d'ailleurs célébré les vertus. Le thème biblique du travail conçu comme un châtiment destiné à expier le péché originel – « C'est à force de peine que tu en tireras ta nourriture tous les jours de ta vie [...] c'est à la sueur de ton visage que tu mangeras du pain » – s'accommode, dès le XVIIe siècle, d'un éloge appuyé du travail de la terre, source tout à la fois de richesse, de liberté, de pouvoir et de bonheur pour ceux qui l'exercent. Les dimensions morales du comportement économique découvertes par Max Weber se trouvent ainsi déjà esquissées chez Bossuet en 1681 à propos du travail de la terre chez les Romains. « Celui qui augmentait ses revenus et rendait ses terres plus fertiles par son industrie et par son travail, qui était le meilleur économe, et prenait le plus sur lui-même, s'estimait le plus libre, le plus puissant, et le plus heureux[1]. » Les fonctions économiques du travail (augmenter les revenus, fertiliser la terre) procurent des bienfaits psychologiques (sentiment de liberté, de puissance et de bonheur) pour peu que celui qui l'exerce soit lui-même animé des qualités morales nécessaires (le meilleur économe, qui prenait le plus sur lui-même).

Se référant aux Grecs, un autre orateur sacré de la même époque fait l'apologie des plaisirs de l'autosubsistance et du bonheur qui résulte de pouvoir satisfaire seul à ses propres besoins : « Triptolème fit sentir aux Grecs le plaisir qu'il y a à ne devoir ses richesses qu'à son travail et à trouver dans son champ tout ce qu'il faut pour rendre la vie commode et heureuse[2]. »

Plus près de nous, Lacordaire est encore plus explicite puisqu'il établit un lien de causalité directe entre travail et bonheur : « Loin que l'idée de faire, qui est celle du travail, soit incompatible avec la notion d'un état heureux et parfait, elle est l'élément nécessaire qui constitue tout ce que nous savons de cet état[3]. » Le même Lacordaire affirmait l'année précédente dans son éloge funèbre du Général Drouot (1847) : « Tout devient bon pour l'homme quand il demande sa vie au travail et sa grandeur à la religion. »

1. Bossuet, *Discours sur l'histoire universelle*, IIIe partie, chap. 6, 1681.
2. Fénelon, *Les Aventures de Télémaque*, livre 14, 1699.
3. Henri Lacordaire, *Conférences de Notre-Dame*, 1848, 52e conférence, « Travail de l'homme ».

Marx contre Marx

Sur la lancée du XVIIIe siècle, la réflexion sur les relations entre bonheur et travail va s'approfondir et se diversifier dans le cadre de la révolution industrielle. C'est au XIXe et tout particulièrement autour de l'œuvre de Marx, que va se nouer la contradiction fondamentale.

> « Supposons que nous produisions comme des êtres humains : chacun de nous s'affirmerait doublement dans sa production, soi-même et l'autre. 1. Dans ma production, je réaliserais mon individualité, ma particularité ; j'éprouverais en travaillant, la jouissance d'une manifestation individuelle de ma vie, et dans la contemplation de l'objet, j'aurais la joie individuelle de reconnaître ma personnalité comme une puissance réelle, concrètement saisissable et échappant à tout doute. 2. Dans ta jouissance ou dans ton emploi de mon produit, j'aurais la joie spirituelle de satisfaire par mon travail un besoin humain de réaliser la nature humaine et de fournir au besoin d'un autre l'objet de sa nécessité. 3. J'aurais conscience de servir de médiateur entre toi et le genre humain, d'être reconnu et ressenti par toi comme un complément à ton propre être et comme une partie nécessaire de toi-même, d'être accepté dans ton esprit, comme dans ton amour. 4. J'aurais, dans mes manifestations individuelles, la joie de créer la manifestation de ta vie, c'est-à-dire de réaliser et d'affirmer dans mon activité individuelle ma vraie nature, ma sociabilité humaine. Nos productions seraient autant de miroirs où nos êtres rayonneraient l'un vers l'autre [1]. »

L'usage récurrent du conditionnel dans le cadre d'une hypothèse (« Supposons que... ») est sans ambiguïté. La réalisation concrète de l'essence du travail est renvoyée par l'auteur du *Capital* à un futur indéterminé. Lendemains radieux de la société sans classes, avenir objectif ou pure utopie ? Peu importe. L'essentiel est pour Marx que cet état-là du travail n'a jamais existé dans aucune société sous les formes où il les rêve. Il reste que cette valorisation du travail, en tant qu'agent de transformation du monde et d'accomplissement de l'humanité, de réalisation de soi et d'instauration du lien social entre soi et les autres, a beau être frappée du sceau de l'utopie, elle fonctionne dans beaucoup de têtes comme un idéal réalisable, sinon déjà en par-

---

1. K. Marx, « Notes de lecture », in *Économie et Philosophie, Œuvres, Économie*, Paris, Gallimard, coll. « Bibliothèque de la Pléiade », 1979, t. II, p. 22, cité par Dominique Méda, *op. cit.*, p. 103.

tie réalisé. A la vertu économique du travail comme source de revenu, s'ajoutent les trois qualités énoncées par Marx autour desquelles se construisent, depuis le XIXe siècle, non seulement les discours, mais aussi les expériences de bonheur au travail. Plaisir de créer de l'*homo faber*, plaisir du contact de l'*homo sociologicus*, plaisir de participer, par le travail, à une œuvre qui vous dépasse et permet de se réaliser en tant qu'homme et en tant que personne. Chacun de ces thèmes se trouvera repris, à l'état isolé ou combiné avec les autres, sur un registre laïc ou religieux, tout au long du siècle, par des théoriciens du monde social comme par des écrivains ou des poètes[1]. Parmi les premiers, Saint-Simon et Proudhon, que séparaient pourtant leurs conceptions. En considérant que le travail est un moyen de lutte contre l'oisiveté, Saint-Simon a encore un pied dans le siècle précédent, tandis que le thème du lien social émerge déjà chez Proudhon.

> Saint-Simon : « Je propose de substituer le principe suivant à celui de l'Évangile : l'homme doit travailler. L'homme le plus heureux est celui qui travaille. La famille la plus heureuse est celle dont tous les membres emploient utilement leur temps. La nation la plus heureuse est celle dans laquelle il y a le moins de désœuvrés. L'humanité jouirait de tout le bonheur auquel elle peut prétendre s'il n'y avait pas d'oisifs [2]. »

> Proudhon : « Pourquoi cette réprobation religieuse du travail, s'il est vrai, comme déjà la science économique le découvre, que le travail soit le père de l'amour et l'organe du bonheur ? Au contraire, mettez à la

---

1. Nombreux sont les écrivains qui ont exalté, dans leur œuvre, les vertus du travail en tant qu'il permettait à l'homme de se réaliser tout en accédant au bonheur, avec ou sans Dieu.

Lamartine : « Le travail utile est tellement la loi de l'homme, il est tellement la condition du bonheur et de la vertu ici-bas, que je n'ai pas vu un seul de ces solitaires qui ne portât sur ses traits l'empreinte de la paix de l'âme, du contentement et de la santé) » (*Voyage en Orient, peuplades du Liban maronite,* 1835). Balzac : « Le *Fuge, late, tace* du chartreux est ici ma devise, mon travail est une prière active, mon suicide moral est la vie de ce canton, sur lequel j'aime, en étendant la main, à semer le bonheur et la joie, à donner ce que je n'ai pas » (*Le Médecin de campagne*). George Sand : « Le bonheur serait là où l'esprit, le cœur et les bras, travaillant de concert sous l'œil de la Providence, une sainte harmonie existerait entre la munificence de Dieu et les ravissements de l'âme humaine » (*La Mare au diable*). Victor Hugo : « ... Qu'il soit maudit au nom du travail même, au nom du vrai travail, saint, fécond, généreux, qui fait le peuple libre et qui rend l'homme heureux ! » (*Les Contemplations*).

2. Saint-Simon, *Introduction aux travaux scientifiques du XIXe siècle*, cité par Dominique Méda, *op. cit.*, p. 115.

jouissance la condition du travail, seul mode prévu par la nature pour associer les hommes, en les rendant bons et heureux[1]. »

S'inscrivant dans le registre inverse, nombreux sont les auteurs qui ont au contraire, et dès la même époque, considéré le travail comme un facteur de malheur. Marx le premier, et tout au long de ses développements sur l'aliénation dans les *Manuscrits de 1844*, et plus encore dans le livre I du *Capital*, où à la suite d'Engels et de *La Situation de la classe laborieuse en Angleterre*, il démonte, pièce à pièce, les ressorts concrets et quotidiens de l'exploitation dont sont victimes les ouvriers de la grande industrie de la part de ceux qui les emploient. Où donc pourraient bien trouver leur bonheur des enfants jetés dès l'âge de dix ans dans les fournaises des ateliers, soumis à des efforts physiques tout au long de journées interminables, sept jours sur sept ? Comment les usines qui « rabougrissent » les corps et les esprits, mettent les hommes au service des machines en les transformant eux-mêmes en des rouages interchangeables, pourraient-elles contribuer au bonheur de l'humanité ?

Il convient ici de faire la part, parmi les discours affirmant le caractère inconciliable des notions de bonheur et de travail, entre deux points de vue radicalement distincts. Il y a ceux qui critiquent l'état de choses existant, la façon dont les rapports capitalistes de production ont entièrement perverti la véritable nature du travail en asservissant les travailleurs aux machines et en les privant de toute initiative. Ils assignent alors à l'action politique et sociale l'objectif de transformer la situation actuelle de manière à rendre le travail plus humain, c'est-à-dire plus conforme à sa nature. Les moyens à mettre en œuvre diffèrent bien évidemment selon les auteurs. Ils vont du simple aménagement des conditions de travail aux réformes de plus grande ampleur pour atteindre, chez Marx, le niveau d'une révolution fondamentale, bouleversant de fond en comble la question de la propriété des moyens de production, le développement technologique, la signification même de la production sociale. Quel que soit le degré de la transformation envisagée, tous ces auteurs critiques considèrent qu'un lien entre bonheur et travail est à la fois possible et souhaitable.

Il en va tout autrement chez Simone Weil, Hannah Arendt ou André Gorz, ainsi que pour tous les courants philosophiques ou sociologiques que ces penseurs ont inspirés. Le fait de placer le travail au centre de la

1. Proudhon, *Système des contradictions économiques*, t. I, 1848, p. 111.

vie sociale est pour cette tradition une façon pour l'homme de nier, en la mutilant, son humanité. Alors que le propre de l'humanité repose sur la volonté de se différencier de l'animalité, le travail prive l'homme de tout ce qui fait son essence : la pensée, l'action, l'œuvre, l'art.

La joie au travail

En 1930, paraît aux Presses universitaires de France, un livre d'Henri de Man, intitulé *La Joie au travail*. Il s'agit de la traduction d'un ouvrage publié en 1927 à Iéna, en Allemagne, sous le titre *Der Kampf um die Arbeitsfreude*, littéralement : la lutte pour la joie au travail. Fait inhabituel à l'époque, une bonne moitié du livre expose, sous la forme de « témoignages », les résultats d'une enquête par entretiens réalisée auprès de soixante-dix-huit ouvriers et employés allemands de l'industrie, du commerce et des services publics. Cette enquête est d'un intérêt exceptionnel : elle expose, sur la trame de récits de carrières, les relations subjectives que les ouvriers interrogés entretenaient avec leur travail à la veille de la grande dépression économique de 1929. Les objets de leurs plaintes et récriminations (monotonie, bas salaires, absence d'initiative, absence d'hygiène, bruits, cadences, etc.) sont loin d'être compensés par quelques rares motifs de satisfaction : l'activité syndicale, la camaraderie, la possibilité d'avancement et d'autonomie, les rapports avec les supérieurs. La « joie au travail » croît faiblement mais sûrement à mesure qu'on passe des manœuvres aux ouvriers qualifiés et aux employés. La « fierté » du travail accompli n'apparaît que dans les métiers très qualifiés, ceux du Livre notamment. Largement dominant, le thème de la dureté, de la souffrance et des pénibilités du travail ouvrier se retrouve dans ces témoignages sous des formes très voisines de celles que dénonçaient, au siècle précédent, tous les tableaux de la condition ouvrière brossés par Marx, Engels et d'autres avec eux.

À la fois professeur de psychologie sociale et militant socialiste dans la première partie de sa vie, Henri de Man fut le premier secrétaire de la Centrale d'éducation ouvrière belge avant d'être, à la veille de la Seconde Guerre mondiale, ministre du Chômage puis des Finances d'un gouvernement belge de coalition. Partisan d'une politique d'indépendance de la Belgique et d'un « socialisme national », il prit, après l'invasion allemande de 1940, le parti du roi Léopold III contre le gouvernement en exil. Il fut condamné par contumace en 1946 pour faits de collaboration. La publication de *La Joie au travail* correspond, dans sa trajectoire intellectuelle et politique, à sa rupture avec le marxisme et à sa conversion à une politique réformiste de collaboration de classes.

La question de la «joie au travail», qu'il est pratiquement le seul à poser à l'époque, s'inscrit en totale rupture avec les débats contemporains sur la condition ouvrière. Henri de Man affirme pourtant que «le besoin de joie au travail est, d'emblée, l'état naturel de l'homme normal. Il est toujours là, il est toujours tel». L'organisation moderne du travail, la grande industrie notamment, s'est en effet ingéniée, selon lui, à multiplier les obstacles à la réalisation de ce besoin instinctif. Ces obstacles sont, selon sa terminologie, de nature «technique» – travail parcellaire, travail répétitif, fatigue, mauvaise organisation technique de l'atelier – et «sociale» : mauvaises conditions de travail, salaires injustes, hiérarchie autocratique de l'entreprise, mais aussi sentiment d'appartenir à une classe inférieure, insécurité de l'existence, médiocre estime de l'opinion pour le travail manuel, etc. Pour Henri de Man, les solutions existent. Elles ne sont ni politiques ni sociales, mais techniques et morales. La joie au travail des producteurs dépend moins d'une réforme centrale des rapports de propriété que de la réforme locale des rapports d'atelier au point de vue technique et hiérarchique. Et pour cela, il est indispensable que se forme une nouvelle conscience de groupe dans le cadre plus étroit de l'usine. Il n'y aura, selon lui, de joie au travail que par le biais de la diffusion d'une nouvelle éthique du travail qui reposerait sur l'idée du «travail-devoir» considéré comme une dette envers la communauté.

Le thème de la «joie au travail» a beaucoup servi de slogan aux idéologies prônant la collaboration de classes. Il a été repris, de façon volontariste et moralisante, par le nazisme en Allemagne, le gouvernement de Vichy en France et le régime soviétique. Il a été dans ces conditions fortement combattu au sein même du mouvement ouvrier, et fortement mis en question par des observateurs lucides de l'univers du travail. C'est ainsi que Georges Friedmann lui consacre quelques pages dans un texte publié dans les années soixante mais fondé sur des enquêtes menées au cours de la décennie précédente[1].

1. Georges Friedmann, *Où va le travail humain?*, Paris, Gallimard, 1963, «Conscience professionnelle et "joie au travail"», pp. 372-377.

À LA RECHERCHE DE L'OISEAU RARE

Pour Georges Friedmann, la joie au travail est, dans l'industrie moderne, un « oiseau rare ». Prenant au sérieux le « complexe affectif » communément désigné par l'expression, il en définit ainsi les composantes. Fondée sur une adhésion profonde de la personnalité au travail qui se trouve enrichie par ce travail, tout en l'enrichissant à son tour, « la *joie au travail* exige que le travail soit constitué par un ensemble de tâches demeurées sous l'entier contrôle de l'opérateur, définies et coordonnées selon son *initiative*, sa *volonté*, et, par définition, demeurées d'une certaine *plasticité* ; tâches, qui possèdent à ses yeux une *finalité* (qu'il comprend et domine) et sont tendues vers un but plus ou moins lointain mais qui reste dans son champ d'action et de vision ; tâches qui, par conséquent, mettent en jeu sa *responsabilité* et constituent une *épreuve*, toujours renouvelée et surmontée, de ses *capacités* ».

Cette conception de la «joie au travail», dont Georges Friedmann cherche en vain les manifestations concrètes dans la grande industrie, est en fait dérivée d'une certaine représentation du bonheur de l'artisan et de l'artiste. L'un et l'autre sont des producteurs de biens matériels ou symboliques qui travaillent à leur propre compte. Ils sont l'un et l'autre maîtres de leur travail, dont ils sont censés contrôler les moyens et les fins. De fait, c'est dans les métiers des arts, et tout particulièrement chez les écrivains, que le thème du bonheur au travail est le plus souvent développé. Célébré par des artistes de toutes les époques, le plaisir intellectuel ou physique de la création a connu peu de variations au fil du temps. Le maître à danser du *Bourgeois gentilhomme* l'attribue au plaisir de voir son travail reconnu par un public averti : « Il y a un plaisir à travailler pour des personnes qui soient capables de sentir les délicatesses d'un art et qui sachent faire un doux accueil aux beautés d'un ouvrage, et par de chatouillantes approbations vous régaler de votre travail[1]. » D'autres, les plus nombreux, se contentent d'assurer leurs correspondants, leurs lecteurs ou simplement eux-mêmes dans le cas d'un journal, de l'immense plaisir que leur procure l'exercice du travail intellectuel nécessaire à la production de leurs œuvres.

Le plaisir de la création intellectuelle est aussi un plaisir de la liberté. L'artiste est entièrement maître de lui-même, seul avec lui-même, à l'abri de l'agitation du monde extérieur. Ce bonheur

1. Molière, *Le Bourgeois gentilhomme*, 1670, acte I, scène 1.

qu'éprouve l'artiste dans la production de biens symboliques est très proche de celui qu'on prête à l'artisan, producteur de biens matériels, puis, par extension, à l'*homo faber* ouvrier qualifié de l'industrie.

Cette « joie au travail », Georges Friedmann l'a pourtant fort peu rencontrée en circulant à travers les ateliers, les chantiers, les mines, les bureaux des années cinquante et soixante. Il la juge en particulier radicalement incompatible avec le travail parcellaire, le travail « en miettes », dont le développement implique, de la part de la société, la renonciation pour l'ouvrier à toute espèce de satisfaction *en tant que producteur*. Il lui reste la possibilité, si la distribution des biens produits en masse est équitable, d'en retirer de la satisfaction *en tant que consommateur*. Le maximum qu'une entreprise puisse attendre des manœuvres sur tâches parcellaires et inconscientes est, selon lui, une attitude de *correction* dans la manipulation de l'outillage et l'accomplissement de ces tâches élémentaires. Cette *correction* dans l'accomplissement des tâches strictement hétéronomes forme l'essentiel de ce qu'on peut appeler la conscience professionnelle des manœuvres.

Une revalorisation des tâches parcellaires de l'entreprise, l'amélioration du « climat » des relations humaines, un assouplissement de la rationalisation, etc., toutes ces mesures « techniques » internes à l'atelier, dont Henri de Man attendait qu'elles suscitent joie et bonheur, ne peuvent, selon Georges Friedmann, tout au plus engendrer chez l'ouvrier parcellaire que de la *satisfaction personnelle*, soit un sentiment d'une intensité et d'une plénitude largement en deçà de la joie – et *a fortiori* du bonheur.

Introuvables à la base, les postulats techniques et psychologiques de la « joie au travail » ne s'esquissent que dans les métiers hautement qualifiés de la grande industrie des années cinquante : outilleurs très qualifiés, techniciens de bureau d'études, cadres, ingénieurs. Mais ces exceptions sont trop rares pour influer sur le diagnostic globalement négatif que porte Georges Friedmann sur la question : « La joie au travail à l'intérieur des entreprises actuelles, conclut-il, nous paraît être une sorte de limite idéale, comme une asymptote vers laquelle, sauf des cas exceptionnels, on tend sans jamais pouvoir l'atteindre. »

Écrivains et artistes, philosophes et négociants, évêques et orateurs sacrés, apôtres de la collaboration de classes, les chantres du bonheur au travail se recrutent dans des régions très particulières de l'espace social. C'est du moins la leçon du passé.

Et aujourd'hui ?

Le « complexe affectif » défini par Georges Friedmann est-il toujours un « oiseau » aussi rare ?

Les dernières années du XXe siècle ont accéléré, du point de vue de la gestion de la force de travail, un mouvement qui avait commencé dans l'entre-deux-guerres. Certains entrepreneurs et responsables du management ont compris assez tôt[1] que les entreprises ne peuvent fonctionner sans l'adhésion active de très nombreuses personnes qui n'en touchent pas pour autant les dividendes. La quantité impressionnante de travaux consacrés à la motivation au travail est là pour en témoigner. Nombreux sont les facteurs de motivation et de démotivation qui ont été étudiés : les conditions matérielles et physiques dans lesquelles s'exerce le travail, le niveau et les principes de la rémunération, la connaissance et le contrôle des objectifs de production, la qualité des relations entre les travailleurs et la hiérarchie, l'ambiance de travail au sein de l'établissement, la taille des collectifs et des équipes, etc.

Toutes ces études ont convaincu dirigeants et organisations de travailleurs que tous les salariés, quelles que soient leurs qualifications, apportent aux entreprises bien plus qu'un travail contraint : leur enthousiasme, leur intelligence, leur créativité, leur sens des responsabilités. Sans un minimum d'investissement personnel des travailleurs, les entreprises marchent mal. Il suffit d'une grève du zèle pour s'en convaincre. La notion d'investissement repose sur l'idée que ceux qui sont satisfaits de leur travail aiment ce travail et s'y investissent. Cet investissement psychologique est personnellement gratifiant, mais aussi économiquement productif : les notions récurrentes de motivation, engagement, implication participent de ce même point de vue. Cette façon de penser ensemble investissement et satisfaction renoue en partie avec les origines de la sociologie américaine du travail qui se posait avant tout des questions d'ordre pratique dans le cadre d'une organisation « fordiste » de la

---

1. Voir les enquêtes d'Elton Mayo à l'usine Hawthorne de la Western Electric Company aux États-Unis. Cf. Roethlisberger, W. Dickson, *Management and the Worker*, Cambridge, Mass., Harvard University Press, 1939. Cette attitude du patronat est nouvelle. « Si vous ne voulez pas rôtir dans ma poêle, disait un industriel du textile à ses ouvriers, vous pouvez toujours aller faire un tour dans le feu. » *In* Friedrich Engels, *La Situation de la classe laborieuse en Angleterre*, 1845, cité par Serge Paugam, *op. cit.*

grande industrie. Comment motiver davantage les travailleurs de manière qu'ils produisent plus ? Comment obtenir de la main-d'œuvre le « zèle » dont l'absence condamne, comme le soleil dans *Chanteclerc*, la production à n'être que ce qu'elle est, une profonde désutilité pour les travailleurs ?

Max Weber l'avait déjà souligné en montrant que l'émergence du capitalisme avait instauré un nouveau rapport moral des hommes à leur travail. Il était conçu au départ sur le mode de la vocation, de façon qu'indépendamment de son intérêt propre et des qualités intrinsèques qu'il pouvait présenter on pût s'y adonner avec fermeté et régularité en cherchant dans les œuvres accomplies sur la terre le signe de son salut. Cette vocation, à l'origine religieuse, qui transformait le travail quotidien en « bien de salut » s'est peu à peu transmise aux chefs d'entreprise, avant de se généraliser en s'imposant à un nombre croissant de travailleurs. « Le puritain, écrit Max Weber à la fin de *L'Éthique protestante et l'esprit du capitalisme*, voulait être besogneux et nous sommes forcés de l'être. Car lorsque l'ascétisme se trouva transféré de la cellule des moines dans la vie professionnelle et qu'il commença à dominer la morale séculière, ce fut pour participer à l'édification du cosmos prodigieux de l'ordre économique moderne. » Toute transformation profonde du capitalisme suppose donc un accompagnement idéologique qui la rend possible en mobilisant l'enthousiasme de milliers de personnes qui s'y engagent.

Luc Boltanski et Ève Chiapello[1] analysent le dernier en date de ces grands tournants. Ils montrent que le « nouvel esprit du capitalisme », dont les origines remontent à fin des années soixante, s'est progressivement affranchi de ses anciennes théories de la motivation fondées sur un rapport assez mécanique entre l'effort et la récompense pour se réapproprier des formes plus créatives de motivation. Ces dernières réclament, de la part des salariés, une implication personnelle plus intense, fondée sur la confiance et les relations interpersonnelles. Le management fait ainsi appel à l'affectivité des personnes, à leur histoire. Il doit réussir à valoriser les ressources les plus personnelles des travailleurs tout en les persuadant qu'ils participent à un système relativement juste qui traite les personnes de façon moralement acceptable et qui leur apporte des bienfaits collectifs.

1. Luc Boltanski et Ève Chiapello, *Le Nouvel Esprit du capitalisme,* Paris, Gallimard, 2000.

L'ÉPANOUISSEMENT COMME INVESTISSEMENT DE SOI

Au cours des années soixante, les discussions sur le travail étaient centrées sur ses dimensions techniques : valorisation des compétences du « cadre technicien », d'un côté, critique du travail à la chaîne et de l'aliénation, de l'autre. Dans les années quatre-vingt-dix, une plus grande importance est accordée au sujet et à ses affects. On valorise le travail comme source d'« épanouissement personnel », on le critique pour les « souffrances » qu'il engendre. Le discours sur le travail s'inscrit dans un registre beaucoup plus psychologique. La notion d'épanouissement est désormais associée à celle d'investissement.

Postérieur à 1968, l'« épanouissement » introduit une dimension psychologique nouvelle. Celle-ci suppose un lien entre satisfaction et identité du travailleur : être satisfait de son travail signifie pouvoir y réaliser des traits de son identité, y développer ses compétences. Un bon travail est celui qui permet à une personnalité de s'affirmer. Un métier doit être intéressant non par les bénéfices matériels qu'il procure, mais par ses profits symboliques : un métier intéressant est un métier qui excite, qui stimule et permet à celles et ceux qui l'exercent de créer, d'innover, de se réaliser, voire de s'« éclater », etc. On touche là au bonheur de l'artiste ou de l'écrivain.

L'EXPÉRIENCE DU CHÔMAGE

D'autant que dans la même période, la valeur subjectivement attribuée au travail n'a cessé de s'élever. La montée du chômage et la raréfaction des emplois dans les sociétés développées ont beaucoup contribué à cette réévaluation. Le regard nouveau que portent sur le travail celles et ceux qui s'en trouvent brutalement privés oblige à remettre en question le statut unilatéral que lui attribue l'économie néo-classique : celui d'une désutilité.

Contrairement à la représentation d'un travail contraint dont la seule fonction consisterait à procurer du salaire ou du revenu, toutes les enquêtes montrent que la souffrance du chômeur ne se réduit jamais à la perte de sa rémunération. Le travailleur retire beaucoup plus que de l'argent de l'exercice de son métier. Le travail est plus que le travail : lorsqu'il se délite, les modes de socialisation et les formes d'intégration qui y étaient associés risquent de se fracasser. « Le travail est plus que le travail, et donc le non-travail est plus que le chômage[1]. »

Ce dont souffrent les chômeurs, c'est d'un traumatisme social généralisé qui se répercute sur tous les aspects de la vie quotidienne et toutes les dimensions de la personne. Perte de repères dans l'espace et dans le temps[2], conscience de leur « inutilité au monde[3] », impuissance à se projeter dans l'avenir[4], désagrégation du statut social, dissolution des liens avec les autres, remise en question fondamentale de sa propre valeur, perte de l'estime de soi. Du jour au lendemain, le chômeur s'aperçoit qu'il n'est plus rien et que l'ensemble des liens qui le reliaient aux autres membres de la société se sont rompus ou dissous.

Les liens avec ses collègues de travail, bien sûr, mais, plus largement, avec beaucoup d'autres personnes situées en dehors de la sphère professionnelle. Les ruptures sentimentales, les divorces sont plus fréquents chez les chômeurs et les travailleurs précaires que dans l'ensemble de la population. Les suicides aussi, du moins en France. Cette « désintégration » individuelle et sociale provoquée par le chômage est un fait aussi vieux que le chômage lui-même dans ses formes modernes. Paul Lazarsfeld et son équipe l'ont mise en évidence dès les années trente dans la petite ville autrichienne de Marienthal[5]. La vie associative, particulièrement riche, s'est brutalement interrompue lorsque, à la suite de la crise de 1929, la mine, principale ressource économique de la ville, a été fermée. Aucune association n'y a survécu, même celles qui se trouvaient les moins dépendantes de l'activité minière, comme les associations sportives et culturelles. Et pourtant, ce n'était plus faute de temps libre ! L'identité au travail engendre des liens sociaux au-delà de l'usine, du chantier, du magasin ou du bureau. Si le chômage est à ce point source de désaffiliation, c'est que son envers, le travail, est un facteur décisif d'intégration.

---

1. Robert Castel, *op. cit.*
2. Dominique Schnapper, *L'Epreuve du chômage,* Paris, Gallimard, 1981.
3. Robert Castel, *op. cit.*
4. Gabrielle Balazs et Jean-Pierre Faguer, « Jeunes à tout faire et petit patronat en déclin », *Actes de la recherche en sciences sociales*, n° 28, 1979.
5. Paul Lazarsfeld, *Les Chômeurs de Marienthal*, Paris, Éditions de Minuit, 1981.

Olivier Schwartz[1] a mis en lumière la honte de soi des ouvriers au chômage qui, restant chez eux à longueur de journée, n'assument plus le regard des voisins (fussent-ils chômeurs eux aussi), de leurs enfants ou de leur épouse puisqu'ils pensent avoir perdu à leurs yeux une grande partie de leur « raison d'être », de ce qui, au-delà de l'emploi et du salaire, les définissait comme collègue, père ou époux.

De fait, l'extension du chômage et sa banalisation ne sont jamais parvenues à faire assumer positivement le statut de chômeur par ceux qui le vivaient. Elles n'en ont jamais fait une situation plus acceptable. Il en va de même de tous les statuts d'assistance assurant un revenu, comme le RMI aujourd'hui. Tous ceux qui sont privés de travail disent que la vie est en grande partie privée de sens ; tous éprouvent les plus grandes difficultés à lui redonner un sens. Avec leur travail, c'est une grande partie d'eux-mêmes qui sombre.

« C'est, écrit Pierre Bourdieu, parce que le travail procure, en lui-même, un profit que la perte de l'emploi entraîne une mutilation symbolique qui est imputable, autant qu'à la perte du salaire, à la perte des raisons d'être associées au travail et au monde du travail[2]. » Le taux de chômage élevé au cours du dernier quart de siècle a ainsi permis de mesurer la grande valeur de ces « raisons d'être » et de rappeler la place centrale qu'occupe aujourd'hui le travail dans la vie des individus.

Les facteurs de malheur

Mais les deux dernières décennies ont aussi contribué à une profonde « déconstruction du monde du travail » (selon l'expression de Boltanski et Chiapello). La généralisation de la précarité et des petits boulots, la flexibilité des horaires, l'intensification du travail et le renforcement des contrôles ont créé des conditions qui sont loin de favoriser l'émergence d'un rapport plus heureux au travail. Une proportion croissante de salariés fait état de mauvaises conditions de travail : 37 % des salariés déclaraient en 1998 travailler dans une posture pénible. Ils n'étaient que 29 % en 1991 et 16 % en 1984. Cette progression est surprenante dans une économie où le secteur industriel diminue, où les tâches les plus pénibles sont automatisées, et où

1. Olivier Schwartz, *Le Monde privé des ouvriers*, Paris, PUF, 1990.
2. Pierre Bourdieu, *Méditations pascaliennes*, Paris, Seuil, 1997.

la part des services et du travail intellectuel ne cesse de s'accroître. Et pourtant…

Un premier aspect de cette déconstruction est la *transformation des formes d'emploi*. À la fin des années soixante-dix, intérim, contrats à durée déterminée, stages, contrats aidés et autres « formes particulières d'emploi » concernaient moins de 3 % des emplois ; aujourd'hui, la proportion est de 9 %. Au cours des seules années quatre-vingt-dix, alors que l'emploi stable ne progressait que de 2 %, les contrats à durée déterminée (CDD) augmentaient de 60 % et l'intérim de 130 %[1]. Le bref retour de la croissance n'a pas inversé la tendance.

Les travailleurs précaires font état de conditions de travail bien plus mauvaises que celles des autres salariés. Leur cadence de travail est plus contrainte, ils travaillent plus souvent en 2 × 8 ou en 3 × 8, leur travail est plus pénible et ils sont plus exposés à des nuisances ou à des risques[2]. Les titulaires masculins d'emplois précaires se perçoivent en moins bonne santé que les bénéficiaires d'emplois stables, au moins parmi les hommes[3]. La santé est meilleure lorsque la carrière évolue vers moins de précarité. La santé perçue est également altérée par l'expérience du chômage.

L'emploi temporaire, celui dont le caractère précaire est juridiquement défini, ne représente pourtant que la partie émergée de l'iceberg. Il y a en fait continuité entre la précarité de droit et la précarité de fait, subie notamment par les travailleurs des entreprises sous-traitantes ou économiquement fragiles, même lorsque le contrat de travail est à durée indéterminée. Comme la précarité, la sous-traitance facilite la gestion, et parfois la dissimulation, des risques[4]. D'autres

1. Géraldine Martin-Houssart, « De plus en plus de passages vers un emploi stable », *Insee première*, n°769, 2001.

2. Ce constat statistique, tiré de l'enquête de 1998 sur les conditions de travail, est confirmé par les observations de terrain. Cf. Paroles de médecins du travail, *Souffrances et précarité au travail*, Paris, Syros, 1994.

3. Gérard Lasfargues, Ghislaine Doniol-Shaw et Catherine Rondeau-Dunoyer, « Précarisation du travail et santé », *in* Nouara Yahou (éd.), *Journées d'études sur les dispositifs d'enquêtes en santé au travail*, Dares-Inspection médicale du travail, 19 janvier 2001.

4. Voir à ce sujet Annie Thébaud-Mony, « International subcontracting of hazardous industries : The example of the french nuclear power and asbestos industries », *International Journal of Occupational and Environmental Medicine*, 1999 ; Armelle Gorgeu, René Mathieu et Michel Pialoux, *Organisation du travail et gestion de la main-d'œuvre dans la filière automobile*, dossier du Centre d'études de l'emploi n° 14, Paris, La Documentation française ; et le n° 37 d'octobre 2001 de la revue *Santé et travail*, notamment les contributions de Pierre Veltz et Véronique Merlin, « Objectifs et conséquences de l'externalisation : une vague de fond qui fragilise les parcours profes-

formes d'emploi tendent également à dégrader le travail. Le temps partiel, souvent subi et non choisi[1], permet aux grandes surfaces d'ajuster quasiment « en temps réel » et à coût nul les effectifs à la demande, et de supprimer corrélativement les temps morts, avec ce que cela implique d'intensification du travail et de troubles de santé. La pression subie par les plus fragiles se transmet aux mieux abrités, par la culpabilisation ou par la menace : on peut ainsi, dans un contexte de fort chômage, parler avec Robert Castel de « déstabilisation des stables ».

Ainsi, même pour les salariés stables à temps plein, les horaires, moins régulés, sont plus dépendants des besoins des entreprises, même si cette évolution n'est ni uniforme ni très rapide. La *flexibilité* est, du point de vue des salariés, source de rigidités : en 1998, 9 % d'entre eux ne connaissent leurs horaires que pour la semaine à venir, 8 % pour le lendemain seulement, 5 % le jour même. Chez les cadres et les professions intermédiaires, les contraintes nées de ces emplois du temps imprévisibles sont souvent atténuées par une certaine liberté dans la détermination des plages de travail. Ce n'est pas le cas pour les ouvriers et les employés des services : même connus à la dernière minute, leurs horaires demeurent strictement fixés. Le passage aux 35 heures a accéléré la tendance à la volatilité des horaires et à l'intensification du travail. Cette intensification peut prendre plusieurs formes. Certaines sont classiques : on augmente les normes pour accroître la production ou on diminue les effectifs à production constante ; il arrive aussi qu'on augmente la proportion de salariés soumis à ces normes en supprimant des postes hors production. Une intensification du travail peut aussi résulter de changements organisationnels plus profonds[2].

L'intensification du travail est une menace pour la santé physique et psychique des travailleurs, mais aussi pour le maintien de leur compétence, à un moment où les garanties statutaires sont fra-

sionnels », Ghislaine Doniol-Shaw, « Travail en sous-traitance : un risque d'exclusion sanitaire et social », Nicolas Sandret, « Salariés sous-traités, santé maltraitée », Patrick Hamelin, « Transport routier : rouler sans fin pour le compte d'autrui », Michel Héry, « Exposition des personnels extérieurs dans l'industrie chimique », Delphine Claude, « Métiers à la casse ».

1. Cf. Bénédicte Galtier, « Les temps partiels : entre emplois choisis et emplois faute de mieux », *Économie et statistique*, n° 321-322, 1999. Tania Angelhoff, *Le temps partiel, un marché de dupes?*, Paris, Syros, 2000.

2. Comme la « production allégée » (*lean production*). Cf. Philippe Askenazy, « The neo-stakhanovism », Information and Communication Technologies, Employment and Earnings, International Conference, Sophia-Antipolis, 22 et 23 juin 1998.

gilisées. Le travail trop intense est à l'opposé du « travail soutenable ». Aux États-Unis, les réorganisations sont à l'origine d'une recrudescence dramatique des accidents du travail[1]. En France, on n'a pas observé d'effet aussi massif, mais l'impact sur la santé de l'intensité du travail est mesurable. L'intensité du travail crée de multiples « petits » troubles de santé[2]. Ceux-ci sont une gêne dans la vie quotidienne et dans le travail lui-même. À la longue, ils peuvent fragiliser l'emploi. Bien qu'il soit nécessaire de les manier sur ce point avec prudence, les données de l'enquête européenne de 2000 sur les conditions de travail mettent en évidence un lien entre intensité du travail et déclaration par les salariés de troubles – physiques et, plus clairement encore, psychologiques.

Plus généralement, l'intensification du travail empêche les travailleurs de construire un compromis entre les objectifs de la production, leurs compétences et la préservation de leur santé. Ils doivent en effet travailler de la façon la plus rapide, mais non la plus adaptée à leurs spécificités personnelles. Ils ne peuvent modifier les façons de procéder pour limiter l'usure physique ou introduire un peu d'invention dans leur activité. Ils n'ont pas le temps d'anticiper, de préparer leurs outils ou leurs documents, encore moins d'explorer et d'apprendre.

Les formes modernes d'organisation confèrent aux travailleurs une certaine autonomie dans les procédures de travail ; mais l'intensification du travail réduit la maîtrise qu'ils en ont et produit, comme les organisations tayloriennes, une « compression » du travail[3]. Les nouvelles organisations demandent plus aux travailleurs, qui doivent désormais faire preuve de l'initiative qu'on leur refusait hier. Mais leur énergie, étroitement canalisée, ne peut pour autant se déployer librement.

La formalisation croissante des organisations favorise le contrôle du travail des salariés. Elle multiplie les normes quantitatives et les standards de qualité (de 1987 à 1998, la proportion de salariés soumis aux respects de normes de qualité chiffrées précises est passée de 14 à 20 %). L'amélioration du contrôle résulte aussi d'innovations managériales spécifiques dans le domaine de l'évaluation du travail.

---

1. Philippe Askenazy, *La Croissance moderne,* Paris, Economica, 2001.

2. François Derriennic, Annie Touranchet et Serge Volkoff (éd.), *Âge, travail, santé, études sur les salariés âgés de 37 à 52 ans*, Paris, Inserm, 1996.

3. Yves Clot, « La santé à l'épreuve du travail », paru dans *Intensité du travail et santé. Quelles recherches, quelles actions ?*, Journées d'études Iseres-CGT, Paris, L'Harmattan, 2001.

Mais ces innovations visent peut-être plus qu'un contrôle de l'extérieur de l'activité des salariés : par leur décorum, par leur insertion dans les nouvelles formes de gestion de l'emploi et des ressources humaines, elles visent à induire des dispositions ajustées aux nouvelles façons de produire. Les salariés d'aujourd'hui se sentent, plus encore que naguère, responsables de leur travail. En 1998, 65 % d'entre eux estimaient qu'une erreur de leur part pouvait entraîner des conséquences graves pour la qualité du produit ou du service (contre 60 % en 1991) ; 50 % qu'elle risquait d'entraîner des coûts financiers pour l'entreprise (44 % sept ans plus tôt) ; 65 % (contre 60 %) des dangers pour leur sécurité ou celle d'autres personnes. Sentiment de responsabilité soutenu, il est vrai, par la crainte de sanctions (sur l'emploi ou la rémunération) redoutées par 60 % des salariés (contre 46 %)[1].

En somme, le débat ouvert par Helvétius et Diderot, puis dynamisé par Marx, se poursuit aujourd'hui d'une façon nouvelle. En sollicitant davantage l'implication personnelle et subjective des travailleurs, les nouvelles formes d'organisation du travail peuvent aussi bien augmenter les sources de satisfaction et d'épanouissement que créer de la souffrance. En soumettant cette question du lien entre bonheur et travail à une investigation empirique auprès d'un échantillon représentatif de la population active, notre propos n'était pas de trancher ce débat multiséculaire mais de chercher à connaître la place qu'occupe ou non le travail dans le bonheur, de mieux discerner les éléments susceptibles de favoriser un rapport heureux ou malheureux au travail, et surtout de se faire une idée de la distribution au sein des différentes catégories de travailleurs de ces facteurs de bonheur ou de malheur au travail.

1. Enquête « Conditions de travail », Ministère du Travail.

2

Une enquête

Une enquête statistique sur le travail ne va pas de soi. Mais que dire d'une enquête sur le bonheur ! Le bonheur, comme le travail, ne se laissent pas facilement définir, encore moins mesurer. Quant aux rapports qu'ils entretiennent entre eux… Telle est pourtant la relation que nous avons voulu explorer.

Au départ, une question de nature philosophique aussi ancienne que l'expulsion d'Adam et Ève du paradis terrestre : la signification du travail humain. Maintes fois formulée par les religions, les philosophies, les mouvements sociaux à mesure que se transformaient la place et les formes du travail dans les sociétés, cette question a été posée de manière nouvelle à partir du milieu des années soixante-dix. Le rôle central qu'occupait le travail dans l'organisation sociale et dans la vie des individus a semblé menacé. La durée de la vie active a diminué. L'entrée sur le marché du travail s'effectue de plus en plus tard, et seule une fraction minoritaire de la population active conserve un emploi jusqu'à l'âge légal de la retraite. Un chômage de masse, un nombre croissant de personnes durablement expulsées du marché du travail, le développement spectaculaire des emplois à temps partiel : la conjonction de tous ces phénomènes survenus brutalement a rendu possible l'idée de la fin du travail. Conçue par certains comme une apocalypse inéluctable[1], elle a été interprétée par d'autres comme une chance[2] à saisir pour substituer à une valeur-travail en déclin d'autres valeurs autour desquelles pourraient être mobilisées les énergies humaines : la citoyenneté par exemple. Le

1. Jeremy Rifkin, *La Fin du travail,* Paris, La Découverte, 2000.

2. André Gorz, *Métamorphoses du travail, Quête du sens,* Paris, Galilée, 1988 ; Dominique Méda, *op. cit.*

grand intérêt suscité dans l'opinion par cette nouvelle façon de poser la question du travail atteste qu'au milieu des années quatre-vingt-dix, le thème de la « fin du travail » avait acquis le statut de « problème de société ». Restait pour nous à transformer cette réalité sociale en question de sociologie.

Cette opération intellectuelle, présentée dans les manuels comme un travail d'objectivation quasitechnique, voire routinier, s'est révélée plus longue, plus difficile et plus compliquée que prévu. Férus de la pensée de Bachelard, nous pensions naïvement qu'une posture résolument polémique contre une philosophie de l'air du temps constituait à elle seule un atout nécessaire et stimulant pour dissiper les erreurs, pour construire un objet scientifique. Et c'est, en effet, animés d'un vif esprit contestataire que nous avons entrepris cette enquête. Tous ces propos sur la fin du travail ou le déclin de la valeur-travail – cette « littérature de fin du monde », comme l'a appelée Alain Supiot – nous semblaient objectivement infondés et politiquement suspects. Récupérés par une fraction de l'élite politique et économique, ils accréditaient en outre, souvent contre les intentions de leurs auteurs, l'idée que le chômage n'était pas si grave puisque les chômeurs pouvaient bénéficier d'autres formes d'insertion sociale que le travail. Ils risquaient aussi, par leur radicalisme, d'entraver les efforts d'amélioration des conditions de travail.

Mais ces idées heurtaient d'autres convictions, plus profondément enfouies. Il nous était difficile de nous départir entièrement de tous les *a priori* d'une conception du travail héritée du rapport que nous entretenions avec notre propre travail. Comme beaucoup d'intellectuels, les universitaires vivent souvent leur profession comme une vocation. La dimension créatrice de leur métier d'enseignant et de chercheur associé à la grande liberté dont ils jouissent pour décider eux-mêmes de l'organisation et de l'orientation intellectuelle de leurs travaux les incline à trouver dans le travail davantage de sources de plaisir ou de bonheur que d'autres professions. Le partage entre travail, loisirs et vie personnelle y est flou. Le travail appelle un investissement personnel où s'engage une grande partie de soi-même. Si conscients que nous ayons pu être des dérives auxquelles conduisait inexorablement une philosophie naïve de la « joie au travail », nous adhérions néanmoins en partie, et plus ou moins consciemment, à une conception intellectuelle du travail. Au fond de nous-mêmes et à des degrés divers, nous étions convaincus que lorsque le travail ne constituait pas une source essentielle du bonheur, il convenait d'en améliorer les modalités.

Bien sûr, nous étions parfaitement conscients du risque que notre intention polémique pouvait faire courir à l'enquête. Il fallait à tout prix éviter de bâtir une « enquête à thèse » consistant à « démontrer » le caractère infondé des théories que nous réfutions. Ce risque a été très inégalement contrôlé dans la formulation du questionnaire. Plusieurs questions ouvertement posées pour contrer les idées favorables à une théorie de la fin du travail ont ainsi donné des résultats trop attendus pour pouvoir être sérieusement exploités. Des scores oscillant entre 80 et 90 %, vite qualifiés de « soviétiques » par les étudiants, finissaient par ne plus rien signifier tant la façon de poser les questions appelait presque mécaniquement la réponse dans le sens souhaité. Par endroits, notre questionnaire péchait par optimisme : il donnait plus de chances aux personnes interrogées d'exprimer un rapport heureux au travail que malheureux. Cet écueil est bien connu : toutes les enquêtes réalisées par questionnaire sur le bonheur, la joie, la satisfaction – toutes valeurs légitimes – surestiment toujours gravement les niveaux de satisfaction. Le fameux questionnaire « Valeurs des Français » initié par Jean Stoetzel, puis repris par Hélène Riffault, comporte une question directe sur le degré de bonheur éprouvé : « Tout bien considéré, diriez-vous que vous êtes… Très heureux, Assez heureux, Pas très heureux, Pas heureux du tout. » Posées à la population française, à intervalles réguliers, les deux premières modalités recueillent toujours, quelle que soit la conjoncture économique, autour de 90 % des réponses. Très vite identifié dans notre enquête, ce biais a encore été renforcé par une succession de questions dont la formulation en batterie permettait de gagner du temps mais risquait d'inciter la personne interrogée à témoigner d'une cohérence artificielle en enchaînant les réponses positives (ou négatives).

La grande force d'une enquête statistique opérant sur un échantillon représentatif de la population – environ 6 000 personnes – n'est pas d'éliminer les biais par on ne sait quel miracle d'objectivité, mais, une fois les données réunies, d'identifier, d'objectiver et de contrôler ces biais, pour peu qu'on cherche à les traquer, bien évidemment. C'est ainsi qu'à vouloir donner un maximum de chances à l'expression du bonheur, nous nous sommes souvent empêchés de saisir la différence qui distingue une passion authentique d'une manifestation de conformité à la norme du « bonheur professionnel ». Le bonheur déclaré dans l'enquête a une signification ambiguë, puisqu'il est normal et légitime, nous y reviendrons, de se déclarer heureux au travail. En revanche, effet positif de ce biais ethnocentrique, les différentes formes du malheur, de la souffrance et du retrait sont finement décrites dans l'enquête. Toutes les formes d'insatisfaction exprimées dans le questionnaire témoignent d'un malaise réel. Compte tenu de ces biais, les niveaux absolus enregistrés dans les réponses ont beaucoup moins de sens que les écarts relatifs observés entre les différentes catégories de personnes interrogées. C'est pourquoi nous avons privilégié des traitements statistiques qui mettaient ces écarts en valeur. Il n'est de sociologie que de la différence...

Une grande partie de ces biais introduits dans l'enquête statistique ont pu également être corrigés par la large place que nous avons accordée à des données plus « qualitatives », recueillies soit sous la forme de questions ouvertes dans le questionnaire, soit à travers un grand nombre d'entretiens réalisés avant et après la passation du questionnaire. La confrontation de ces deux types de données, statistiques et qualitatives, est toujours très fructueuse.

En raison de son mode de construction et d'imposition, le questionnaire statistique tend à rationaliser et à privilégier les cohérences. Face à l'enquêteur et à des questions dont les libellés et la succession indiquent parfois d'eux-mêmes les types de comportements que l'enquêteur cherche à mesurer, la personne interrogée est souvent guidée, plus ou moins consciemment, par un principe de cohérence. Si bien qu'un questionnaire a toujours tendance à durcir et à simplifier les attitudes mesurées en forçant les enquêtés à se conformer à un modèle cohérent. C'est aussi sa force : l'enquête statistique met au jour une structure latente de comportements et d'attitudes qui dessine le fond de carte de l'espace où se situent et évoluent les individus. L'entretien qualitatif, lui, n'a pas pour objet d'illustrer ou de confirmer par des propos les grandes lignes de force et de clivage établies par le questionnaire, il explore les modalités de l'inscription des individus à l'intérieur de ces grands cadres.

Or, un même individu peut à divers instants de sa trajectoire, voire au même instant, dans le même entretien, se situer simultanément en plusieurs points de la carte des attitudes dessinée par la statistique. Car les mêmes individus peuvent être animés par des schèmes de comportement différents dans des contextes différents. Interrogé seul et pour lui-même, l'individu n'est pas agrégé ni catégorisé. La liberté de ton et la durée de l'entretien lui laissent davantage de temps pour exprimer des différences ou des contradictions.

Cette confrontation est particulièrement féconde puisqu'elle permet, dans le cas d'une réalité aussi contradictoire que le rapport subjectif au travail, de restituer plusieurs dimensions de cette ambivalence. Afin de ne pas masquer cette complexité et de tenter d'en rendre sensible la plus grande part, on a privilégié, dans l'exposé des résultats, la logique du dépouillement d'une enquête afin que le lecteur puisse, pas à pas, comprendre comment les résultats ont été obtenus, et être informé des inévitables biais que comporte ce genre d'entreprise. Ce faisant, pour faciliter la lecture, nous nous sommes toujours contentés de signaler l'esprit des procédures statistiques en cause, sans entrer dans les détails d'une démonstration technique.

Les attitudes saisies par l'enquête relèvent de tendances lourdes et relativement durables. Les écarts mesurés renvoient à des relations subjectives au travail qui s'inscrivent dans le moyen ou le long terme. Plutôt que de décrire ici le questionnaire de l'enquête « Bonheur et travail », ce qui serait à la fois fastidieux et incomplet, nous invitons le lecteur à prendre connaissance du questionnaire en le remplissant lui-même (document en annexe).

PREMIÈRE PARTIE

Faut-il travailler pour être heureux ?

3

De quoi est fait le bonheur ?

Tous les hommes recherchent d'être heureux ; c'est le motif de toutes les actions de tous les hommes, jusqu'à ceux qui vont se pendre.

Pascal, *Pensées*, 425.

« Qu'est-ce qui est pour vous le plus important pour être heureux ? » Ainsi s'ouvrait notre questionnaire. Cette question ouverte était posée aux personnes interrogées avant que l'enquêteur ne les informe du thème de l'enquête, le rapport au travail. Elle avait pour objet de recueillir, en dehors de toute suggestion ou pression, de premières indications sur les représentations que les individus se faisaient spontanément du bonheur ainsi que sur le rôle et la place que le travail pouvait occuper dans sa recherche. La notion de travail allait-elle être évoquée ? comment ? avec quels mots ? par qui ? associée à quels autres types de biens ?

Loin de nous l'illusion que nous allions cerner par cette question la conception intime que se fait chaque individu de ses propres relations avec le bonheur et le travail. Le libellé avait beau inciter les personnes interrogées à livrer à l'enquêteur des aspects de leur philosophie personnelle de la vie, les conditions matérielles de l'enquête en restreignaient singulièrement la possibilité. La question était posée à brûle-pourpoint, sans la moindre préparation, le délai octroyé à la réponse était bref, quant à la situation d'interaction officielle face à un enquêteur ou une enquêtrice délégué(e) par l'administration, elle était dissymétrique. Autant de conditions qui incitent peu à la confidence et à la réflexion sur soi. Sans compter que tout le monde n'a pas eu l'occasion d'élaborer une construction cohérente du bonheur susceptible d'une formulation rapide, c'est le moins qu'on puisse dire, même dans les milieux sociaux les plus rompus à l'aisance verbale. Que le lecteur, pour s'en convaincre, se demande ce qu'il aurait répondu. La première réponse qui lui vient à l'esprit exprime-t-elle fidèlement sa position personnelle ? En épuise-t-elle toutes les dimensions ?

Et pourtant, malgré tous ces facteurs *a priori* défavorables, la question n'est pas apparue totalement saugrenue aux enquêtés puisqu'ils y ont répondu en masse (le taux de non-réponse est inférieur à 2 %). Surtout, ils n'ont pas raconté n'importe quoi. Ils ont, du mieux qu'ils pouvaient, traité la question posée sans recourir aux subterfuges que sont les plaisanteries, les dénégations ou les fuites en tous genres… Loin d'être découragés par l'ampleur d'une question que les philosophes n'ont cessé de remettre sur le métier sans jamais l'épuiser, ils ont résolument fait état de leur propre conception du bonheur à la suite d'Aristote, des épicuriens et stoïciens, grecs ou latins, de Pascal, Spinoza, Kant, Schopenhauer – et, plus près de nous, d'Alain.

Contrairement à ce qu'affirmait Saint-Just, le bonheur n'est pas une idée neuve en Europe. Le Moyen Âge chrétien disposait de l'idée de bonheur, mais celui-ci n'était pas de ce monde : le seul souci de la vie terrestre devait être de s'assurer, par le salut, une vie céleste éternellement heureuse. S'il ne l'a pas inventé, c'est bien le XVIIIe siècle, comme l'a montré Robert Mauzi[1], qui a accompli sa sécularisation. Tandis que la Nature et la Société prennent la place de la Providence, le salut cède le pas au bonheur, au point que les deux révolutions politiques, américaine puis française, inscrivent sa recherche au nombre des valeurs suprêmes qui légitiment la constitution politique et doivent être garanties par elle. Le XIXe siècle s'impatiente de ce bonheur toujours promis, mais jamais donné, et l'exigera ici et maintenant pour tous : Marx affirme que « le bonheur réel » du peuple suppose que l'on renonce à son « bonheur illusoire » et critique non seulement le « ciel religieux » mais aussi et surtout le « ciel politique », c'est-à-dire la doctrine libérale et formelle des droits de l'homme. Tandis que le XXe siècle invente des disciplines du mieux-être individuel, le capitalisme occidental passe d'un système fondé sur l'épargne et le travail à un autre, reposant sur la consommation de masse. Parallèlement, la quête du bonheur perd ses vertus de mobilisation collective pour devenir une affaire privée, plus

1. Robert Mauzi, *L'idée de bonheur dans la littérature et la pensée françaises au XVIIIe siècle*, *op. cit.*

individuelle et immédiate. Dans un essai qui entend dénoncer la tyrannie contemporaine du bonheur[1], Pascal Bruckner rapporte ce texte d'un message publicitaire, indice percutant des métamorphoses de la recherche du bonheur : « Castorama, partenaire du bonheur. » Le raccourci historique que l'on vient d'esquisser a sans doute le défaut d'être réducteur[2] ; il montre néanmoins le caractère historique et social des représentations du bonheur et suggère que la montée en puissance de cette idée accompagne le processus d'individualisation décrit par Norbert Elias.

Quel est alors le statut de ces opinions formulées par nos enquêté(e)s dont on peut supposer que, faute du temps nécessaire pour les élaborer, elles ne sont pas, dans l'ensemble, profondément réfléchies ? Que signifient-elles ? À quel niveau de sincérité se situent-elles ? Quelle part de la réalité personnelle ou sociale des comportements traduisent-elles ? Expressions d'expériences personnelles heureuses ou douloureuses ? Appréciations conjoncturelles liées aux événements, à la situation de face à face avec l'enquêteur, à la présence de tiers ? Réponses pavloviennes et stéréotypées ? Sans doute tout cela à la fois : rien là de surprenant.

Notre question (« Qu'est-ce qui est *pour vous* le plus important pour être heureux ? ») pouvait aussi bien être interprétée comme une invitation à formuler un point de vue général et universel que comme la sollicitation d'une opinion plus intime. Or, le bonheur est précisément un sentiment intime, pétri par les normes sociales et les représentations de ses formes légitimes. Ce que Norbert Elias[3] a montré à propos d'autres sentiments comme la pudeur, la honte ou le mépris, s'applique aussi au bonheur : il s'agit d'un affect transformé dont la construction et l'expression sont en grande partie façonnées par sa légitimité culturelle et sociale. De ce fait, il est porteur de normes, c'est-à-dire de règles pour orienter ses actions et sa conduite. Son importance actuelle en fait peut-être même la norme des normes, celle qui permet de trancher entre des injonctions contradictoires. Et c'est sans doute pourquoi les philosophes, peu

1. Pascal Bruckner, *L'Euphorie perpétuelle. Essai sur le devoir de bonheur*, Paris, Grasset, 2000.

2. En particulier, la perspective relativement linéaire ici esquissée débute au XVIIIe siècle et ne fait pas référence aux philosophies antiques du bonheur (aristotélisme, épicurisme, stoïcisme) qui, toutes, accordaient une grande importance à sa recherche. Les historiens des idées sont d'ailleurs souvent embarrassés pour rendre compte de cette discontinuité dans l'histoire des représentations introduite par l'apparition du christianisme.

3. Norbert Elias, *La Dynamique de l'Occident*, Paris, Calmann-Lévy, 1991.

d'accord sur ce qu'il est ou ce qui permet de l'obtenir, sont unanimes à déclarer l'urgence de le définir. Puisqu'il est le seul bien que nous désirions pour lui-même et non en vue d'autre chose, il est le souverain bien, le désirable absolu, écrit Aristote. « Il faut méditer sur ce qui procure le bonheur, puisque, lui présent, nous avons tout, et, lui absent, nous faisons tout pour l'avoir », nous dit Épicure dans la *Lettre à Ménécée*, 122. Mais quelles sont alors les formes légitimes du bonheur contemporain ?

Ce qui frappe, lorsqu'on lit, les unes après les autres, ces six mille réponses qui occupent à elles seules 200 pages, c'est à la fois leur cohérence et leur grande diversité. Elles oscillent entre l'expression convenue de stéréotypes égrenés en un style télégraphique[1] (*santé, travail, famille*), jusqu'à la prise en compte d'expériences personnelles, le plus souvent malheureuses (*Jacqueline vient de perdre son mari qu'elle aimait, elle ne peut répondre à cette question que par ses larmes ; la réponse est « mon mari »*). Entre ces deux extrêmes, la majorité se livre à des variations personnelles sur le thème de l'articulation entre les dimensions publique et privée du bonheur : les bienfaits du travail (épanouissement, reconnaissance, rémunération, intérêt, etc.) doivent compléter une vie de famille riche en affectivité (amour, entente, enfants...). Ainsi de ce chômeur : *réussir à s'insérer dans la société, avoir un chez-soi, une maison, une femme, des enfants, et réussir le travail. Une vraie vie de famille, avoir sa place dans la société*, ou de ce cadre du public un peu âgé : *la santé surtout, de vivre en bonne harmonie dans son ménage, être satisfait de la vie et de ses enfants, des relations agréables et variées*. Certains n'hésitent pas à affirmer leurs convictions personnelles ou leur propre conception du bonheur (*Me lever et me dire que j'ai quelque chose à faire*). L'échantillon qui suit permet de se faire une idée du spectre des degrés d'engagement personnel dans la réponse donnée.

Le matériau recueilli est riche. Elles ont beau être diverses, une partie des réponses relèvent, on l'a dit, du stéréotype et empruntent

1. L'expression télégraphique a été renforcée par la faible expérience des enquêteurs de l'Insee en matière de recueil de textes des questions ouvertes. Les instructions aux enquêteurs avaient beau préciser que le texte de la réponse de la personne enquêtée devait être retranscrit littéralement et dans sa totalité, nombreux sont les enquêteurs qui, pour gagner du temps, se sont bornés à consigner les grands thèmes sans restituer les détails de leur formulation – lesquels sont pourtant toujours sociologiquement significatifs. Les réponses « Ne pas avoir de soucis financiers » et « Avoir de l'argent » renvoient l'une et l'autre au substrat matériel du bonheur, mais impliquent des rapports très différents au bonheur et à la richesse.

parfois leurs formulations à celle des vœux de fin d'année. À ce titre, ces opinions, même les plus personnelles, sont, par leur concision réductrice, très éloignées des propos plus circonstanciés que pourrait obtenir sur le même sujet un proche, un psychanalyste ou un sociologue expérimenté au terme d'entretiens approfondis et successifs avec un même individu. Il est clair aussi, comme l'atteste l'inégale densité des mots recueillis parmi les différentes fractions de la population, que la compétence à concevoir et à énoncer une formulation reconnue personnelle croît avec le niveau d'instruction. C'est du côté des cadres et des professions intellectuelles que le vocabulaire est le plus diversifié.

Mais, davantage encore que le contenu intrinsèque des déclarations, ce sont ces variations entre des réponses socialement différenciées qui intéressent le sociologue. Si stéréotypes il y a, ils varient sensiblement d'un groupe social à l'autre, et là est l'essentiel. Ils correspondent dans la diversité de leurs composantes à des écarts de conditions de travail et d'existence, à des moments du cycle de vie, à des différences de genre. Plus qu'une conception intime et personnelle du bonheur – radicalement inaccessible par voie de questionnaire, le statisticien doit s'en faire une raison –, les réponses recueillies expriment des représentations dominantes propres à différents grands ensembles d'individus. Dans le cadre d'une enquête statistique sur grand échantillon, le sociologue peut faire l'économie d'une distinction entre une opinion « personnelle » et un stéréotype, si ce n'est pour y voir des formes différentes de production des représentations. On se convaincra de la cohérence et de la « sincérité sociale » des réponses recueillies en consultant l'encart suivant où sont consignées les réponses caractéristiques de divers groupes professionnels.

« Qu'est-ce qui est pour vous le plus important pour être heureux ?

(Sélection non représentative des réponses)

Stéréotypes télégraphiques

Santé, travail, famille.
L'amour et l'argent.
Santé, travail, amour.

La santé, la famille et le travail (variations personnelles)

Avoir une très bonne santé, ne pas avoir trop de soucis financiers, avoir un bon environnement affectif.

Avoir une bonne situation professionnelle et réussir sa vie de famille.

Avoir une vie familiale, la santé et du travail.

Avoir une vie de famille équilibrée.

Avoir suffisamment d'argent pour pouvoir vivre.

Avoir une vie affective agréable avec les enfants, un boulot intéressant et une vie de famille élargie.

Être en harmonie avec moi-même et entouré de gens sincères, avoir une bonne santé et une activité professionnelle épanouissante.

Trouver une gonzesse et du boulot.

Réussir à s'insérer dans la société, avoir un chez-soi, une maison, une femme, des enfants et réussir le travail. Une vraie vie de famille, avoir sa place dans la société.

La santé, surtout de vivre en bonne harmonie dans son ménage, être satisfait de la vie de ses enfants, des relations agréables et variées.

D'avoir des certitudes, par exemple que j'aurai toujours un boulot, que je pourrai élever mes enfants et que je pourrai toujours me soigner.

Avoir des revenus, avoir un emploi qui me procure du plaisir, pouvoir choisir mon environnement, avoir une liberté de pensée, être plus consulté pour les grands projets de société (par exemple centrale nucléaire...).

À mon âge, c'est la santé, si j'étais jeune, je vous dirais le travail.

Passion personnelle

Vivre en harmonie avec la nature, vivre ma passion pour les animaux et les oiseaux, c'est tout.

Sélection de conditions matérielles particulières

Pouvoir vivre sans avoir l'impression que les voisins vivent chez vous.

Sans être trop gourmand, augmentation du montant des retraites car diminution du pouvoir d'achat de 25 à 30 % par rapport à 1983.

La qualité de la vie dans le logement et le quartier. [Je suis] très préoccupée par la pollution atmosphérique et aussi la saleté des rues (papiers, etc.).

Avoir un bel appartement et plus grand.

Sélection de qualités et de dispositions morales

La reconnaissance des individus et offrir plus de responsabilité aux gens pour l'épanouissement de la personne.

Me lever et me dire que j'ai quelque chose à faire.

Le désir de l'être [heureuse].

La réalisation de soi.

M'occuper des autres. Je serai malheureux le jour où je ne serai plus sollicité.

C'est la foi que j'ai en Dieu qui me montre le bon chemin et qui m'aide à vivre par sa parole, la Bible.

Expériences personnelles du malheur

Que ma fille trouve du travail : ça me rend malade qu'elle n'en trouve pas. Et la santé pour moi : avec le travail que j'ai fait, j'ai des problèmes de colonne vertébrale.

Jacqueline vient de perdre son mari qu'elle aimait, elle ne peut répondre à cette question que par ses larmes ; la réponse est « mon mari ».

Depuis le décès de mon épouse, je n'ai plus goût à rien, je me raccroche à la vie pour mes enfants, le plus important serait qu'elle puisse être de nouveau à mes côtés, son absence rend ma vie invivable.

En ce moment, je suis sous antidépresseurs depuis la mort de mon mari au mois de juin. Je ne suis pas stabilisée. Pourtant je suis gaie de nature : c'est tout pour mes enfants et petits-enfants.

« Qu'est-ce qui est pour vous le plus important pour être heureux ? »

(Réponses caractéristiques de divers groupes professionnels)

agriculteur

Avoir la santé.

La santé et la valeur humaine.

instituteur

L'accord avec soi-même.

Être bien dans sa peau, en accord avec soi-même.

ouvrier agricole

Du travail.

Trouver du travail.

Avoir du travail.

employé de commerce

Avoir mon mari et mon gosse.

Mon ami.

artisan

Ça va comme ça.

La santé.

Santé, travail.

contremaître

Aller à la chasse, bricoler en paix.

La tranquillité.

La santé, donc le moral, avoir des moyens financiers suffisants.

Il faut avoir été malheureux avant pour savoir ce que c'est d'être heureux.

commerçant

Ne pas être seule et être aisée.

Ne pas travailler.

Mes enfants comptent beaucoup pour moi, je ne demande pas beaucoup et mon mari aussi.

Être bien, avoir une bonne santé. Je suis bien dans ce que je fais, je ne voudrais surtout pas être malade, je prends plaisir à ce que je fais.

ouvrier qualifié du secteur artisanal

Du travail.

Avoir du travail.

profession libérale

Les vacances, les loisirs, les voyages, les amis.

Environnement, travail, famille, amis, société. Vivre –le bonheur de tous les jours, la tranquillité dans toutes les acceptions du terme (vie de tous les jours, futur).

L'équilibre entre la vie familiale et la vie professionnelle, une réussite entre les deux.

ouvrier qualifié du secteur industriel

Mon jardin.

Ma femme, mes enfants.

Avoir du travail.

cadre du privé

Amour.

Un bon équilibre entre vie privée et professionnelle. Une vie de famille équilibrée : équilibre entre travail et vie de famille.

ouvrier qualifié du transport

Avoir du travail, un revenu.

Vivre en harmonie avec la nature, vivre ma passion pour les animaux et les oiseaux, c'est tout.

Ne pas être malade.

Avoir assez de revenus.

En ce moment, je suis sous anti-dépresseurs depuis la mort de mon mari au mois de juin. Je ne suis pas stabilisée, pourtant je suis gaie de nature, c'est tout pour mes enfants et petits-enfants.

Comme je suis : la santé et la tranquillité.

cadre du public

Avoir du temps libre.

Se sentir bien dans sa peau, se sentir en accord avec soi-même.

ouvrier non qualifié du secteur industriel

L'argent.

travailleur social

Bon équilibre psychique.

Équilibre couple et environnement.

chômeur

Trouver un emploi.

Faire un travail qui plaît, s'épanouir.

Avoir un travail fixe.

Trouver du travail.

L'argent, l'entourage (avoir un bon soutien moral et physique), un foyer, un bon travail qui plaît.

Bonheurs de classe

À s'en tenir à une analyse classique de contenu opérant par grands thèmes, certaines valeurs associées par tous à l'idée de bonheur (« santé », « famille », « amour », « argent ») paraissent transcender les clivages sociaux et renvoyer à une conception universelle du bonheur. Certaines nuances significatives observées dans le détail du vocabulaire employé invitent pourtant à y regarder de plus près[1].

1. Les développements récents de la statistique textuelle permettent de soumettre à des analyses factorielles fécondes les réponses qualitatives apportées par les enquêtés aux questions ouvertes, sans leur faire violence, c'est-à-dire sans les coder, en respectant les termes mêmes par lesquels ils se sont exprimés. Voir Ludovic Lebart et André Salem, *L'Analyse statistique des données textuelles*, Paris, Dunod, 1988; Ludovic Lebart et André Salem, *Statistiques textuelles*, Dunod, Paris, 1994. C'est à ce traitement que nous avons soumis les réponses enregistrées. Sont réputées « caractéristiques » les réponses qui utilisent le plus de mots typiques des catégories concernées.

On observe d'abord que les mêmes sujets ne sont pas évoqués de la même manière. Celles et ceux qui citent « la famille » diffèrent socialement de ceux qui disent « le ménage », « l'amour » ou « l'entente », ces derniers ne se ressemblant pas non plus. User de mots différents, ce n'est pas seulement se distinguer par la forme pour exprimer la même chose, c'est désigner des réalités différentes et se référer à des expériences sociales particulières, comme l'ont montré de nombreux linguistes. Répondre à la question sur les composantes du bonheur : « la santé » ou « ne pas être malade » ne signifie pas la même chose. « La santé » est un concept positif et général qui désigne un état naturel qu'il faut maintenir, « ne pas être malade » renvoie à une expérience négative dont il importe avant tout de sortir, sans doute parce qu'on s'y est frotté de près ou qu'on en mesure mieux le risque. De fait l'expression « la santé » est plus fréquemment employée, dans l'enquête, par les groupes sociaux dont les dernières statistiques sur la santé et la mortalité nous apprennent qu'ils sont les plus exposés aux maladies et dont l'espérance de vie est la plus courte : les ouvriers et les travailleurs manuels. De même, désigner, en les spécifiant, les membres de sa famille par la nature du lien de parenté précédé d'un pronom possessif (« mes enfants », « mon mari », « ma femme », « mes petits-enfants ») comme le font agriculteurs, artisans, commerçants et ouvriers, implique une forme d'attachement à la famille différente de celle que sous-entend le fait d'invoquer, sur un mode plus abstrait, la « vie familiale », l'« harmonie familiale », ou « avoir une vie affective agréable avec *les* enfants » comme le font les catégories plus diplômées. Non pas que les premiers s'aiment plus que les seconds. Mais alors que les premiers mettent l'accent sur le lien direct et concret d'un membre de la famille avec un autre, les seconds privilégient le fonctionnement dynamique et harmonieux d'un cadre général, la qualité des relations et le confort affectif assurés au sein d'une sphère privée considérée comme un ensemble cohérent qui fait système.

De même, les termes désignant les dimensions monétaires nécessaires au bonheur varient très significativement selon le niveau de richesse. Les catégories les plus pauvres, les chômeurs en particulier, parlent « salaire » ; les ouvriers non qualifiés et qualifiés disent « argent ». Lorsque les conditions sont meilleures (techniciens, cadres moyens et intermédiaires), on parle de « revenu » au singulier, lequel, en s'arrondissant (cadres supérieurs, professions libérales), se décline au pluriel (« revenus »). Chez les plus riches enfin, adeptes de l'ataraxie et de la dénégation, l'argent ne fait visiblement plus le bonheur à lui tout seul puisqu'on se contente de l'évoquer négativement : « pas de soucis financiers ». Ils ont beau les uns et les autres parler d'argent, il est clair qu'ils ne parlent pas de la même chose, non seulement parce qu'ils ne se réfèrent pas aux mêmes montants, mais surtout parce que ces dimensions monétaires ne jouent pas, dans leurs représentations, le même rôle pour atteindre le bonheur.

Corollaire, quand ils recourent à des expressions distinctes pour invoquer des notions communes qui participent du bonheur (santé, famille, travail, argent, etc.), les individus appartenant à des milieux sociaux différents expriment des préférences qui se réfèrent à des expériences sociales différentes. Elles ne peuvent donc en aucun cas être tenues pour des synonymes. On retiendra en particulier de cette première analyse que la propension à universaliser son point de vue par une formulation plus abstraite augmente avec les ressources diverses dont on peut disposer. En associant la constellation des termes utilisés aux propriétés sociales de ceux qui les emploient, on peut donc explorer, dans leurs nuances, les différentes conceptions sociales du bonheur et la place qu'y occupe le travail.

Rien d'étonnant si, l'âge venant, une composante, la santé, prend le pas sur toutes les autres (« à mon âge c'est la santé, si j'étais jeune je vous dirais le travail »), tandis que les registres du travail, de l'accomplissement personnel, de l'amour, voire de la famille tendent à se raréfier et à devenir exceptionnels dans le vocabulaire des plus de 60 ans. Il est aussi conforme aux statuts que réserve notre société à chacun des deux sexes que les femmes privilégient les dimensions affective et familiale du bonheur tandis que les hommes attachent plus d'importance aux facteurs de réussite et d'accomplissement d'eux-mêmes par l'action, professionnelle ou non. Mais c'est entre catégories professionnelles que les conceptions du bonheur implicitement mobilisées et exprimées par les personnes interrogées diffèrent le plus sensiblement. Ces variations sont elles-mêmes au principe des rapports différents que les individus établissent entre travail et bonheur.

Il est alors possible d'identifier une distinction fondamentale entre deux grandes philosophies du bonheur parmi les répondants. Schématiquement : pour les uns, être heureux c'est *avoir*, pour les autres, c'est *être* ou *faire*.

Avoir

Pour les premiers, le bonheur est quelque chose qu'on peut trouver et posséder ; le bonheur existe et on l'atteint à la condition d'acquérir les biens nécessaires sans lesquels il est vain de vouloir y prétendre. Pour « être » heureux, il faut d'abord « avoir ». Avoir du boulot, de l'argent, avoir la santé, une bonne situation, avoir son chez-soi, avoir une femme, un mari, des enfants, avoir du travail, une famille, un toit, une maison… Cette représentation est présente dans toutes les catégories sociales, mais les chômeurs, les ouvriers, qualifiés ou non et, dans une moindre mesure, les employés sont significativement plus nombreux à estimer que l'accès au bonheur est d'abord suspendu à la possession d'un certain nombre de ces ressources. Le « travail » est la première d'entre elles, suivi de l'« argent », du « salaire », du « logement » et de la « maison ». Conformément à la question que nous avions posée, ce n'est pas tant le bonheur en soi qui est ici évoqué qu'un certain nombre de ses conditions minimales de possibilité. Le travail est la clé qui ouvre à d'autres biens, qui, à leur tour, permettent d'atteindre le bonheur.

Lorsque les catégories les mieux pourvues en capitaux économique et culturel utilisent « avoir » dans leurs réponses, elles désignent moins des biens dont l'acquisition est en grande partie soumise à des aléas extérieurs, que des dispositions psychologiques et morales favorables à l'utilisation heureuse de ces biens. Alors qu'il dépendait, dans les catégories populaires, de causes extérieures dont l'absence condamne au malheur, le bonheur est ici la résultante de composantes à la fois multiples et disponibles, qu'elles soient positives (« vie familiale », « revenus », « métier », « sécurité », « amitié », « vie professionnelle ») ou négatives (absence de « problèmes » et de « soucis financiers » en particulier). La clé du bonheur réside alors dans l'assemblage volontaire et personnalisé de ces multiples composantes. Les membres des catégories supérieures emploient quatre fois plus souvent les termes « harmonie » et « équilibre » que ceux des classes populaires. C'est dans l'usage des mots « libre » et « liberté » que culmine la distinction, qu'il s'agisse de temps libre ou de liberté de mouvement. Cette conception du bonheur suppose à la fois réunies et transformées, par l'action ou la volonté, toutes les conditions considérées comme des objectifs en soi par les ouvriers. Quand on a un travail, il faut y réussir. Quand on a un salaire, il faut que le revenu soit confortable. Quand on a une famille, il faut s'y sentir libre. Sous le rapport des biens ou dispositions qu'elles estiment important d'avoir, les catégories supérieures ne sont pas tout à fait homogènes. Tandis que les plus riches privilégient l'aisance financière (« revenus ») et la tranquillité, c'est au contraire une place plus large faite à l'affectivité et aux liens interpersonnels (« amitié », « amour », « unie », « aimer », « s'entendre », « amis », « aime ») qui prévaut chez les catégories essentiellement dotées d'un capital culturel étoffé : enseignants, professions de santé, artistes et journalistes.

Ce qui était vrai du choix des termes ainsi que du registre de langage utilisé pour parler du bonheur l'est encore ici : les catégories les plus aisées tendent à intellectualiser la notion de bonheur en le regardant comme le fruit d'un équilibre subtil entre plusieurs composantes dont ils seraient les artisans.

Être ou Faire

Entre « avoir » des dispositions (plutôt que des biens) et « être », on conviendra que la différence est mince ; elle est plus linguistique que pratique. De même entre « avoir des dispositions » et les utiliser subtilement, c'est-à-dire « faire », il n'y a qu'un pas. Et l'on comprend que les tenants de l'être ou du faire soient significativement plus représentés dans les catégories supérieures. Pour les adeptes de l'être, surtout des femmes, le bonheur est plutôt une disposition, un état, produit des circonstances ou des dispositions morales de chacun. La fréquence du verbe « être » associé à des expressions comme « être bien dans sa peau » indique une conception du bonheur faite d'un état intérieur dont la paix a été conquise, par l'activité, contre les menaces du monde extérieur (« tranquille », « tranquillité », « paix », « sécurité », « confort », « stable »). Les occurrences des mots « envie », « plaire », « plaît » se réfèrent, quant à elles, à une adéquation entre des dispositions intérieures et un mode de vie. Le bonheur est ainsi conçu comme un état de paix, intérieur et durable, à la fois produit d'une action et de dispositions personnelles. « Être en harmonie avec moi-même », « être bien », « être avec mon mari » et « mes enfants », « être entouré de ses enfants », « être avec sa famille », « être bien avec sa famille », « être en paix avec soi-même », « être épanoui dans son travail », « être bien dans sa peau », « être aimée ». Le mot « être » ne doit donc pas tromper : le bonheur des tenants de l'être n'est pas pur abandon ; il est gagné, construit par une activité.

Le recours au registre de l'action («activité», «faire», «pouvoir»), de la réussite («réussir», «réussite») ou de l'accomplissement («se réaliser»), significativement plus fréquent dans le vocabulaire des cadres, professions libérales et intermédiaires, renvoie à l'idée d'un bonheur construit et mérité qui débouche lui aussi sur un état de tranquillité. Pour ces derniers, le bonheur n'est ni un ensemble de choses, ni un état, c'est un acte. «Faire un métier qui me plaît», «faire ce que j'aime», «réussir sa vie professionnelle», «réussir sa vie affective», «faire ce qu'on a envie de faire», «faire des voyages», «faire l'amour», «faire vivre sa famille», «avoir un niveau intellectuel qui me permet de faire face à la société», «faire du bateau», «faire un travail que l'on aime», «faire ce que je veux, quand je veux», «réaliser ce qu'on a envie de faire profondément». Les adeptes du «faire» ne recherchent pas la pure frénésie : il leur importe que ce qu'ils font soit conforme à ce qu'ils sont.

Entre la première conception et les deux autres, une distinction fondamentale. Du point de vue de ceux qui font dépendre le bonheur de l'*avoir*, le bonheur est une réalité difficilement accessible ou menacée, dans la mesure où l'acquisition des biens nécessaires à sa production est en grande partie soumise à des aléas extérieurs sur lesquels l'individu a peu (ou pas) de prise. La chance – et le «pas de chance» – y joue un grand rôle. À cette vision fataliste d'un bonheur lointain qui tient aux circonstances et à la chance («au petit bonheur la chance»), s'oppose une autre conception où le bonheur ne tombe plus du ciel mais est conquis et construit sur la terre par la volonté des hommes. Le bonheur y devient le produit d'une construction volontaire résultant d'un travail personnel et de dispositions psychologiques favorables. C'est évident pour les tenants du *faire*, mais c'est vrai aussi pour ceux – et surtout celles – de l'*être*, pour qui l'état de bonheur est le plus souvent conquis par un travail de soi sur soi.

Aristote pas mort

Ces deux conceptions du bonheur que se partagent les personnes interrogées ne sont pas des inconnues pour les philosophes. Qu'ils soient pessimistes ou optimistes quant à la possibilité du bonheur, tous les philosophes décrivent l'évanescence de ce dernier dans l'expérience commune. Si le bonheur est bien la fin ultime du désir, il ne peut que se dérober et demeurer un horizon inaccessible puisque le propre du désir est en effet de survivre à sa satisfaction pour renaître de ses cendres, perpétuellement, et ne s'éteindre qu'avec la mort. De là, les pessimistes concluent à l'impossibilité radicale du bonheur. Citons Schopenhauer, l'un des plus sombres : « Tout désir naît d'un manque, d'un état qui ne nous satisfait pas ; donc, il est souffrance tant qu'il n'est pas satisfait. Or, nulle satisfaction n'est de durée ; elle n'est que le point de départ d'un désir nouveau [...]. Pas de terme dernier à l'effort, donc pas de mesure, pas de terme à la souffrance... » (*Le Monde comme volonté et comme représentation*, IV, 56). Tantôt, donc, je désire ce que je n'ai pas, et j'en souffre ; tantôt j'ai ce que dès lors je ne désire plus, et je m'ennuie. Quant aux optimistes, ils préservent la possibilité du bonheur en le définissant à nouveau. Si l'expérience commune est marquée par le malheur, ou tout au mieux constituée de bonheurs provisoires et minuscules, c'est que l'on confond l'objet du désir et le bonheur. Il faut, pour être heureux, se défaire de l'illusion que le bonheur se définit par les biens désirés. Le bonheur est ailleurs.

Ainsi, la conception aristotélicienne[1] oppose à cette illusion d'un bonheur suspendu à l'avoir, une forme supérieure (et seule réelle) du bonheur résidant dans l'agir. Il est, commence par expliquer Aristote, une expérience commune dont la réalité positive est indéniable : le plaisir. Or, le plaisir ne correspond pas à un manque comblé, mais à un désir satisfait. Il accompagne une puissance de jouir qui s'actualise. Le plaisir du philosophe, par exemple, consiste à penser, c'est-à-dire à actualiser sa puissance de penser. Il lui faut, par la volonté, convertir son désir au réel et jouir de sa puissance d'agir en... agissant. C'est au prix de cette conversion que le bonheur cessera de se dérober. C'est dans l'agir que réside donc la forme vraie et supérieure du bonheur. Aristote réconcilie ainsi nos deux pôles *être* et *faire* en un seul et en indique la parenté profonde : le faire est conforme à l'être qu'il accomplit, et, réciproquement, l'être est toujours le produit d'un faire. Ainsi, on ne saurait vraiment distinguer entre être et faire. Le bonheur aristotélicien est la double jouissance d'une puissance : jouissance de son actualisation (faire) et jouissance de son résultat (être).

---

1. On pourrait également évoquer les conceptions épicurienne, stoïcienne ou spinoziste, qui toutes élaborent une forme supérieure, réelle, du bonheur. Selon les tenants de ces philosophies, le bonheur repose également sur une conversion du désir consistant à désirer non plus ce qui manque mais le monde tel qu'il est. Mais cette conversion au monde n'est pas une apologie de l'immobilisme ni du conservatisme social.

Est-ce que le triomphe de la volonté sur l'espérance permet à tous d'accéder à une forme supérieure du bonheur ? Non. Cette activité par laquelle le bonheur nous est co-présent requiert, à titre d'instruments, les biens du corps (la santé par exemple) et les biens extérieurs (l'argent, le statut social). Le bonheur aristotélicien est donc explicitement élitiste. D'une part, l'instruction et l'éducation, puis la vie vertueuse, ne font que perfectionner de bonnes dispositions naturelles, lesquelles ne sont pas encore des vertus mais des passions qui prédisposent à telle ou telle vertu : par exemple, l'indignation incline à la justice et la pudeur à la tempérance. Ces passions ne deviendront de vraies vertus que lorsque l'éducation les aura pénétrées de raison. Le privilège de la naissance restreint ainsi le droit au bonheur, car seule une petite élite a obtenu de naissance cette part de la nature. D'autre part, la loi des conditions sociales impose à certains hommes des genres de vie qui empêchent que puisse même se poser la question du bonheur : esclaves, artisans, commerçants, enfants, femmes. La question ne se pose que pour les hommes libres, suffisamment pourvus en biens matériels. Ces *happy few* peuvent se consacrer à s'interroger sur la meilleure façon d'occuper ses loisirs. L'humanisme aristotélicien, on l'aura compris, n'est pas un humanisme du travail. Et si l'homme heureux est un philosophe, il s'agit d'un philosophe sain, beau et suffisamment riche !

La confrontation du constat sociologique avec la philosophie est instructive. Spontanément, les personnes interrogées se réfèrent sans le savoir mais de façon cohérente à des conceptions philosophiques assez classiques du bonheur, et ce, selon des clivages sociaux très nets : les catégories supérieures participent d'une conception dite supérieure du bonheur tandis que les classes populaires semblent stagner dans l'illusion en croyant que le bonheur demeure dans l'ordre de l'avoir. Cela dit, le partage social entre les théories philosophiques du bonheur révèle aussi un autre enseignement. Les catégories sociales qui, se rapprochant des conceptions stoïciennes ou épicuriennes, estiment que le bonheur est plus de l'ordre de l'être et du faire que de l'avoir, se distinguent nettement des premières en ce qu'elles disposent déjà de tout un ensemble de ressources acquises. Avant d'être ou de faire, *elles ont* : elles ont de l'argent, elles ont de l'instruction, elles ont du travail, elles ont des maisons. Alors que, pour les premiers, *avoir* demeure encore de l'ordre de l'objectif à atteindre. Aristote nous en avait avertis : l'accès aux théories philosophiquement supérieures du bonheur définies par l'être et le faire suppose que la question de l'avoir soit d'abord réglée. Toutes choses qui permettent de relativiser le caractère apparemment illusoire et philosophiquement inférieur de ceux qui affirment dans notre enquête qu'il faut d'abord avoir pour être... heureux. Ces derniers seraient donc fondés, comme Jules Renard, à s'écrier : « Si l'argent ne fait pas le bonheur, rendez-le ! »

La place du travail dans le bonheur

Plus d'une personne interrogée sur quatre (27 %) invoque dans sa réponse le « travail », soit directement (22 %), soit sous la forme d'un synonyme – « emploi », « boulot », « métier », « profession » (5 %). Cette proportion varie fortement selon la position sociale. Parmi les ouvriers de moins de 35 ans, au chômage ou n'ayant qu'un emploi précaire, 65 % évoquent le travail ou ses synonymes dans la définition du bonheur. Ce n'est le cas que de 5 % des femmes au foyer. De tous les substantifs invoqués par les personnes interrogées pour désigner les éléments à leurs yeux constitutifs du bonheur, le mot « travail » arrive en deuxième position, loin derrière la santé mais toujours devant la famille, l'argent, les enfants, l'amour, le couple, l'entente. Travail et bonheur ne semblent donc pas faire si mauvais ménage puisque, dans l'immense majorité des cas (98 %), la référence au travail est positive : infime est en effet la proportion de ceux qui l'invoquent sous la forme négative d'un rejet (moins de 2 %).

La contribution, positive ou négative, du travail au bonheur ne peut se comprendre que sur le fond de carte des différences de conception « philosophique » dont nous avons parlé. Pour les uns, « avoir un travail », « avoir du travail » est une condition nécessaire pour accéder au bonheur, tandis que pour ceux qui disposent déjà dans la vie de ressources suffisantes et multiples, « travailler » est une activité qui constitue seulement l'une des composantes d'un bonheur conçu comme un état ou comme un acte de construction volontaire. Une fleur parmi d'autres au sein d'un bouquet déjà largement garni. Condition *sine qua non* ou simple composante sont les deux modalités de la contribution du travail au bonheur, telles qu'elles apparaissent avec netteté dans l'analyse.

De fait, les sens du mot « travail » et de ses synonymes varient fortement selon la position de ceux qui les invoquent. Répondre « avoir du travail », comme le font 46 % des personnes utilisant le terme « travail » dans leur réponse, c'est tenir le travail comme un simple synonyme de l'emploi en privilégiant le statut social qu'il confère en même temps que la source de revenu qu'il procure indépendamment de son contenu. Répondre « le travail » (30 %) est déjà plus ambigu. C'est du côté des catégories les plus privées de travail (les jeunes) et les plus exposées au chômage (chômeurs, précaires et ouvriers) que culmine l'usage du terme « travail ». Ces mêmes catégories parlent aussi d'« emploi » et de « boulot » : reprendre ainsi à son compte les appellations officielles ou une désignation péjorative traduit l'intériorisation d'un statut d'infériorité. Le demandeur d'emploi est aussi candidat à un petit boulot et s'oppose au détenteur d'un métier ou d'une profession. Ce point de vue exprimé est cohérent avec tout ce que les chômeurs disent sur le travail.

Autre chose est d'évoquer le travail en termes de « métier », de « profession », de « vie professionnelle », de le qualifier comme une source d'épanouissement (« se sentir bien dans son travail », « être heureux dans son travail », « avoir un travail motivant ») ou comme l'une, parmi d'autres, des multiples composantes du bonheur considéré comme une harmonie subtile entre diverses grandeurs. Ces usages sont plus fréquents parmi les catégories les plus riches et les plus diplômées (4 % contre 1 % parmi les employés et ouvriers). Plus on s'enrichit en biens de toutes sortes (revenus, famille, enfants, travail « enrichissant ») et plus nombreuses sont sur la terre les sources de bonheur alors que pour ceux qui n'ont rien, le travail est encore le bien minimal, la première marche à laquelle ils aspirent à accéder.

« Qui parle de bonheur a souvent les yeux tristes... »

Ce sont les catégories dont les conditions de travail sont les plus pénibles, les rémunérations les plus faibles et les risques de chômage les plus forts qui font du travail l'une des conditions essentielles du bonheur[1]. En raisonnant toutes choses égales par ailleurs, et en limi-

1. La fréquence élevée du mot « travail » parmi les enquêtés les plus démunis culturellement pourrait n'avoir pour seule fin que de satisfaire, sans perdre la face, les attentes supposées de l'enquêteur chargé de faire remplir un questionnaire intitulé « Travail et mode de vie ». L'hypothèse est contredite par la faible occurrence du mot dans les réponses des agriculteurs et, à un moindre degré, des femmes – même issues de milieu populaire (toutes choses égales par ailleurs). Les chômeurs étant censés rechercher activement un emploi, l'interaction officielle avec un enquêteur perçu comme un agent de l'administration les inciterait à invoquer le travail comme une composante du bonheur afin de se donner une contenance légitime. Mais cette recherche de légitimité (dont l'importance reste d'ailleurs à évaluer) n'est pas propre à la situation d'enquête : elle joue pour les chômeurs dans beaucoup de moments de

tant l'investigation aux actifs occupés et aux chômeurs, la probabilité de citer le travail comme une condition ou un élément du bonheur apparaît dépendre de deux types de variables. Les premières, nettement liées à la position de l'individu à l'égard du travail, ont trait à la précarité et au risque, plus ou moins grand, de se retrouver au chômage. Le mot « travail » ou l'un de ses synonymes est cité par 43 % des ouvriers, contre 27 % des chefs d'entreprise, cadres et professions libérales. L'analyse ne permet pas de faire la part entre ce qui relève de la probabilité individuelle ou de la perception d'un risque collectif. Le fait que cette probabilité augmente à mesure que l'origine sociale devient plus populaire tend à donner quelque consistance à l'hypothèse d'une représentation collective propre à un groupe social. La deuxième dimension explicative relève de la position dans le cycle de vie et de la situation familiale. Elle ne joue pas de la même façon pour les hommes et pour les femmes.

Pour les hommes, la situation sociale telle qu'elle est mesurée par la catégorie socioprofessionnelle (ouvrier ou non-ouvrier) est déterminante ; le statut d'emploi ne l'est pas moins : les chômeurs (43 %) et les salariés à emploi précaire (45 %) avancent beaucoup plus souvent le travail comme une condition du bonheur que les titulaires d'emplois stables (31 %). S'ils vivent en couple, et surtout s'ils ont des enfants, les hommes invoquent moins, toutes choses égales par ailleurs, le travail comme une composante du bonheur. En revanche, chez les femmes, la profession et le diplôme exercent peu d'influence sur le fait de citer le travail comme un élément du bonheur. La valorisation du travail décroît au contraire fortement chez les femmes dès qu'elles vivent en couple et après 40 ans, à profession exercée ou diplôme égal, sans que l'on puisse savoir s'il s'agit d'un effet d'âge ou de génération. Remarquons au passage que cette différenciation sexuelle des réponses confirme bien que les conceptions personnelles du bonheur sont façonnées par ses représentations collectives légitimes.

Comment expliquer que les catégories dont les conditions de travail sont les plus pénibles et les moins gratifiantes associent plus fréquemment le bonheur au travail ? Le résultat est d'autant plus paradoxal que, d'après la même enquête, les ouvriers ne se plaignent pas d'être mis à la retraite trop tôt tandis que, partant plus tard, les cadres souhaitent plus souvent prolonger leur activité professionnelle

---

la vie quotidienne que la situation d'enquête ne fait ici que reproduire. La préoccupation « affichée » et recueillie dans le questionnaire a donc un sens et des effets hors de cette situation.

au-delà de l'âge imposé. De même, alors que la proportion de cadres et de professions intermédiaires qui citent le travail comme une composante du bonheur ne fléchit pas avec l'âge (30 % entre 25 et 34 ans, 27 % entre 35 et 49 ans, 29 % après 50 ans), employés et ouvriers sont beaucoup moins nombreux, après 50 ans, à considérer le travail comme une condition du bonheur (42 % entre 25 et 34 ans, 42 % entre 35 et 49 ans, mais 31 % après 50 ans). La tendance ici exprimée chez les hommes est de même sens chez les femmes. Pourquoi les cadres qui bénéficient de conditions de travail dans l'ensemble plus favorables sont-ils moins nombreux que les ouvriers à déclarer que le travail est une condition du bonheur alors même qu'ils éprouvent plus de difficultés à le quitter ?

L'explication la plus simple consiste à supposer qu'il en va du travail comme de toutes les composantes du bonheur : c'est son absence qui en suscite le désir et fait le mieux mesurer sa valeur, et cela d'autant plus que cette absence est subie. Aucune loi naturelle là-dedans : c'est bien parce que la représentation du bonheur est porteuse de normes efficaces que l'on ne réclame pas l'impossible – une rente à vie ou la cagnotte de la loterie nationale –, mais ce qui est probable socialement, ce qui est autorisé. On retrouve donc ici le cercle du manque décrit par les philosophes : « Celui qui désire désire une chose qui lui manque et ne désire pas ce qui ne lui manque pas. » Victor Hugo réalisant à la perte de sa fille tout le bonheur dont il se trouve soudain dépossédé exprime en un alexandrin célèbre – *Le bonheur, mon Dieu, vous me l'aviez donné* – le même sentiment que ce contremaître interrogé dans l'enquête formule plus simplement : *Il faut avoir été malheureux avant pour savoir ce qu'est être heureux.*

L'explication est convaincante pour les catégories sociales les plus exposées à la précarité et au chômage qui désirent du travail parce qu'elles en manquent ; elle permet aussi de comprendre que ce désir soit moins nettement exprimé parmi ceux qui sont assurés d'un travail stable et rémunérateur. De fait, le travail est de moins en moins mentionné à mesure qu'on s'élève dans l'échelle sociale. Mais pourquoi, alors, ne pas généraliser ce principe explicatif en l'appliquant à tous ? Ceux qui invoquent l'harmonie entre la vie professionnelle et la vie familiale, l'équilibre entre travail et vie privée, l'amour et l'amitié, la richesse d'une vie affective, une réussite professionnelle, etc., ne désirent-ils pas tous ces biens parce qu'au fond d'eux-mêmes, ils estiment qu'ils ne les ont pas ? Les désirent-ils parce qu'ils leur manquent ? Comblées par le travail, les catégories supérieures de la société seraient frustrées d'harmonie familiale et professionnelle, leur profession dévorante les empêchant de goûter aux joies de l'équilibre entre vie publique et vie privée. Les cadres et chefs d'entreprises surmenés figurant parmi ceux-là, la question mérite d'être posée.

Plutôt que de généraliser hâtivement un même raisonnement à l'ensemble de la population, mieux vaut tenir compte de ce que nous ont appris les développements précédents et tenter de trouver l'explication sur cette base. Les différentes catégories sociales, soumises à des conditions de travail et d'existence différentes, ne se font pas du bonheur les mêmes représentations. À ces différentes philosophies du bonheur centrées autour de l'avoir, de l'être et du faire, correspondent des places distinctes attribuées au travail dans la recherche du souverain bien. Condition *sine qua non* pour les uns, simple composante pour les autres.

Partant de là, il n'est plus nécessaire de supposer frustrées d'amour et d'équilibre les fractions les plus aisées de la population. Le travail étant pour elles, du moins au niveau des représentations recueillies dans le cadre de ce questionnaire, une composante du bonheur parmi d'autres, on comprend mieux pourquoi, l'âge de la retraite venant, les cadres et les professions libérales éprouvent plus de difficultés à renoncer à ce qui constitue pour eux l'un des éléments du bonheur. Dès lors au contraire que la retraite assure aux ouvriers et aux anciens chômeurs le niveau de ressources minimales qu'ils attendaient du travail, ce dernier cesse d'occuper la place fondamentale qui était la sienne dans leur conception du bonheur. Dès l'instant qu'ils l'obtiennent ou se voient allouer un statut qui leur permet d'acquérir les biens que le travail était censé leur procurer, ils cessent d'en faire une condition fondamentale.

L'accent mis sur la valeur du travail par les plus démunis, qui sont sans doute les mieux placés pour en mesurer le prix, nous rappelle paradoxalement que le travail conditionne quand même le bonheur des catégories les plus exposées aux conditions de travail et de rémunération les plus difficiles. Et que l'illusion, loin de se situer du côté des plus pauvres comme le voudraient les philosophes, pourrait bien être du côté de ceux qui, mieux pourvus en biens de toutes sortes, sont peut-être enclins à sous-estimer la part occupée par le travail dans la réalisation de leur propre bonheur.

4

Je t'aime, je te hais
(Les ambivalences du rapport au travail)

Interroger les gens sur la qualité du rapport qu'ils entretiennent avec leur travail ne va pas de soi. La première difficulté tient au caractère souvent contradictoire des situations de travail qui offrent à la fois des avantages et des inconvénients. Il est rare de pouvoir gagner sur tous les tableaux. Le travail peut être intéressant, mais mal payé ; passionnant, mais épuisant ; tranquille, mais sans perspective de promotion ; intéressant, mais menacé ; dur, pénible et ingrat, mais bien payé. Il suffit d'un chef insupportable ou de rythmes de travail trop élevés pour gâcher le plaisir qu'on pourrait prendre à l'exécution de certaines tâches. Le « travail » ne constitue pas non plus pour un individu donné une réalité qui demeurerait intangible tout au long de la vie. Le travail change, on change de travail. De sorte que le jugement d'ensemble auquel le questionnaire invite à procéder est toujours soumis à la difficulté qu'éprouve la personne interrogée à faire la part entre tous ces facteurs.

C'est pourquoi nous avons multiplié les approches : de grandes questions synthétiques pour dresser un bilan global des satisfactions et insatisfactions au travail, un inventaire minutieux des conditions d'emploi et de travail et des analyses de quelques entretiens précis pour comprendre les ambivalences des rapports au travail.

Le bonheur est en haut et le malheur en bas

Commençons par examiner, sur la base des réponses à l'enquête, les relations entre les jugements portés par les individus sur leur travail et quelques caractéristiques majeures permettant de situer leur position dans la hiérarchie sociale : la profession, le niveau d'instruction et le salaire. Ces jugements, très généraux, avaient pour objet de saisir, en variant les approches, des degrés et des motifs de satisfaction ou d'insatisfaction.

La question la plus synthétique était posée à la fin. C'était aussi la plus directe. Après avoir soumis pendant une demi-heure les personnes interrogées à une batterie de questions passant en revue les différents aspects de leur profession, recueilli leurs points de vue sur leurs conditions de travail et de rémunération ainsi que sur leur vie hors travail, on leur demandait de dresser un bilan d'ensemble de leurs satisfactions et insatisfactions au travail[1]. Située en fin de questionnaire, elle invitait la personne interrogée à faire la synthèse de toutes les réponses qu'elle venait de donner sur des aspects précis de son travail. L'appréciation demandée n'était pas sollicitée dans l'abstrait ni à brûle-pourpoint. Le recours mécanique à la réponse stéréotypée ne s'imposait pas.

Les réponses obtenues divisent la population de notre échantillon en deux parties égales : 50 % des personnes interrogées déclarent que, tout compte fait, les motifs de satisfaction l'emportent sur les motifs d'insatisfaction. Cette moitié de travailleurs satisfaits ne se recrute pas de façon aléatoire au sein de toutes les catégories socioprofessionnelles. La part des personnes dressant « un bilan globalement positif » de leur expérience croît fortement à mesure qu'on gravit les degrés de la hiérarchie sociale, les grades du cursus académique et les barreaux de l'échelle des rémunérations. Pour près de 70 % des cadres, les motifs de satisfaction l'emportent ; ce n'est le cas que de 30 % des ouvriers non qualifiés. Outre les manifestations d'allégresse exprimées par les quelques ecclésiastiques interrogés dans l'enquête[2], c'est parmi les professions de l'information, des arts et des spectacles, les chefs d'entreprises de plus de dix salariés et les cadres supérieurs du public que les motifs de satisfaction l'emportent le plus sur les motifs d'insatisfaction : plus de sept sur dix. À l'autre bout de l'échelle, les ouvriers non qualifiés de l'industrie, les agriculteurs, les ouvriers de la manutention et les chauffeurs sont les

---

1. La question était formulée ainsi : « Finalement, qu'est-ce qui l'emporte dans votre travail : 1. Les motifs de satisfaction, 2. Les motifs d'insatisfaction, 3. Les uns et les autres s'équilibrent à peu près ? »

2. Trop peu nombreux dans l'échantillon pour que l'expression du plaisir exprimé dans l'exercice de leur ministère puisse être considérée comme significatif. Nous avons toutefois laissé la catégorie « clergé » à la place que le traitement statistique lui a attribuée parce que, nous le verrons, les appréciations portées par les individus sur leur travail ne sont pas indépendantes des appartenances religieuses.

catégories où les travailleurs globalement satisfaits sont minoritaires puisque, dans le meilleur des cas, ils ne représentent qu'un tiers des effectifs. Entre ces deux extrêmes, les autres catégories s'étagent en ordre de satisfaction globale décroissant dans le strict respect de la hiérarchie sociale : les professions intellectuelles et d'encadrement se déclarent toujours plus satisfaites que les personnels d'exécution et les travailleurs manuels. Dans l'univers ouvrier, contremaîtres et ouvriers qualifiés déclarent retirer de leur travail plus de sources de satisfaction que les non-qualifiés, le fossé séparant les uns et les autres étant maximal dans l'industrie alors qu'il est faible dans les structures de type artisanal. Les indépendants sont très divisés sous ce rapport puisque la part d'agriculteurs satisfaits, l'une des plus faibles[1], est très proche de celle des ouvriers non qualifiés de l'industrie, tandis que celle des artisans et des commerçants se déclarant satisfaits est très légèrement supérieure à la moyenne (voir graphique p. 74).

La proportion d'individus estimant que les motifs de satisfaction l'emportent sur les autres croît aussi régulièrement à mesure que s'élèvent le diplôme et le salaire mensuel. C'est au-dessus de 8 600 francs par mois, à partir du niveau bac + 2 et dès lors que le statut de cadre, moyen ou supérieur, est atteint que la satisfaction l'emporte sur l'insatisfaction pour plus d'un salarié sur deux. Quel que soit le critère retenu pour identifier la position sociale, le résultat est le même : c'est au sommet de la hiérarchie sociale que l'on se déclare le plus satisfait de son travail.

Nombre de variables qui, sollicitant un jugement général, permettent d'identifier un rapport plus ou moins heureux au travail affichent des distributions aussi ordonnées selon les degrés de la hiérarchie sociale. Le « sentiment d'être exploité », l'impression de ne constituer qu'un rouage interchangeable dans l'immense machine de la production nationale (« ce que je fais, tout le monde pourrait le faire »), l'impression que le mot « galère décrit bien ma situation professionnelle » vont croissant à mesure qu'on va de l'univers des cadres, des travailleurs intellectuels, des hauts salaires et des hauts diplômes vers le monde professionnel des employés et des ouvriers. Le bonheur est en haut et le malheur en bas.

La force du lien ainsi manifesté entre degré de satisfaction et statut social incite à dresser le répertoire des caractéristiques objectives du travail propres aux différentes professions et à établir sur cette base un bilan des plaisirs et des peines liés au travail. D'un côté l'au-

1. L'enquête est pourtant antérieure à l'épidémie de la vache folle.

« Finalement, qu'est-ce qui l'emporte dans votre travail ? : 1. Les motifs de satisfaction ; 2. Les motifs d'insatisfaction ; 3. Les uns et les autres s'équilibrent à peu près ? »

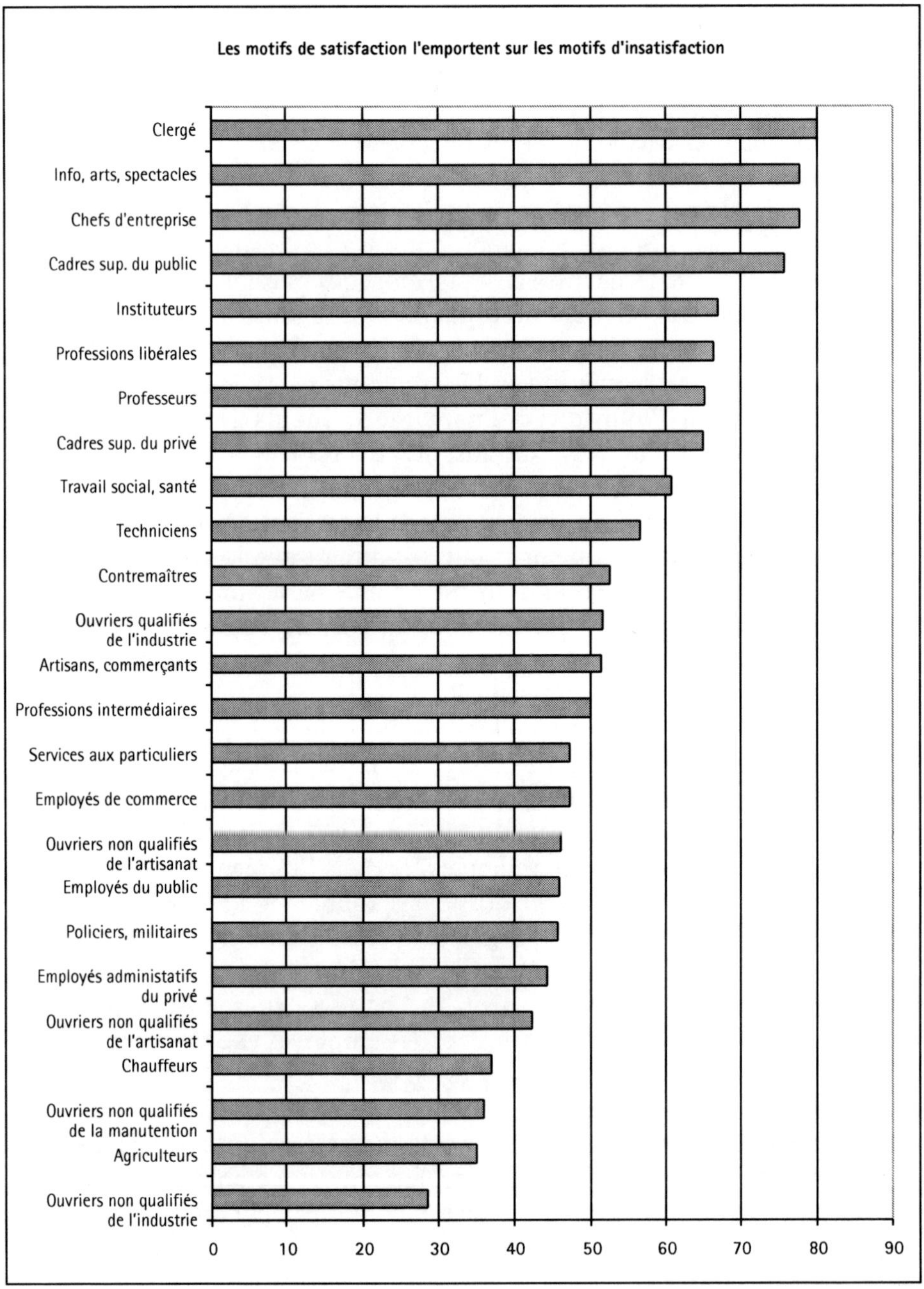

tonomie, le libre exercice de ses compétences, le fait de se sentir utile, l'occasion de sortir de chez soi. De l'autre, le poids de la hiérarchie, la pression, l'urgence, l'absence de concertation, les rapports conflictuels avec les collègues ou les clients, l'insuffisance de la rémunération, les horaires incommodes qui perturbent la vie familiale. Un tel partage des conditions de travail, entendues au sens le plus large du terme, explique à première vue l'essentiel des écarts de satisfaction entre les groupes socioprofessionnels.

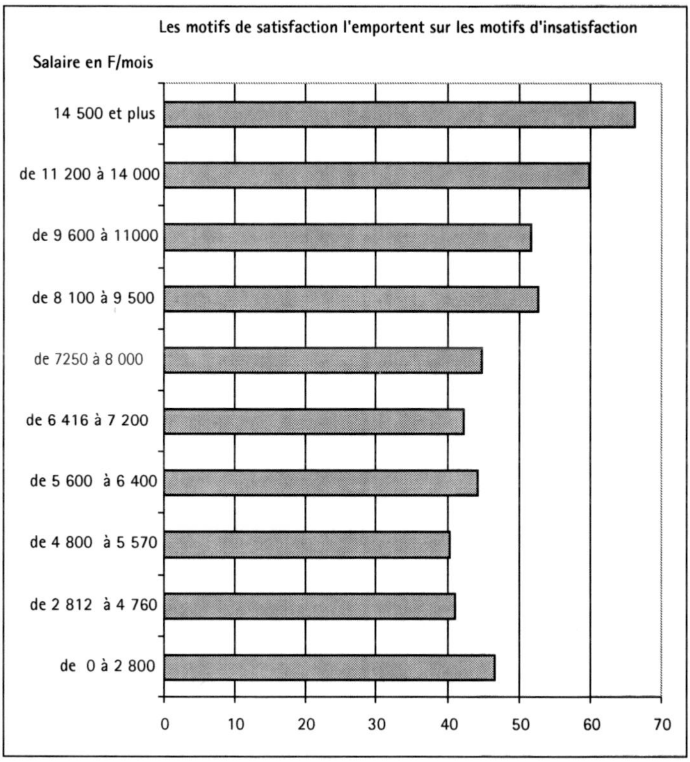

On doit, face à des questions aussi globales, s'interroger sur la valeur et la signification des réponses recueillies. L'attitude légitime est d'aimer son travail. S'en plaindre et reconnaître qu'on n'y trouve pas de satisfaction est une attitude plus difficile à tenir face à l'enquêteur que de s'estimer content et passer à autre chose. Le cadre d'une interaction officielle avec une enquêtrice dépêchée par l'administration n'est guère propice à l'énoncé des griefs ou frustrations personnels. L'attitude la plus pratique, pour sauver la face, est l'esquive. On élude le contenu de la question en se déclarant satisfait, de même que dans la vie courante, la réponse normale à la question « Comment allez-vous ? » est la plupart du temps « Très bien merci ! », quel que soit l'état réel de sa santé. Beaucoup de réponses à nos questions sont manifestement victimes de ce biais « légitimiste ». Ainsi, près des deux tiers des travailleurs interrogés déclarent rester au travail après l'heure « de leur plein gré », 68 % affirment « s'impliquer beaucoup » dans leur activité professionnelle parce que « ça les intéresse », 84 % ont « l'impression de faire quelque chose d'utile aux autres », 92 % affirment éprouver « la fierté du travail bien fait ». Face à des scores aussi stakhanovistes, en grande partie provoqués par la formulation des questions et la situation d'enquête, le sociologue accorde moins d'attention aux niveaux déclarés qu'aux écarts enregistrés entre les différentes catégories d'enquêtés. Il prend acte en même temps de l'existence d'une norme qui, si elle n'impose pas nécessairement d'afficher un rapport positif et heureux à son emploi, incite pourtant à ne pas faire état publiquement de ses souffrances ou d'un rapport trop malheureux à son travail. À preuve l'infime proportion de personnes (6 %) ayant choisi de répondre que c'étaient « les motifs d'insatisfaction qui finalement l'emportaient », les 44 % restants s'étant prudemment réfugiés dans la réponse « motifs de satisfaction et d'insatisfaction s'équilibrent à peu près ».

Quelques contradictions

La surestimation évidente du plaisir éprouvé au travail qui se manifeste dans ces jugements d'ensemble se trouve sérieusement corrigée par d'autres réponses. L'investissement dans le travail et l'activité professionnelle étant si élevé, on est en droit de s'attendre à ce que tous ces forçats volontaires éprouvent quelques craintes à l'idée de se retrouver privés, un jour et une fois pour toutes, de cette source de bonheur. La retraite, cette mort sociale, devrait, en toute logique, représenter pour l'immense majorité un véritable enfer. Or, il n'en est rien : 70 % la considèrent comme un repos bien mérité, 77 % comme une occasion de s'engager dans de nouvelles activités ou de faire ce qu'on n'avait pas eu le temps de faire ; 85 % refusent de l'envisager comme une période où l'on risque de s'ennuyer, 88 % comme une période où l'on risque de souffrir de la solitude ou de se sentir inutile. Contents de travailler, ils le sont aussi à la perspective d'arrêter de travailler.

Globalement satisfaits à raison de un sur deux, ils le sont beaucoup moins dès lors que le jugement ne porte plus sur l'ensemble mais sur des aspects plus précis de leur situation de travail. Ainsi, les différents indicateurs de satisfaction retenus dans l'enquête sont loin d'être tous corrélés entre eux. Certains, dont on pensait *a priori* qu'ils seraient orientés dans le même sens, divergent. Des formes de bien-être ou de bonheur en toute logique difficilement compatibles se révèlent statistiquement conciliables ; ainsi, vivre son travail comme une aventure n'empêche nullement de juger ses horaires commodes : la probabilité n'en est ni augmentée ni diminuée. Parmi ceux qui déclarent que le terme « passion » décrit bien leur situation professionnelle, 12 % s'impliquent peu ou juste ce qu'il faut, 13 % se reconnaissent aussi dans le terme « jungle », 15 % dans le terme « galère », 22 % considèrent que « ce qu'ils font, n'importe qui pourrait le faire », 24 % estiment n'être pas « reconnus à leur juste valeur », 27 % s'estiment souvent ou parfois dépassés dans leur travail, 30 % estiment que les motifs de satisfaction ne l'emportent pas sur les motifs d'insatisfaction, 31 % se considèrent mal ou très mal payés, 33 % ont le sentiment d'être exploités et 53 % ne souhaitent pas que leurs enfants s'engagent dans la même activité qu'eux.

De même, parmi ceux qui souhaitent que leurs enfants s'engagent dans la même activité qu'eux, 12 % reconnaissent que les termes de « galère » et de « jungle » décrivent bien leur situation de travail, 16 % déclarent s'impliquer « jusque ce qu'il faut », 18 % considèrent que « ce qu'ils font, n'importe qui pourrait le faire », 25 % s'estiment mal et très mal payés, 27 % pas reconnus à leur juste valeur, 27 % aussi être exploités.

Globalement satisfaits, ils se disent ainsi localement plus malheureux.

Les ambivalences du rapport au travail

Face à des réponses aussi contradictoires, on peut être tenté de faire la part entre les bonnes et les mauvaises questions, ou, ce qui revient au même, de supposer chez les personnes interrogées des degrés différents de sincérité. Fausse piste ! Plutôt que de s'en prendre au caractère irrationnel ou incohérent des enquêtés et de les suspecter de répondre n'importe quoi, mieux vaut d'abord chercher à comprendre les raisons de ces contradictions. Si les réponses sur la qualité du rapport au travail sont aussi contradictoires, c'est que le travail est en soi une réalité sociale contradictoire.

Tous les aspects du travail sont ambivalents. L'analyse de quelques entretiens le montre. Une même condition objective de travail pourra ainsi être jugée très négativement par certains, quand d'autres lui trouveront un sens positif. Certains petits indépendants, par exemple, considèrent que travailler de manière autonome, « sans patron », constitue une source de satisfaction au travail. C'est le cas de Jean-François J., un jeune viticulteur de la région de Cognac[1] :

– Je ne regrette pas d'avoir choisi le métier d'agriculteur. Même si ça va pas... On est libre.

– *Libre...*

– Quoi, on fait ce qu'on veut, je veux dire. Aujourd'hui j'aurais été à l'usine, vous m'auriez demandé un entretien, je ne pouvais pas. Là, bon, aujourd'hui, vous m'avez téléphoné, bon, pas de problème ! Si je vous ai dit en début d'après-midi, c'est parce qu'il fait chaud, ça fait pause.

– *Travailler dehors en plein été ça doit être...*

– On embauche pas à 2 heures, on embauche plus tard quoi, bon les ouvriers agricoles, c'est l'heure, c'est l'heure... Ils y vont, hein. Tandis que nous **on est le patron, on fait ce qu'on veut, c'est ça l'avantage quoi.** Enfin on le paye cher, on travaille tout le temps. Dans mon cas, je travaille tout le temps, tout le temps et puis ben, là, ça donnait, on gagne autant qu'un RMI... Enfin, bon, on le choisit avec, après quand un jour ça repartira...

L'absence de réaction de subordination au travail est mise en avant par ce jeune viticulteur comme une source de satisfaction en soi : cette situation est assimilée à « l'indépendance », une certaine qualité de vie, synonyme de liberté. Mais à côté de ces éléments de satisfaction au travail se profile immédiatement une contrepartie qui paraît fort coûteuse : travailler énormément et, dans le cas de Jean-François, pour un revenu faible. D'autres viticulteurs recourent au contraire au vocabulaire de l'isolement pour décrire des conditions de travail semblables : ils soulignent alors les aspects négatifs de cette même situation. C'est le cas de Sonia S., une jeune viticultrice de 24 ans, à son compte depuis deux ans :

1. Entretien réalisé par Céline Bessière dans le cadre d'une thèse de sociologie en cours.

> Je sors un peu des vignes de temps en temps, parce qu'on est très seul. C'est pour ça qu'il ne faut pas tomber non plus dans l'excès. Moi, l'année dernière, j'avais tendance à… c'est tout nouveau tout beau à me renfermer un petit peu, à être devant mon pied de vigne et puis ne plus sortir. Au fil des mois, on n'a plus envie de voir les autres… On n'a plus de vie sociale. Faut se forcer, allez je reprends une activité sportive ou je fais partie de telle association pour rencontrer des gens. Parce qu'à un moment donné, on fait plus partie de rien, parce qu'y a le boulot qui est très prenant, parce que quand on débute en plus, on se donne pas le droit à l'erreur. Moi je m'imposais des horaires vachement stricts, des horaires tac tac tac, parce que **quand on a pas de patron, c'est pas évident de se prendre en main.** Si on s'écoute, on y va pas, alors si on fait ça tous les jours, au bout de quelques mois, y a rien qui s'est fait, ça va plus là. Donc, au fil des semaines, ben on est là, dans son pied de vigne, dans son rang de vigne et on voit plus personne et on a plus envie. Alors là, on est renfermé, bonnet sur les oreilles, et ben ça c'est pas bon, c'est pas bon du tout. Donc là je fais du sport, je fais partie d'associations, je bouge un petit peu…

L'autonomie et l'indépendance constituent *a priori* des conditions de travail agréables. Un agent d'entretien salarié dans une HLM de la banlieue parisienne travaille la plupart du temps seul et souligne combien il apprécie de « ne pas avoir de patron sur le dos » en permanence : travailler seul, de façon autonome, est dans son cas le signe de la confiance que lui porte son employeur, qui est valorisante pour lui-même. Pourtant cet aspect des conditions de travail hautement valorisé par certains devient, pour cette jeune viticultrice qui débute, une difficulté supplémentaire : elle doit s'imposer une discipline très forte, se fixer des objectifs pour se lever chaque matin et avancer dans son travail (ici elle comptabilise les rangs de vigne) – il faut « se prendre en main », « ne pas se laisser aller ». C'est une forme d'auto-exploitation qui peut être aussi pénible que lorsque le travail est imposé de l'extérieur.

Or, ce travail sur soi, cette domestication du corps et cette exigence vis-à-vis d'elle-même, la conduisent à un enfermement, à un isolement croissant dans son travail. Lors de la conception du questionnaire, nous avions sous-estimé la solitude comme facteur d'insatisfaction au travail. Seuls les éléments positifs de l'autonomie avaient été retenus : « avoir une grande liberté dans son travail », « choisir l'ordre de ses tâches », « son rythme de travail »[1]. Nous supposions que l'accès à

1. Seule la première question ouverte – « Qu'est-ce qui est pour vous le plus important pour être heureux ? » – nous renvoie le thème de la solitude à travers les réponses caractéristiques des commerçants : « Ne pas être seul (e). »

l'indépendance contribuait, en tant que tel, à produire un rapport plus heureux au travail : or, cette expérience est loin d'être vécue par tous comme un bienfait, l'entretien avec Sonia S. nous le rappelle. On peut faire l'hypothèse que ces difficultés rencontrées par Sonia sont symptomatiques d'un début de vie professionnelle en tant que viticultrice. Pour l'instant Sonia est, effectivement, complètement seule dans son travail. Dans quelques années, elle aura peut-être rompu ce cercle vicieux de l'isolement en s'engageant dans des instances professionnelles (ce qu'elle commence déjà à faire), ou en embauchant des ouvriers agricoles (si son exploitation fonctionne bien), ou par la force de l'habitude. La solitude, dont elle souffre aujourd'hui, peut en effet se convertir en une satisfaction au travail, comme dans le cas de Colette C., viticultrice elle aussi, mais issue de la génération précédente (elle a 54 ans) et qui fait l'éloge du travail solitaire dans la vigne comme un lieu de réflexion propice au travail sur soi[1].

> J'suis toujours seule. Je pense, à toute allure. Ça peut être à des choses : la réunion d'hier soir [*Colette cumule un grand nombre de responsabilités politiques et touristiques au sein de sa commune*], réfléchir à la réunion d'hier soir ou préparer celle de ce soir, dans ma tête. Ça peut être aussi une rengaine qui me trotte dans la tête tranquillement comme ça, dont j'arrive pas à me défaire d'ailleurs, qui m'empêche à me concentrer sur un sujet que je voudrais approfondir, mais je n'y arrive pas, parce que j'ai une rengaine dans la tête. Mais je ne m'ennuie jamais, jamais [...].

Ainsi, les mêmes conditions de travail sont vécues par certains comme des sources de plaisir, alors qu'elles sont insoutenables pour d'autres. Mieux, une même personne pourra considérer tel aspect de son travail comme une source de joie et de difficultés à la fois. Nous en donnerons ici deux exemples.

Le premier provient d'un entretien avec une jeune infirmière, Nadia N., qui parle ainsi de ses relations avec les malades[2] :

> C'est très riche, et puis... ce qui est difficile c'est d'arriver à mettre des barrières. Quand même on est obligé, mais l'affinité, bon ben... elle se crée plus ou moins, et on l'a forcément avec telle ou telle personne ; avec certains malades plus qu'avec d'autres mais ça bon [...]. C'est un

1. Entretien réalisé par Céline Bessière, dans le cadre d'une thèse de sociologie en cours.

2. Entretien réalisé par Céline Bessière dans le cadre de l'enquête.

> métier enrichissant. Alors, là, vraiment, je ne peux pas dire. On reçoit... On donne beaucoup, mais on reçoit énormément. [...] Mais il faut savoir mettre des barrières, parce qu'à des moments, si on s'investit trop dans une relation, elle devient néfaste plus que positive. [...] C'est difficile de prendre du recul parce que, parfois, on entre dans une relation, et on ne s'en rend pas compte finalement. Ça arrive des fois qu'on a du mal à couper, mais je pense que j'arrive assez bien à... quand je passe la porte de l'hôpital à arriver à couper, mettre des barrières, à oublier un peu le travail, il faut, hein, parce que sinon (*soupir*), on s'en sort plus quoi. Bon, c'est difficile, c'est pas toujours facile, on y arrive pas toujours. Exemple : on fait un soir-matin, y a eu du travail, le soir en rentrant à la maison, ça nous arrive bien, on s'allonge dans le lit et on se dit, mince est-ce que j'ai bien fait ça ? est-ce qu'elle aura bien compris ? On rappelle la collègue, ça arrive, encore... mais il faut essayer, je pense, de mettre des barrières, parce que sinon, on empiète sur notre vie familiale.

Tout le pan relationnel du travail de l'infirmière apparaît comme une source intense de plaisir au travail pour Nadia : le contact, la relation personnelle d'individu à individu (et non pas seulement d'infirmière à malade) sont perçus comme des éléments majeurs de satisfaction et d'investissement au travail. Nadia parle même d'une « vocation » qui s'enracinerait dans la relation enchantée qu'elle aurait nouée, enfant, avec une infirmière au moment d'un séjour à l'hôpital. En même temps, la relation avec les malades apparaît comme l'un des aspects de son travail qui engendre de nombreux problèmes et frustrations. Il faut gérer la distance au malade, ne pas trop s'investir, pour éviter que le travail ne soit trop envahissant dans la vie privée. Le même aspect du travail procure à la fois jouissance et frustrations.

Le second exemple est issu d'un entretien avec une pâtissière du Jura[1]. Christiane C. évoque longuement, face à l'enquêteur, la question des horaires de travail. En tant qu'indépendante, elle bénéficie d'horaires souples et apprécie de pouvoir faire ses courses au supermarché ou dans les boutiques de proximité pendant ses heures de travail. Mais ce n'est que pour mieux souligner la lourdeur de ses journées à la boutique :

> Moi, je viens pour 8 heures. Mon mari, lui, travaille à 2 heures du matin, donc il vient à 2 heures, tout dépend le travail qu'il a 2 heures moins le quart, 2 heures, 2 heures et quart, c'est à peu près sa fourchette de travail. Il travaille jusqu'à midi, et puis il retravaille parfois sur le soir,

1. Entretien réalisé par Xavier Roux dans le cadre de l'enquête.

quand il y a besoin. Bon, c'est vrai que c'est assez irrégulier, mais en moyenne, lui, il fait à peu près 70 à 80 heures par semaine, et moi 70 heures. Bon, lui il est toujours au travail, je veux dire du moment où il est là-haut, c'est pour travailler, moi je fais beaucoup d'heures de présence. Je suis pas toujours au travail, mais je suis toujours là, j'ai du mal à m'absenter par rapport à la clientèle.

Si Christiane ou son mari ne sont pas à un quart d'heure près à l'embauche, cet élément de satisfaction – la souplesse des horaires – doit être, on le voit, largement relativisé par le poids de la journée de travail. Or, l'argument récurrent pour expliquer que le travail absorbe presque tout le temps – très peu de vacances, une journée de répit par semaine et des journées très longues – consiste à affirmer que la survie économique est à ce prix. Se dégage donc de ces propos l'idée qu'il y a un seuil de travail extrêmement élevé en deçà duquel l'affaire ne marcherait plus. La question des horaires cristallise à elle seule les éléments de satisfaction et d'insatisfaction au travail.

« Ce que je fais, n'importe qui pourrait le faire »

La multiplicité des sources de satisfaction et d'insatisfaction associées à la vie professionnelle s'ajoute à la grande variabilité de la façon dont les différents individus hiérarchisent ces sources de satisfaction et d'insatisfaction. Rien d'étonnant alors si certains des indicateurs de satisfaction retenus dans l'enquête se sont révélés ambigus. La réponse apportée signifiait parfois le contraire de la signification qu'on lui supposait.

Des observations relevées lors de la soumission du questionnaire ont révélé bien des surprises. Deux personnes ont ainsi entendu la même question dans des sens radicalement opposés : « Vous arrive-t-il d'éprouver dans votre travail l'impression que ce que vous faites, n'importe qui pourrait le faire ? » Le libellé de cette question nous avait été suggéré par un sociologue enquêtant parmi des chauffeurs d'autobus de la banlieue parisienne. S'exprimait dans cette formule, très répandue à la RATP, le sentiment assez dévalorisant d'accomplir un travail qui ne réclame pas de qualifications rares (conduire) et qui condamne ceux qui l'exercent à se considérer comme des pions interchangeables[1].

1. Céline Bessière et Frédérique Houseaux, « Suivre des enquêteurs », *Genèses*, n° 29, décembre 1997.

Ce libellé permettait de condenser, de façon économique et concrète, un très grand nombre d'attitudes que nous avions rencontrées chez d'autres travailleurs et qui exprimaient, souvent douloureusement, le sentiment de leur interchangeabilité permanente. Elle avait aussi le mérite de pouvoir s'opposer aux attitudes inverses, plus fréquentes chez les salariés plus qualifiés ou diplômés, au sein desquelles la fierté que tire le travailleur de son travail provient de la rareté et de la complexité de sa qualification ou de la nature de son travail. C'est ce que signifiaient des formules comme « l'impression d'être reconnu à sa juste valeur », « imprimer une marque personnelle », « exercer une influence sur le cours des choses », « le plaisir de contempler les produits ou les résultats de mon travail », recueillies au cours des entretiens préliminaires à la fabrication du questionnaire.

Dans notre esprit, répondre « non » à la question « Vous arrive-t-il d'éprouver dans votre travail l'impression que ce que vous faites, n'importe qui pourrait le faire ? » était le signe que l'enquêté se trouvait sinon valorisé dans son travail, du moins assez reconnu dans l'individualité de sa contribution pour exister en tant que personne sur la scène du travail. Au contraire, nous nous attendions à ce que les réponses « oui » soient le fait de personnes qui avaient le sentiment d'être traitées comme des « rouages anonymes », c'est-à-dire des travailleurs qui pensaient faire un travail tellement peu qualifié qu'ils pourraient être remplacés par n'importe qui et n'importe quand. Or, au cours de l'enquête, nous avons rencontré deux femmes de ménage qui nous ont répondu l'une « oui » et l'autre « non » dans un sens totalement différent de celui que nous avions envisagé. Pour l'une, la réponse à cette question fut : « Non, tout le monde ne pourrait pas faire ce que je fais, *parce que c'est un travail tellement éprouvant que tout le monde ne le supporterait pas.* » Le sens qu'elle attribuait à son « non » visait à souligner le caractère particulièrement dégradant de sa tâche. Être irremplaçable signifiait pour elle qu'elle était la seule personne descendue assez bas pour accepter ce travail, refusé par toutes les autres en raison de la déconsidération qui lui était associée.

Pour l'autre femme de ménage au contraire, la réponse fut : « Oui, c'est un travail normal, je suis comme une autre ! » Son « oui » avait un sens radicalement opposé à celui que nous lui supposions en formulant la question. La banalité de la tâche, son caractère interchangeable étaient perçus comme des qualités ; cela signifiait qu'elle avait enfin accédé à un poste ordinaire du marché du travail et que loin d'être perçu comme un travail dévalorisant, son emploi était à ses yeux aussi honorable qu'un autre. Si n'importe qui peut faire ce travail, c'est bien que cet emploi est un emploi « normal », c'est-à-dire gratifiant dans un milieu social toujours guetté par la précarisation.

Ce sont en grande partie leurs conditions de femmes de ménage qui conduisent ces deux femmes à donner à cette expression un sens différent de celui des chauffeurs d'autobus. Ces conditions de travail difficiles amènent en effet l'une d'entre elles à trouver une identité valorisante là où certains, mieux servis, n'y verraient que dégradation de l'individu. Tandis que l'autre transforme en stigmate ce que les chauffeurs considèrent comme la reconnaissance d'une qualification.

Ces deux réponses ont inversé la signification de la réponse attendue. Il semble cependant que la majeure partie des enquêtés avaient compris la question dans le sens que nous lui avions donné, et que la réponse « oui » signalait de l'insatisfaction.

Selon la nature ou l'absence du travail exercé, de larges variations se font jour sur les aspects considérés comme déterminants : en avoir ou pas, rémunération, reconnaissance sociale, intérêt du travail, etc. L'ambivalence est au cœur de la réalité : un même travail est pour les mêmes travailleurs source de bonheur et de malheur, d'exploitation et de libération.

Plusieurs enseignements se dégagent de ce premier contact avec les données de l'enquête. Pour être heureux au travail, mieux vaut être bien payé, cadre et diplômé qu'ouvrier non qualifié. C'est le résultat, relativement attendu, de la réponse à la question invitant à dresser un bilan des satisfactions et des insatisfactions au travail. Il existe pourtant dans tous les métiers et dans toutes les catégories professionnelles des individus qui entretiennent un rapport heureux avec leur travail et d'autres pour qui ce rapport est plutôt difficile et malheureux. Il est donc impossible de réduire un rapport heureux ou malheureux au travail à un indicateur unique et général de satisfaction. Globalement heureuse ou malheureuse, la relation au travail est toujours ambivalente. Il n'existe pas de relation mécanique entre une condition de travail et un degré de satisfaction.

Mieux vaut alors, pour chercher à épouser les contours très contradictoires des relations au travail, multiplier les approches – questionnaires et entretiens –, alterner les questions d'ensemble avec d'autres portant sur des situations plus locales, user d'interrogations directes et emprunter parfois des chemins plus détournés.

5

Réaliser ses aspirations, le secret du bonheur ?
(Rapport au travail et trajectoire sociale)

Une des pistes qui s'offre à nous pour rendre compte des contradictions multiples des rapports au travail consiste à faire le lien entre la trajectoire sociale des individus et les perceptions, heureuses ou malheureuses, qu'ils ont de leur travail. En fonction de son origine sociale et de son parcours, chacun est amené à se forger une image de lui-même, de son statut, de la place qu'il doit occuper dans l'espace social et professionnel. Lorsque le travail procure une identité sociale qui n'est pas conforme aux attentes personnelles, familiales ou plus généralement de son groupe d'origine, il peut être source d'insatisfaction. *A contrario*, lorsque les aspirations de l'individu se réalisent dans la profession exercée, le travail peut davantage être une source de plaisir : la profession correspond alors à ce que l'individu était « en droit » d'attendre étant donné son parcours.

Ainsi, le même travail, quel qu'il soit, ne procurera pas les mêmes satisfactions à ceux qui y échoueront, faute de mieux, à la suite d'une vocation contrariée, et à ceux pour qui il représente un objectif optimal désiré depuis longtemps. Étudiant l'univers professionnel des aides-soignantes, Anne-Marie Arborio[1] a montré comment le plus bas degré professionnel des tâches hospitalières s'est historiquement constitué de façon négative, à partir des sous-produits des travaux médicaux et infirmiers dont se sont progressivement débarrassés les corps hospitaliers établis. Ce *dirty work* construit à partir de rebuts, peut néanmoins constituer un véritable métier et un statut socioprofessionnel valorisant pour des femmes d'origine populaire dont les horizons professionnels sont bornés par le statut de femme au foyer, de caissière

1. Anne-Marie Arborio, *Un personnel invisible. Les aides-soignantes à l'hôpital*, Paris, Anthropos, 2001.

dans une grande surface, de femme de ménage dans une entreprise ou chez des particuliers. Le bonheur et le malheur au travail – pour un même emploi occupé – ne peuvent donc pas être analysés indépendamment de la trajectoire sociale des individus. Un travail pourra satisfaire celui pour qui il représente ce qu'il pouvait espérer de mieux. Il mécontentera celui qui le vivra comme un déclassement[1].

La prise en compte des trajectoires

Pour comprendre le rapport au travail d'un individu, on doit donc faire référence à un ensemble de variables permettant de cerner son identité sociale et la façon dont elle s'est construite – ses expériences professionnelles passées mais aussi son origine sociale, sa configuration familiale, son parcours scolaire, le statut du conjoint, le statut des frères et sœurs. Or, à lui seul, le questionnaire permet difficilement une analyse en termes de trajectoire, même si un certain nombre de questions invitent la personne interrogée à se situer dans le temps[2].

Ainsi, à travers ses réponses au questionnaire, Dominique D., un carrossier-peintre de 42 ans, paraît avoir un rapport au travail ambigu. D'un côté, il déclare que son travail est pour lui une passion, qu'il lui permet de rester dans le coup, qu'il reste s'il le faut de plein gré le soir, qu'il travaille en équipe, est écouté et l'apprécie... En même temps, il semble connaître un certain désinvestissement professionnel : il s'implique juste ce qu'il faut, ne travaille jamais à un rythme élevé, a le sentiment d'être exploité. Comment comprendre *ensemble* les facettes contrastées de sa relation au travail ? La seule indication dont on dispose à partir du questionnaire est le fait que sa situation de travail s'est dégradée : il a connu plusieurs périodes de chômage.

---

1. Ces rapports au travail influent sur la santé psychique et sur certains aspects de la santé physique fortement liés au psychisme. Toutes choses égales par ailleurs, avoir choisi la profession qu'on exerce améliore la qualité du sommeil et les réactions émotionnelles, diminue le risque d'isolement social, comme celui d'éprouver des douleurs chroniques, améliore le tonus et la mobilité physique. (Voir Francis Derriennic, Marie-Claude Maillard, Nathalie Fassina, Murielle Fortier-Launois et Geneviève Lamarre, « Choix de la profession, âge et santé perçue », *in* Francis Derriennic, Annie Touranchet et Serge Volkoff, *Âge, travail, santé*, Paris, Inserm, 1996.)

2. Exemple : « Par rapport à il y a cinq ans, votre travail s'est-il dégradé, resté identique, amélioré, vous n'avez pas assez d'ancienneté pour juger ? »

L'entretien réalisé avec lui après l'enquête permet, en opérant une mise en récit de la personne, de mieux comprendre, dans la biographie de Dominique, les contradictions apparues dans le questionnaire[1]. La trajectoire professionnelle de Dominique D. est celle d'un déclassement, dont le principal indicateur est la perte de salaire (-35 % entre ses deux derniers emplois). Dans l'entretien, il décrit avec précision les situations de travail qu'il a connues précédemment. Il en retient deux : un « boulot de jeunesse » sur des avions à Évreux, très valorisant par son domaine d'activité, la précision des savoir-faire mis en œuvre, et un emploi de chef d'équipe, bien payé, en région parisienne, dans une entreprise de réparation et transformation d'automobiles. Il a occupé ce dernier emploi pendant plus de quinze ans et a été licencié à la suite de la faillite de l'entreprise. Ce qu'il dit apprécier dans son travail, dans le questionnaire, renvoie à ces deux expériences professionnelles passées : le travail d'équipe, l'autonomie dans le travail, l'impression d'être utile, d'être reconnu à sa juste valeur correspondent au premier emploi évoqué. Quant aux signes d'insatisfaction et de désinvestissement qu'il exprime dans le même questionnaire, ils se rapportent à l'emploi qu'il occupe aujourd'hui dans un petit garage de l'Eure. D'où des réponses qui paraissent contradictoires.

Le cas de ce carrossier n'est pas isolé dans notre corpus d'entretiens. Nous avons été surpris par l'importance des mobilités professionnelles, des trajectoires hachées des enquêtés. Nombreuses ont été les ruptures fortes (licenciements, déménagements, modification des conditions de travail, etc.) qui sont intervenues, comme dans le cas de Dominique, entre le moment où le questionnaire a été administré et celui des entretiens, six ou douze mois plus tard. Le questionnaire apparaît ici comme un outil puissant qui permet non seulement de dresser un état des lieux des rapports au travail en mettant en avant des idéaux-types, mais aussi de repérer au cas par cas les individus dont le rapport au travail est plus complexe, et pour lesquels les réponses au questionnaire sont ambiguës. Les entretiens permettent alors d'éclairer ces situations dans leur dimension longitudinale[2]. On mesure ainsi combien il est intéressant d'allier les deux

1. Entretien réalisé par Céline Bessière dans le cadre de l'enquête.

2. « On est toujours tenté [...] de prendre les catégories des nomenclatures pour des boîtes étanches correspondant à des milieux sociaux bien disjoints les uns des autres. Les observations longitudinales sur longue période empêchent de succomber à une telle tentation, en mettant pleinement en relief la fréquence des expériences sociales hybrides » (Alain Chenu, « Les ouvriers et leurs carrières : enracinements et mobilités », *Sociétés contemporaines* n° 14-15, 1993, p. 88).

méthodes de recherche – questionnaire et entretien – afin d'appréhender le bonheur ou le malheur au travail dans la trajectoire des individus.

Être à sa place

On peut penser qu'une façon d'être heureux au travail, c'est d'« être à sa place » dans l'espace social, c'est-à-dire occuper une position professionnelle en adéquation avec des dispositions et des aspirations socialement constituées, d'abord dans la famille. Colette C., à 54 ans, est un personnage public à Cognac[1]. Elle a épousé un viticulteur et s'est installée sur son exploitation. Quand elle s'est mariée en 1965, l'exploitation ne comportait que cinq hectares de vignes. En quelques années, avec son mari, ils ont agrandi l'exploitation à une vingtaine d'hectares, mis en place la distillation et surtout la vente à la bouteille à partir de 1977. La réussite commerciale de l'entreprise repose essentiellement sur Colette, qui a développé la vente directe grâce au tourisme et s'est beaucoup investie dans la vie de la collectivité locale. Elle est très fière de son métier :

> Je suis « fils » de paysan déjà. J'ai toujours aimé ce métier, enfin la terre. Que j'ai refusé, j'aurais pu être agricultrice, tout simplement, ça aurait été la même chose, pour moi, j'ai pas choisi d'être viticultrice, je me suis mariée avec un viticulteur, j'ai épousé le Cognac en épousant un viticulteur. Mais, au départ par contre j'ai choisi d'être agricultrice, je dirais même j'ai choisi d'être paysan. Pas paysanne j'aime pas ce mot-là, moi je fais partie de la famille des paysans, c'est-à-dire des gens qui sont du pays. Pour moi, c'est la première traduction du mot paysan, et **mon père qui était paysan m'a inculqué la fierté de ce métier-là.** J'ai jamais eu honte, au contraire, je me suis parfois fâchée avec des jeunes à l'école, avec des jeunes filles qui n'avaient qu'une hâte c'était d'aller en ville pour. Moi j'ai refusé.

Dans l'entretien, auquel elle se livre tout en travaillant (elle étiquette des bouteilles), elle décrit longuement l'amour qu'elle porte à son travail. Elle travaille tout le temps, prend très peu de vacances ou de jours de congé mais ne s'en plaint pas : elle se sent bien chez elle (« Je suis bien chez moi, les gens viennent en vacances dans la

---

1. Entretien réalisé par Céline Bessière dans le cadre d'une thèse de sociologie en cours.

région, pourquoi veux-tu partir ? ») et se moque de ceux qui prennent des vacances pour… pouvoir en parler à leur retour. Son métier, même dans les activités physiques les plus éprouvantes, est source de bonheur en acte (un bonheur « aristotélicien ») :

> – Moi j'aime ce métier-là. Pour moi, un des moments que j'aime beaucoup dans le travail des vignes c'est le moment du relevage, le mois où la vigne est en fleurs, en mai ou juin.
>
> – *C'est dur de relever pourtant…*
>
> –Non, c'est pas trop dur et puis, on a l'habitude ! On est pas des mauviettes. Quand les vignes elles poussent, tu les regardes avant qu'elles soient relevées, on dirait un feu d'artifice, ça explose. Ça part dans tous les sens, vrille en avant ou soit la tête recourbée, comme un nageur prêt à foncer là. J'trouve… c'est souple sous tes doigts, c'est en train de pousser, c'est de la matière vivante. C'est sensationnel, puis ça sent bon la vigne en fleurs et tout. Alors là pour les relevages, je laisse pas ma place ! J'y vais avec plaisir : il fait beau, il fait chaud. J'aime le travail des vignes.

Prendre en compte la trajectoire familiale et scolaire de Colette nous permet de resituer ce bonheur intense au travail. Ses parents exploitaient une petite ferme en polyculture (élevage, vigne, céréales) de la région. Depuis son enfance, Colette sait qu'elle ne reprendra pas cette petite exploitation puisqu'elle est la benjamine de trois filles : l'exploitation parentale reviendra à sa sœur aînée, Monique, qui a arrêté ses études dès l'âge de 14 ans et s'est consacrée aux tâches domestiques et à la ferme de ses parents. Mais Colette se présente comme la « fille spirituelle » de son père. Douée à l'école (première du canton au certificat d'études), elle a refusé contre l'avis de son institutrice et de sa mère de poursuivre ses études au collège, suivant par là le conseil de son père qui voulait la voir rester à la ferme. Elle est ainsi la seule des trois filles à avoir appris la taille (auprès de son père), l'activité noble du viticulteur par excellence, réservée en principe aux hommes. Aujourd'hui, c'est un des aspects de son métier qu'elle évoque avec le plus de passion :

> J'aime tailler. J'aime… un pied de vigne, t'en as pas deux pareils, donc tu décides, comment tu vas le laisser, le… Il m'arrive d'avoir laissé au-delà de dix yeux à un pied, puis de faire un pas au pied d'à côté et puis de me dire, oh le pauvre, il est pas assez fort celui-là, ça va trop le fatiguer, donc je retourne et j'enlève un œil. Pour moi un pied de vigne, c'est un ami, c'est un enfant, qu'on doit élever, soigner, et qui réagit en fonc-

tion de ce que tu lui donnes. Donc, moi, j'aime bien tailler. Les journées à tailler au milieu des vignes toute seule, je ne donnerais pas ma place.

Colette développe un art de la taille (une sorte d'art pour l'art) dont la finalité n'est pas vraiment l'efficacité ni la rentabilité économique (tailler avec autant d'attention est extrêmement coûteux en temps). L'amour du travail bien fait allie dans ce cas un principe esthétique et un plaisir technique de manipulation des objets (« c'est souple sous les doigts ») et d'agencement des actions en vue de résultats. Ce plaisir technique de l'*homo faber* semble étroitement lié à la trajectoire singulière de Colette, à la fois inattendue (devenir agricultrice, alors que son rang dans la famille ne l'y destinait pas), et conforme aux projets que son père avait nourris pour elle : « Ah... c'est mon père qui avait raison [...]. Il avait compris avant moi ce pour quoi j'étais faite. » La réalisation de ses aspirations lui permet d'apprécier pleinement son activité et ses petits plaisirs, tandis que, bien souvent, le décalage entre position et aspiration génère une situation de distance à son travail qui limite l'attention aux sources de satisfactions concrètes.

Les aspirations déçues d'un fils de manœuvre

Le cas de Hakim, soudeur dans une entreprise sous-traitante des Chantiers de l'Atlantique, témoigne d'une situation inverse[1]. Il a 31 ans. C'est l'aîné d'une fratrie de sept enfants dont six garçons. C'est au cours d'un entretien réalisé avec son père, immigré algérien employé comme manœuvre aux Chantiers depuis 1974, fatigué, sans perspectives d'évolution professionnelle mais résigné, qu'il s'est manifesté, prenant la parole ponctuellement d'abord, pour le soutenir, l'aider à trouver les mots d'une langue qu'il maîtrise mal, puis plus souvent, plus longuement, comme entraîné par la nécessité de défendre l'honneur de sa famille face à la logique de l'entreprise. Il commence par revaloriser son père, venu « en demande française », usé par une entreprise qui n'a pas su le reconnaître. Il parle ensuite de ses frères, sans emploi stable, alternant stages et petits boulots – et notamment de l'un d'entre eux, candidat à l'école d'apprentissage des Chantiers, refusé malgré de bons résultats aux tests. Et il en vient à évoquer son travail à lui. Il se plaint de ses conditions de travail

1. Entretien réalisé par Isabelle Coutant dans le cadre d'une maîtrise de sociologie.

mêlant stress (« avaler les marchés ») et tâches « sombres » : « Nous, on prend tout ce qui est pas beau à voir. » Il dénonce une situation telle que « c'est arrivé à un stade pas loin de l'esclavage ». L'ouvrier sous-traitant serait, comme son nom le suggère, « sous » les autres ouvriers, à un échelon inférieur de la hiérarchie ouvrière. Le sentiment d'échec est peu à peu avoué : Hakim a le sentiment qu'il n'est ouvrier fixe qu'en apparence ; au fond, il se sent plus proche des intérimaires. Il juge son entreprise « bidon ». Il aurait pourtant souhaité s'ériger en exemple, devenir le modèle que son père n'est pas parvenu à incarner, ouvrir pour ses frères d'autres perspectives. Il voulait « réussir » socialement, professionnellement, afin de démontrer à ses frères, et plus généralement à la « deuxième génération », que des Arabes peuvent « faire aussi bien » que des Français de souche, s'élever « à l'échelon du pareil au même ». Il a ainsi choisi le métier de soudeur sur le conseil d'amis arabes :

> Et eux me conseillèrent que c'était un métier non fatigant, que c'était visuel, et que on avait quelques responsabilités, parce que quand vous soudez, vous avez toujours des personnes en dessous de vous. Vous comprenez ? On vous surélève.

Il y a quelques mois, il a même voulu devenir chef d'équipe : « Pour faire montrer à mes frères [...] qu'on est capables d'être plus qu'un ouvrier, que nous aussi on peut devenir chefs, qu'un Arabe peut devenir patron. » Par conséquent, s'il avait pu pressentir quelque manière de se valoriser professionnellement, son rapport au travail aurait été différent. Il l'a d'ailleurs été avant que Hakim ne connaisse des déceptions : en effet, lorsqu'il déclare « pour moi, le travail, ça n'est plus une raison d'être », il suggère que ça l'a été. Il finit par confier qu'il aurait aussi souhaité, à une certaine époque, être embauché directement par les Chantiers : car, estime-t-il, son attitude aurait alors été différente, il se serait investi dans un syndicat, il se serait impliqué professionnellement, motivé par des perspectives d'évolution :

> Ça me dit rien de me syndiquer. Par contre, si j'aurais été au Chantier à la place de mon père, j'aurais été un gars du Chantier, en fixe pour le Chantier, si, je l'aurais fait. Mais dans mon entreprise, parce que c'est une entreprise qu'est fausse, c'est sous-traitant, tu es en fixe pour eux, mais je sais que c'est tellement une boîte qui est bidon que du jour au lendemain on peut nous licencier. J'veux dire, dans la façade, vous êtes en fixe, mais derrière vous êtes ni plus ni moins qu'un intérimaire, vous

> comprenez ? Quand le patron aura plus besoin, il vous fera un petit courrier en vous remerciant de ce que vous avez fait pour lui. Par contre, au Chantier, si j'aurais été, je pense que ça aurait apporté une chose...

Il affirme qu'il ne veut pas s'intégrer dans son univers professionnel, qu'il méprise le milieu ouvrier. Hakim, dont les aspirations d'ascension professionnelle ont été déçues, refuse de s'intégrer dans ce monde par peur d'y perdre son identité, de s'y diluer tout comme son père s'est laissé écraser, effacer. Revaloriser le père, souligner son courage n'empêche pas de refuser de devenir ce qu'il est. On ne comprend bien la relation du fils à son travail et au monde ouvrier qu'en la resituant par rapport à celle de son père. Il a peur de devenir comme lui : « Je me vois mal aller jusqu'à l'âge de mon père. Ça me fait peur. » Mais au fond, le rejet du monde ouvrier exprimé par Hakim a pour fonction de masquer la souffrance d'en être écarté pour lui et pour les siens. Tout son discours vise à retourner le stigmate. Hakim dévoile son véritable sentiment à travers des images suggestives qui évoquent l'oppression, la sensation d'enfermement. Enfermement lié au regard réducteur des autres qui sont « fermés », manque d'ouverture d'esprit. Enfermement lié à l'absence de perspectives aussi : « Les quatre murs sont fermés... Tout est encerclé. » Hakim exprime finalement son désespoir :

> Si je pouvais rester à la maison, on m'envoie 9 000 francs par mois, ça me suffirait. Pourquoi ? C'est pas que je suis fainéant, c'est que y a pas d'espoir, je veux dire, il n'y a rien au bout. [...] Mais moi je m'aperçois que dans mon entreprise, pour devenir chef d'équipe, ce qui est ridicule, j'appelle ça ridicule parce qu'il n'y a pas de choses importantes à faire, je veux dire ça ne demande pas d'avoir un bac ou d'avoir fait un BTS ou un DEUG, ça ne demande pas tout ça. Ça demande juste un peu d'esprit de la personne. Et ça, on vous le refuse. Vous voyez ? Ça on vous laisse pas déjà l'acquérir. Alors où est l'espoir ?

La religion et l'idée du retour au pays dessinent alors des pôles d'identification positive capables d'assurer la reconquête d'une certaine dignité, de l'honneur social. Alors que Hakim recourt à des images évoquant l'obscurité (« c'est sombre »), l'enfermement, l'exploitation, pour décrire sa situation en France, il associe au pays d'origine l'« éveil », la possibilité de progression, la liberté.

Décalages et ajustements entre aspirations et professions

L'histoire familiale à elle seule n'éclaire pas la totalité de la relation au travail. Le décalage entre le diplôme obtenu, signe du statut social espéré à un moment donné, et le niveau d'études exigé pour la profession exercée peut être aussi la source d'un sentiment d'insatisfaction au travail. Les étudiants qui ne trouvent pas d'emploi à hauteur de leur qualification finissent, en restreignant leurs ambitions, par éprouver un sentiment de déclassement[1]. Pour d'autres, le décalage ne porte pas entre qualification et profession, mais entre les aspirations scolaires initiales et celles effectivement réalisées.

François F., âgé de 50 ans, est chimiste dans l'industrie photographique[2]. Il est marié à une anesthésiste, plus diplômée que lui. D'abord orienté dans une filière professionnelle courte, de mécanique, il a arrêté ses études au bout de trois mois, constatant que « ça ne [lui] convenait pas » et qu'il était « engagé dans une mauvaise voie ». C'est dans le cadre de la formation professionnelle, après son service militaire, qu'il a repris ses études et obtenu le bac chimie après trois ans de cours du soir. Il n'a ainsi pas pu faire les études de géologie qu'il aurait souhaité, car pour ses parents il n'était pas question qu'il fasse des études longues. Pourtant, le « coup de foudre » de François pour la géologie remonte à ses 11 ans, quand un professeur d'histoire naturelle lui a montré « une petite collection, une petite boîte avec des casiers dans lesquels il y avait quelques minéraux qui se battaient en duel ». Au moment de la soumission du questionnaire, François a d'ailleurs déclaré que le métier qu'il aurait souhaité exercer est celui de géologue, et que la présence de la géologie dans sa vie est particulièrement vive : elle l'occupe trente heures par semaine... L'entretien, réalisé quelques mois plus tard, permet de prendre plus précisément la mesure de cette activité dans l'existence de François : présentée comme une « passion », une « vraie vocation », une « folie », voire une « fixation », elle est construite en totale opposition avec le travail qui, lui, n'a pas été « choisi ». Mais cette « occupation », qui s'enracine dans une expérience scolaire, est considérée

1. Cf. Pierre Bourdieu, « Classement, déclassement, reclassement », *Actes de la recherche en sciences sociales*, n° 24, novembre 1978. Bourdieu évoque notamment le cas de ces bacheliers qui se retrouvent OS ou facteurs. Leur malaise au travail serait « d'une certaine façon, commun à toute une génération ».

2. Entretien réalisé par Delphine Serre dans le cadre de l'enquête.

comme quelque chose de « très très sérieux », et François semble l'investir comme un véritable travail : isolé chaque soir après le repas dans son « bureau » au rez-de-chaussée de son pavillon, à côté du garage, François note la provenance et la composition chimique de chaque minéral, lit des revues internationales spécialisées, participe à l'organisation d'expositions, entreprend des recherches historiques, etc. Le décalage entre son identité professionnelle de chimiste peu diplômé et l'image que l'enquêté a de lui-même, celle d'un chercheur en géologie, serait ici en partie comblé par et dans le hors travail.

Ce décalage peut aussi constituer un moteur pour la mobilité professionnelle ascendante. Originaire du Bénin, Jean J. est arrivé en France dans les années soixante pour poursuivre des études supérieures qu'il a finalement abandonnées[1]. Il a commencé à travailler comme intérimaire dans la métallurgie dès la fin des années soixante, d'abord comme manœuvre puis comme soudeur après un stage AFPA. Entré aux Chantiers de l'Atlantique en 1973, Jean était insatisfait en tant qu'ouvrier. La « routine », le manque de perspectives lui pesaient de plus en plus. Cette lassitude se ressentait en dehors du travail. Son seul loisir, le sport (athlétisme, tennis), fonctionnait comme un « palliatif ». Cette expression suggère que le sport représentait alors pour lui un remède provisoire visant à le soulager du mal occasionné par le travail, mais sans assurer de véritable « guérison ». C'était un moyen de « se libérer », de « vider cette énergie ». Toutefois, ce n'est pas la difficulté des conditions de travail en elle-même qui a provoqué le besoin d'un changement : c'est, bien plus, l'intuition d'un décalage trop important entre « groupe d'appartenance » (le milieu ouvrier) et « groupe de référence » (les classes moyennes et supérieures). Non seulement Jean avait un niveau scolaire supérieur à celui de ses collègues, mais en plus, marié à une infirmière, il était amené à fréquenter des médecins et des professeurs. Son capital social et culturel le situait ainsi à mi-chemin entre ses collègues de travail et ses fréquentations hors travail. De ce fait, il ne se sentait à sa place nulle part, ne possédait ni les codes de la culture ouvrière, ni ceux de la culture « légitime ». Il était mal à l'aise dans les discussions trop cultivées (« Y avait des choses qui m'échappaient. J'avais une vision assez étroite de la société dans laquelle je vivais, quoi »), et il se sentait également incompris par ses collègues de travail :

1. Entretien réalisé par Isabelle Coutant dans le cadre d'une maîtrise de sociologie.

> J'avais même, à un moment donné, le complexe de supériorité, parce que tous n'avaient pas le niveau scolaire que j'avais. Donc j'avais même par moments de la rhétorique au niveau de mes collègues au boulot. Ils me disaient même : « Pourquoi t'es avec nous là ? Tu devrais pas être ici. » [...] J'ai eu quelques problèmes avec mes supérieurs parce qu'ils disaient : « Arrête de nous bassiner avec tes grandes théories. » Alors moi je disais à un chef : « Ce que vous me dites là, c'est anormal. » Il me dit : « Non, c'est pas la peine d'employer des grands mots. » [...] Quand vous essayez de sortir un peu du moule, vous êtes doigté.

Par conséquent, Jean n'avait plus « le goût à lire ». Il n'en voyait pas l'utilité dans la mesure où il ne pouvait pas parler de ses lectures au travail : « De ce fait, très vite vous vous enfermez sur vous-même et vous essayez de rester au niveau des autres. » Ce qu'il désigne comme son « besoin de culture » était en fait la seule manière pour lui de résoudre ce dilemme en transformant son groupe de référence en nouveau groupe d'appartenance : « Lorsque j'allais dans des soirées, à un moment donné, y avait des choses qui m'échappaient, et par conséquent, je disais, la seule façon de pallier à cela, c'était le retour aux études. » Jamais à sa place, il décide alors de reprendre ses études dans le cadre de la formation d'entreprise en 1984 et obtient un DEUG de droit. Cette formation lui permet d'être affecté au service commercial et de se trouver davantage en accord avec lui-même.

Cette promotion ne s'est toutefois pas effectuée sans souffrances[1] : suite à ces changements, il a divorcé (il fait lui-même le lien entre le bouleversement professionnel et la situation familiale). Par ailleurs, le monde des employés ne lui procure pas toutes les satisfactions espérées : il supporte mal de travailler dans un milieu essentiellement féminin, les relations y manquent selon lui de simplicité, de franchise. Il est donc difficile pour lui de s'y forger une nouvelle identité professionnelle. Il évoque avec nostalgie et emphase la franchise et la solidarité ouvrières :

> Ce qui est paradoxal, c'est que j'ai gardé de très bonnes relations avec mes collègues ouvriers, et je crois que mon univers, c'est cet univers-là et aussi, c'est mon passé. [...] J'aurai passé plus de temps dans ce milieu-là que dans le milieu des bureaux, et aujourd'hui je dis, avec du

1. Sur les coûts psychologiques de la mobilité ascendante, lire Annie Ernaux, *La Place*, Paris, Gallimard, 1983, et Pierre Bourdieu, « Les contradictions de l'héritage », in *La Misère du monde*, Paris, Seuil, 1993 : « Coupable de trahir s'il réussit, il (le transfuge) est coupable de décevoir s'il échoue. Le transfuge doit rendre (justice) au père » (p. 715).

recul, ce sont des gens vrais. Y'a pas d'entourloupe, ils sont directs quoi. [...] Quand je suis parti, ils m'ont fait un pot, et ils m'ont mis simplement un poème en disant : «Jean, tu nous quittes, Blancs et Noirs, nous sommes tous des frères. Au revoir mon frère.» Et ça, c'est des choses que j'ai toujours en mémoire, je ne peux pas oublier. Quand je pense à ce bout de phrase, des fois, j'ai les larmes aux yeux. Je n'aurai jamais ce type de poème le jour où je partirai en retraite des bureaux. [...] Mes meilleurs potes, c'est des ouvriers. C'est avec eux que je suis bien, quoi. J'suis bien avec eux, parce que c'est avec eux que j'ai grandi, que j'ai évolué, quoi. Et c'est grâce à eux que j'ai pu faire, parce que quand ils ont vu que ça marchait pour moi, ils m'ont encouragé. C'est mon milieu, quoi. J'suis d'un milieu ouvrier, je ne le nie pas, je ne rejette pas du tout ce milieu-là. Au contraire.

Ce discours a peut-être pour fonction de réitérer sa fidélité au groupe ouvrier pour ne pas être perçu comme un «traître». Il témoigne de la force de rappel symbolique exercée par le groupe ouvrier sur ceux qui s'en détachent. Jean tente d'assurer une continuité entre ses deux carrières en manifestant sa fidélité au groupe ouvrier à travers son engagement militant et associatif. Il est délégué FO et milite activement au comité nazairien d'aide aux travailleurs immigrés. Lorsqu'on lui fait remarquer que cet engagement est corrélé au changement professionnel, il rétorque :

Oui, c'est extraordinaire ce que vous dites là. Tout ça, c'est depuis que j'ai changé de métier, c'est depuis que j'ai acquis une certaine formation, et que je me suis dit, maintenant, avec ce que j'ai, je peux peut-être aussi aider les autres.

Comme s'il y avait un dû, quelque chose à rendre[1]. Le rapport au travail de Jean s'inscrit et se comprend dans sa trajectoire sociale :

1. Pierre Bourdieu suggère que c'est un sentiment de culpabilité, dans les cas de mobilité ascendante, qui peut engendrer «des fidélités à la cause du peuple» : «Nombre de conduites, pas seulement politiques, peuvent se comprendre comme des tentatives pour neutraliser magiquement les effets du changement de position et de dispositions qui sépare pratiquement du père et des pairs et pour compenser par la fidélité à ses prises de position l'impossibilité de s'identifier complètement à un père dominé» («Les contradictions de l'héritage», *op. cit.*, pp. 715-716). Pierre Bourdieu élabore cette analyse dans le cadre de la relation père/fils, mais dans le cas présent, on peut l'étendre aux relations que Jean entretenait avec ses anciens collègues de travail dans la mesure où, étant immigré, il est relié à l'entreprise par des sentiments familiaux : «Moi, vous savez, j'ai eu deux mères, j'ai eu ma mère, une mère utérine, et puis j'ai eu les Chantiers. Les Chantiers m'ont permis d'avoir le boulot, de m'affirmer en tant qu'individu et puis aussi de m'intégrer.»

d'abord immigré, relativement diplômé, marié avec une infirmière dans un emploi d'ouvrier, puis divorcé dans une position d'employé et syndicaliste mais avec ce passé d'ouvrier. Ce sont surtout les décalages permanents, les écarts entre les aspirations professionnelles et les réalités du travail à un moment donné qui orientent la perception de son travail.

Le cas de Carla C.[1], juriste dans une association d'aide aux habitants d'un quartier « difficile » de Strasbourg, peut se lire dans cette même perspective. Âgée de 30 ans, fille d'immigrés italiens (ouvrier et femme de ménage), elle a suivi une scolarité « privilégiée » (chez les Sœurs puis au lycée international) avant de s'inscrire à la faculté de droit en pensant d'abord être avocat. Assez mal à l'aise dans cet univers « très bourgeois » où « le regard changeait » lorsqu'elle évoquait ses origines sociales, elle réalise rapidement que le barreau n'est « pas pour [elle] », que les considérations « vénales » y ont trop d'importance. Issue d'une famille communiste, elle éprouve le besoin de mettre ses idéaux en pratique à travers son activité professionnelle et, âgée de 25 ans, elle entre dans l'association qui l'emploie toujours aujourd'hui pour tenir des permanences de conseil juridique.

Cinq ans plus tard, les habitants l'appellent par son prénom, elle connaît de nombreuses familles, s'enquiert de la scolarité des enfants... Elle aime son travail, apprécie la reconnaissance qui lui est témoignée par des sourires, des remerciements. Elle se sent utile, « impliquée » à « tisser du lien social », en adéquation avec les valeurs qu'elle a héritées de ses parents et de son grand-père, mineur italien communiste, chargé de porter la mauvaise nouvelle dans les villages alentour quand il y avait des accidents dans la mine, « indigné par l'injustice ». D'une certaine façon, elle est « à sa place », et réaffirme dans son engagement professionnel un certain héritage familial. En même temps, elle se sent tiraillée et se pose la question de « couper le cordon » avec l'association, parce que ses amis de l'université, ses « pairs » lui renvoient sans cesse une image négative d'elle-même : considérée comme une « assistante sociale du droit » qui assure « une justice au rabais » proche de l'« amateurisme », elle ne supporte plus d'être sans cesse amenée à se justifier. Son niveau d'études et son nouveau groupe d'appartenance (ses amis sont tous magistrats, avocats d'affaires, notaires) l'amènent à s'interroger et à tenter de comprendre pourquoi elle a limité ses ambitions. Elle sait qu'elle ne veut

1. Entretien réalisé par Isabelle Coutant dans le cadre d'une thèse de sociologie en cours.

pas être « comme eux », mais leurs regards l'interrogent quand même sur ce qu'elle est :

À un moment donné, [...] je sais pas pourquoi, on dit « non, je peux pas y accéder, non, c'est pas pour moi. Je suis encore qu'une enfant d'immigrés. Arrivée là, y a comme un blocage qui se fait. Je sais pas pourquoi. C'est comme dire, j'ai fait ma part de marché, maintenant, j'ai envie de faire ce qui me plaît. » Comme si pendant toutes ces années, j'avais répondu à un désir qui était celui de ma famille, de mes proches, « faut évoluer, faut faire des études, faut réussir ». Et puis là, quelque part, le fait que je travaille dans le monde associatif, [...] c'est, pour les gens de l'extérieur, « t'as pas fini ton parcours, t'as pas terminé, t'as pas réussi ». [...] Mais moi, ce côté non terminé me plaît, parce que j'adhère pas à un schéma préfixé, mais bon, c'est vrai que c'est très difficile de se dire il faut finir, il faut terminer, il faut accéder, il faut avoir une étiquette. Peut-être que j'y arriverai un jour, mais pour le moment... quand les gens m'en parlent, ils me disent « tu dois te faire chier, qu'est-ce que tu fais », et en fait, j'adore ce que je fais. J'adore le métier que j'ai ici, c'est peut-être un métier atypique, mais j'adore ce que je fais parce que dans ma personnalité, j'ai besoin de donner, j'ai besoin d'aider, j'ai besoin d'être à l'écoute des autres, j'ai besoin d'une fonction où ça bouge, où y a de l'humain, où des gens ont besoin d'être entendus [...]. Y a des contraintes, c'est certain, mais j'aime ce que je fais, et c'est vrai que pour la plupart des personnes que je fréquente, aimer ce qu'on fait n'a pas tellement d'importance. Et c'est ce que je revendique, je dis « mais moi je m'y plais, foutez-moi la paix, je suis bien, je me réalise » – « Oui mais bon, du point de vue social... », c'est comme si je n'avais pas terminé quelque chose. Mais j'aime ce que je fais.

C'est vrai que de nos jours, aimer ce qu'on fait, c'est peut-être pas à la portée de tout le monde. Je sais pas... Je suis en plein questionnement par rapport à tout ça. C'est pas évident. Voilà. Je crois que j'ai un vrai besoin de reconnaissance, mais peut-être pas un besoin de reconnaissance professionnelle, besoin de reconnaissance sociale. Moi, je suis satisfaite d'avoir la reconnaissance que j'ai actuellement. Mais c'est vrai que quand je suis dans d'autres milieux, la reconnaissance dont je suis satisfaite ici, je ne l'ai pas ailleurs, donc j'ai une frustration dans d'autres milieux avec d'autres personnes. Parce que je me suis retrouvée dans des soirées où c'est « qu'est-ce que tu fais, je suis avocat ici, je suis magistrat là, je suis notaire, et toi ? » « Je suis juriste. » « Ah. Mais où ? Dans une entreprise ? » « Non, je suis pas juriste dans une entreprise. Dans une association. » « Qu'est-ce que tu fais dans une association ? » « De l'aide aux victimes, de la médiation pénale, de l'accès au droit. » « Mais qu'est-ce que c'est ? » Il faut toujours expliquer, convaincre, et ça, je le fais depuis que je suis toute petite, expliquer pourquoi et comment… Ce sera plus simple le jour où je serai magistrat, on me posera plus de questions.

À la fin de l'entretien, elle envisage tout de même des carrières plus valorisées mais conformes à son idéal d'une justice « humaine », « proche » des gens, qui les prenne en compte dans leur « globalité » : elle pense que les fonctions de juge des enfants, ou de juge aux affaires familiales pourraient lui permettre de résoudre les contradictions dans lesquelles elle est prise parce que, tout en étant « reconnues », elles permettent une « implication personnelle » et la prise en compte de données qui ne sont pas seulement « sur papiers ».

Les décalages et les ajustements entre les aspirations formées dans les parcours scolaires, professionnels, familiaux, conjugaux, et les réalités professionnelles concrètes, permettent de comprendre la diversité des rapports au travail qui nous apparaissaient au premier abord comme contradictoires. Encore une fois, il n'y a pas de relation mécanique entre les conditions de travail et le degré de satisfaction ou d'insatisfaction ressenti : les schèmes de perception formés tout au long de la trajectoire sociale doivent être pris en compte car ils sont constitutifs (au même titre que les conditions objectives de travail) des rapports plus ou moins heureux ou malheureux au travail.

6

Les hommes sont-ils plus heureux au travail que les femmes ?

(Regards masculins et féminins sur le travail)

Un rapport heureux au travail a toujours davantage de chances de se rencontrer au sommet de la hiérarchie professionnelle qu'à sa base. Laissant à ceux qui les exercent de larges marges d'initiative et leur procurant des rémunérations élevées, les professions intellectuelles et d'encadrement offrent plus que les autres plaisirs et satisfactions. Même si la nature de ces plaisirs et de ces satisfactions privilégiées dépend en grande partie des dispositions et des interprétations que font de leurs professions les acteurs. Même s'il existe dans tous les métiers, y compris les plus défavorisés sous l'aspect du prestige, de la rémunération et des conditions de travail, des hommes et des femmes pour puiser dans leur travail des motifs de plaisir et de satisfaction.

Ces fortes disparités entre les professions s'observent-elles aussi entre les sexes ? Les hommes entretiennent-ils avec leur travail des rapports plus heureux que les femmes ? Hommes et femmes ont-ils, dans leurs professions respectives, les mêmes sources de plaisir et de satisfaction ? Y souffrent-ils des mêmes désagréments ?

Répondre à cette question est moins simple qu'il n'y paraît. Il est toujours possible de se tromper sur le sens d'une réponse ou la signification d'un écart. On est sans cesse tenté d'attribuer au fait d'être une femme – ou un homme – des attitudes ou des préférences qui sont pour l'essentiel imputables à l'effet des conditions de travail propres à une situation professionnelle. Lorsqu'une caissière de supermarché déclare à l'enquêteur s'investir « jusque ce qu'il faut » dans son travail, est-ce la caissière ou la femme qui s'exprime ? Propulsée à la tête du magasin, il est probable que la même personne déclarerait s'investir davantage.

Rendre compte de la façon dont l'appartenance de sexe influence le rapport au travail est d'autant plus difficile que les écarts entre hommes et femmes se sont souvent révélés minimes, alors même que leurs situations professionnelles sont très différentes.

Des appréciations égales à situations inégales

Très nombreuses sont les questions de l'enquête qui enregistrent entre hommes et femmes des variations faibles, voire nulles, dans les appréciations portées sur le travail : niveau de satisfaction, parts de peine ou de plaisir, expressions des satisfactions et insatisfactions. En particulier, femmes et hommes se retrouvent au coude à coude lorsqu'il est question de niveau d'implication personnelle dans le travail.

Les différences observées entre les hommes et les femmes dans l'appréciation globale de leur travail en fournissent un bon exemple. Invité(e)s à la fin du questionnaire à formuler un bilan global de leurs motifs de satisfaction et d'insatisfaction, femmes et hommes actifs se distinguent peu les uns des autres. Les hommes expriment à la fois plus de satisfaction et d'insatisfaction, et les femmes se montrent un peu plus réservées, mais dans les deux cas, les écarts sont de très faible ampleur.

« Finalement, dans votre travail, qu'est-ce qui l'emporte ? »
Les motifs...

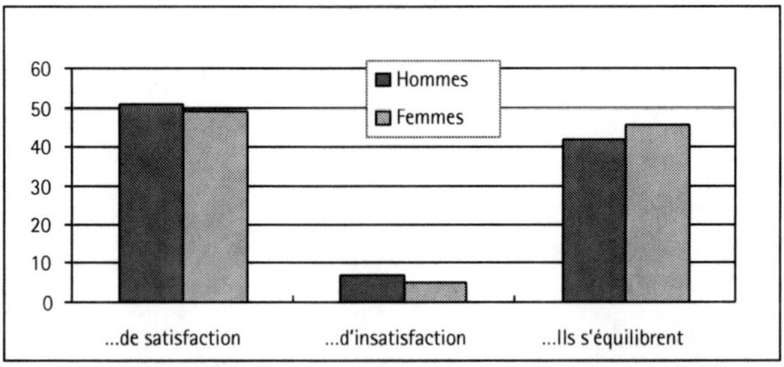

Cet écart de faible ampleur contraste singulièrement avec la gamme étendue des scores de satisfaction en fonction des différents grades de l'échelle sociale : rappelons que les taux de satisfaction entre les ouvriers non qualifiés de l'industrie et les cadres supérieurs du public présentent un écart de plus de 40 points[1] ! À première vue,

1. Cf. p. 74.

on pourrait penser qu'être un homme ou une femme ne joue pas un rôle déterminant dans le fait d'entretenir un rapport heureux ou malheureux à son travail. Cette similitude est cependant étonnante lorsqu'on connaît la concentration des emplois féminins et la ségrégation qui les caractérisent.

De nombreuses études ont en effet montré, tant en France qu'à l'étranger, que les hommes et les femmes n'occupent pas les mêmes postes dans la division du travail[1]. Exclues des postes qualifiés de l'industrie, les femmes sont surreprésentées dans les activités tertiaires : commerce, administration, enseignement, services aux entreprises et aux particuliers. À niveau de formation égal, hommes et femmes ne se voient pas affecté(e)s aux mêmes postes de la division sociale du travail. Dépourvues de diplômes, les femmes entrent dans un univers ancien du travail féminin : les services personnels, la boutique, mais aussi le travail ouvrier non qualifié des services et de l'industrie ; le CAP les conduit à la grande distribution, le BEPC et le bac aux administrations classiques : la Poste et la Sécurité sociale. L'enseignement supérieur leur permet d'accéder au tertiaire moderne, à l'enseignement et aux professions médicales et paramédicales. La hiérarchie masculine, dont l'éventail est plus ouvert, commence, sans diplôme, par les postes non qualifiés de l'industrie et les postes qualifiés de l'artisanat et des industries artisanales (BTP, notamment), s'élève avec le CAP aux industries lourdes pour rejoindre, à travers les industries de haute technologie (BEPC, bac, bac +2), le tertiaire moderne (licence et plus). Cette ségrégation horizontale, suivant les secteurs d'activité, conduit à une très forte concentration des emplois féminins : en 1990, parmi les trente et une catégories socioprofessionnelles, les six plus féminisées regroupaient près de 60 % des femmes actives occupées pour seulement 31 % des emplois[2]. En 1997, les six catégories les plus féminisées sont les mêmes qu'en 1962 : il s'agit des employé(e)s de la fonction publique, des entreprises (secrétaires...), du commerce (caissières...), des personnels de services aux particuliers, des instituteurs et institutrices, et, enfin, des professions intermédiaires de la santé et du travail social.

Ces inégalités de distribution parmi les différentes branches de l'économie nationale s'accompagnent de dissymétries dans l'accès

1. Voir en particulier Margaret Maruani (éd.), *Les Nouvelles Frontières de l'inégalité. Hommes et femmes sur le marché du travail*, Paris, La Découverte et Syros, 1998 ; Christian Baudelot et Roger Establet, *Allez les filles*, Paris, Seuil, 1992.

2. Olivier Marchand, « Les emplois féminins restent très concentrés », *Données sociales*, 1993, pp. 495-503.

aux postes de responsabilité : les femmes ne constituent que 34 % de la catégorie « cadres et professions intellectuelles » et, pour celles qui sont détentrices d'un diplôme de deuxième ou de troisième cycle universitaire, les chances de devenir cadres sont de 57 % seulement contre 76 % pour les hommes[1]. À cette ségrégation verticale s'ajoutent les inégalités ayant trait aux statuts d'emploi et au chômage. Plus exposées au chômage, les femmes occupent aussi plus souvent que les hommes des emplois précaires et à temps partiel : en 2001, le travail à temps partiel concerne 30,4 % des femmes actives (soit plus de 3,2 millions de femmes), contre seulement 5 % des hommes actifs (environ 660 000 hommes)[2]. L'hégémonie féminine dans le travail à temps partiel est telle que celui-ci, dans les représentations communes, s'identifie au travail des femmes et prend d'autres noms et d'autres formes quand il concerne des hommes. La préretraite progressive n'est ainsi pas considérée comme un travail à temps partiel, alors qu'il s'agit bien d'une réduction du temps de travail individuel assortie d'une diminution de salaire. Cette inégalité de traitement est révélatrice de statuts sociaux différents : alors que le temps partiel féminin est associé à des contraintes familiales et dévalorisé, la préretraite masculine est appréhendée, entre autres, comme un remède à la crise, une façon « noble » de laisser la place aux jeunes[3].

Effets de structure et modes d'appréciation

Pour mieux comprendre les écarts ou les absences d'écart dans les opinions exprimées par les hommes et les femmes, il est très important de faire ici la part de ce qui relève, dans ces appréciations, des *situations* et des *dispositions*. Les *situations* sont les positions, en l'occurrence objectivement différentes, que les hommes et les femmes occupent dans la structure économique : les hommes plus souvent en haut, jouissant de conditions d'emploi favorables, les femmes plus souvent en bas, avec des conditions d'emploi moins

1. Margaret Maruani, *Travail et emploi des femmes*, Paris, La Découverte et Syros, 2000, pp. 42-43.

2. Chiffres issus de l'enquête « Emploi » de l'Insee de 2001, cités par Alain Bihr et Roland Pfefferkorn, *Hommes, femmes, quelle égalité ?*, Paris, Éditions de l'Atelier/Éditions Ouvrières, 2002, p. 71.

3. Tania Angeloff, *Le temps partiel, un marché de dupes ?*, La Découverte et Syros, Paris, 2000, pp. 58-61.

bonnes ; les *dispositions* sont les attitudes, opinions et jugements qui seraient propres à chacun des deux sexes, à *situation* égale.

Ce mode d'approche peut permettre d'expliquer certains écarts. Prenons l'exemple du taux de syndicalisation des hommes – plus élevé que celui des femmes. Cela est-il dû à des comportements différents face au syndicalisme, ou bien les conditions de travail, les secteurs d'activité, les qualifications, etc., des hommes expliquent-ils leur plus grand engagement syndical ? Il est statistiquement possible d'identifier et de séparer les effets respectifs de ces deux composantes : d'une part, les caractéristiques objectives des personnes et des emplois, dont les structures diffèrent, on l'a vu, selon les sexes ; d'autre part, les règles de comportement qui expliquent qu'un homme et une femme, dans des circonstances professionnelles semblables, n'agiront et ne penseront pas de la même façon.

Afin d'isoler ce qui, dans cet écart, relève des différences de structure (*situations*) et des différences d'état d'esprit (*dispositions*), on peut procéder à la fiction suivante. Imaginons que les femmes aient bénéficié des mêmes conditions de travail que les hommes ; étant donné leurs *dispositions* (modes d'appréciation, état d'esprit, etc.) quelles auraient été leurs réponses aux différentes questions ? Ces réponses sont également celles qu'auraient données les hommes, avec leurs caractéristiques, s'ils avaient eu la « psychologie » des femmes. À l'inverse, on peut appliquer aux hommes la structure d'emploi des femmes. On obtient ainsi une décomposition complète des réponses. Le raisonnement consiste à séparer l'« effet pur » du sexe des effets de structure imputables aux différentes places qu'hommes et femmes occupent dans l'espace du travail. On interprète ainsi l'« effet pur » (l'écart qui demeure après l'élimination de l'effet de structure) comme un « mode d'appréciation » associé au sexe. En raisonnant ainsi, on s'aperçoit que les structures d'emploi jouent un rôle très faible dans le taux de syndicalisation. En effet, si elles se conduisaient comme les hommes, les femmes se syndiqueraient presque autant que ces derniers. Symétriquement, si elles bénéficiaient des conditions objectives de travail des hommes, les femmes se syndiqueraient à peine plus qu'elles ne le font en réalité.

Un tel raisonnement peut aussi permettre de montrer, à l'inverse, que certains écarts entre hommes et femmes, attribués spontanément à la différence des sexes, sont en fait liés aux différentes situations professionnelles. C'est ainsi que les indices d'un rapport affectif à son travail – qu'il soit positif (passion, aventure...), ou négatif (routine, galère, jungle...) – qu'une première analyse désignait comme une tendance plutôt masculine relèvent en fait d'un effet de structure.

La même décomposition peut s'appliquer à des jugements et à des comportements. Surtout, elle peut aider à mieux comprendre les absences d'écarts observées. Il apparaît en effet que la communauté de points de vue enregistrés par l'enquête entre les hommes et les femmes sur des aspects du travail dont on sait parfaitement qu'ils sont très différents pour les deux sexes résulte de la compensation des deux effets, celui qui est lié à la situation et celui qui relève du mode d'appréciation. Un exemple : les hommes et les femmes expriment des sentiments identiques sur la commodité de leurs horaires (80 % de satisfaction). Pourtant, les horaires de travail des femmes sont dans l'ensemble moins atypiques, et donc *a priori* « plus pratiques », que ceux des hommes – qui travaillent plus souvent de nuit, le samedi et le dimanche. D'ailleurs, lorsqu'on passe de la structure d'emploi masculine à la structure d'emploi féminine, la satisfaction s'accroît. Les emplois féminins sont donc caractérisés par des horaires objectivement plus commodes, mais les femmes sont plus exigeantes : à structure donnée, que ce soit la structure masculine ou féminine, la satisfaction baisse quand on passe du mode d'appréciation masculin au mode d'appréciation féminin. C'est ainsi que 80 % des hommes jugent leurs horaires commodes. Dans une population qui aurait les horaires des hommes mais qui les jugerait avec les critères des femmes, 76 % seulement les estimeraient commodes. Sous la surface de réponses identiques se glissent donc les différences de situations et la disparité des attentes qui, dans cette configuration, se neutralisent. Il apparaît que les femmes attachent beaucoup plus d'importance que les hommes à la question des contraintes de temps. Le score de 80 % obtenu résulterait alors de la compensation de ces deux effets : moins bien lotis en matière d'horaires mais plus indifférents à cet aspect des choses, les hommes rejoindraient les femmes, dans l'ensemble mieux loties mais pourvues d'exigences précises. Cette différence dans les modes d'appréciation renvoie au partage, objectif, des tâches domestiques. Comme on le verra plus loin, l'engagement des femmes dans le travail domestique conditionne fortement leur rapport au travail professionnel.

Derrière la convergence, la discrimination ?

Il arrive donc que la convergence apparente des jugements entre les hommes et les femmes repose sur des modes d'appréciation différents qui compensent les effets de situations professionnelles très inégales. Cet effet de neutralisation est particulièrement flagrant dans le cas des appréciations concernant les salaires.

Les salaires des femmes sont en moyenne inférieurs de plus de 25 % aux salaires des hommes, et ces importantes disparités de rémunération entre les hommes et les femmes persistent quand on les mesure toutes choses égales par ailleurs (le salaire des femmes reste inférieur de 11 à 12 %)[1]. Pourtant, lorsqu'on demande aux femmes si elles sont satisfaites de leur salaire, compte tenu du travail qu'elles fournissent, leurs réponses diffèrent à peine de celle des hommes et elles se disent un peu plus souvent normalement payées que mal ou très mal payées. Les jugements portés sur leurs salaires respectifs n'offrent quasiment aucune différence. Le parallélisme des profils est même impressionnant, comme si les femmes avaient entièrement intériorisé et accepté les inégalités de salaire agissant à leur encontre : à salaire inégal, satisfaction égale !

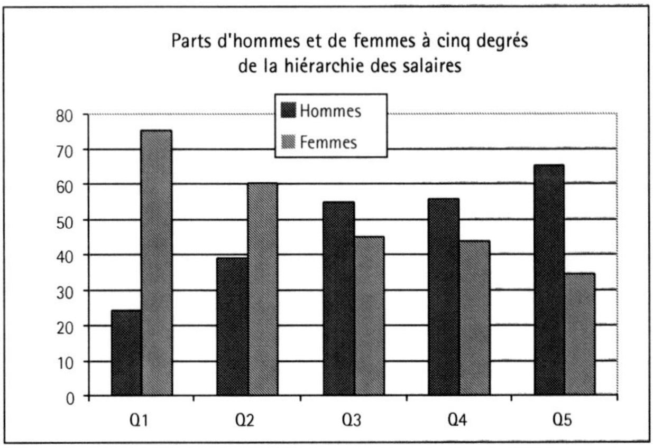

1. Rachel Silvera, *Le Salaire des femmes, toutes choses inégales par ailleurs*, avec la collaboration de D. Anxo, M. Johansson, N. Sonnac, Paris, La Documentation française, juin 1996.

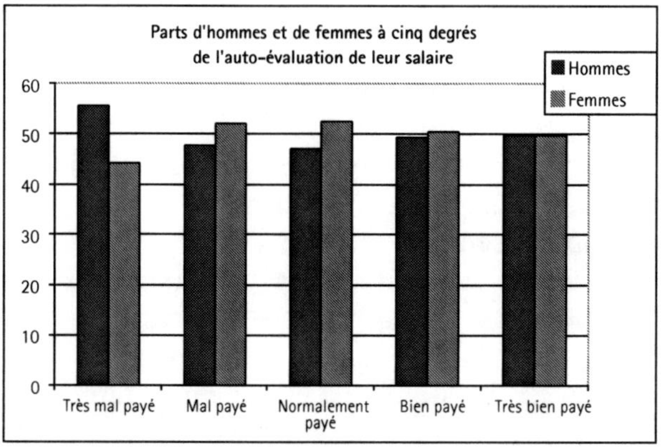

Les femmes ont-elles intériorisé la discrimination salariale au point de se résigner, et même de se satisfaire de salaires inférieurs, ou leurs emplois expliquent-ils effectivement des salaires plus faibles en moyenne ? Lorsqu'on passe de la structure des emplois masculins à la structure des emplois féminins, l'insatisfaction grandit : si les hommes occupaient les emplois des femmes, ils se diraient plus souvent mal ou très mal payés, compte tenu de leur travail (50 % au lieu de 43 %). Toutefois, lorsqu'on simule le même changement de structure en utilisant le mode d'appréciation des femmes, la variation est beaucoup moins sensible, ce qui tient au fait que les jugements des femmes sont moins mécaniquement déterminés par le montant du salaire. Lorsqu'on passe du mode d'expression masculin au mode d'expression féminin, le jugement est plus souvent neutre (« normalement payé ») et, dans une moindre mesure, positif. Le mode d'appréciation des femmes neutralise l'effet de leur plus mauvaise rémunération, au point que leur satisfaction est semblable à celle des hommes.

Cette relative indifférence au niveau de salaire est en partie liée à l'histoire de la difficile reconnaissance du travail salarié féminin. Au XIXe siècle, aux arguments idéologiques faisant du foyer la place « naturelle » de la femme (mariée), repris également au sein du mouvement ouvrier[1], s'ajoutaient les arguments des économistes (comme Adam Smith ou Jean-Baptiste Say) légitimant des rémunérations plus faibles pour les femmes que pour les hommes : dans la mesure

1. Michelle Perrot, « L'éloge de la ménagère dans le discours des ouvriers français au XIXe siècle », *Romantisme*, octobre-décembre 1976, repris dans Michelle Perrot, *Les Femmes ou les silences de l'histoire*, Paris, Flammarion, coll. « Champs », 1998, pp. 133-152.

où le salaire de la femme mariée ne servirait pas à assurer l'existence de sa famille mais simplement à couvrir ses propres besoins, celui-ci serait légitimement faible, d'autant que ses besoins seraient moindres (les femmes mangeraient moins, seraient moins frileuses, n'iraient pas au café, etc.) [1]. Cette faible légitimité du salaire féminin se reflète dans les règles juridiques encadrant le travail de la femme mariée : les épouses ne disposent librement de leur salaire que depuis 1907, et ce n'est qu'en 1965, avec la réforme des régimes matrimoniaux, que la tutelle maritale sur l'activité professionnelle féminine a été levée. Les épouses ont pu dès lors exercer un métier sans obtenir au préalable l'autorisation de leur mari, passer contrat, et l'égalité des époux dans la contribution aux charges du ménage a été affirmée. Pourtant, subsistait une mention selon laquelle «les charges du mariage incombent au mari à titre principal» (alinéa 2 de l'article 214) : signe du statut secondaire accordé au salaire féminin au sein du couple marié, elle témoignait de la prégnance de l'idée du «salaire d'appoint», étroitement liée à la définition du «chef de famille» comme celui qui subvient aux charges du ménage. Cet alinéa, et avec lui l'ancrage juridique du «salaire d'appoint», a été abrogé en 1975. Le statut dévalorisé du salaire féminin est néanmoins demeuré dans les représentations, comme le confirme la façon dont cette rémunération est perçue au sein même de la famille. L'enquête menée par Annette Langevin sur la façon dont les enfants regardent le travail de leur mère est particulièrement révélatrice de ce point de vue. Quel que soit son revenu, «la femme n'est pas considérée comme un élément essentiel de l'"enrichissement familial". L'argent gagné est destiné à "partir dans les impôts" ou bien à un substitut maternel chargé du domestique à la place de la mère absente. Le paiement des impôts, celui des services sont ainsi rapportés au salaire de la mère conçu comme accessoire[2]». Cette construction du salaire féminin comme non nécessaire à la survie de la famille permet de comprendre la relative indifférence des femmes au niveau de salaire. Tout se passe comme si, indépendamment de son montant, ce salaire personnel trouvait sa signification première dans l'accès à une forme d'indépendance et à l'affirmation d'une existence sociale en dehors du cercle familial.

---

1. Sylvie Schweitzer, *Les femmes ont toujours travaillé*, Paris, Odile Jacob, 2002, p. 114.

2. Jacques Commaille, *Les Stratégies des femmes. Travail, famille et politique*, Paris, La Découverte, 1992, p. 62.

DES (IN)SATISFACTIONS SPÉCIFIQUEMENT MASCULINES ET FÉMININES ?

Il existe donc bien, sous les convergences de surface, des attitudes spécifiquement masculines et féminines en matière de satisfaction au travail. Celles-ci correspondent-elles à l'affirmation d'une identité masculine ou féminine ? Des travaux de psychologie sociale ont étudié les aspirations professionnelles en fonction du « degré de convenance quant au sexe » des différentes professions. Si tel était le cas, on aurait pu s'attendre à ce que les hommes, d'un côté, et les femmes, de l'autre, valorisent les professions où ils/elles sont respectivement majoritaires. Hommes et femmes souhaitent-ils surtout travailler dans des professions où leur genre serait numériquement dominant ? Le fait de travailler dans une profession « masculine », socialement plus valorisée, est-il au contraire apprécié par les uns comme par les autres ?

La réponse est claire. Loin d'être influencés par les proportions de femmes ou d'hommes employés dans la profession, les niveaux de satisfaction des hommes et des femmes au travail épousent étroitement la hiérarchie traditionnelle du prestige des professions. Plus une profession est valorisée dans la société par son prestige, le niveau d'instruction qu'elle exige, les rémunérations qui lui sont associées et plus ceux et celles qui l'exercent se déclarent satisfait(e)s de l'exercer. Le tableau ci-dessous hiérarchise les différentes catégories socioprofessionnelles selon la part de satisfactions exprimées par les femmes actives interrogées dans l'enquête[1]. Une conclusion s'impose. Le principe de différenciation n'est pas le taux de « féminisation » (ou de « masculinisation ») mais le statut social associé à chacune de ces catégories sociales. Les emplois ouvriers et les professions agricoles sont en bas des deux échelles de satisfaction, masculine et féminine. Les positions de cadres et de chefs d'entreprise, en haut. Les professions intermédiaires s'ordonnent parfois différemment chez les hommes et chez les femmes, mais le principe du classement doit être cherché ailleurs que dans le taux de « féminisation ». Face aux attraits et aux agréments respectivement offerts par les différents groupes de

1. Il s'agit des réponses apportées à la question : « Finalement, dans votre travail, qu'est-ce qui l'emporte ? Les motifs de satisfaction, les motifs d'insatisfaction, les uns et les autres s'équilibrent à peu près. » Les différences enregistrées entre les réponses de hommes et des femmes prises dans leur ensemble y étaient très faibles (cf. plus haut).

profession, hommes et femmes se réfèrent, dans leurs appréciations, à un modèle commun. Des professions très féminisées, comme les employé(e)s de commerce, ou très masculinisées, comme les policiers et militaires, atteignent même des niveaux de satisfaction en dessous de la moyenne. La qualification de l'individu, la dévalorisation du travail ouvrier et des tâches d'exécution, les caractéristiques objectives du travail, le niveau de rémunération, la part des dimensions intellectuelles du travail pèsent d'un poids plus lourd dans la construction des opinions et des attitudes que le fait d'être homme ou femme.

La hiérarchie des catégories socioprofessionnelles selon le degré de satisfaction qu'elles procurent aux femmes qui les exercent

	Taux de féminisation de la catégorie	Proportion de femmes satisfaites	Proportion d'hommes satisfaits
Chefs d'entreprises	11	100	75
Cadres supérieurs du public	32	77	75
Professions libérales	45	76	57
Contremaîtres	21	75	47
Information, arts, spectacles	56	70	88
Instituteurs	71	67	68
Ingénieurs	17	67	62
Intermédiaires de la santé	81	61	60
Professeurs	58	60	73
Cadres supérieurs du privé	43	60	72
Professions intermédiaires du public	41	54	46
Ouvriers qualifiés de l'industrie	11	54	51
Commerçants	44	50	56
Ouvriers qualifiés de l'artisanat	8	50	42
Employés services aux particuliers	89	49	36
Ensemble	**49**	**49**	**51**
Ouvriers non qualifiés de l'artisanat	76	47	44
Professions intermédiaires des entreprises	49	47	55
Employés administratifs du privé	78	46	38
Techniciens	12	45	58
Employés du public	72	44	50
Artisans	22	44	52
Ouvriers agricoles	31	40	36
Policiers, militaires	17	33	48
Agriculteurs	35	29	38
Employés de commerce	84	28	50
Ouvriers non qualifiés de l'industrie	45	26	31
Ouvriers qualifiés de la manutention	21	25	39
Chauffeurs	4	0	38

Cette égalisation des critères de jugement remet en cause l'idée selon laquelle les satisfactions des femmes au travail reposeraient avant tout sur la mise en œuvre de compétences spécifiques, proprement féminines. Ces « métiers de femmes », ceux dont on dit qu'ils sont « bien pour une femme[1] », sont caractérisés par certaines qualités physiques et morales, supposées « innées » chez les femmes : souplesse du corps, agilité des doigts, patience, douceur, ordre... Ces assignations, qui délimitent des sphères de professionnalisation précises, sont au fondement de la forte spécialisation des femmes dans des métiers comme celui de dactylographe ou, au sein du monde ouvrier, dans des filières comme celle du textile ou de l'électronique.

Les « métiers de femmes » s'inscrivent en outre souvent dans le prolongement du rôle de mère de famille : éduquer, soigner, secourir. Les vertus socialement construites comme féminines renvoient alors à des fonctions « naturelles », et ces professions se présentent comme des « maternités symboliques[2] », selon l'expression de Francine Muel-Dreyfus. Cette construction est appuyée par le fait qu'à leurs débuts, les professions d'institutrices, d'infirmières, d'assistantes sociales étaient perçues comme le lieu de l'exercice du devoir féminin d'assistance à autrui, et de ce fait exercées par des bénévoles (souvent célibataires) et des religieuses : leur rémunération semblait incongrue[3]. Ces « métiers de femmes » étaient d'ailleurs souvent pensés sur le mode de la « vocation », et la dimension religieuse de celle-ci est explicitement au fondement de certaines professions : le métier d'assistante sociale, par exemple, a été imaginé par le courant d'action sociale catholique de l'entre-deux-guerres comme celui de « religieuses laïques[4] ». En outre, les mécanismes d'imposition de ces « vocations » féminines rappellent ceux, analysés par Charles Suaud, d'imposition de la vocation sacerdotale comme appel inexplicable de Dieu. Cette imposition consiste en « une intériorisation progressive d'un projet de vie sacerdotale dans des conditions qui lui confèrent toutes les garanties d'un "choix" librement consenti[5] » et l'inculca-

1. Michelle Perrot, « Qu'est-ce qu'un métier de femme ? », *Le Mouvement social*, 140, VII-IX, 1987, pp. 3-8, repris dans Michelle Perrot, *Les Femmes ou les silences de l'histoire*, *op. cit.*, Paris, 1998, pp. 201-207.

2. Francine Muel-Dreyfus, *Vichy et l'éternel féminin*, Paris, Seuil, 1996, p. 158.

3. Sylvie Schweitzer, *Les femmes ont toujours travaillé*, *op.cit.*, p. 167.

4. Francine Muel-Dreyfus, *Vichy et l'éternel féminin*, *op. cit.*, p. 171.

5. Charles Suaud, « L'imposition de la vocation sacerdotale », *Actes de la recherche en sciences sociales*, n° 3, mai 1975, p. 2.

tion de cette vocation est assurée par une institution qui à la fois sélectionne les appelés et met au jour leur vocation. Le processus de sélection joue donc un rôle central, car il conduit l'institution à ne prêcher que des converti(e)s.

Dans le cas des professions sociales, les écoles de travail social à leurs débuts, et jusque dans les années cinquante, peuvent être analysées comme des institutions d'inculcation d'une vocation « féminine » sur la base d'une sélection de femmes déjà prédisposées. Ainsi, d'après les témoignages des assistantes sociales de la première génération, il apparaît que les écoles, d'origine confessionnelle pour la plupart, exigeaient des lettres de recommandation rédigées par des personnalités civiles ou religieuses, et qu'il était fait grand cas des activités sociales antérieures de la postulante, au service des œuvres privées ou de mouvements de jeunesse : « on recherchait là les signes d'une vocation affirmée et active[1] ». Ces professions « féminines » se sont progressivement laïcisées et ont cherché à mettre en avant la « technicité » des compétences requises. Cette volonté de faire reconnaître des qualifications professionnelles spécifiques indépendamment de compétences dites « féminines » est apparue de façon très nette, à la fin des années quatre-vingt, dans le mouvement des infirmières dont le mot d'ordre était : « ni bonnes, ni nonnes, ni connes[2] ».

Néanmoins, la représentation vocationnelle de ces métiers de femmes ne s'est pas complètement dissipée. Certes, depuis les années soixante-dix, les récits d'entrée dans la carrière d'assistante sociale font intervenir l'idée de hasard, et l'expérience professionnelle antérieure est fréquemment évoquée. L'idée de la « vocation » reste néanmoins le point ultime par rapport auquel il s'agit de se situer, et la tension entre les deux représentations de soi est perceptible.

Jeanne J., âgée de 44 ans, est assistante sociale en région parisienne et a fait sa formation au milieu des années soixante-dix. Interrogée[3] sur son choix d'être assistante sociale, elle insiste d'abord sur l'indécision et les problèmes de santé qui l'ont conduite vers ce métier, avant d'évoquer une « fibre » qu'elle aurait toujours eue :

---

1. Yvonne Knibiehler, *Nous les assistantes sociales. Naissance d'une profession*, Paris, Aubier-Montaigne, 1980, p. 91.

2. Danièle Kergoat *et alii*, *Les Infirmières et leur coordination (1988-1989)*, Paris, Lamarre, 1992.

3. Entretien réalisé par Delphine Serre dans le cadre d'une thèse de sociologie en cours.

> Je voulais être prof de gym à l'origine ! Ça n'avait rien à voir. Je sais pas, **je sais pas pourquoi ça m'est venu**... Je voulais être prof de gym et je me suis mise à faire des problèmes d'asthme, je suis asthmatique depuis que j'ai eu 17 ans. [...] Et donc j'ai dû revoir mon orientation... J'avais donc fait un peu le tour de ce que je voulais faire, et donc... si j'étais pas rentrée à l'école [d'assistantes sociales], j'aurais fait khâgne et hypokhâgne, parce que j'étais intéressée aussi par les lettres, et ça me plaisait bien, j'étais très douée pour le latin, très très douée, j'ai eu mon bac grâce au latin. [...] Et puis j'ai préparé mon bac, et en même temps j'ai préparé le concours, et j'ai été prise au concours. J'avais fait un peu le tour de ce qui... Mes parents rêvaient de me voir institutrice, moi pas du tout. Parce que par contre être confrontée à trente gamins en face de moi, j'ai pas l'énergie pour. Je suis pas dans la démarche de faire passer un savoir, je suis pas suffisamment patiente. Donc j'avais fait un peu le tour de ce qui pouvait m'intéresser. Et puis, c'est vrai que moi, j'étais un peu... la confidente de tout le monde dans le cadre de l'école, j'avais plein de copines et plein de copains, chacun me ramenait la sienne. Donc je pense que j'avais **cette fibre-là** quelque part.

Quoi qu'il en soit, même si l'idée de compétences féminines et masculines spécifiques, fortement ancrées dans la division sexuelle du travail, n'a pas totalement disparu des représentations de soi, ce sont bel et bien des critères d'appréciation plus égalitaires, fondés entre autres sur le prestige des différentes professions, qui orientent de façon globale les jugements qu'hommes et femmes portent sur leur travail.

« Tout ce qui monte converge »

Il existe une autre façon de confirmer la netteté de l'effet des différences des conditions de travail sur les opinions portées par les uns et par les autres : les écarts d'opinion entre les sexes tendent généralement à s'atténuer à mesure que s'élève le niveau économique, social ou culturel des travailleurs. C'est en bas de la hiérarchie sociale que sont le plus exploitées les différences associées au sexe, les hommes étant voués aux travaux de force, à l'industrie et aux contacts avec les choses matérielles, tandis que les femmes sont davantage employées dans les services et spécialisées dans les fonctions de relations et de contact avec le public : employées, caissières, etc. À mesure qu'on s'élève, en particulier par le diplôme, dans la pyramide des emplois, la part de travail intellectuel et qualifié s'accroît et le contenu des postes de travail devient de plus en plus indifférent au sexe de leurs titulaires. Les critères d'appréciation aussi.

Considérons par exemple l'opinion censée donner la mesure du sentiment de n'être qu'un rouage interchangeable et peu qualifié, remplaçable d'un jour à l'autre[1] : « J'ai l'impression que mon travail, n'importe qui pourrait le faire. » Relativement faibles entre les hommes et les femmes lorsqu'on les considère globalement, les écarts se creusent fortement, pour les hommes comme pour les femmes, dès lors que le niveau d'instruction diminue. Certes, à tous les niveaux, les femmes ressentent ou expriment plus vivement que les hommes ce sentiment d'interchangeabilité. Mais ce sentiment diminue, pour les hommes comme pour les femmes, à mesure que le diplôme s'élève, et les écarts entre les hommes et les femmes tendent à s'estomper, à disparaître, voire à s'inverser à mesure que s'élève le niveau d'instruction.

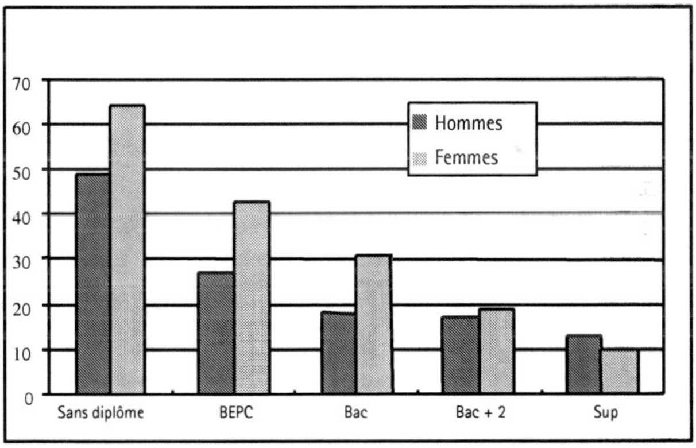

Le fait que les identités sexuées soient plus marquées en milieu populaire peut s'expliquer par l'absence d'autres marqueurs d'identité légitimes. D'après Olivier Schwartz, qui a mené une enquête au début des années quatre-vingt dans le bassin minier du nord de la France, pour les femmes d'ouvriers, penser « un véritable avenir social, passant par le métier et le travail, ç'aurait été les engager dans une voie traditionnellement masculine, et donc les mettre en concurrence avec les hommes [...]. Or, les rôles sexuels offrent une garantie minimale d'exclusivité dans la jouissance de certains territoires et dans l'accès aux signes de l'identité. La remise en cause de ces rôles, et notamment du "masculin" [...], s'accompagnerait de brouillage

1. Sur les ambivalences de cette question, voir chap. 4, pp. 82-84.

et de dépossession. Dans les groupes sociaux déjà dominés, un tel processus prendrait très vite l'allure d'une dépossession supplémentaire. Mettre en crise une identité suppose d'avoir plusieurs légitimités, au moins potentiellement, à sa disposition [1] ». Le sentiment de légitimité des femmes à l'égard du travail est donc favorisé par la détention de ressources valorisées, scolaires notamment.

Engagements masculins et féminins au travail

La convergence des jugements masculins et féminins peut ainsi révéler une égalisation des critères de jugement ou au contraire être le résultat de jugements spécifiques et masquer une discrimination. Quelles sont les attitudes distinctives entre les deux sexes qui s'expriment dans l'enquête ?

Une première façon de les approcher est d'examiner les réponses à la question sur la possibilité de « faire au travail des choses qui plaisent ». Les femmes sont moins nombreuses que les hommes à trouver un agrément spécifique au travail, à placer cet agrément dans l'activité professionnelle proprement dite et à éprouver du plaisir dans l'aspect technique et créatif de cette activité : le fait de considérer et d'apprécier le travail comme un processus de transformation d'un objet ou d'un état de choses matérielles, impliquant la spécialisation des compétences et la maîtrise des règles du processus, semble une valeur essentiellement masculine[2]. À l'inverse, le contact humain, le plaisir éprouvé à se mettre au service des autres semble davantage relever d'une conception féminine du travail. Ces jugements sur le contenu du travail reflètent l'intériorisation des assignations liées à la division sexuelle du travail : aux hommes la technique et la sphère de la production, aux femmes les « compétences naturelles » liées à leur rôle dans la reproduction. La persistance d'une ligne de partage dans les critères d'appréciation du travail coexiste donc avec une égalisation de ceux-ci. La tension qui peut en résulter est nettement perceptible dans le cas de François F.

Françoise F., âgée de 46 ans, travaille depuis vingt ans dans une grande entreprise agroalimentaire. D'abord ouvrière, elle est hôtesse d'accueil depuis sept ans au moment de l'entretien[3]. Ce passage de

1. Olivier Schwartz, *Le Monde privé des ouvriers*, Paris, PUF, 1990, pp. 183-184.
2. Cf. chap. 8.
3. Entretien réalisé par Marie Cartier dans le cadre de l'enquête.

l'usine aux bureaux et l'accès à ce poste d'employée, malgré une faible augmentation de salaire, sont vécus par Françoise comme une promotion, et même comme un « coup de chance » qui lui a permis d'échapper à la dégradation de l'ambiance dans les ateliers. Quand elle décrit les étapes de ce changement de poste, elle explicite les attentes sexuées pesant sur chacun des postes occupés :

> – D'abord j'ai travaillé dans un laboratoire comme conditionneuse, ensuite dans l'usine comme conditionneuse et ensuite j'ai eu cette opportunité.
>
> – *Vous avez voulu changer ?*
>
> – Oui, j'ai postulé pour un **poste qu'était plus un travail d'homme que de femme**, je me sentais pas trop capable de le faire mais enfin... ça m'a ouvert une porte et puis... [...] j'avais postulé pour un poste de glacier mais je me voyais vraiment pas faire ce que certaines faisaient parce qu'il y avait des femmes qui le faisaient malgré tout... Y avait des charges et moi j'avais toujours décrété que je voulais bien faire... **j'acceptais n'importe quel travail** mais quand je sortais de mon travail je voulais rester une femme et non moitié femme-moitié homme... j'avais postulé pour cette place et bon le chef du personne a bien vu que... [...] que **j'avais pas vraiment de carrure** pour faire ce travail et en plus de ça je l'avais dit... et donc il m'a proposé cette place hôtesse d'accueil et donc j'ai été prise.
>
> – *Et ça a fait quel changement par rapport à ce que vous faisiez avant ? Est-ce que ça vous a plu davantage ?*
>
> – Ça m'a plu davantage parce **qu'il y avait plus de contact, c'était plus relationnel.** [...] C'est moi qui les reçois [les gens qui viennent pour des réunions de travail], c'est moi qui appelle les gens avec qui ils ont rendez-vous, c'est moi qui les emmène en salle, et puis, bon, y a des liens qui se créent parce que en général ils attendent un petit peu. [...] Je vois ma place comme un service à rendre, je suis là pour ça. **Je dois être gentille avec tout le monde**.

Les deux postes occupés successivement sont pensés comme supposant des compétences différentes, fortement marquées sexuellement : la force physique d'un côté, les qualités relationnelles et la « gentillesse » de l'autre. Tout en les reconnaissant et en les reprenant à son compte (le poste d'employée lui plaît davantage), Françoise manifeste aussi sa distance à l'égard de ce partage : certes, elle ne voulait pas être « moitié homme » et n'avait « pas la carrure », mais elle était prête à occuper un tel poste, comme d'autres femmes. Au fil de l'entretien, elle développe et précise les qualités, tant morales que physiques, requises pour le poste d'hôtesse d'accueil. Et, là encore, la même tension et la même réserve sont perceptibles. Du côté des qualités morales, Françoise évoque la discrétion, la serviabilité, la correction, la politesse ; du côté de l'apparence physique, elle met en avant les contraintes qui portent sur l'*hexis* corporelle en général et, de façon plus particulière, elle aborde, à travers une anecdote, l'importance accordée à la coiffure (ultime marqueur de féminité étant donné le port obligatoire d'une « tenue » de travail).

Quand il y a des gens qui viennent bavarder avec vous, ils ont eu un petit problème et… je veux **pas répéter** ce qu'ils disent, je suis **intègre**. Je me fais un **devoir de bien accueillir** les gens. Je reste **correcte** avec les gens, je plaisante gentiment, j'ai jamais vraiment de paroles déplacées. Quand je suis fatiguée tout ça, j'essaie de **pas le faire voir** déjà. **J'ai eu une fois une réflexion**… ce jour-là c'est vrai que… j'étais vraiment, j'avais passé une matinée un peu speed et puis j'avais pas pris vraiment le temps de me coiffer et ce que j'avais fait c'était mal fait et puis… je m'étais mis les cheveux en arrière et j'avais mis du gel et ça n'a pas du tout plu à mon directeur.

Si ce métier est vécu comme une « opportunité » et que Françoise en semble globalement satisfaite, elle exprime néanmoins certaines réserves à l'égard des attentes fortement sexuées qui pèsent sur son nouvel emploi. Ainsi, l'obligation d'être « gentille » lui donne le sentiment d'être « potiche » et la disponibilité impliquée par l'offre de services est parfois perçue comme une contrainte. De même, la visite chez le coiffeur, et la séance quotidienne de maquillage, sont évoquées comme des « corvées ».

– Moi, c'est ce que je dis toujours aux gens, je suis là, je suis peut-être potiche, mais je suis obligée d'être sourire, gentille, et puis c'est tout. […]

Le coiffeur, quand j'y vais, c'est une corvée, je bous parce que je perds mon temps… d'ailleurs mon coiffeur je lui dis toujours : « pas de laque » parce que j'ai ça à faire, va y avoir trop de vent… Parce que quand j'arrive chez moi tac, tac, tac ça se voit plus. Et c'est pas ma tasse de thé, moi le coiffeur, c'est vraiment ma corvée. […]

– *Vous vous forcez à y aller pour le travail?*

– Oui. Non, je me force pas à y aller. J'essaie d'être convenable mais, dépenser de l'argent… c'est pas mon truc d'aller chez le coiffeur. J'ai horreur de ça, me maquiller, dépenser une fortune dans le maquillage, tout ça, non, pas du tout. Je me parfume, c'est vrai. Je mets un petit peu de parfum tous les jours, j'aime ça. Mais je supporterais pas, je passerais pas une demi-heure devant ma glace tous les matins. Je pourrais pas. Chez moi ça doit être vite fait.

Face à ces contraintes, Françoise F. met en valeur sa franchise et son authenticité. Les «petits mots gentils» ne l'empêchent pas d'avoir son franc-parler : elle souligne le fait qu'elle «n'aime pas qu'on [l]'embête» mais, surtout, elle évoque à travers des anecdotes les gens qui lui disent qu'elle n'est «pas le genre de bonne femme à [s]e laisser marcher sur les doigts de pied». Elle valorise en outre son engagement associatif en faveur de la défense de l'environnement où, dans les réunions, il faut savoir être «vindicati[ve]» et non pas «cool» comme au travail. Face aux contraintes pesant sur l'apparence physique, elle fait état de stratégies de résistance similaires, orientées par la volonté de «ne pas fausser» :

> Quand je me suis présentée pour ce poste, on avait été quatre à se présenter, et puis moi j'y avais été sans conviction parce que je m'étais dit... que je serais pas prise. [...] Je m'étais présentée avec une fille qui était vraiment... qui faisait vraiment hôtesse d'accueil auprès de moi parce qu'elle était très maquillée, toujours habillée très pimpante et tout ça. Et moi je suis arrivée comme je m'habillais d'habitude parce que je me suis dit, **je vais pas fausser les gens à venir maquillée, coiffée que je saurais pas le faire, habillée** je pourrais pas le faire non plus... [...] et après quand j'ai appris que j'ai été prise, oh! j'étais enthousiaste, j'avais du mal à y croire parce que quand on m'a annoncé ça je disais «vous êtes sûr?».

Les valeurs mises en avant dans la critique d'un certain souci de l'apparence corporelle sont sans doute liées à son origine populaire : ces dépenses sont considérées comme inutiles, coûteuses en temps et en argent, et leur résultat est à la fois éphémère et artificiel («pimpant»). La tension entre la reconnaissance d'une ligne de partage entre compétences féminines et masculines, d'une part, et la mise en cause de sa légitimité, d'autre part, pourrait être analysée comme la confrontation, liée à la trajectoire de Françoise, entre deux modes de définition sociale de l'identité féminine : sa trajectoire professionnelle, son mariage avec un technicien devenu cadre, sa reprise d'études en formation professionnelle sont autant de signes d'une ascension qui l'amènent à redéfinir son identité sociale, féminine entre autres.

La division sexuelle du travail est ainsi tout à la fois intériorisée et l'objet de tensions et de redéfinitions. Pour appréhender de façon globale les attitudes distinctives entre les deux sexes, il est possible, en raisonnant toutes choses égales par ailleurs, d'éliminer les écarts produits par l'inégalité des situations professionnelles et de ne conserver que ceux qui seraient imputables à la seule différence entre les sexes. Le tableau suivant en dresse l'inventaire. Examinons-le en détail.

Les attitudes distinctives	
Les attitudes qui distinguent les hommes des femmes, à situation objective égale par ailleurs	**Les attitudes qui distinguent les femmes des hommes, à situation objective égale par ailleurs**
Implication	**Implication**
Je m'implique dans mon travail pour gagner plus d'argent.	Je m'implique dans mon travail parce que ça m'intéresse.
Je m'implique dans mon travail juste ce qu'il faut.	
Je fais partie d'un groupement syndical ou professionnel.	
J'associe le mot «travail» ou l'un de ses synonymes au bonheur.	
Relations	**Relations**
Je ne travaille pas au contact de la nature et je le regrette.	Le terme d'«équipe» décrit bien ma situation professionnelle.
	J'ai le sentiment d'être écoutée et je l'apprécie.
	Je n'ai pas le sentiment d'être écoutée et je le regrette.
Passé	**Passé**
Je pense que ma situation professionnelle est moins bonne que celle de mon père au même âge.	Ma situation professionnelle est meilleure que celle de ma mère au même âge.

Avenir	Avenir
Je serais heureux si mes enfants s'engageaient dans la même activité que moi.	
J'ai le sentiment de faire des choses qui restent.	
Je n'ai pas le sentiment de faire des choses qui restent et je le regrette.	
Famille, travail et hors-travail	**Famille, travail et hors-travail**
Il m'arrive de parler avec mes proches de l'avenir de mon emploi.	Des tensions se sont produites avec mes proches parce que je me consacrais trop à mon travail.
Il m'arrive de parler avec mes proches de mon salaire.	Il y a des activités que j'aimerais faire ou faire davantage mais que je ne peux pas faire à cause de mon travail.
Lundi	**Lundi**
Le premier jour de la semaine est un jour comme un autre.	Le premier jour de la semaine est le jour le plus dur.
Insatisfactions	**Insatisfactions**
Je me considère comme plutôt mal ou très mal payé.	Mon travail m'expose à une tension nerveuse importante.
Satisfactions	**Satisfactions**
Mes horaires sont pratiques.	J'ai le sentiment que mon travail me permet de rester dans le coup.
Pouvoir	**Pouvoir**
Je suis en situation d'avoir du pouvoir.	
Je n'ai pas de pouvoir et je le regrette.	

La liste est longue des attitudes et des comportements, exclus du tableau, où hommes et femmes ne se distinguent pas les uns des autres. Leur domaine est varié et a trait à des satisfactions comme à des insatisfactions. Une fois neutralisées ces manifestations les plus déterminées par l'inégalité des places occupées, que reste-t-il ?

Les hommes adhèrent davantage à une représentation classique du travail entendu comme une activité organisée autour du pouvoir et de l'argent. Qu'il s'agisse de défendre des intérêts collectifs («Je fais partie d'un groupement syndical ou professionnel»), d'éprouver du plaisir à exercer du pouvoir («Je suis en situation d'avoir du pouvoir», «Je n'ai pas de pouvoir et je le regrette») ou de l'implication personnelle orientée vers le gain d'argent («Je m'implique dans mon travail pour gagner de l'argent»). Les hommes, plus que les femmes, tiennent à ce que le produit de leur travail survive à l'effort qui l'a engendré. «J'ai le sentiment de faire des choses qui restent», «Je n'ai pas le sentiment de faire des choses qui restent et je le regrette» disent-ils plus souvent qu'elles. En même temps qu'il se matérialise dans les choses, le travail s'y prolonge et donne le sentiment à celui qui l'accomplit de laisser sur terre des traces durables. Le travail survit au travailleur, il le prolonge dans la durée. Il lui survit par le «travail mort» (les choses qui restent), mais, plus profondément encore, par le «travail vivant» que constitue la descendance du travailleur : «Je serais heureux si mes enfants s'engageaient dans la même activité que moi.»

L'engagement des femmes dans le travail se démarque nettement de cette vision masculine. Moins concernées par les traces matérielles qu'elles laisseraient ou par la prolongation de leur action par l'intermédiaire de leurs enfants, elles le sont davantage par les aspects quotidiens de leur activité professionnelle qu'elles vivent sur un mode personnel. Plus sensibles au stress, ou plus habituées à l'exprimer («mon travail m'expose à une tension nerveuse importante»), elles prennent davantage en compte l'intérêt immédiat du contenu de leur travail («Je m'implique dans mon travail parce que ça m'intéresse»), et l'attention qui leur est portée en tant que personne («J'ai le sentiment d'être écoutée et je l'apprécie»).

L'engagement dans le travail domestique

Ces différences de jugements sont entre autres le produit d'une inégalité objective, structurelle, liée à l'engagement des femmes dans le travail domestique. Le fait est connu et les enquêtes récentes le confirment : les femmes assument toujours l'essentiel du travail domestique (quasiment les deux tiers en termes de durée sur l'ensemble d'une semaine), et le temps que les hommes y consacrent quotidiennement n'a augmenté que de onze minutes entre 1986 et 1999 [1] ! Ainsi, le jugement selon lequel « mon travail m'expose à une tension nerveuse importante » peut être lu en rapport avec toutes les tâches et charges à assumer par ailleurs et qui deviennent plus lourdes du fait de l'engagement dans le travail. En effet, pour les femmes, travail et hors-travail sont difficilement séparables et autonomisables. Cela est très perceptible par exemple dans leur plus grande sensibilité à la question des horaires : leur engagement concret et quotidien dans la sphère domestique extraprofessionnelle a des conséquences directes et durables sur la sphère professionnelle.

Le travail domestique joue un rôle prépondérant dans la façon dont les femmes perçoivent leur activité professionnelle. Sont valorisées avant tout les qualités qui permettent aux femmes d'échapper à la situation de femme au foyer. Source d'ouverture au monde (« J'ai le sentiment que mon travail me permet de rester dans le coup »), le travail est aussi apprécié comme collectif (« le terme d'équipe décrit bien ma situation professionnelle ») au sein duquel on trouve reconnaissance (« j'ai le sentiment d'être écoutée et je l'apprécie »). Ces caractéristiques sont comme l'image inversée du travail domestique : solitaire, invisible, à destination collective (pour la famille, le foyer) et sans aucune gratification individuelle. Même peu qualifié, peu valorisé, le travail professionnel permet d'échapper à l'enfermement et à l'isolement, et il constitue un « monde à soi », un champ social de référence hors famille [2].

D'ailleurs, il est frappant de constater que près de six femmes au foyer sur dix aimeraient travailler et que, dans la plupart des cas, leur situation semble davantage subie que choisie. Une partie d'entre elles, celles qui ont déjà travaillé et se trouvent sans activité à la suite d'un déménagement ou du fait de la profession de leur conjoint, déclarent avoir le sentiment d'être « exploitées » et transposent les

1. Données tirées de l'enquête « Emploi du temps » réalisées par l'Insee en 1999, et citées par Alain Bihr, Roland Pfefferkorn, *Hommes, femmes, quelle égalité ?*, Paris, Éditions de l'Atelier/Éditions Ouvrières, 2002, pp. 130-131.

2. Anne-Marie Daune-Richard, « Travail professionnel et travail domestique. Le travail et ses représentations au sein de lignées féminines », *Travail et emploi*, juillet-septembre 1983, n° 17, pp. 49-55.

rapports propres au monde du travail à leur situation[1]. Cette transposition est sans doute liée au type d'expériences professionnelles qu'elles ont pu avoir auparavant, majoritairement dans des secteurs peu qualifiés : 32 % des femmes au foyer interrogées avaient été employées et 26 % ouvrières.

L'engagement féminin dans le travail ne peut donc se penser indépendamment du hors-travail. En outre, ce hors-travail étant avant tout identifié au travail domestique et non à des activités libres, pour soi, il met en cause l'appréhension habituelle de la distinction travail/hors-travail en fonction des catégories aliénation/liberté. Pour les femmes, le temps hors travail est le temps de l'« éternel recommencement », sans limites et répétitif. Il est également « un temps aliéné, au sens premier du terme, un temps consacré aux autres », un « temps "pour autrui" au sein de la famille », et non un temps pour soi[2].

En outre, l'engagement dans le travail n'est pas sans conséquence sur la vie familiale. Le bonheur ressenti par cette échappée hors du bocal familial est aussitôt tempéré par les tensions que fait naître au sein du foyer ce travail extérieur. Le retour à la vie professionnelle au sortir du week-end n'est pas simple (« Le premier jour de la semaine est le jour le plus dur »). Mener de front vie professionnelle et vie familiale ne va pas de soi (« Des tensions se sont produites avec mes proches parce que je me consacrais trop à mon travail »).

Pour les femmes, les deux aspects de l'existence, professionnelle et domestique, sont indissociables et se structurent réciproquement. Mais ils sont aussi fortement antagoniques. Cet antagonisme est le produit d'un long processus qui, initié au XIXᵉ siècle, a construit le modèle du travail salarié féminin en opposition à celui de la femme au foyer. Louise Tilly et Joan Scott ont montré comment, dans l'économie préindustrielle, tous les membres de la maisonnée s'adonnaient à des tâches productives mais, avec l'industrialisation, l'activité productrice a été exclue du foyer et les femmes mariées se sont spécialisées dans les tâches d'éducation des enfants et de consommation[3]. Cette opposition, fortement intériorisée, explique sans doute la prégnance de la recherche d'équilibre entre vie professionnelle et familiale dans les réponses féminines au questionnaire et le sentiment

1. Xavier Niel, « Six femmes au foyer sur dix aimeraient travailler », *Premières informations et premières synthèses*, Dares, février 1998, n° 09.1, p. 3.

2. Tania Angeloff, *Le Temps partiel, un marché de dupes ?*, Paris, La Découverte et Syros, 2000, pp. 61-62.

3. Louise A. Tilly et Joan W. Scott, *Les Femmes, le travail et la famille* (1978), Paris, Rivages/Histoire, 1987.

que la vie ne se résume pas à l'occupation professionnelle («Il y a des activités que j'aimerais faire ou faire davantage mais que je ne peux pas faire à cause de mon travail»).

Tous ces écarts dans l'appréciation du travail entre hommes et femmes existent. Mais ils ne peuvent être mis en évidence qu'au terme d'analyses économétriques visant à éliminer les effets des différences des situations professionnelles entre les sexes : statuts d'emploi, qualifications, rémunérations, responsabilités hiérarchiques, horaires, conditions de travail. Et ces analyses n'enregistrent que des effets de faible ampleur par rapport aux écarts observés entre le sommet et la base de la pyramide sociale. Les différences entre hommes et femmes qui viennent d'être mises au jour sont donc des écarts de second rang, à une exception près : la comparaison entre sa propre situation et celle du parent du même sexe.

À CHACUN(E) SON POINT DE COMPARAISON

C'est à l'aune de leurs enfants et au prix d'un regard porté sur l'avenir que les hommes expriment leur bonheur au travail («Je souhaite que mes enfants fassent le même travail que moi»), alors que c'est en mesurant le chemin parcouru depuis la génération de leurs mères que les femmes évaluent le niveau de satisfaction qu'elles retirent de leur travail («Ma situation professionnelle est meilleure que celle de ma mère au même âge»).

Moins nombreux que les femmes (56 % contre 70 %) à estimer leur situation meilleure que celle de leur père au même âge, les hommes attribuent cette amélioration à l'évolution des conditions de travail et à l'élévation de leurs rémunérations. La situation sociale à laquelle ils se réfèrent pour mesurer l'évolution est interne à la sphère du travail. Le point de référence est un travailleur manuel, ouvrier ou paysan, aux conditions de travail pénibles et à salaire faible. Les améliorations enregistrées relèvent d'une évolution quantitative des mêmes indicateurs : des salaires plus élevés et une moindre pénibilité. Il s'agit d'un progrès réalisé au sein d'un même univers.

C'est d'un tout autre point de vue que se placent les femmes. Alors que le vocabulaire masculin demeure (à quelques exceptions près : «plus excitant», «vie plus ouverte») enfermé dans les bornes du registre professionnel des conditions matérielles de travail et de rémunération (moins pénible, moins éprouvant physiquement, plus salubre, responsabilités, salaire plus élevé), celui des femmes s'élargit à la prise en compte plus générale des transformations intervenues dans leurs conditions de vie et d'existence, entendues non seulement sous leurs aspects matériels (« avoir du travail », « un salaire », « des revenus »), mais aussi psychologiques et symboliques (« Mon travail est plus épanouissant et motivant », « J'ai plus de liberté », « Le métier est plus vivant », « J'étends mes connaissances », « J'apprends », « J'ai l'impression d'évoluer », « sentiment d'indépendance et de liberté »). À un lexique d'économistes ou de techniciens en hygiène et sécurité, mesurant des évolutions quantitatives, s'oppose la prise en compte d'une transformation qualitative qui s'exprime dans un vocabulaire plus philosophique de l'émancipation et de la transformation de la vie par le travail que n'aurait pas désavoué Simone de Beauvoir.

Les hommes font état d'un allégement de la charge et d'une diminution de la servitude alors que les femmes célèbrent l'accès à l'indépendance. Les points de référence sont radicalement différents : le travailleur manuel, ouvrier ou paysan d'un côté, la mère au foyer de l'autre.

Les écarts se resserrent en revanche entre celles et ceux qui estiment que leur situation est pire aujourd'hui que celle de leurs parents en raison de la prise en compte d'une même réalité sociale : le chômage. Dans l'un et l'autre cas, ils se réfèrent à des parents actifs ayant disposé de davantage de sécurité et de choix plus ouverts.

Les raisons invoquées par les hommes et par les femmes pour estimer leur situation meilleure ou pire que celle de leurs parents	
Hommes	**Femmes**
Ma situation professionnelle est meilleure que celle de mon père (ou ma mère) au même âge	
56 %	**70 %**
Travail moins pénible, plus de liberté dans le travail, conditions plus salubres, travail plus excitant.	J'ai moins de travail et plus de salaire. J'ai un travail, ma mère n'en avait pas.

Conditions de travail [du père] moins bonnes et salaire inférieur. Conditions de travail [du fils] et rémunérations plus satisfaisantes.	Parce que ma mère n'avait pas de revenus. Mon travail est plus épanouissant et motivant que celui de ma mère.
Salaire plus élevé et conditions de travail moins pénibles. Les conditions de travail sont plus agréables et les revenus plus importants.	Car j'ai un revenu que ma mère n'avait pas et ai plus de liberté. Je n'ai pas de charge d'enfants, j'ai plus de liberté.
C'est mieux (conditions de travail, vie en général, plus confortables).	Parce que je trouve que le métier en soi est plus vivant et que j'étends mes connaissances.
Les conditions de travail et salariales, une vie beaucoup plus ouverte et plus de responsabilités et des perspectives plus évidentes d'améliorer les conditions de vie.	J'apprends toujours, j'ai l'impression de plus évoluer. Parce que je travaille, elle n'a pas eu de sentiment d'indépendance et de liberté.
Parce que c'est un métier moins éprouvant physiquement et je suis mieux payé et les conditions de travail sont meilleures actuellement. Mon père avait un travail plus pénible.	J'ai un travail plus enrichissant et un salaire personnel. Elle n'avait pas ce que j'ai.
Ma situation professionnelle est pire que celle de mon père (ou ma mère) au même âge	
29 %	**21 %**
À l'époque il y avait du travail et pas de chômage.	Ma mère n'a pas connu le stress du travail, la recherche d'un travail.
Il avait plus de travail car à mon âge mon père avait du travail. Il y avait moins de chômage.	Elle avait plus de vacances, plus d'équilibre de vie.
Puisque je suis au chômage et [qu']à son époque il y avait du travail.	Il y avait moins de chômage et plus de facilité à conserver un emploi.

Parce qu'il y a moins de travail et moins de possibilités.	J'ai ce travail-là, parce que je n'ai pas eu le choix, à l'époque ma mère l'a eu davantage.
Il y avait moins de chômage à ce moment-là.	Elle a moins d'enfants, elle a un travail.
Il n'y avait pas de chômage à son époque.	Il y a moins de chômage et c'était plus facile de retrouver du travail.
Parce que je suis au chômage et que mon père ne l'a pas connu.	Hiérarchie plus respectueuse et plus à l'écoute du personnel, je ne suis qu'un pion.
À l'époque, moins de risques de chômage et vie moins chère.	
Il y avait plus de travail et [le] rythme de travail [était] moins élevé.	Parce que ma mère travaillait et moi je suis au chômage.
	Je suis moins à l'aise financièrement. Ils avaient fait un choix d'activité et moi je n'ai pu choisir suite au chômage.
	Parce que je suis à la recherche d'un emploi.

Résumons-nous. L'analyse détaillée des formes et des degrés de satisfaction et d'insatisfaction au travail des hommes et des femmes nous met en présence de quatre ordres de forces qui jouent simultanément.

Une forte tendance à l'uniformité et à l'homogénéisation dans l'expression de satisfactions et d'insatisfactions à un niveau global. La généralisation de l'emploi féminin salarié a banalisé l'activité féminine. Cette banalisation tend de plus en plus à aligner les jugements généraux portés sur leur travail par les femmes et par les hommes sur des critères communs liés au statut, au prestige, aux responsabilités, etc. Car, rappelons-le, les écarts d'opinion mesurés demeurent dans tous les cas de faible ampleur.

Dans certains cas, l'apparente convergence des indicateurs de satisfaction dissimule des conceptions finalement assez différentes du travail. En profondeur, persiste un modèle traditionnel de division du travail entre les sexes. Il renvoie à la division classique des rôles entre l'homme et la femme. On le retrouve chez les hommes aussi bien que chez les femmes : il revient à l'homme de gagner l'argent du ménage et d'assurer la valeur sociale de la lignée, à travers ses enfants ou ses œuvres, tandis que les femmes valorisent fortement l'aspect relationnel de leur travail. Ces différences sont le produit d'inégalités objectives face aux charges domestiques, mais aussi le résultat d'un processus d'intériorisation de positions sociales différentes. Ainsi, les femmes semblent accepter les disparités salariales qui jouent en leur défaveur.

Ce modèle traditionnel ne va cependant pas de soi et peut faire l'objet de tensions, de résistances, de tentatives de redéfinitions. Celles-ci sont sans doute favorisées par les trajectoires de mobilité sociale.

Parallèlement à ce modèle traditionnel, en émerge un autre, propre aux femmes : la généralisation du travail féminin salarié n'a pas réussi à émousser la vigueur d'un sentiment très vif d'émancipation par le travail. Le fait de travailler et d'accéder entre autres à l'indépendance financière constitue un progrès par rapport à la condition de leurs mères, assignées aux tâches domestiques et, bien souvent, à un travail invisible et non reconnu, dans le commerce et l'agriculture notamment.

DEUXIÈME PARTIE

Le bonheur des uns et le malheur des autres

7

Que voulons-nous pour nos enfants ?

« Seriez-vous ou auriez-vous été heureux que l'un(e) de vos enfants s'engage dans la même activité que vous ? » Indirecte, cette question n'impose pas à l'enquêté(e) de se fabriquer une opinion sur le rapport qu'il entretient à son propre travail. Elle incite la personne interrogée à juger son travail en se plaçant du point de vue de l'intérêt présent ou à venir de ses enfants. Alors que la question finale sur le bilan des satisfactions et insatisfactions restreignait le champ de référence à l'expérience professionnelle de la personne interrogée, cet effort d'objectivation invite à apprécier la valeur de son travail à partir de dimensions sociales plus vastes et dans la perspective d'une trajectoire familiale et professionnelle en devenir.

Mon travail a-t-il à mes yeux une valeur suffisante pour que je désire voir mon identité professionnelle et sociale se prolonger à travers mes enfants ? Puis-je souhaiter à mes enfants de partager les bonheurs et les malheurs professionnels que j'ai rencontrés ou leur souhaité-je un avenir social meilleur ? La profession que j'exerce ne restreint-elle pas l'univers des possibles que je souhaite à mes enfants ? Le caractère indirect et imaginaire de la question la rend paradoxalement plus concrète. Beaucoup de parents se la sont déjà posée au cours de leur existence[1].

Moins unanimes, les réponses obtenues présentent aussi une vision moins euphorique du rapport au travail : 34 % de oui, 62 % de non (et 4 % de non-réponses). De fait, une appréciation « tiède » de son travail peut signifier que, tout compte fait, les motifs de satisfaction l'emportent, tout en souhaitant mieux pour ses enfants.

1. La question a également été posée aux personnes n'ayant pas d'enfant.

« Je serais heureux si l'un(e) de mes enfants s'engageait dans la même activité que moi. »

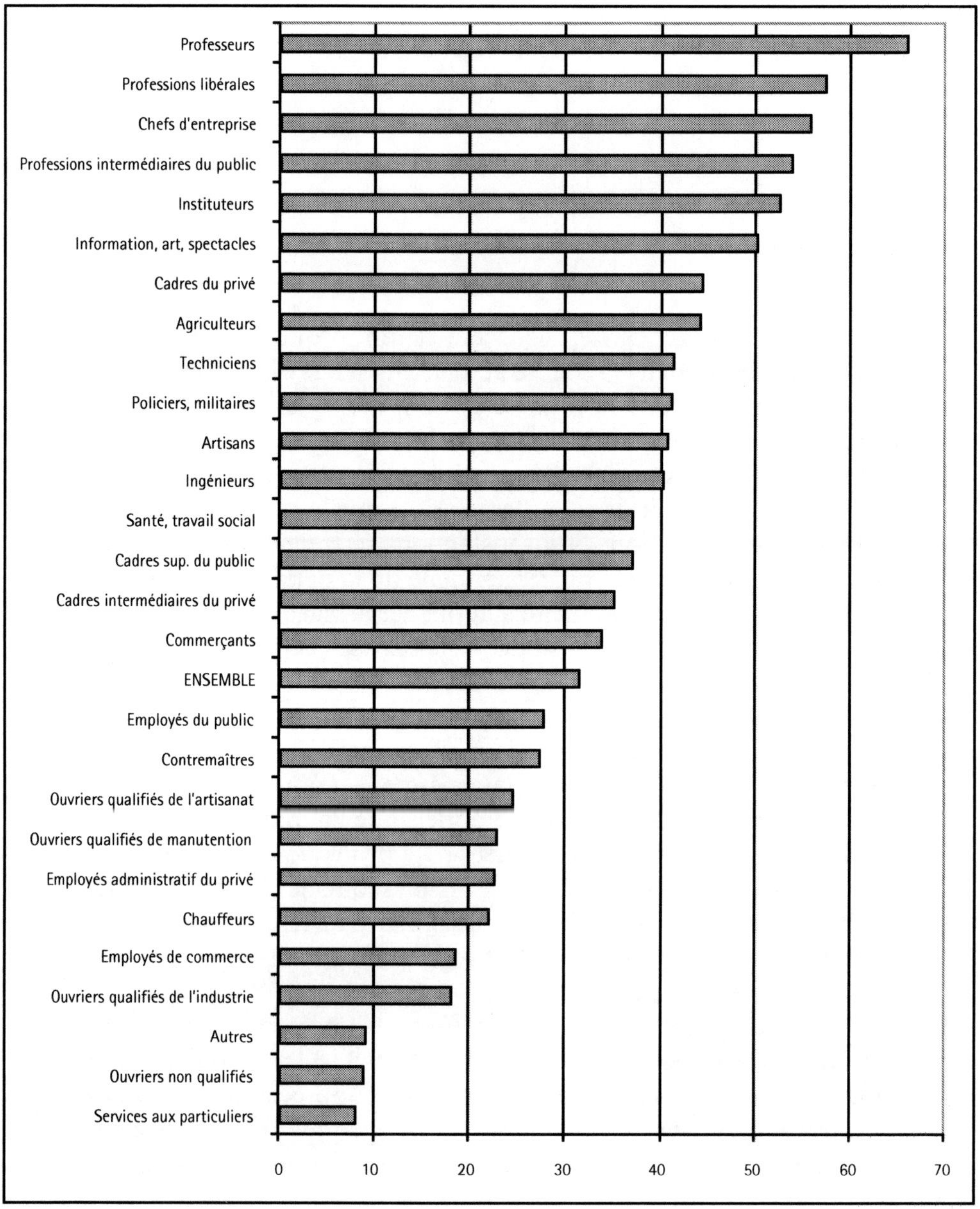

Mesurée à cette aune, c'est une relation négative au travail qui l'emporte et les écarts entre catégories professionnelles se creusent. Bien que plus pessimiste et plus accentué, le dégradé le long duquel s'échelonnent les différents groupes sociaux ressemble fort à celui qui se déployait à l'occasion de l'inventaire des plaisirs et des peines[1]. Les plus désireux de voir leurs enfants s'engager sur la même voie professionnelle sont ici encore des catégories de travailleurs intellectuels et de chefs d'entreprise, les uns et les autres étant assurés de la sécurité de l'emploi, de rémunérations confortables et d'une relative autonomie dans l'exercice de leur profession. Qu'ils soient professeurs ou instituteurs, professions libérales ou professionnels de l'information, des arts et du spectacle, tous ces travailleurs exercent des activités qui peuvent se penser comme ayant été librement choisies, certaines même sur le mode de la « vocation ». La part de catégories intellectuelles et diplômées figurant au sommet est ici légèrement supérieure à celle de l'échelle des satisfactions globales. À l'autre extrémité, les catégories qui se déclarent les moins heureuses à l'idée que leurs enfants suivent leurs traces sont majoritairement constituées de travailleurs manuels (ouvriers, chauffeurs) ainsi que des personnels d'exécution du secteur tertiaire, employés et services aux particuliers.

Ici encore, la part des réponses positives s'élève de façon spectaculaire à mesure que l'on gravit les échelons canoniques de la hiérarchie sociale : diplôme, salaire, catégorie socioprofessionnelle. D'autres disparités dans le travail et l'emploi jouent également un rôle : les responsabilités hiérarchiques, la durée du travail, l'appartenance au secteur public ou privé, la stabilité de l'emploi. On peut aussi supposer qu'à travail et emploi égaux, les jugements portés par les individus ne seront pas les mêmes selon qu'on sera homme ou femme, jeune ou plus âgé, français ou étranger. Ils pourront aussi varier selon le système de valeurs, notamment les croyances et les pratiques religieuses.

Il est toujours difficile de mesurer l'effet propre d'une variable donnée sur un phénomène car, la plupart du temps, ces variables ne sont pas indépendantes les unes des autres : niveau de diplôme, salaire, responsabilité hiérarchique, profession sont fortement liés entre eux. Si les plus diplômés souhaitent plus que les autres que leurs enfants s'engagent dans la même voie qu'eux, c'est peut-être à cause de leur formation mais peut-être aussi à cause du niveau de leur rémunération ou de l'intérêt de leur profession. Afin de tenter

1. Cf. graphique p. 74.

de hiérarchiser les effets spécifiques de chacune de ces variables et de tester le bien-fondé de ces hypothèses, on a procédé à une analyse statistique prenant en compte toutes ces variables simultanément.

La dimension sociale dont l'effet se révèle le plus déterminant est la profession exercée. Lorsqu'on élimine l'effet des autres variables, ce qui incite le plus les individus à souhaiter que leurs enfants fassent la même chose qu'eux est le fait d'être agriculteur[1]. Diriger une entreprise de plus de dix salariés incite presque aussi fortement à exprimer le même souhait. Légèrement moins forte chez les cadres, encore un peu moins sensible chez les artisans et les commerçants ainsi que chez les professions intermédiaires, cette probabilité décroît fortement lorsqu'on descend la hiérarchie sociale : employés, ouvriers qualifiés, et surtout ouvriers non qualifiés.

Comparé à celui de la profession, l'effet propre du niveau de formation est faible. Seuls les individus titulaires d'un diplôme de niveau égal ou supérieur à bac + 3 se distinguent vraiment par une propension un peu plus forte à souhaiter que leurs enfants suivent leurs traces, mais l'écart qui les sépare des non-diplômés est quatre fois plus petit que celui qui sépare les ouvriers non qualifiés des cadres. On pouvait s'attendre à un effet plus substantiel. Les agriculteurs, les chefs d'entreprise, les commerçants, détenteurs d'un capital économique, souhaitent transmettre leur position professionnelle et leur patrimoine. On pouvait s'attendre à ce qu'il en aille de même pour les détenteurs d'un capital culturel dont le diplôme est un bon indicateur. La modestie de cet effet s'explique. La question posée ne portait pas sur le souhait de voir ses enfants s'engager dans les mêmes études mais d'exercer ou non la même profession. On peut aussi supposer que les catégories les plus intellectuelles se sentent moins autorisées à décider « pour » leurs enfants, qui doivent rester libres de leurs propres choix.

Lorsque le salaire mensuel est très faible, inférieur à 6 000 francs par mois en 1997, les chances de souhaiter la même profession à ses enfants sont, toutes choses égales par ailleurs, très faibles elles aussi. Mais au-dessus de ce niveau, l'effet propre du salaire est négligeable. En revanche, le fait d'appartenir à la fonction publique est une caractéristique que l'on souhaite transmettre à ses enfants.

1. On reviendra sur cette particularité des agriculteurs, qui présentent une balance très négative des satisfactions et insatisfactions au travail (35 % seulement voient les motifs de satisfaction l'emporter sur les motifs d'insatisfaction) en même temps qu'une forte propension à souhaiter que leurs enfants exercent la même activité qu'eux..

D'autres aspects pourtant importants du travail n'exercent aucun effet notable. C'est le cas des responsabilités hiérarchiques, de la durée et de l'intensité du travail, du statut précaire de l'emploi.

Parmi les variables qui n'ont pas de rapport direct avec le travail, le fait d'être étranger diminue nettement la probabilité de souhaiter son propre travail à ses enfants. Les migrants de la première génération se résignent au travail qu'ils trouvent et qui est souvent, à qualification égale, d'un statut inférieur à celui des Français ; ils souhaitent donc pour les leurs un avenir meilleur, ce qui est le plus souvent la raison de leur migration.

Quant à l'âge, les plus jeunes, qui n'ont pas encore d'enfants, sont ceux qui acceptent le mieux l'idée que leur future progéniture suive leurs traces, tandis que les actifs autour de la quarantaine sont ceux qui rejettent le plus massivement cette perspective. Leurs enfants ont environ 10 ans, l'avenir est à la fois ouvert et indéterminé, et la question posée devient pour eux de plus en plus concrète. La réponse apportée à la question est aussi un révélateur de convictions et de valeurs. De fait, une pratique religieuse, souvent associée à des comportements conservateurs, prédispose à désirer prolonger son état à travers ses enfants.

À l'issue de ce premier examen des réponses à la question sur le devenir professionnel des enfants, on peut dire que plus on s'élève dans la hiérarchie sociale, plus on souhaite que ses enfants exercent la même profession que soi. Une analyse statistique plus fine des réponses montre que les variables dont l'effet est déterminant sont : le statut et la profession (les indépendants en particulier, plus que les autres, désirent voir leurs enfants emprunter le même chemin professionnel qu'eux), mais aussi l'origine nationale, l'âge, la religion et enfin (mais dans une moindre mesure) le salaire et le niveau de formation.

La réponse « oui » exprime dans l'ensemble un rapport assez heureux à son travail pour souhaiter qu'il se poursuive à la génération suivante. Une réponse « non » exprime au contraire un rapport plus malheureux. Vérifiée dans l'ensemble, la tendance souffre des exceptions. Les rapports au travail sont ambivalents : en souhaitant que leurs enfants leur succèdent, les agriculteurs obéissent plus à une logique économique qu'à un principe de plaisir. Des cadres très heureux de leur travail peuvent néanmoins souhaiter que leurs enfants décident eux-mêmes de leur profession. Ils répondent alors « non » à la question. Loin d'être homogènes, les raisons de souhaiter ou de refuser que ses enfants exercent la même profession sont au contraire très diversifiées.

Une question ouverte priant les personnes interrogées de motiver leurs réponses sous la forme d'un « pourquoi ? » éclaire vivement cet aspect des choses. L'analyse des réponses, très nombreuses et très riches, permet de dresser un répertoire des raisons pour lesquelles on souhaite voir ou non ses enfants exercer la même activité que soi. Et ainsi de préciser les aspects du travail qui sont de nature à rendre heureux ou malheureux, tout en montrant qu'il ne s'agit pas des mêmes pour tout le monde.

Considérons, pour nous faire une première idée, les catégories extrêmes. Et d'abord celles qui, se distinguant par une proportion élevée de « oui », envisagent plus que les autres avec plaisir que leurs enfants suivent leur traces : les professeurs (66 % de « oui »), les professions libérales (58 % de « oui »), les chefs d'entreprise (55 % de « oui »), et les professions intermédiaires (54 % de « oui »). Nous examinerons le cas des travailleurs indépendants (agriculteurs, commerçants et artisans) séparément.

« Seriez-vous ou auriez-vous été heureux que l'un(e) de vos enfants s'engage dans la même activité que vous ? »

Les catégories socioprofessionnelles qui répondent majoritairement OUI

Professeurs : 66 % de oui

OUI :

Pour la sécurité de l'emploi.

J'aime bien, il y a le contact humain, c'est un métier qui apporte des satisfactions intellectuelles.

C'est un beau métier.

Cela laisse du temps libre, on a un plaisir dans le travail.

Je trouve mon emploi intéressant.

C'est un travail épanouissant, [mes] conditions de vie [sont] intéressantes.

Liberté du temps libre (pour une fille entre autres).

Activité intéressante et gratifiante.

Fait partie d'un tout qui permet d'arriver à l'équilibre dont je parlais tout à l'heure.

NON :

Libre choix laissé, non-intervention dans ce domaine.

J'aimerais les voir réaliser leurs souhaits.

Le métier s'est dégradé.

Professions libérales : 58 % de oui

OUI :

C'est un métier intéressant et pour la continuité.

C'est un métier que j'aime bien, [il faut] faire partager ce que l'on aime, continuer.

Parce que c'est intéressant, [il y a] beaucoup de contacts.

C'est un métier valorisant.

C'est un beau métier.

Métier intéressant.

Si mon enfant a la même passion que moi. Continuité pour reprendre le cabinet.

Métier sûr et libéral.

NON :

À eux de choisir.

Trop lourd professionnellement, trop de contraintes administratives.

Trop difficile de gagner sa vie financièrement dans ce métier.

Travail très fatigant.

Chefs d'entreprise : 55 % de oui

OUI :

Pour continuer l'entreprise familiale.

Parce qu'il va prendre ma suite, parce que je ne travaille pas pour rien.

C'est la continuité de l'usine (de père en fils).

Travail intéressant.

NON :

Travail de fou : trop de frais, charges et soucis.

Pas d'avenir dans le bois en France en raison des importations massives des pays de l'Est.

Il n'est pas évident que les enfants aient la même motivation que les parents.

Ils peuvent avoir des concepts différents quand il y a suite et reprise de groupe.

Professions intermédiaires du public : 54 % de oui

OUI :

Pour la sécurité de l'emploi.

Pour la stabilité de l'emploi et la richesse des contacts humains.

Possibilité de rencontres.

NON :

À cause de l'injustice du système militaire.

Manque de créativité.

Je pense qu'il y a plein d'autres choses plus passionnantes à faire.

Aucune reconnaissance du travail fait.

Pas assez exaltant.

On est pris pour des pions.

Instituteurs : 52 % de oui

OUI :

Parce que c'est une activité culturelle.

Il vaut mieux être enseignant que chômeur.

Parce que c'est un métier passionnant, mais usant.

Métier valorisant.

Je trouve que c'est un beau métier, s'occuper des enfants c'est rester un jeune.

C'est un métier intéressant, épanouissant.

Métier intéressant, on travaille avec de l'humain.

NON :

La situation socioprofessionnelle risque de se dégrader.

Avant d'entrer dans la fonction publique, il vaut mieux aller voir ailleurs.

Je veux que mes enfants choisissent eux-mêmes leur profession.

Parce que c'est une branche difficile et je veux que mes enfants gagnent mieux.

Tension nerveuse trop importante.

C'est une activité où il faut avoir beaucoup de convictions. Ce n'est pas un travail facile.

Plusieurs ordres de raisons sont invoqués à l'appui de la réponse « oui ». Écartons de l'analyse celles qui sont particulières à certaines professions, comme la sécurité et la stabilité de l'emploi chez les deux catégories de fonctionnaires (professeurs et professions intermédiaires du public) [1], ou la continuité de l'entreprise, usine ou cabinet, chez les professions libérales et les chefs d'entreprise, pour nous concentrer sur les raisons communes aux cinq catégories concernées.

L'importance du contact humain

Maurice Halbwachs observait que la hiérarchie des classes sociales était en partie fondée sur une hiérarchie des matières sur lesquelles travaillaient les professions qu'elles regroupaient[2]. Les paysans travaillaient la terre, les ouvriers la matière inerte, les employés et une grande partie des classes moyennes de l'époque (guichetiers, employés de bureau des administrations, petits fonctionnaires, etc.) avaient affaire à ce que Maurice Halbwachs appelait « l'humanité matérialisée », c'est-à-dire les hommes devenus matière sous la forme de séries d'individus, de dossiers numérotés (travail de guichet, Sécurité sociale) ou d'interactions ponctuelles et anonymes. L'essentiel de leur activité, écrivait-il, est « de traiter les hommes comme des choses ». Le caractère humain de l'objet de leur activité les situait au-dessus de ceux qui ne travaillaient qu'une matière inerte (paysans et ouvriers) mais en dessous de ceux dont la profession exigeait

1. Notons seulement ici que cette thématique de la sécurité de l'emploi est spécifique aux salariés de l'État et des collectivités territoriales : 14 % d'entre eux en font mention, soit près d'un tiers de ceux qui souhaitent que leurs enfants fassent la même chose qu'eux. Un bon quart pourtant des réponses mentionnant la sécurité de l'emploi n'émanent pas de fonctionnaires. Exemple : « Activité variée de terrain et de bureau dans une entreprise qui a pignon sur rue et qui offre la sécurité de l'emploi » (chargé d'affaires), « Métier sûr et libéral » (ophtalmologiste).

2. Maurice Halbwachs, « Matière et société », *Revue philosophique*, 1920, et « Les caractéristiques des classes moyennes », in *Inventaires III, Les Classes moyennes*, Paris, F. Alcan, 1939, textes réédités *in* Maurice Halbwachs, *Classes moyennes et morphologie*, présentation de Victor Karady, Paris, Éditions de Minuit, 1972.

qu'ils entretiennent avec leurs clients des relations plus personnelles, prenant en compte davantage d'aspects de la personnalité et du caractère de leurs interlocuteurs : commerçants, médecins, professions libérales, artisanat.

Il est intéressant d'observer qu'aujourd'hui, ce type de relations s'est étendu à un très grand nombre de professions. En voici quelques exemples concrets : « J'aime mon travail, c'est un métier de contact, cela me paraît important ; il est basé sur le sens de l'écoute » (consultant en entreprise), « Les contacts permanents avec la nature et les gens » (agent EDF), « Travail incessant, plein de relations, ouverture sur la société » (coordinateur, animateur), « Pour l'autonomie et parce qu'on voit du monde » (gérant de café), « C'est un travail intéressant avec des responsabilités en contact avec des jeunes et des adultes » (principal adjoint de collège). Pour d'autres, c'est un idéal professionnel à atteindre : « Pas de contact avec les autres, on se sent bête, on se complexe » (assistante maternelle). Échapper à la matière inerte pour avoir affaire à cette matière vivante que constituent le contact avec autrui et la rencontre est devenu une aspiration commune au plus grand nombre, bien qu'il soit demeuré un privilège des catégories supérieures.

De fait, trouver dans son métier une source de relations humaines assez gratifiantes pour souhaiter que ses enfants exercent, pour cette raison, le même, constitue une caractéristique des catégories supérieures. Cette qualité est évoquée par 5 % des cadres, 3,5 % des professions intermédiaires, 2 % des patrons et des employés, 1 % des employés qualifiés, et par aucun des ouvriers non qualifiés. Si aujourd'hui - les comptages précédents en font foi –, cette conception du travail est plus répandue chez les cadres et les professions intellectuelles supérieures, elle tend à s'imposer dans tous les milieux sociaux. Ainsi, une vendeuse justifie son souhait de voir sa fille devenir vendeuse par le fait que « ça procure du plaisir, c'est distrayant, on crée tout le temps, c'est presque un loisir ».

La qualité des relations qui se tissent entre les personnes au travail et la reconnaissance personnelle que ces dernières en retirent constituent ici le facteur principal de la satisfaction. Avoir de bonnes relations avec ses collègues, qu'ils soient égaux, subordonnés ou supérieurs. Être reconnu à sa juste valeur, être apprécié de ses supérieurs, de ses collègues, de ses clients, de ses élèves ou des personnes qu'on a sous sa responsabilité (malades, personnes âgées.). Être valorisé par la juste évaluation de ses qualifications professionnelles et des fruits de son travail. Avoir le sentiment qu'on joue dans l'orchestre de la production un rôle qui, pour modeste qu'il soit, demeure indispensable et reconnu par tous. Autant d'attitudes qui privilégient l'ambiance, la reconnaissance de soi par l'autre, et tout un ensemble de qualités qui sont de nature à procurer un état de « bien-être » au travail. Ce qu'on apprécie au travail, c'est de s'y sentir bien, d'y rencontrer les autres et de s'y faire reconnaître. Le travail offre aux individus des possibilités d'*être intégrés* à un ensemble collectif et de participer ainsi, à leur place, au travail collectif de la société dans son ensemble. Cette dimension du plaisir au travail est capitale.

L'intérêt en soi pour l'activité professionnelle

La référence au goût ou à la passion occupe une place décisive à la fois dans la relation entre parents et enfants, mais aussi dans le rapport au travail. L'enfant est considéré comme un sujet autonome qui doit trouver dans son travail l'occasion de s'épanouir. La question du bonheur au travail devient alors centrale pour la transmission du statut social : l'intérêt au travail, si l'on peut dire, devient capital !

De fait, très nombreux sont celles et ceux qui, déclarant qu'ils seraient heureux si l'un de leurs enfants s'engageait dans la même activité professionnelle, justifient cette réponse par le caractère « intéressant » du travail (« parce que c'est intéressant », « un domaine intéressant », etc.). La fréquence de ce terme dans la bouche des personnes ayant répondu oui à la question est très élevée : un sur six environ[1].

Très répandue, cette justification est aussi clivée socialement. Parmi les personnes souhaitant que leurs enfants fassent la même chose qu'eux, l'intérêt du travail est mentionné par un cadre ou un salarié de niveau intermédiaire sur trois, un employé sur cinq, un patron et un ouvrier sur six, un agriculteur sur douze. Les écarts entre groupes sociaux sont encore plus considérables dès lors qu'on

1. Cette proportion s'élève même à un sur quatre si on leur ajoute les réponses qui expriment des variations sur le même thème : « métier passionnant », « c'est une ouverture d'esprit », « par la technique, c'est agréable de pouvoir résoudre un problème », « stimulant intellectuellement, pas de routine », « passionnant et créatif », « à cause du plaisir de créer », « à la fois plaisant et distrayant », « c'est intéressant, c'est de la création, c'est le côté artistique qui est intéressant », « c'est intéressant, c'est vivant ». On remarque aussi la fréquence du registre de l'« épanouissement », principalement chez des enseignants et des soignants, ainsi que la métaphore très répandue du travail « enrichissant » : « Parce que le travail est intellectuellement enrichissant » (documentaliste), « Intéressant, enrichissant, ouvert » (documentaliste), « Métier culturel, enrichissant, pas routinier, incite à l'altruisme » (animatrice de loisirs en centre aéré).

raisonne sur l'ensemble des répondants, qu'ils souhaitent ou non que leurs enfants fassent la même chose qu'eux : 17 % chez les cadres contre 2 % chez les agriculteurs et les ouvriers non qualifiés.

Trouver son travail « intéressant », « passionnant », « enrichissant », « épanouissant », c'est chercher dans le contenu et l'exercice même du travail des sources de plaisir et de satisfaction. C'est donc rompre avec une représentation du travail, souvent mobilisée par les économistes, comme pure désutilité chargée de procurer salaire et pouvoir d'achat à celui qui l'exerce[1]. Le primat accordé à l'intérêt en soi de l'activité professionnelle s'inscrit également en rupture avec la conception chrétienne du travail (éthique protestante de la « besogne ») où le travailleur, condamné à chercher sur la terre les signes de son salut, acceptait d'investir son lot quotidien de souffrances dans l'espérance du salut éternel. Cette philosophie du travail laisse la place à une exigence de satisfaction intellectuelle, ici et maintenant, voire à une « esthétique de l'excitation » selon l'expression de Luc Boltanski et Ève Chiapello[2].

Cette nouvelle conception du travail n'est pas neuve, elle a une histoire. À Athènes comme à Rome, les aristocrates, riches et intellectuels, délivrés du soin de devoir travailler pour subvenir à leurs besoins par la pratique de l'esclavage, consacraient leur vie à des travaux intellectuels désintéressés et spéculatifs – philosophie, belles-lettres, sciences, correspondance –, qu'ils exerçaient dans le cadre de la *skolé* ou de l'*otium* (qui s'opposait au *negotium*). Cette philosophie créative et ludique de l'activité intellectuelle a ensuite été réinvestie par les artistes, les écrivains et toutes les professions intellectuelles. Elle est aujourd'hui l'objet de réappropriation par des fractions croissantes de salariés dans l'exercice quotidien de leur profession.

Qu'on ait l'impression de s'accomplir ou de se réaliser soi-même dans l'œuvre produite, c'est le travail en tant qu'acte accompli en soi et pour lui-même qui est la source du bonheur. Ce sont les valeurs intrinsèques que l'homme attribue au travail qui produisent le plaisir. Le professeur éprouve le bonheur de l'acte d'enseigner, de ses contacts avec ses élèves, du plaisir de leur transmettre des connaissances. Le mécanicien, de son aptitude à comprendre, maîtriser et

1. De ce point de vue, ce n'est pas de l'acte de travail lui-même que provient le plaisir, mais de tous les biens matériels et symboliques qu'il permet d'acquérir grâce à la rémunération ou au statut social qu'il procure. Les fonctions alimentaires du travail, au sens le plus large du terme, sont premières : gagne-pain, salaire, revenu, honoraire, traitement, prestige, considération, etc.

2. Luc Boltanski et Ève Chiapello, *Le Nouvel esprit du capitalisme*, *op. cit.*

transformer le fonctionnement complexe d'un système, etc. Renvoyant à l'acte de travail lui-même, et à l'épanouissement qu'il procure à celui qui le réalise au moment où il le réalise, ce type de satisfaction répond à la définition à la fois aristotélicienne et stoïcienne d'un bonheur en acte qui n'a pas d'autre fin que lui-même[1].

Le libre choix des enfants

Intéressons-nous maintenant, au sein de ces mêmes catégories qui répondent majoritairement « oui », aux réponses minoritaires des personnes qui répondent « non ». À côté d'inconvénients ou de critiques ponctuelles portant sur la dégradation du métier (enseignants) ou les charges et les contraintes excessives qui rendent le travail trop fatigant et la tension nerveuse trop forte (« Travail de fou, trop de frais, charges, soucis »), se dégage un lot important de réponses ayant trait au libre arbitre des enfants. Si une minorité de personnes, parmi ces catégories, ne souhaitent pas voir leurs enfants s'engager dans la même activité qu'eux, c'est avant tout parce qu'ils veulent laisser la liberté de choix à leurs enfants : « À eux de choisir », « J'aimerais les voir réaliser leurs souhaits », « Je veux que mes enfants choisissent eux-mêmes leur profession ».

Qu'ils répondent « oui » ou « non », les individus appartenant aux catégories sociales souhaitant le plus que leurs enfants s'engagent sur leurs pas partagent une même conception du travail idéal : il doit apporter un enrichissement personnel, provoquer un épanouissement de la personne. Cette conception peut conduire à des réponses positives lorsqu'on souhaite que ses enfants connaissent un enrichissement semblable dans la même activité professionnelle que soi, mais aussi à des réponses négatives lorsqu'on envisage que ses enfants trouvent leurs propres voies d'épanouissement dans l'activité de leur choix. Lorsque l'intériorisation des propriétés qui fondent la situation sociale des parents est à son comble, on peut même simultanément affirmer (en toute sincérité) qu'on souhaite que ses enfants fassent le même métier que soi tout en affirmant qu'ils feront ce qu'ils voudront : « Si mon enfant a la même passion que moi »

1. Il s'apparente très fortement à la conception du bonheur qui s'organise autour du verbe « faire » dans le chapitre 8. De fait, c'est bien cette dimension d'acte créateur que retient Serge Paugam (*op. cit.*) pour caractériser ce type de satisfaction : celle de l'*homo faber*, expression latine signifiant l'homme ouvrier, l'homme artisan, l'homme faisant, l'homme fabricant, l'homme créant, etc.

(chirurgien dentiste) ; « Si c'était un choix de leur part » (assistante rédactrice de mode) ; « Si c'est une passion pour lui, c'est très bien » (comédienne intermittente du spectacle). La moitié des réponses de ce type sont le fait des cadres. Elles paraissent assez fréquentes dans les professions libérales et artistiques, qui sont contraignantes du point de vue de l'accès, des horaires (ce qui explique que la motivation de l'enfant soit un paramètre clé), et en même temps particulièrement attirantes.

Le manque d'épanouissement personnel ou d'intérêt pour son travail conduit aussi à des réponses négatives lorsque l'horizon de la profession paraît limité : « Il y a plein d'autres choses plus passionnantes à faire », « Pas assez exaltant », « Il vaut mieux aller voir ailleurs ». Là encore, l'intérêt et l'épanouissement personnel sont posés comme des normes du bonheur au travail. Ces critiques du manque d'intérêt du travail débordent largement le cadre des catégories intellectuelles supérieures : la « critique artiste[1] » n'est plus l'apanage des artistes et des intellectuels. Il reste que les jugements négatifs sur l'intérêt du travail décroissent à mesure qu'on descend les degrés de la hiérarchie sociale. Employés et ouvriers appréhendent moins la vie dans les catégories de la psychologie que les catégories situées en haut de la hiérarchie sociale.

De fait, les raisons invoquées pour justifier le « non » parmi les catégories qui répondent majoritairement « oui » diffèrent fortement de celles que mettent en avant les catégories qui répondent massivement « non » à la question : chauffeurs, employés de commerce, ouvriers qualifiés et non qualifiés, personnels de services aux particuliers.

1. Luc Boltanski et Ève Chiapello, *Le Nouvel esprit du capitalisme, op. cit.*

« Seriez-vous ou auriez-vous été heureux que l'un(e) de vos enfants s'engage dans la même activité que vous ? »

Les catégories socioprofessionnelles qui répondent majoritairement NON

Chauffeurs : 78 % de non

NON :

Ce n'est pas un métier d'avenir.

Parce que ce n'est pas une vie.

Ce n'est pas un métier pour eux.

Parce qu'il y a mieux à faire.

C'est un travail qui manque de vie de famille.

C'est un travail pénible.

C'est pas une vie pour la vie de famille.

C'est pas l'idéal, c'est un métier trop contraignant avec les heures.

Je sais ce que c'est le boulot, c'est très dur.

Travail trop dur et mal payé.

Travail trop difficile. Trop pénible.

OUI :

Si cela plaît, pourquoi pas.

C'est bien d'être tout seul dans son camion, on n'a personne sur le dos.

C'est bien, on voit du monde.

Si c'est son choix, pourquoi pas.

Découverte du pays et des gens, vie à l'extérieur, liberté de travail, pas de chef sur le dos.

Je suis dans un secteur porteur, moins menacé par le chômage.

Employés de commerce : 80 % de non

NON :

Parce que c'est un boulot assez stressant.

C'est pas un boulot intéressant.

J'espère qu'ils feront autre chose, de moins stressant et plus enrichissant.

Par rapport à la vie familiale, aux horaires.

[Je] voudrais qu'il ait une meilleure situation pour gagner plus.

Le commerce est fini, on est toujours sur la brèche.
C'est un rapport travail-salaire trop défavorable.
Travail pas vraiment enrichissant.

OUI :

C'est un métier qui offre des ouvertures, qui permet d'avoir un esprit ouvert.
Parce ce que c'est ma passion.
Le commerce, c'est très enrichissant.
Aurait un travail.
Travail agréable.

Ouvriers qualifiés de l'industrie : 81 % de non

NON :

Il n'y a pas d'avenir dans ce métier.
C'est un métier trop dur.
Ce n'est pas intéressant.
S'il peut faire des études, avoir un métier plus intéressant.
Pour la sécurité d'emploi.
Travail pénible et pas très bien payé.
Ils ont plus de chances de faire des études et d'avoir un meilleur métier.

OUI :

S'il avait ce que j'ai, j'en serais content.
Sécurité du travail, revenus corrects.
Parce que c'est un travail moderne et rénovateur.
Ça paie pas si mal que ça.
J'aime mon entreprise.
Pour éviter le chômage, car c'est une place stable.
Oui et non, l'important c'est qu'il puisse travailler.
Pour simplement avoir un emploi.

Ouvriers non qualifiés : 90 % de non

NON :

Parce qu'il y a mieux à faire.
C'est un métier très dur. S'ils peuvent faire des études et avoir un métier moins dur, ce serait bien.
C'est difficile, le travail est dur.

Je n'aime pas ce métier.
Le travail est trop difficile.
Pas trop payé, pas d'avenir.
Je ne sais pas, j'espère qu'il fera mieux.
J'aimerais qu'ils aient la sécurité de l'emploi.

OUI :

Il faut bien travailler n'importe quoi.
Possibilités de se former professionnellement.
Il faut être content si on trouve un emploi.
Ce sera leur choix, je pourrai leur montrer ce que j'ai appris, l'évolution de la soudure inox.
Il aurait du travail, il ne serait pas au chômage.
L'électricité est un travail intéressant et indispensable.
Assurance de l'emploi.

Services aux particuliers : 92 % de non

NON :

Parce qu'il y a plus intéressant à faire.
C'est dur.
C'est trop dur, trop fatigant.
C'est ingrat, mal payé.
Les horaires sont nuls.

OUI :

Sécurité de l'emploi et le côté relationnel et humain de ce travail.
C'est un métier propre, au chaud.

Insuffisance du revenu et insécurité de l'emploi

La faiblesse des revenus est le premier argument mobilisé. « Ce n'est pas un travail rémunérateur et valorisant » (aide-ménagère), « C'est trop peu rémunéré pour les employés ; il faudrait être patron, ils gagnent mieux » (ambulancier salarié), « Métier où il faut faire beaucoup de sacrifices et très mal payé » (ouvrier pâtissier), « Travail trop dur, ingrat et mal payé » (maçon). La référence au bas salaire croît à mesure qu'on descend l'échelle des qualifications : 1 % des cadres s'en plaignent, 3 % des intermédiaires, 8 % des employés, 7 % des ouvriers qualifiés, 12 % des ouvriers non qualifiés[1].

L'instabilité de l'emploi et l'impossibilité de faire carrière sont également souvent invoquées. « C'est pas un métier d'avenir et c'est difficile de monter en grade » (employée de commerce), « Pas assez d'évolution de carrière » (vendeur), « Il y a trop de concurrence, les débouchés sont limités » (agent d'exploitation), « Ce n'est pas quelque chose qu'on peut faire toute sa vie » (enquêteur vacataire), « Ce n'est pas un avenir » (femme de ménage) « C'est nul, il n'y a pas d'avenir dans ce métier » (démonstratrice).

Pourtant, les critiques relevant du registre économique qui portent sur l'insuffisance du revenu, l'insécurité de l'emploi et l'absence de promotion ne sont formulées que par moins d'une personne sur dix, et moins d'une sur six si l'on restreint le champ à ceux qui refusent que leurs enfants s'engagent dans la même voie qu'eux. Même parmi les ouvriers non qualifiés, catégorie objectivement très défavorisée sur le plan économique, l'argument négatif du salaire, de la sécurité de l'emploi et de la promotion n'est invoqué que par 12 % des personnes interrogées, alors que 84 % d'entre eux souhaitent que leurs enfants exercent une autre profession. La spécificité des réponses négatives des catégories populaires est à chercher ailleurs que dans le registre purement économique.

La mauvaise qualité des conditions de travail

Le dépouillement attentif des réponses révèle un autre registre d'arguments tournant autour des conditions de travail. La mauvaise qualité de ces dernières est le motif le plus souvent invoqué pour refuser que ses enfants s'engagent dans la même profession. 11 % de tous les actifs interrogés, 24 % des ouvriers qualifiés et 21 % des non-qualifiés y font référence. Ce qui représente respectivement un tiers et un quart des refus parmi ces deux dernières catégories[2].

1. L'argument des revenus n'est avancé que sur un mode négatif. Ceux qui déclarent souhaiter que leurs enfants fassent le même métier qu'eux parce qu'ils s'estiment bien payés sont dix fois moins nombreux que ceux qui invoquent leurs bas revenus pour souhaiter un autre destin social à leurs enfants.

2. Bien que plus rarement avancé par les catégories supérieures, l'argument des conditions de travail est loin d'être absent de leur univers de pensée, notamment la fatigue nerveuse et le rythme de travail : ce type d'explications représente 5 % des réponses des cadres, soit un refus sur sept.

La même expression (« Trop dur ») revient plusieurs dizaines de fois. « C'est trop dur » (cuisinier), « Trop dur » (peintre en bâtiment), « Trop dur physiquement » (gardienne), « C'est dur pour les jeunes, surtout maintenant, nous on est habitués » (manœuvre en maçonnerie). Lorsqu'on entre dans le détail, plusieurs aspects des mauvaises conditions de travail en question sont particulièrement stigmatisés. La saleté : « C'est un métier qui est sale » (stratifieur qualifié), « Je préférerais qu'il travaille dans un travail plus à l'abri du temps et plus propre » (ouvrier maçon) ; la mauvaise ambiance : « Pas de travail dans le bâtiment, la mentalité n'est pas bonne, il n'y a pas de cohésion avec les autres corps de métier » (technicien chauffagiste), « Le milieu automobile change tellement du point de vue ambiance et contacts avec les clients qui ne font plus confiance avec les professionnels » (chef d'atelier), « C'est une ambiance à part » (barman) ; la fatigue nerveuse : « Je souffre trop avec les personnes âgées et les malades » (auxiliaire de vie), « Il ne faut pas être fragile psychologiquement, le métier est trop difficile, le nombre de patients augmente dans le secteur psychiatrique, la société est malade » (secrétaire médicale) ; le rythme de travail : « Rendement infernal » (manutentionnaire), « Travail trop intensif, cadre commercial » (cadre commercial), « Ma cadence de travail est trop difficile » (inspecteur de nettoyage), « De plus en plus dur, car il y a moins de personnel » (aide-soignante), « Travailler en usine avec un rendement intensif : quantité de pièces à produire » (piqueuse en bonneterie) ; la pénibilité physique : « Choses lourdes à soulever, risques d'accident corporel » (menuisier), « C'est trop physique comme travail » (vitrier), « Trop dur, mal de dos aujourd'hui à cause de mon travail » (agent hospitalier) ; les risques et les dangers pour la santé : « Métier très dangereux, risque de contamination par l'amiante » (ouvrier qualifié), « Problèmes de radiation » (agent d'entretien), « Pour qu'il ne s'esquinte pas » (préposé PTT), « Contraintes physiques, problèmes de santé, vieillissement prématuré » (usineur monteur).

La dénonciation des conditions de travail se réfère à un « travail normal » qui ne dégraderait pas l'individu. De moins en moins acceptées, les contraintes du travail manuel et ouvrier apparaissent décalées par rapport aux nouvelles représentations du corps, directement issues des conditions de travail des catégories intellectuelles, moyennes et supérieures, pour qui le corps n'est plus un instrument de travail mais une valeur en soi.

« J'ESPÈRE QU'ILS FERONT MIEUX ! »

Les motifs d'insatisfaction invoqués par les catégories supérieures, qui retirent majoritairement de leur travail des profits assez grands pour souhaiter que leurs enfants les imitent, portent sur des inconvénients ponctuels. Quand on se plaint que les charges ou les contraintes deviennent excessives ou que « le travail devient fou », on s'en prend à des aspects très particuliers de la profession, qui ne remettent en question ni la profession elle-même, ni les conditions fondamentales d'existence de ceux qui l'exercent, mais seulement des dérives, des excès, des dégradations relativement conjoncturelles. La critique des inconvénients du métier demeure circonscrite aux dimensions internes de l'activité professionnelle. C'est le travail qui devient fou, pas la vie.

Il en va tout autrement parmi les catégories sociales qui souhaitent massivement que leurs enfants fassent autre chose qu'eux dans la vie. La liberté de choix laissée aux enfants (« à eux de choisir ») n'est jamais invoquée. En revanche, le souhait qu'ils « puissent », qu'ils « aient la chance de faire des études » est formulé. Alors que les enfants des premiers sont supposés disposer d'une grande marge de liberté (il leur suffit de *vouloir*), on souhaite que les enfants des seconds aient la possibilité de *pouvoir*, qu'ils trouvent en eux assez d'énergie pour *pouvoir* s'en sortir par l'école. Ces réponses, très caractéristiques des ouvriers, surtout des non-qualifiés, traduisent un sentiment de dévalorisation et d'incompétence. « J'ai toujours travaillé pour leur donner un autre niveau d'études » (gardienne d'immeuble), « J'espère qu'ils apprendront pour avoir un métier correct » (femme de ménage), « Mieux vaut les études et pas un métier comme cela » (serrurier), « Elles font des études pour faire autre chose que moi » (gardienne), « J'espérais qu'il ferait des études pour avoir un métier plus convenable » (magasinier).

Surtout, totalement absentes des motifs d'insatisfaction des premiers, les dimensions existentielles de la situation de travail, les effets induits par la profession sur les conditions d'existence des travailleurs, sur leur vie sont immédiatement mis en avant : « Ce n'est pas un métier pour eux », « Ce travail empêche la vie de famille », « Ce n'est pas une vie », répond un chauffeur. L'insatisfaction est ici beaucoup plus profonde. Le travail s'oppose à la vie : il empêche de vivre et prive ceux qui l'exercent d'avenir.

Les arguments les plus fréquemment invoqués pour justifier les réponses négatives se formulent ainsi en termes de jugements synthétiques négatifs portés sur la profession elle-même. Certains jugements peuvent être argumentés et d'autres non. Ils peuvent exprimer deux idées complémentaires : le sentiment d'exercer un métier sans valeur, et l'espoir d'une mobilité sociale ascendante pour ses enfants. « C'est un métier pourri » (officier de police), « J'espère qu'ils feront mieux » (aide-ménagère), « Parce que ce n'est pas vraiment un métier » (agent hospitalier), « J'espère qu'elle aura un métier normal » (femme de service), « Parce que c'est vraiment bas » (agent de service), « Parce qu'il y a mieux à faire » (ouvrier non qualifié à l'embouteillage), « Je voudrais qu'ils montent plus haut » (caissière gondolière). 16 % des ouvriers non qualifiés, 14 % des employés, 12 % des ouvriers qualifiés expriment ce point de vue contre 2 % des cadres, 3 % des patrons et agriculteurs.

Le refus de la condition ouvrière s'exprime de façon encore plus radicale chez les ouvriers pour qui le mot « usine » fonctionne comme un repoussoir[1] : « Pour qu'ils ne connaissent pas la vie d'usine » (ouvrière de fabrication non qualifiée), « J'espère qu'ils feront autre chose, c'est l'usine, la galère » (chef de ligne), « J'aimerais bien qu'il ne travaille pas à l'usine » (agent de maîtrise), « Faire autre chose, ne pas travailler en usine » (ouvrier sur machine).

Au moins, avoir un emploi

Lorsqu'elles répondent « oui », les personnes issues des catégories sociales qui refusent massivement que leurs enfants leur succèdent se réfèrent davantage à l'emploi qu'au contenu du travail. L'existence d'un emploi, sa sécurité, le niveau de la paie (« revenus corrects », « ça paie pas si mal que ça ») sont les aspects les plus souvent pris en compte, au détriment des propriétés intrinsèques au travail – « intéressant », « passionnant » – qui, bien que parfois évoquées, par les employés de commerce notamment, ne le sont que sur le mode mineur. Mieux vaut faire ce que je fais que d'être au chômage : « S'il avait ce que j'ai, je serais content », « Pour éviter le chômage », « Pour

1. Ces résultats convergent avec les analyses réalisées sur les ouvriers d'un grand site industriel par Stéphane Beaud et Michel Pialoux, *Retour sur la condition ouvrière*, Fayard, 2000. Olivier Schwartz a recueilli le même point de vue, in *Le monde privé des ouvriers*, *op.cit.*

simplement avoir un emploi », « Il faut bien travailler... n'importe quoi », « Il faut être content si on trouve un emploi », « Il aurait du travail, il ne serait pas au chômage ».

Le cas particulier des indépendants

Différence notable avec les réponses à la question portant sur le bilan des plaisirs et des peines, la place occupée par les indépendants. Commerçants, artisans, agriculteurs et professions libérales désirent tous, plus que la moyenne – et surtout plus que ne le laisserait supposer la part relativement modeste de leurs motifs de satisfaction –, que leurs enfants s'engagent dans la même activité qu'eux. Les agriculteurs, surtout, dont le bilan s'avérait des plus négatifs à la première question (seulement 35 % jugent que les motifs de satisfaction l'emportent sur les motifs d'insatisfaction) quittent le voisinage immédiat des ouvriers les moins qualifiés pour se rapprocher des cadres du privé. Alors que les artisans ou commerçants affichaient une balance des satisfactions et des insatisfactions en équilibre, ils se trouvent bien au-delà, par leurs réponses, à la question sur les enfants : ils se démarquent nettement des ouvriers qu'ils côtoyaient dans leurs réponses à la première question pour se ranger aux côtés des techniciens et des ingénieurs dans la deuxième. Déjà au sommet de la hiérarchie des motifs de satisfaction, les professions libérales talonnent ici les agriculteurs.

L'analyse des réponses à la question ouverte permet de rendre compte de cette particularité des indépendants.

À première vue, ces réponses ne paraissent pas si différentes de celles des autres catégories socioprofessionnelles. Du côté du « non », les réponses des indépendants sont assez proches de celles des groupes de professions qui déclarent le moins souhaiter que l'un de leurs enfants s'engage dans la même activité qu'eux. Le travail est jugé trop pénible, trop difficile, pas assez rémunérateur : l'insuffisance des revenus est invoquée par 7 % des agriculteurs et 15 % des artisans et commerçants. Les non-salariés sont aussi les premiers à dénoncer leurs horaires de travail[1] (un sur dix), parce qu'ils empiè-

1. La critique des horaires est présente dans une moindre mesure, et surtout très inégalement, parmi les groupes salariés. Ce sont les ouvriers qualifiés, les employés, les professions intermédiaires, c'est-à-dire la fraction supérieure des catégories populaires et les catégories moyennes, qui dénoncent le plus leurs horaires de travail pour souhaiter que leurs enfants en connaissent de meilleurs. Les ouvriers non qualifiés et

tent sur la vie familiale et la vie tout court : « Un métier où l'on est trop tenu » (commerçant), « Par rapport aux horaires, la vie de famille est décousue » (commerçante), « C'est un esclavage » (restauratrice hôtelière), « Il y a d'autres professions moins prenantes sur la vie familiale » (gérant de bar), « Je n'ai pas envie que ma fille fasse seize heures par jour » (restauratrice). « Il faut trop s'engager les samedis, l'été, les dimanches, pas de vacances » (commerçante).

Les indépendants

Agriculteurs : 45 % de oui

OUI :

Parce que ce serait la continuité de mon métier et parce qu'il n'y a rien de dévalorisant à être agriculteur.

C'est le cas, nous avons créé quelque chose et c'est bien que ce soient les enfants qui en profitent, c'est une continuité.

C'est ce qui arrive, il héritera plus tard du bien que nous avons acquis.

Pour assurer la continuité de l'entreprise.

Pour nous succéder, on aurait moins l'impression d'avoir travaillé pour rien.

Car c'est un beau métier.

Je ferai ce que mon père a fait pour moi : aimer ce métier.

Parce que c'est un métier dur, mais on est chez soi, et on a la liberté.

Nous avons du travail, pas de chômage.

Manque de sécurité dans l'emploi.

NON :

Je n'ai pas d'enfants.

Ce n'est pas un métier d'avenir.

Le travail est trop dur.

---

les cadres invoquent très peu la question des horaires, mais pour des raisons différentes. Pour les premiers, d'autres motifs de plaintes sont plus fondamentaux (pénibilité, danger, bas salaire, dévalorisation sociale) et leurs horaires ne sont pas les plus longs. Le travail posté, les 3 × 8 notamment, donne fréquemment lieu à des primes de « compensation ». Bien que modestes eu égard aux conséquences de cette organisation du temps de travail sur la santé, ces primes constituent une part appréciable du budget. Quant aux cadres, la durée de leur travail était, jusqu'aux lois Aubry sur la réduction du temps de travail, de plus en plus longue, mais ils bénéficient d'une plus grande souplesse dans l'organisation de leur travail. Ils sont en outre souvent conduits, on l'a vu, à porter un jugement globalement positif sur leur travail.

C'est très dur et ça se dégrade.
C'est de moins en moins possible d'en vivre.
Ça n'intéresse pas les enfants.

Artisans : 41 % de oui

OUI :

J'aime mon métier.
C'est un travail intéressant où l'on peut être son maître.
Pour la continuité de l'entreprise et le fait de ne pas avoir travaillé pour rien.
Cela fait toujours plaisir de voir son enfant prendre le même chemin que soi.
J'aurais voulu partager ma passion avec mon fils, j'aurais été plus motivé.
Car il y a du travail.

NON :

Ce n'est pas un métier d'avenir.
Parce que c'est très dur et qu'il y a beaucoup d'heures.
Trop dur.
Trop d'heures de travail pour un revenu insuffisant.
Je lui souhaite d'avoir un travail plus équilibré et mieux payé.

Commerçants : 35 % de oui

OUI :

Ça laisse une grande liberté et c'est une profession où l'on peut gagner à peu près sa vie.
C'est un métier où on gagne bien sa vie.
Pour l'autonomie et parce qu'on voit du monde.
C'est un travail passionnant car nous sommes en contact avec d'autres gens.
Reprendre l'affaire familiale ce serait un honneur pour moi, d'autant que nous travaillons beaucoup pour la développer.
Pour moi, pour continuer le commerce, mais seulement si cela leur plaît.

NON :

C'est trop pénible.
C'est pas rentable, on ne peut pas en vivre.
Je lui laisse le choix de faire ce qui lui plaît, quand il aura l'âge, il verra bien.
Cela me plaît à moi, mais pas forcément à mes enfants.

Le manque de perspectives d'avenir de la profession constitue un puissant motif pour refuser d'envisager que ses enfants s'engagent dans la même voie pour 9 % des patrons et 6 % des agriculteurs (contre 5 % des ouvriers). « Parce que n'est pas un métier d'avenir, avec les grandes surfaces les petits artisans, c'est terminé » (boucher-charcutier), « L'agriculture est en déclin » (agriculteur), « Métier trop incertain, il y a de moins en moins de clients » (cafetier), « Ce n'est pas l'avenir, c'est en régression complète ; de moins en moins de clients ; ce n'est pas rentable » (commerçant).Ce ne sont donc pas des aspects ponctuels du travail, mais le travail lui-même, voire la condition sociale en général qui y correspond, qui sont remis en cause. Cette parenté dans les réponses avec les groupes professionnels salariés situés en bas de la hiérarchie sociale n'est pas étonnante étant donné l'inventaire relativement négatif que font les indépendants de leurs satisfactions et insatisfactions au travail.

C'est donc du côté des réponses positives que l'on devrait remarquer une différence avec les classes populaires salariées. Ces réponses sont très diversifiées. Elles empruntent encore aux groupes salariés du bas de la hiérarchie sociale lorsque sont avancées des logiques du « faute de mieux » : il vaut mieux être agriculteur, artisan ou commerçant que chômeur. Au moins « il y a du travail ». En revanche, de nombreuses réponses adoptent aussi des perspectives plus positives, lorsque par exemple sont évoqués une passion ou un amour pour son métier : « C'est un métier intéressant », « J'aime mon métier ». On retrouve ici des éléments propres aux catégories du haut du tableau : l'affirmation de la valeur globale de la profession (le « beau » ou le « bon métier ») couplée avec un enrichissement personnel dans son exercice. Mais comment comprendre ce type de réponse quand on sait que la balance des satisfactions et insatisfactions au travail des indépendants est négative ? Un entretien avec un confiseur-chocolatier éclaire ce paradoxe. Malgré des conditions de travail jugées très difficiles, le statut d'indépendant paraît plus valorisant, presque plus « noble » que celle de salarié. Comparant le bilan de sa vie laborieuse à celui de son frère, ancien salarié, Michel M.[1], tout juste à la retraite, est tout à la fois fier et amer :

– Quand je compare avec ma fille, mon frère, mon cousin… ils sont partis au même niveau, ben, maintenant, **c'est moi le plus bas.** J'aime mieux vous le dire, hein. Eux, ils s'en sont sortis, **ils ont eu des bou-**

1. Entretien réalisé par Anne Hertzog dans le cadre de l'enquête.

lots peut-être moins valorisants, en attendant, la retraite est meilleure quand même. Moi, c'est ça qui me rend malheureux, **avoir pris des responsabilités** et puis… parce que dans le fond, c'est notre argent, à nous.

– *Pourquoi vous dites que votre travail était plus valorisant que le leur ?*

– Ah, ben oui, parce que disons qu'ils avaient pas besoin de se casser la tête. Eux tous les mois, ils avaient un salaire qui leur tombait tout net, hein, tous les mois, sans se casser la tête.

Le travail de Michel constitue pour lui un véritable engagement. Il s'y implique totalement. Placé dès l'âge de 14 ans comme apprenti par son père dans une pâtisserie, Michel a ensuite été salarié saisonnier dans une vingtaine de « maisons » avant d'acheter avec son épouse sa propre pâtisserie. Âgé de 60 ans et actuellement propriétaire d'une confiserie, il est en « demi-retraite » et travaille toujours en attendant que sa femme puisse elle aussi prendre sa retraite. Il a sacrifié sa vie à son travail, et cet investissement est source de fierté lorsqu'il pense aux salariés qui n'ont pas besoin de « se casser la tête » pour toucher leur paye à la fin du mois. Néanmoins, cet investissement est jugé mal rétribué à l'aune de la faible retraite qu'il anticipe (« Je vais avoir travaillé de 14 ans jusqu'à 60 ans, pour toucher 4 500 balles ! Ça, ça fait mal, c'est pas logique »). Son amertume et le sentiment que le travail effectué n'est pas reconnu à sa juste valeur l'emportent largement à l'heure des bilans et le conduisent à être tout à fait catégorique dans son refus de voir ses enfants reprendre l'affaire familiale :

– *Et est-ce que vous auriez aimé que vos enfants reprennent la…*

– Ah non ! Non, non, non ! Alors là, je vous le dis carrément, non non non. Ils ont un travail indépendant (silence). Je préfère qu'ils soient où c'est qu'ils sont. […] **J'aurais jamais voulu qu'ils reprennent le magasin.** Non non. Pourquoi je refuse ? De toute façon, ça peut pas aller en s'améliorant. Et de toute façon, ils auraient été malheureux là-dedans. […] J'aurais jamais voulu non plus. Ils m'auraient demandé un conseil, même si ils auraient pu… j'aurais dit non. Ah non ! Ça s'est dégradé. C'est un métier qui est… il n'y a pas que mon métier à moi, c'est toute l'alimentation. C'est toute l'alimentation qui dérape en ce moment.

Être seul dans son activité et la mener de bout en bout constitue une véritable expression de soi, un épanouissement de la personne, d'où le nombre important de réponses chez les non-salariés qui valorisent la liberté individuelle dans le travail : « Parce que c'est un métier dur mais on est chez soi et on a la liberté» (agricultrice). Chez les agriculteurs, ce type de réponse a une tonalité particulière : elle apparaît comme la revendication, contre le sens commun, que le métier peut être source de plaisir et de satisfaction : «Parce que ce n'est pas dévalorisant d'être agriculteur», «C'est un beau métier». Là encore, des propos tenus lors d'entretiens viennent étayer ces réponses. Plusieurs agriculteurs profitent ainsi de l'espace de parole qui leur est offert par la situation d'enquête pour souligner les dimensions positives de leur métier, loin des scandales agroalimentaires. Être agriculteur, c'est aussi un «art de vivre», avoir une «belle vie».

Surtout, un élément de réponse bien spécifique aux indépendants vient s'ajouter à ces réponses positives et explique le creusement de l'écart par rapport aux classes populaires salariées du bas du tableau : la logique de la transmission et de la continuité de l'entreprise. Près de 20 % des non-salariés désireux de voir l'un de leurs enfants leur succéder invoquent en effet la transmission d'un capital économique[1]. «Pour assurer la succession» (agriculteur), «Pour reprendre mon commerce» (restaurateur), «C'est ce qui arrive, il héritera plus tard du bien que nous avons acquis» (agriculteur), «Pour assurer la continuité de l'entreprise» (agriculteur). La référence à la continuité et à la transmission se suffit à elle-même et exclut toute référence à l'idée de bonheur au travail et même à l'idée

1. Il est plus rare que la logique explicite de transmission d'un capital soit évoquée à propos des espèces non directement économiques de capitaux : stock de connaissances, expériences en tous genres par les salariés, dispositions, relations. Le nombre de ceux qui mettent en œuvre professionnellement ce genre de capitaux est pourtant plus élevé que celui des non-salariés qui investissent un capital économique dans leur activité professionnelle. Et l'on sait bien aujourd'hui que le capital culturel se transmet lui aussi de génération en génération, et qu'il est scolairement et professionnellement rentable. La transmission des relations sociales est probablement déniée du fait du caractère immoral et anti-méritocratique du «piston.» Rares sont les salariés qui osent, comme ce magasinier, souhaiter à leur enfant le même métier qu'eux : «Pour avoir un boulot et être pistonné». Un peu plus fréquents sont ceux qui disent vouloir transmettre des connaissances, des conseils ou de l'aide à leur enfant : «Les avoir près de moi, pour les former et les surveiller» (agent de maîtrise), «Je pourrais lui apprendre ce que j'ai appris, l'évolution de la soudure inox» (soudeur inox), «Parce que j'aurais pu lui donner toutes les clés et les astuces. Il aurait eu un excellent professeur» (technicien en informatique), «Il pourrait bénéficier de mon expérience» (gérant de société) «Je l'aurais aidé» (cadre commercial), «Je pourrais l'aider» (agent de service hospitalier). La logique de la transmission est également explicitée à propos d'une autre composante du capital culturel, la propension à manifester de l'intérêt ou du goût à un certain type de biens ou d'activités, culturelles ou techniques : «Je leur aurais donné le goût de le faire» (consultante), «Transmission d'une passion» (historien). «C'est une passion pour la famille entière. Ce serait bien qu'elle puisse partager cette passion» (animatrice de clubs hippiques).

de bonheur tout court. Le capital économique à transmettre est la plupart du temps évoqué sous une forme générale et abstraite (l'entreprise, l'exploitation, le commerce). Il arrive parfois qu'il le soit sous des aspects plus concrets : « Nous avons déjà le matériel pour celui qui prendra la relève. » Quelquefois, c'est aussi l'activité, le métier, la profession, et à travers eux toute une identité socioprofessionnelle qu'on cherche à prolonger à travers ses enfants. « Nous avons toujours été agriculteurs de père en fils », « Pour perpétuer l'agriculture dans la famille », « Ça fait toujours plaisir de voir son enfant prendre le même chemin que le père » (artisan boucher).

L'unité pertinente n'est pas ici l'individu en quête de son bonheur personnel mais l'ensemble de la lignée indissolublement liée au capital productif de l'entreprise familiale. La transmission du capital devient nécessité et le destin de la lignée lui est soumis. « Ce sont des biens de famille, pour suivre de père en fils » (éleveur). « Cela va de génération en génération ; on s'agrandit à chaque fois » (exploitant agricole), « Parce que c'est une entreprise familiale qui dure depuis quatre générations » (cuisinière).

L'évocation de la continuité et de la transmission de l'entreprise est explicitement reliée à l'engagement professionnel actuel. Dans cette logique de transmission, le bonheur, lorsqu'il est évoqué, est d'abord le bonheur de celui qui transmet avant d'être le bonheur de celui à qui l'on transmet : « Reprendre l'affaire familiale ce serait un honneur pour moi, d'autant que nous travaillons beaucoup pour la développer », « Cela fait toujours plaisir de voir son enfant prendre le même chemin que soi ». On a affaire ici à une particularité des indépendants : le fait même que les enfants poursuivent l'entreprise familiale fonctionne comme une reconnaissance du travail (et de la vie) menée par les parents. Même chose pour le malheur, qui est d'abord celui de ne pas pouvoir transmettre, la non-reprise de l'entreprise venant solder l'échec d'une vie de travail : « Pour la continuité de l'entreprise et le fait de ne pas avoir travaillé pour rien en créant cette entreprise » (artisan transporteur), « Ma fille reprend l'entreprise, notre travail ne sera pas détruit » (avicultrice), « Pour nous succéder. On aurait moins l'impression d'avoir travaillé pour rien » (agricultrice).

Chez les indépendants, plus que chez les autres, la question est interprétée dans le sens d'un « je serais heureux de faire en sorte que... » plutôt que d'un « je serais heureux si... ». Davantage maîtres de leur propre projet professionnel, ils sont davantage portés à juger naturel d'influencer leurs enfants.

Travail intéressant contre travail trop dur

L'examen des trajectoires sociales (passées et en devenir) nous a beaucoup appris sur le rapport actuel au travail des individus. Alors que les jugements portés sur le travail, à travers le questionnaire et les entretiens, nous apparaissaient ambivalents, et parfois même contradictoires, la prise en compte des parcours scolaires, professionnels et familiaux nous a permis de mieux cerner la diversité des rapports au travail. Les décalages et les ajustements entre les aspirations formées lors de la trajectoire sociale et les réalités professionnelles concrètes permettent de comprendre la variété et les nuances d'appréciations, qui ne répondent jamais mécaniquement à des conditions objectives de travail.

La distribution des «oui» et des «non», comme celle des justifications apportées, expriment avec une grande netteté les différents rapports que les groupes sociaux entretiennent avec le travail. Le «oui» majoritaire des cadres repose avant tout sur l'affirmation que leur travail est intéressant. Les différentes variantes de cette affirmation se réfèrent à une certaine représentation du bonheur dans le travail : liberté, contacts humains. Les cadres sont assez attachés à l'association du bonheur et du travail pour être les plus nombreux à souhaiter que leurs enfants fassent ce qui leur plaît. Le «non» majoritaire des ouvriers se justifie par des critères plus objectifs : dureté des conditions de travail et dévalorisation sociale de la condition ouvrière. La figure de l'usine comme repoussoir résume ces critiques. Une partie des «oui» ouvriers traduit une démoralisation analogue, puisqu'ils ne sont alors motivés que par l'idée que l'emploi qu'ils occupent c'est toujours mieux que rien. Une fraction très minoritaire des ouvriers exprime le souci de transmettre à ses enfants un métier, décrit comme un «bon métier», un «métier d'avenir» ou encore un «métier relativement bien payé», parfois revendiqué positivement comme un métier manuel. Ce clivage social dans l'appréciation du métier est massif. Entre un cadre et un ouvrier non qualifié, les probabilités d'invoquer positivement l'intérêt du travail sont dans un rapport de chances de 9 à 1, celles de porter un jugement négatif sur la rémunération de 1 à 15, de porter un jugement globalement négatif sur la profession de 1 à 8. Bien que moins creusé, l'écart est encore fort à propos de la dévalorisation de la profession ou du manque d'intérêt du travail : 1 à 6.

Entre ces deux catégories extrêmes, les employés se rapprochent des ouvriers qualifiés par leurs taux de refus et d'acceptation, mais leurs motifs s'écartent de ceux des ouvriers. La sécurité d'emploi dont bénéficient une fraction appréciable des employés est fortement valorisée par eux. De bonnes conditions de travail sont aussi mises en avant, et certains employés valorisent les dimensions culturelles de leur profession. Côté négatif, les employés reprochent beaucoup à leur travail son manque d'intérêt, l'absence de liberté, bref, l'inadéquation entre leurs goûts et leur travail. Une grande partie de leurs critiques puisent déjà dans le registre psychologique dominant chez les cadres.

Quant aux professions indépendantes, leurs critères de jugement diffèrent profondément de ceux des salariés. La transmission du capital économique, du métier et du statut d'indépendant est le principal argument développé à l'appui d'une réponse positive. Dans le registre psychologique, la liberté est, avec le plaisir au travail, un élément qu'ils mettent particulièrement en avant. Les réponses négatives s'expliquent par des appréciations pessimistes sur l'avenir de la profession qui se présente dès maintenant sous la forme d'une « galère » qui n'est pas rémunérée à hauteur du travail fourni.

8

Les quatre sources du plaisir au travail

Nous avons analysé jusqu'ici les réponses à des questions qui invitaient les personnes interrogées à procéder à une évaluation globale de leurs satisfactions, soit directement, sous la forme d'un bilan, soit indirectement, en se mettant à la place de leurs enfants. Une chose est de savoir si le rapport que les individus entretiennent à leur travail est plutôt heureux ou malheureux, autre chose de connaître les aspects du travail qui rendent ce rapport heureux ou malheureux. Nous avons donc posé une question, plus précise, qui permettrait de pousser l'investigation plus loin en cherchant à identifier les aspects concrets du travail qui sont sources de plaisir pour ceux qui les pratiquent : « Au travail, avez-vous l'occasion de faire des choses qui vous plaisent et que vous ne pourriez pas faire ailleurs ? Si oui, lesquelles ? »

Depuis l'enquête sociologique conduite en 1931 à Marienthal, petite cité ouvrière autrichienne frappée très durement par la crise économique, on sait que lorsque le travail disparaît, il entraîne dans sa disparition bien plus qu'un salaire : tout l'équilibre de la vie sociale[1]. Dans cette commune autrefois fort active, tant du point de vue politique, associatif, culturel que religieux, les hommes privés de travail perdent tout désir d'activité hors travail. A-t-on plus de temps pour lire les ouvrages prêtés gratuitement par la bibliothèque municipale jadis florissante ? C'est l'envie même de lire qui disparaît. Davantage de temps, voire de raisons, pour faire de la politique ? C'est le goût d'exprimer une opinion qui s'amenuise. Dominique Schnapper a confirmé ces analyses en interrogeant des chômeurs en France : ce n'est pas seulement du dénuement monétaire

1. Voir Paul Lazarsfeld, Marie Jahoda et Hans Zeisel, *op. cit.*

et de l'inactivité qu'ils font l'expérience, c'est de la perte de la raison d'être sociale qui structurait jusqu'alors leur existence. Si un ouvrier « licencié » connaît l'« humiliation », l'« ennui » et la « désocialisation », c'est qu'il ne lui est pas possible de trouver une activité de substitution[1]. Participer plus activement aux tâches ménagères ? Ce serait perdre sa virilité. Reprendre une formation ? L'idée même est liée à l'enfance. Faire plus de sport ? Il serait indécent de consacrer aux loisirs un temps normalement dévolu au travail. On comprend mieux peut-être, dans ce contexte, l'intention qui était à la source de notre question : si le travail, comme le démontre en creux l'expérience du chômage, structure à ce point la vie sociale, il doit bien être à l'origine de plaisirs qui ne se résument pas aux biens qu'il procure du point de vue de l'inscription sociale. En invitant nos actifs à embrasser mentalement la sphère de leur travail, ne pouvait-on connaître, même lorsque le travail est une contrainte accomplie de plus ou moins bon gré, ce qu'ils y trouvent d'agréable ?

« Conduire mon camion »

Pas plus qu'à propos du bonheur, nous n'imaginions que toutes les personnes interrogées étaient en mesure de fournir une réponse élaborée à cette question. Et c'est très volontairement que les termes du libellé mentionnaient des réalités aux contours flous : « au travail », « faire des choses », « ailleurs ». L'expression « faire des choses », par exemple, est dotée d'une extension considérable, beaucoup plus grande que le mot « activité ». Bref, aucun de ces termes ne délimitait de façon contraignante le champ des réponses. Cette extension du champ de la question se justifiait, à nos yeux, par l'extraordinaire diversité des situations professionnelles et la multiplicité des raisons de trouver de l'intérêt ou des satisfactions dans sa vie professionnelle ou dans ses « ailleurs ». Il s'agissait au fond de savoir si l'univers du travail *donne* (ou non) *accès* à des plaisirs et à des satisfactions[2] inaccessibles autrement. L'expression « que vous ne pourriez pas faire ailleurs » pouvait être interprétée de différentes manières. Certains ont pensé, par exemple, à une *impossibilité de fait*, liée à une situation donnée : « Faire des gâteaux dans le four des parents des enfants que

1. Dominique Schnapper, *op. cit.*
2. Plaisir, satisfaction, agrément, joie : nous utiliserons indifféremment l'un de ces substantifs pour désigner le contenu de la réponse à notre question – « des choses qui *plaisent* ».

je garde, je n'ai pas de four chez moi», a dit une baby-sitter. «Utiliser des ordinateurs auxquels je n'aurais pas accès ailleurs», explique un informaticien.

D'autres ont décrit un type de «choses qui plaisent» non seulement effectivement impossibles, mais *inconcevables* hors de la sphère du travail : «Conduire des véhicules blindés» (militaire de carrière), «Ce que je fais au magasin je ne peux pas le faire à la maison : contact clients» (caissière gondolière), «Le syndicalisme» (agent des impôts).

Les personnes interrogées ont largement exploité les grandes marges de liberté ouvertes par la question, et les réponses qui nous ont été fournies peuvent être rangées en trois catégories. Les plus nombreux ont bien sûr mentionné l'activité caractéristique de leur métier en répondant donc à peu près : «ce qui me plaît de faire dans mon travail, c'est mon travail». Pour ceux-là, le plaisir au travail est une adhésion pure et simple à la définition officielle, et donc impersonnelle, de la fonction «Conduire mon camion» (chauffeur), «Se mettre dans la peau des autres» (comédienne), «Désosser la viande, j'aime ça!» (désosseur).

Bien que majoritaire, ce type de déclarations ne représente qu'un peu plus de la moitié des réponses recueillies. Beaucoup d'autres ne se contentent pas de désigner globalement le champ d'activités couvertes par la profession qu'ils exercent, mais s'attachent à nommer un ou plusieurs aspects de ces activités : «L'ordinateur» (chimiste analyste biomédical), «Ouvrir la porte et recevoir les clients» (femme de ménage), «Utilisation de matériel de pointe» (infirmière), «Le tir» (agent de police).

Désigner ainsi un aspect du travail est souvent une manière de se le réapproprier personnellement. Tantôt dans les termes d'un rôle ou d'une mission à fortes dimensions morales, tantôt dans ceux d'une activité créatrice à dimensions artistiques. Ainsi, par exemple, de ces aides-soignantes qui réinterprètent la définition strictement professionnelle de leur fonction dans un registre moral et humanitaire : «Être auprès des gens les plus démunis», «Aider les gens face à la maladie», «Se vouer aux malades», «Prendre connaissance du malheur des autres» (ambulancier). Il en va de même, sur le plan esthétique, de celles et de ceux qui valorisent les aspects artistiques et créatifs de leurs activités professionnelles. «Ce qui touche au côté artistique de mon métier» (boulanger), «Satisfaction de réussir une belle coupe de coiffure» (coiffeuse), «Repasser de jolis vêtements» (employée de pressing), «Faire de jolis murs» (maçon).

Outre ces dimensions morales et artistiques, certains déclarent trouver leur plaisir soit en qualifiant d'un adjectif valorisant l'activité qu'ils pratiquent : « travail *minutieux* de décoration » (peintre en bâtiment), « informatique *poussée* » (chercheur) ; soit en requalifiant eux-mêmes, au nom d'une conception personnelle de leur profession, la fonction ultime de leur activité : « l'utilité aux autres – *l'écoute* » (secrétaire), « transformer une cliente » (apprentie coiffeuse), « rendre des services à des clients *sympas* » (plombier chauffagiste), « rencontrer des cadres de *haut niveau* » (VRP immobilier).

D'autres, enfin, citent des à-côtés[1] réalisés en marge de l'activité professionnelle proprement dite, activités relevant à vrai dire du hors-travail quoique rendues possibles par le travail : « Lire entre deux clients » (commerçante), « M'arrêter de travailler pour discuter ou boire un café » (secrétaire), « Possibilité de faire du sport ou activités artistiques » (employé de banque), « Gueuletons » (publiciste), « Jouer aux cartes » (gérant de bar), « Je peux prendre du temps pour discuter tranquillement avec un ami » (agent de voyage), « Draguer » (plombier).

Premier enseignement de l'analyse des réponses à cette question, l'expression « au travail » recouvre dans l'esprit de ces actifs une réalité beaucoup plus étendue que l'activité professionnelle prescrite puisqu'elle comprend aussi les à-côtés du métier, en particulier les relations entre collègues comme les marges de temps libre laissées dans l'exercice de la profession. D'autres réponses évoquent plus directement les loisirs. La coupure entre travail et hors-travail n'est donc pas aussi nette qu'on se la représente souvent. Le management des grandes entreprises industrielles le sait bien, qui souhaite toujours accroître la productivité de ses travailleurs en rentabilisant au maximum le temps de travail légal. Pour les personnes que nous avons interrogées, une partie du hors-travail est spontanément entendue comme une partie intégrante du travail. Sans doute cette commerçante heureuse de pouvoir lire entre deux clients est-elle consciente que là n'est pas le but principal de son activité ; il n'en reste pas moins que le temps qu'elle désigne est, pour elle, un temps de travail. Réciproquement, ce type de réponse suggère que « l'ailleurs » est occasionné, laissé disponible, et en quelque sorte produit *par* le travail.

1. Ces « à-côtés » que procurent les pratiques à caractère non professionnel qui se déroulent sur le lieu de travail ont été analysées par Michel Bozon et Yannick Lemel, « Les petits profits du travail salarié. Moments, produits et plaisirs dérobés », in *Revue française de sociologie*, XXX, 1989, pp. 101-127. Notre question était cependant plus large puisqu'elle visait tous les plaisirs issus de la situation de travail, qu'ils soient extra-professionnels ou non.

Il y a plaisir et plaisir

Ce premier aperçu de la diversité des sources de plaisir éprouvées au travail ne doit pas faire oublier l'essentiel : seuls ont argumenté dans ce sens celles et ceux qui ont répondu « oui » à la question posée. Or, ils sont très minoritaires puisque les « non » l'emportent ici largement sur les « oui ». Près des deux tiers des personnes interrogées (62 %) indiquent que leur profession ne leur offre pas l'occasion de « faire des choses qui leur plaisent et qu'ils ne peuvent pas faire ailleurs[1] ». Cette proportion élevée de réponses négatives rappelle la difficulté qu'éprouvent la grande majorité des actifs de penser l'activité professionnelle dans le registre de l'agrément. La sphère du travail, *tripalium*, n'est pas celle des « choses qui plaisent[2] », encore moins des « choses qui plaisent et qu'on ne peut pas faire ailleurs ». Les deux questions précédentes avaient déjà clairement dessiné la tendance. Celle qui portait sur le bilan global des motifs de satisfaction et d'insatisfaction incitait les personnes interrogées, par la formulation de son libellé, à favoriser des réponses positives ; malgré ce biais, seule une moitié d'individus déclarait un bilan globalement positif. Quant à la question indirecte portant sur le souhait de voir ses enfants s'engager sur la même voie professionnelle, elle recueillait une distribution du même ordre que celle dont nous examinons les résultats : deux tiers de « non » contre un tiers de « oui ». L'épanouissement de la personnalité dans et par le travail a beau être présenté comme un idéal de la gestion des ressources humaines et une nouvelle norme managériale, cette expérience est encore loin d'être éprouvée par tous. La représentation traditionnelle du travail comme une activité essentiellement destinée à gagner sa vie à la sueur de son front est encore très majoritaire.

On comprend, dans ces conditions, que les variations des réponses selon les grandes caractéristiques sociales soient très proches de celles que nous avons observées à propos des deux ques-

1. Le taux de non-réponse est très faible (moins de 1 %), et seul 1 % de ceux qui ont répondu « oui » à la question fermée ne s'est pas exprimé à l'occasion de la question ouverte.

2. Lors d'un entretien réalisé après l'enquête statistique, la personne interrogée (un cariste) avait exprimé très explicitement à l'enquêtrice le caractère incongru de l'association des mots « bonheur » et « travail » : « Parce que ça vous rend heureuse d'aller travailler, vous ? »

tions précédentes. La part de ceux qui déclarent trouver au travail l'occasion de faire des choses qui leur plaisent, et qu'ils ne peuvent faire ailleurs, croît régulièrement et fortement à mesure que s'élève le niveau d'instruction. Les titulaires d'un diplôme égal ou supérieur à la licence sont deux fois plus nombreux que les sans-diplôme à répondre « oui » à la question : 50 % contre 25 %. Les titulaires d'un CAP-BEP (35 %), d'un bac (42 %) et d'un bac + 2 (47 %) s'échelonnent régulièrement entre ces deux extrêmes.

De même, les ouvriers (24 %) se distinguent ici encore fortement des cadres supérieurs et des professions indépendantes (47 %) par un niveau deux fois moins élevé de réponses positives. Les employés (32 %) étant ici plus proches des ouvriers que des cadres. La netteté de l'effet exercé par la catégorie sociale sur la reconnaissance d'un agrément au travail doit pourtant être tempérée par la qualité de l'emploi exercé. Moins l'emploi est assuré, plus on déclare trouver un agrément spécifique au travail. Pour les actifs en CDD, le bonheur d'avoir un emploi l'emporte sur toute autre considération et a tendance à rejaillir sur le plaisir associé au contenu du travail. Il faut « s'estimer heureux » d'avoir un emploi, on prend *donc* plaisir à travailler. Une des composantes essentielles de l'agrément au travail, *plaisir construit*, serait alors la représentation du péril de la perte de l'emploi. Cette logique est plus accentuée chez les femmes que chez les hommes. L'agrément au travail varie dans de grandes proportions pour les femmes selon la situation par rapport à l'emploi, alors que cette variation semble moins accusée chez les hommes.

Le contenu de l'activité professionnelle, sa valeur dans les représentations collectives, le degré de liberté et de reconnaissance dans le rapport au travail, tous aspects du travail très inégalement distribués selon la hiérarchie socioprofessionnelle, conditionnent donc très directement la possibilité de trouver ou non du plaisir dans l'exercice de son travail. Le degré d'autonomie dont les individus disposent dans leur activité professionnelle joue, de ce point de vue, un grand rôle. Prendre plaisir au travail suppose, en effet, que l'on travaille un minimum « pour soi ». Si les ouvriers d'une petite ville industrielle en milieu rural « travaillent à côté[1] », dans le temps que l'usine laisse libre, ce n'est ni seulement pour « gagner son pain », ni seulement « pour son plaisir » ; ce goût populaire pour l'activité permet de jouer une scène dont l'exigence de liberté d'un travail « pour soi » est le principe.

1. Florence Weber, *Le Travail à côté. Étude d'ethnographie ouvrière*, Paris, INRA - EHESS, 1989.

De fait, toutes choses égales par ailleurs, les actifs ayant la liberté de choisir l'ordre de leurs tâches au travail ont plus de chances de déclarer trouver un agrément spécifique au travail. Il en va de même pour les individus qui ont au moins une personne sous leur responsabilité, et pour ceux qui sont exposés dans leur travail à une tension nerveuse importante. En revanche, les variables mesurant le désagrément occasionné par les horaires, les risques réels encourus, la fatigue et les divers dangers associés au travail ne semblent pas exercer d'effet particulier sur le sentiment d'éprouver de l'agrément au travail.

La contrainte imposée par l'organisation du travail est d'abord vécue comme un fait hiérarchique : lorsque les problèmes matériels font obstacle à la possibilité de trouver de l'agrément au travail, c'est qu'ils sont moins vécus dans leur matérialité que comme l'expression d'une relation de pouvoir. Ainsi, la tension nerveuse en elle-même ne signifie rien. Lorsqu'elle est associée à l'exercice d'un niveau important de responsabilité, elle prédispose les individus à trouver un agrément à leur travail, alors qu'imposée par un rapport hiérarchique contraignant, elle est perçue négativement. C'est pour partie à la lumière de ce principe que l'on peut expliquer les écarts observés entre hommes et femmes, jeunes et moins jeunes, personnes seules et couples avec enfants.

Les hommes déclarent plus que les femmes trouver l'occasion de faire au travail des choses qui leur plaisent (respectivement 40 % contre 34 %). L'écart a beau n'être pas considérable, il mérite qu'on s'y arrête. La première hypothèse qui vient à l'esprit consiste à considérer ce résultat comme un effet de l'inégalité des hommes et des femmes devant l'emploi : la surexploitation des femmes au travail, qui se mesure en termes d'inégalités de salaire, de conditions de travail et de types d'emploi, les empêcherait de puiser dans l'univers du travail autant d'agrément que les hommes. Une autre explication (sans doute complémentaire) est également possible : les femmes seraient moins portées que les hommes à faire du travail un élément unique et incontournable de l'accomplissement de soi. On peut aussi supposer qu'une part du travail féminin, proche de l'activité domestique (éduquer, soigner, s'occuper des enfants), peut plaire à certaines mais ne relève pas des « choses qu'on ne peut pas faire ailleurs ».

Le travail, au début, on aime ça, après, c'est la routine...

La reconnaissance d'un agrément spécifique au travail est également liée à la position des individus dans leur trajectoire professionnelle. La période comprise entre l'entrée dans la vie active et la quarantaine serait celle de l'investissement de soi dans le travail. De fait, les personnes âgées de 20 à 39 ans sont plus nombreuses que les autres à déclarer rencontrer un tel agrément dans leur travail. La proportion ne cesse de décroître après 40 ans, pour devenir la plus faible après 50 ans. Deux explications complémentaires peuvent être invoquées. Les espérances des jeunes en début de carrière en matière d'avenir professionnel, de progression, et de rémunération, voire d'évolution des conditions de travail et du contenu proprement dit de leur activité, ont pu être déçues. Passé 40 ans, les un(e)s et les autres se tourneraient vers d'autres univers que celui du travail dans la recherche de l'accomplissement de soi, en particulier vers la sphère privée et le domaine de la famille. C'est en effet parmi les célibataires et les couples sans enfants que la part de ceux qui déclarent trouver au travail « des choses » qui leur plaisent est la plus élevée. C'est dans les familles avec enfants, et surtout dans les familles monoparentales, que la proportion est la plus faible. L'écart entre les catégories extrêmes s'étend de 46 % de « oui » pour les couples sans enfants âgés de moins de 30 ans à 27 % de « oui » (soit un score voisin de celui des ouvriers) pour les familles monoparentales.

La statistique nous permet ici de généraliser un trait mis en évidence par certains ethnographes du travail. Une enquête réalisée sur des étudiants employés dans des entreprises de restauration rapide[1] a en effet montré comment la succession de petits boulots permet de pérenniser un sentiment de provisoire, une distance au « job » que l'ancienneté dans la fonction rendrait impossible. Pour ces étudiants persuadés du caractère « dégradant » d'un tel emploi, changer régulièrement de petit boulot permet d'éviter d'être confrontés au caractère disqualifiant de la routine et les autorise à cette forme paradoxale d'engagement fort dans leur travail : le « jeu » productif.

1. Guillaume Burnod, Damien Cartron et Vanessa Pinto, « Étudiants en fast-food : les usages sociaux d'un "petit boulot" », *Travail et emploi*, n° 83, juillet 2000, pp. 137-156.

Faite de comportements insouciants, enjoués («fun») mais frénétiquement productifs, cette attitude réussit à concilier l'impossible : tenir à distance un travail stigmatisant tout en y déployant une immense énergie. L'installation dans la routine et l'esprit de sérieux menaceraient cet équilibre et cette forme de plaisir ludique pris, malgré tout, à exercer un travail déconsidéré.

Les quatre registres du plaisir

La question ouverte offrait l'occasion de faire émerger le paysage divers et contrasté des raisons de trouver du plaisir ou de l'agrément à son travail. Comment s'y prendre pour déployer grand ouvert cet éventail faisant appel à des registres si différents ? On a, dans un premier temps, cherché à classer ces réponses à la fois selon la source de plaisir invoquée et selon un dégradé commençant par l'adhésion à la définition officielle de sa fonction et se terminant dans une réappropriation personnelle de la tâche alors valorisée pour ses dimensions esthétiques ou morales. Mais ce codage scinde un peu arbitrairement une constellation de ressources de plaisir dont les éléments communiquent entre eux sans s'exclure. On peut passer insensiblement de l'un à l'autre. Ils font système.

Nous avons donc procédé de façon plus descriptive en cherchant, sur la base d'une exploration sans *a priori* de cet ensemble de réponses, à restituer dans sa diversité et son unité l'univers de ces sources d'agrément et de plaisir. Nous n'avons considéré à cette fin que les plus petites unités constitutives des réponses : le petit millier de mots distincts employés par les enquêtés et leur fréquence d'apparition dans les réponses. Examinons d'abord les vingt-cinq mots qui reviennent le plus souvent dans les réponses[1] :

Les trois termes qui arrivent largement en tête (*avec, contact, gens*), très vite relayés par d'autres qui relèvent du même registre (*enfants, clients, personnes, autres, rencontrer, relations, clientèle*, etc.) manifestent clairement que la source la plus fréquente de plaisir au travail provient du contact, de la rencontre ou de la relation à autrui, que ce dernier soit désigné par un terme générique (les gens, les personnes, les autres) ou plus précisément spécifié (enfants, clients, clientèle, collègues).

1. À l'exception des articles, pronoms et autres «mots-outils», ainsi que des termes «travail» et «travailler».

Au premier abord, les deux verbes *s'occuper* et *aider* pourraient passer pour des variantes du premier champ lexical, celui du contact avec autrui. Une analyse plus attentive des réponses révèle au contraire qu'ils constituent à eux seuls un nouveau registre du plaisir au travail. Associés à des catégories particulières de la population (les enfants, les malades, les personnes âgées), ils manifestent que le plaisir qu'éprouvent ceux qui les emploient provient du service, des soins, de l'aide qu'ils apportent à ceux qui en ont besoin. Le plaisir, de nature altruiste, naît ici du sentiment de rendre service, d'aider, de se sentir utile, de porter secours à l'autre, qui ne saurait se confondre avec un simple contact avec autrui.

Un deuxième registre lexical est centré autour du verbe *faire* et des termes *informatique*, *ordinateur*, *création*, *cuisine*. Ils suggèrent qu'un autre principe de plaisir au travail consiste à créer, à faire ; la technique – ici l'informatique – servant d'instrument à cette source de plaisir au travail. Bien qu'encore inégalement distribués dans l'univers du travail, le recours à l'ordinateur et l'usage de l'informatique sont devenus, pour certains, aujourd'hui, des sources majeures de plaisir.

Les mots *voyage* et *voyager* ouvrent au registre complexe des avantages associés à certaines professions. Se situant par là aux antipodes de la posture altruiste précédente, ils méritent d'être considérés comme le noyau d'un registre particulier de plaisir au travail, celui de la découverte et de l'enrichissement… personnel (apprendre, découvrir, s'instruire…), en dehors de toute dimension monétaire !

Telles sont donc, sur la base d'une première analyse des plus fortes occurrences lexicales, les quatre sources de plaisir au travail les plus fréquemment invoquées. Elles ne désignent pour l'instant que de grandes régions qui méritent d'être visitées plus en détail :

VOYAGER

FAIRE CONTACTS

S'OCCUPER DE

Ces grandes régions sont elles-mêmes composées, on va le voir, de provinces différentes qui, loin d'être séparées par des frontières étanches, communiquent entre elles par des marches insensibles.

Avoir des contacts avec...

Nous sommes ici en présence de la source de plaisir la plus répandue, celle aussi sur laquelle les sociologues du travail ont, depuis Durkheim[1], le plus insisté : le travail est, dans notre société productiviste, le plus puissant facteur d'intégration de l'individu. Loin de séparer, la division du travail renforce la complémentarité entre les membres d'une société. Non seulement elle donne à chacun, si monotone que soit sa tâche, le sentiment de son utilité, mais elle le transforme de l'intérieur, le socialise, et lui fait partager avec d'autres une « même vie morale ». Tel est le point le plus fondamental qui échappe aux économistes néo-classiques lorsqu'ils expliquent ce qu'ils entendent par des « agents économiques rationnels ». Si, plutôt que de s'épargner leur peine, les travailleurs continuent à faire preuve de zèle en dépit des failles inévitables du contrôle, c'est qu'ils tiennent avant tout à conserver ou à gagner l'estime de leurs pairs, de leurs chefs ou de leurs clients, et qu'ils trouvent à ce jeu – irrationnel d'un pur point de vue utilitariste – le plaisir de l'estime de soi. C'est ce moteur de l'engagement des travailleurs que nous révèle cette première source de plaisir.

Cette source du plaisir au travail est d'autant plus valorisée qu'elle vient à manquer, à l'occasion par exemple d'un changement professionnel ou organisationnel. C'est ce que montre l'entretien[2] avec Yves L., 62 ans, chauffeur-livreur à Rungis au moment de la passation du questionnaire, licencié de son entreprise qui a fait faillite au moment de l'entretien. Très affecté par cette fin brutale de sa carrière, Yves L. porte un regard rétrospectif très amer sur son ancienne entreprise. Il oppose en particulier son dernier patron au premier, un mode « humain » de gestion des employés au nouveau mode plus formel et impersonnel mis en place par le successeur.

> Je suis toujours resté dans la même maison, toujours, alors il s'est passé une chose... je suis parti en Algérie, je suis revenu d'Algérie, j'ai eu la chance justement de retrouver le même patron, content de me voir, « Qu'est-ce que tu fais ? », « Eh bien je débarque », « Tu as des sous ? », « Non », « Eh bien passe à la caisse », il était content de me retrouver.

---

1. Émile Durkheim, *De la division du travail social* (1893), Paris, PUF, 1930.
2. Réalisé par Martine Lurol dans le cadre de l'enquête. Une partie de cet entretien sera reprise au chapitre 12, pp. 272-276.

Yves raconte comment cet ancien patron accordait facilement de petites augmentations. Jusqu'au jour, donc, où arrive un nouveau patron. Son arrivée coïncide avec le déménagement des Halles à Rungis et à la perte de cette source si importante du plaisir au travail pour Yves : les contacts, l'« ambiance ».

> Rungis ça a changé énormément, Rungis c'est une usine, vous comprenez ? Je vais vous expliquer. Aux Halles de Paris, on se connaissait tous, on se voyait tous les jours, on voyait les mêmes personnes, on était en contact intimement avec tout le monde vous voyez, c'était une ambiance... Une vie collective, confraternelle parce que y en avait un qui peinait, qui poussait un chariot de viande [...] un type passait à côté, bah, il lui demandait même pas, il l'aidait à pousser le chariot [...] même les patrons des fois ils arrivaient, ils vous donnaient la main, vous voyez, or Rungis ça a été fini, ça n'a plus existé, on se connaissait plus, ça a été l'usine. [...] Et y avait plus cette ambiance qu'on avait pour casser la croûte par exemple, on sortait avec un kilo de bidoche, on allait au café, « Tiens, tu me feras cuire ça pour tout à l'heure », on buvait un pot, on repartait au boulot [...] c'était une vie merveilleuse, faut être honnête, bon on vivait bien. Voilà. Ça n'existe plus.

La retraite imposée incite-t-elle Yves à idéaliser ses jeunes années ? Sans doute, mais la source principale de plaisir au travail qu'il identifie rétrospectivement réside bien dans les contacts, dans le partage avec patron et pairs d'une « même vie morale ».

Cette source de plaisir ne constitue pas un ensemble homogène. Elle donne lieu à d'importantes variations, comme le suggère la diversité des substantifs utilisés pour la désigner : *contact(s), relation(s), rapport(s), rencontre(s), communication, accueil, écoute, psychologie.* Ainsi que les verbes et la façon de nommer les partenaires : *parler* est autre chose que *rencontrer*, les *enfants* ne sont pas des *clients*, etc.

Les raisons d'apprécier dans son travail les contacts ou les relations avec les autres couvrent un vaste spectre allant du plaisir de s'enrichir personnellement par la découverte de nouveaux milieux, le contact gratifiant avec des personnes estimables, les découvertes intellectuelles et humaines, jusqu'à la joie plus altruiste de servir et de se rendre utile aux autres en leur venant en aide[1]. Entre le pôle du plaisir comme contact avec autrui, qui s'explique par tout ce qu'on

1. Everett Hughes propose de dissiper ces ambiguïtés en distinguant plusieurs types de relations professionnelles à autrui, à l'aide de prépositions : travailler « sur », travailler « pour » et avoir rapport « à » : « Le Regard sociologique », in *Essais choisis*, éd. de l'EHESS, Paris, 1996.

Les diverses significations du contact			
Action	**Relation**	**Avec qui ?**	**Comment ?**
Avoir	*Contact*	*Gens*	*Humains*
Être	*Contacts*	*Personnes*	*Relationnel*
Rencontrer	*Relations*	*Enfants*	*Humain*
Discuter	*Relation*	*Clients*	*Humaines*
Parler	*Rencontres*	*Autres*	*Psychologique*
Communiquer	*Communication*	*Clientèle*	
Accueillir	*Rapport*	*Équipe*	
	Rapports	*Collègues*	
	Accueil	*Jeunes*	
	Rencontre	*Public*	
	Écoute	*Élèves*	
	Psychologie	*Client*	
		Personne	

en reçoit, et celui qui provient au contraire de ce qu'on lui donne, s'échelonnent d'autres raisons de trouver du plaisir dans les contacts humains : la possibilité de se mettre en valeur face aux autres, le fait de pouvoir sortir de chez soi et d'élargir l'horizon social de ses relations, le plaisir de discuter entre pairs avec ses collègues.

« Au travail, avez-vous l'occasion de faire des choses qui vous plaisent et que vous ne pourriez pas faire ailleurs ? Si oui, lesquelles ? »
(Les contacts)

S'enrichir, s'élever, rester jeune, s'instruire, se former, enrichir son capital de départ, découvrir

Les voyages et le contact avec l'étranger.
Voyager à l'étranger et rencontres.
On apprend toujours parce qu'on est en contact avec d'autres gens.

Beaucoup de relations et enrichissement intellectuel.

Rencontrer les gens, j'apprends énormément, ouverture, connaissances.

Mise en valeur de soi

Se mettre en valeur par rapport aux gens.

Rencontrer les médias, passer à la télévision.

Les relations avec les élus.

Contacts avec des personnalités.

Rencontrer tous les milieux socioprofessionnels.

Sortir de chez soi, élargir son horizon social, voir du monde, sortir du bocal familial

Rencontrer des gens de tous les milieux.

Rencontrer des personnes que je n'aurais pas l'occasion de rencontrer autrement.

Rencontrer des clients qui ont des activités intéressantes.

Le contact avec d'autres personnes étrangères à la famille, aux amis.

Le contact à l'extérieur, voir du monde.

Rester en contact avec des jeunes.

Discuter

Discuter avec des gens.

Discuter avec des jeunes.

Discuter avec les collègues.

Être en contact avec les clients, discuter.

Relation professionnelle standard, impersonnelle

Les relations avec le public.

Relation clientèle, dépannages.

Aller aux foires et rencontrer des gens.

Avoir des relations commerciales.

Être en contact avec le public et avec les collègues.

Relation professionnelle spécifiée

Contact avec les jeunes.

Contact avec des personnes âgées.

Contact avec des personnes extérieures.

Contact humain.

En contact avec la nature.

Contact avec les bêtes.

Contact avec certaines clientes.

Servir, aider, s'occuper de...

Autour d'un centre de gravité constitué par des relations standard avec le public ou la clientèle, deux orientations différentes se dessinent. La source de plaisir de la première consiste à recevoir et l'autre à donner. Pour les premiers, le contact avec autrui est une source d'enrichissement personnel (expériences, enseignements, découvertes...), pour les seconds, le plaisir provient du don de soi et du sentiment d'être utile aux autres.

« Au travail, avez-vous l'occasion de faire des choses qui vous plaisent et que vous ne pourriez pas faire ailleurs ? Si oui, lesquelles ? »
(Servir, aider, s'occuper de)

Me sentir utile, donner, aider, soulager

Contact avec les malades.
Contact avec les personnes handicapées, beaucoup d'affection.
Avoir du contact avec les jeunes, être utile pour apporter un savoir.
Avoir des contacts et me sentir utile.
Rapport humanitaire avec la population.
La relation avec des enfants malades.

Aider

Aider des personnes en difficulté.
Aide aux élèves en difficulté.
Aide aux parents + conseil, comprendre la détresse de certains.
Aider les gens face à la maladie.
Aider moralement les gens.
Aider à mettre au monde des bébés.
Aider les gens à comprendre.

S'occuper de

M'occuper des personnes âgées.
M'occuper de petits enfants.
S'occuper des bébés.
M'occuper des malades.

Apporter

Me sentir utile, apporter quelque chose aux autres.

Avoir du contact avec les jeunes, être utile pour apporter un savoir.

Donner

Donner du courage aux malades.

Donner des soins.

Écouter

Écoute et compréhension des autres.

Être à l'écoute des adolescents.

Servir, rendre service

Rendre des services aux personnes âgées.

Rendre service aux gens.

Rendre des services aux clients sympas.

Servir les autres.

Se vouer, soulager

Se vouer aux malades.

Soulager les malades.

La disponibilité, l'apaisement des souffrances.

Si cette dernière source du plaisir au travail rappelle le dévouement sacerdotal, il est cependant tout à fait possible d'y goûter avec mesure, comme le montre un entretien avec Nadine N., âgée de 52 ans, assistante de vie à mi-temps dans la région parisienne[1]. Son travail consiste à « s'occuper de personnes âgées, donc [à être] chez elles constamment aussi bien pour faire le ménage, des courses, remplir des papiers que leur faire des soins ». Veuve, elle a une fille de 12 ans, scolarisée au collège, et explique qu'elle ne peut travailler à plein temps. La description de son emploi du temps est en effet entièrement fonction de celui de sa fille, qui détermine ainsi le temps qu'elle peut passer hors de la maison, pour le travail ou les courses, déplacements compris. Mais Nadine n'attribue pas ses contraintes tem-

1. Entretien réalisé par Joseph Confavreux dans le cadre de l'enquête.

porelles à son statut de veuve (de mère seule) mais à ses fonctions maternelles. Après avoir été coiffeuse pendant quinze ans, elle s'était arrêtée de travailler à la naissance de sa fille et n'envisageait pas de reprendre le travail en salon. Elle n'a repris une activité que six années plus tard, avant le décès de son mari, peut-être pour avoir un complément de revenu (mais désormais la pension de veuvage, si elle n'est « pas énorme », lui paraît suffisante), surtout pour « s'occuper et se sentir utile » :

> – Donc, ben, c'est très bien, je fais juste pour dire de m'occuper un peu… me sentir utile, ce qui est très bien et puis quand même être à la Sécurité sociale, pour avoir ma mutuelle.
>
> *– Il ne s'agit pas seulement d'une question financière ?*
>
> – Non, c'est ce que je vous dis, c'est surtout pour se sentir utile, quoi. Parce que moi, les personnes elles m'attendent. Ça, elles attendent que vous arriviez. Elles ont besoin de vous pour leur remonter le moral, pour pouvoir parler. Les personnes très souvent sont seules, parce que même si elles ont des enfants, les enfants ont des activités puis pfff, s'en fichent. […] Alors nous on est là pour compenser un peu, tendre l'oreille.
>
> – […] Ça vous requinque un petit peu [d'être utile], on se dit qu'on sert à quelque chose, on sait qu'on est apprécié. On se sent utile. C'est important dans la vie de se sentir utile et de se dire j'aide aussi les autres. Je sers pas à rien. Je ne suis pas un numéro parmi d'autres. Dans tous les boulots on aime bien être apprécié. Mais c'est pas partout pareil. Un travail comme le mien, faut être un petit peu psychologue. Faut savoir les prendre.

« Se sentir utile », c'est aussi pour Nadine trouver dans son travail la confirmation de la valeur de ses compétences maternelles et féminines, comme le révèle ce jugement négatif qu'elle émet sur les descendants des personnes âgées dont elle s'occupe :

> Moi, j'ai encore de la chance, c'est propre, entretenu. Quand on fait des remplacements, des fois, on se demande… C'est impensable l'état dans lequel les enfants peuvent les laisser vivre. Des trucs, c'est gras, c'est noir. Mon garage, il est bien plus propre.

Si Nadine apprécie ce travail qui lui permet de se sentir utile, sa très faible rémunération ne semble pas un obstacle à cette forme de plaisir au travail : « On est payé avec des grains de riz », dit-elle en riant. Au contraire, ce salaire de quasi-bénévole lui permet de préserver à l'égard de son travail la distance qu'elle entend :

– *Ils vous demandent pas d'effectuer des travaux parfois difficiles ?*

– Non, de toute façon, on est pas là pour faire des nettoyages de plafond ou des choses comme ça, on est là pour tenir leur maison propre, passer l'aspirateur, repasser le linge, des choses tout à fait concevables. Si y a des grands travaux, c'est carrément les femmes de ménage. Mais elles sont payées le double de moi. [...] Nous, c'est à moitié du bénévolat.

Faire, créer...

On pénètre ici dans la région la plus traditionnelle du plaisir au travail, celle à laquelle de nombreuses philosophies, des plus idéalistes aux plus matérialistes, ont conféré depuis longtemps ses lettres de noblesse. Si le travail fait la grandeur de l'homme c'est que l'homme, par son travail, lutte contre la nature, transforme la matière et laisse sur la terre les traces de son activité sous la forme d'œuvres, d'objets, de produits matériels, d'outils, de techniques et de technologies. D'*animal laborans*, préoccupé de sa simple survie, il se transmue par sa confrontation avec la nature en *homo faber*, producteur d'œuvres.

En tant que créateur, l'homme rivalise avec Dieu. Prendre sa part à cette mission prométhéenne de l'humanité, lui apporter sa contribution, si modeste soit-elle, est une source de fierté et de plaisir : la joie du démiurge, le bonheur du créateur. Cette figure de la dignité du travail a été fondamentale dans le mouvement ouvrier des XIXe et XXe siècles parce qu'elle opérait un renversement symbolique de la hiérarchie entre ouvriers producteurs aliénés de leur œuvre par la contrainte et patrons profiteurs : elle invitait au fond au renversement réel de l'ordre social. Elle a sans doute culminé dans le mythe de l'homme de fer, mythe ambigu puisqu'il exprimait tout autant le renversement de l'ordre social que la suprématie de certains ouvriers sur d'autres : des plus qualifiés sur les moins qualifiés, des plus stables sur les plus précaires.

Si ce registre de plaisir s'exprime nettement dans l'enquête, il est numériquement supplanté par le plaisir issu des relations et des contacts humains. Bien que nous ne disposions pas de données comparables sur les plaisirs au travail il y a quelques dizaines d'années, on peut penser que cela marque une évolution importante, effet du déplacement historique du centre de gravité économique de nos sociétés, de moins en moins industrielles et de plus en plus orientées vers les services qui placent la relation entre les personnes au cœur de l'activité économique. Cette forme de plaisir qui consiste à se trouver valorisé par la culture d'un métier n'est pas (plus) une ressource dominante.

Robert Castel remarque que le travail ouvrier est de moins en moins un travail d'*homo faber*. Une enquête réalisée par l'Insee en 1978 montre qu'à peine plus d'un tiers des ouvriers sont employés dès cette époque à des tâches de fabrication. Une majorité d'entre eux se consacre soit à des tâches infra-productives (manutention, livraison, emballage, etc.), soit à des tâches proches de la conception (réglages, essais, entretiens, études, organisation, etc.). Il s'agit d'un changement considérable en rupture avec la représentation du producteur d'œuvres, dont le travail s'incarne dans des objets fabriqués, des biens matériels, utiles et consommables. Cette activité de transformation de la nature, propre de l'homme, fondait chez Marx le rôle de démiurge qu'il attribuait au prolétariat[1].

C'est par le biais des verbes *faire*, *créer*, *concevoir*, *fabriquer*, *construire*, *confectionner*, *bricoler* ainsi que des substantifs et adjectifs qui en dérivent (*création*, *créatif*, *bricolage*, *fabrication*, etc.) que s'exprime ce plaisir. Il se réduit pour certains au simple fait de produire un bien matériel, noyau originel du plaisir de *l'homo faber* : « Créer des choses », « Faire des constructions à sa façon », « Fabriquer des meubles pour moi », « Fabriquer des pièces de voitures », « Faire pousser des légumes », « La réalisation d'affiches, de tracts ».

Des activités plus spécifiées sont souvent mentionnées, qui entrent dans le registre du plaisir constructif de l'*homo faber*, en particulier l'acte de « conduire » qui revient à de très nombreuses reprises dans les déclarations de camionneurs mais aussi d'autres professions amenées à se déplacer fréquemment en voiture, ou à piloter des engins divers, militaires ou civils : « Conduire certains engins particuliers », « Conduire des machines », « Conduire des véhicules blindés », « Conduire tous les jours, essai de véhicules différents », « Conduire un bus », « Vivre dans la nature, conduire des camions armements ».

Le plaisir pur de l'*homo faber* est le plus souvent mâtiné d'une dimension à la fois ludique et technique, la maîtrise de l'instrument et l'utilisation de l'outil devenant alors les sources principales du plaisir. Les nombreuses références à l'informatique, beaucoup plus nombreuses qu'à d'autres machines, indiquent l'attrait nouveau que représente l'ordinateur pour les catégories de travailleurs qui y accè-

1. Robert Castel, *op. cit.*

dent : « Création logo sur ordinateur », « Faire de l'ordinateur », « Travailler sur informatique », « Manipuler l'ordinateur », « Avoir accès à des logiciels et des informations sur micro-informatique », « Bricolage courrier sur ordinateur ».

Dans le même registre du *faire*, s'exprime également le plaisir de gérer, de diriger et de commander, souvent conçu comme une activité créatrice consistant à organiser le travail des autres ou à « faire marcher » une entreprise ou une équipe. Entre le réglage d'une machine et la direction d'une équipe, le plaisir est voisin : il s'agit dans tous les cas d'assembler ou de rassembler des forces de telle façon qu'elles convergent en une résultante d'intérêt commun : « Réglage de machines, diriger », « faire marcher une entreprise », « gérer une équipe », « diriger mon travail », « commander », « exercer un pouvoir », « de la gestion assez importante, faire cela sur micro de temps en temps ». Ainsi cet ancien soudeur des Chantiers de l'Atlantique[1], devenu employé au service commercial, rapproche explicitement, au cours d'un entretien, la satisfaction éprouvée à faire redémarrer une machine et celle ressentie à gérer un budget :

> Quand je faisais un dépannage, lorsque ça marchait, j'avais des reconnaissances, j'étais fier [...]. Aujourd'hui, lorsqu'on arrive à la fin de l'année, on fait le bilan et je m'aperçois que j'ai eu à gérer plusieurs milliards, et parmi ces milliards, y a pas eu de fausses notes, c'est une satisfaction.

Importante pour les professions manuelles, cette source du plaisir peut néanmoins être anesthésiée lorsque les conditions ne sont pas réunies pour qu'on en goûte sans réserve les joies. Nous avons évoqué le cas de Michel M.[2], artisan chocolatier, si hostile à l'idée que ses enfants aient repris le métier. Pourtant Michel expose avec une certaine fierté son irremplaçable savoir-faire :

> – *Vous pensez que le travail que vous faites, n'importe qui pourrait le faire ?*
>
> – Non, ah non ! Faut avoir été du métier. Parce que ça c'est... c'est du chocolat, faut savoir le travailler, le chocolat. Ça a l'air comme ça tout simple, bon ben là, c'est des langues de chat, mais le chocolat, le traiter c'est une température. On le met sur la lèvre, sur la langue ou au doigt,

1. Entretien réalisé par Isabelle Contrant dans le cadre de sa maîtrise.
2. Entretien réalisé par Anne Hertzog dans le cadre de l'enquête.

mais c'est vraiment précis, hein. On a beau avoir des thermomètres, ça sert à rien, c'est nous qui sentons la température du chocolat. C'est une responsabilité. On peut très bien se mettre à faire des machins comme ça (il montre les langues de chat), vous mettez n'importe qui à faire ça, le chocolat se démoulera pas, hein ! Y sera tout blanc puis c'est tout (rires). C'est vraiment une spécialité.

Mais ce sentiment aigu de la valeur de son savoir-faire ne suffit pas au bonheur de Michel; la reconnaissance de sa « famille de métier » ne compense pas l'absence de reconnaissance sociale dont il s'estime la victime :

> Ben pfff... oui... enfin si c'est la chambre de métier, oui, puisqu'ils m'ont donné la médaille d'or de l'artisanat... oui, si c'est ça être reconnu, oui... (rires). Mais ça me rapporte rien ! J'aurais préféré qu'ils me donnent euh... une enveloppe. Une médaille d'or et un petit diplôme, bon ben... je veux bien, mais bon...

Difficultés financières, heures de travail excessives : pour Michel M., le compte n'y est pas, et cela l'empêche de goûter le plaisir de faire, vanté par tant d'artisans.

Si le travail de l'*homo faber*, constructeur et créateur de biens matériels ou symboliques, maître des choses et des hommes, constitue bien une source de plaisir original, distinct en particulier du contact avec autrui, il serait pourtant excessif de l'isoler en tant que tel car il en va de cette source de plaisir comme du contact avec autrui : il se mêle à d'autres sources de plaisir et connaît surtout d'importantes variations de sens et d'orientation. Le plaisir de faire et de créer est ainsi souvent lié à celui d'entretenir des relations avec autrui, en particulier par le biais de l'informatique dont les fonctions de communication et de lien social sont très fréquemment soulignées, que ce soit pour être en contact (« Communication avec les autres, utiliser l'informatique de cette façon ») ou pour rendre service (« Faire de la bonne cuisine à des personnes qui apprécient »). Il est également parfois lié à l'enrichissement de soi par la découverte (« Découverte de nouveaux domaines en informatique »).

VOYAGER, S'ENRICHIR PERSONNELLEMENT...

Quatrième et dernière source de plaisir au travail, celle qui s'organise autour de la découverte, de l'enrichissement de soi, par le sentiment d'en apprendre chaque jour davantage et de découvrir de nouveaux aspects de la vie et du monde. Plaisir de nature égoïste si on le compare à celles et à ceux qui trouvent de la satisfaction à se mettre au service des autres. Mais plaisir aussi de création et d'action (« découvertes de nouvelles techniques ») : à mi-chemin entre le plaisir de faire par la médiation technique d'un outil et la joie personnelle de la découverte, le recours au vocabulaire de la mise en œuvre et de l'utilisation (fréquence du verbe *utiliser*) est significatif de cette réappropriation personnelle de l'outil. Le travail offre l'occasion d'utiliser des outils et des infrastructures auxquelles on n'aurait jamais accès autrement. Ce plaisir personnel est aussi fait de relations avec autrui puisque les joies de la découverte ne s'appliquent pas seulement aux sites, aux pays, aux choses ou au monde de l'esprit (« découvertes intellectuelles »), mais aussi aux femmes et aux hommes que l'on rencontre à l'occasion de ses activités professionnelles. Le thème du voyage, très fréquemment invoqué, et dont les aires géographiques sont très variables – des pays les plus lointains aux villages les plus proches – exprime bien cette source de plaisir puisqu'il concentre en lui les thèmes de la découverte, de la rencontre, de l'enrichissement personnel, de la formation permanente et de l'évasion hors de l'univers quotidien. Le travail est alors un moyen offert à l'individu d'élargir ses horizons géographiques et sociaux et de tirer des profits personnels de cet élargissement.

Qui prend plaisir à quoi ?

S'il existe un lien étroit entre la place occupée dans la hiérarchie sociale et le fait de trouver ou non du plaisir dans son travail, le rapport entre les quatre sources principales d'agrément que nous venons de dégager et les différentes professions n'est pas aussi net. Une même profession ne condamne pas ceux qui l'exercent et qui s'y plaisent à un plaisir unique. Chacun peut y trouver des raisons particulières de l'apprécier. La confrontation des déclarations des enquêté(e)s citées tout au long de ce chapitre avec les libellés de leurs professions offre bien l'image d'un éventail largement ouvert : plaisir du contact, joie de construire et de créer, intérêt de la découverte et satisfaction de servir et d'aider les autres ne sont, respectivement, l'apanage d'aucune profession particulière, mais au contraire largement partagés par beaucoup de catégories professionnelles.

« Au travail, avez-vous l'occasion de faire des choses qui vous plaisent et que vous ne pourriez pas faire ailleurs ? Si oui, lesquelles ? »

(Découvrir)

Découvrir, découverte

Circuler, voyager, découverte de personnes et de sites.
Découverte de la nature.
Découverte de nouveaux domaines en informatique.
Découvrir l'électroménager.
Découverte des entreprises, de leur fonctionnement, visite des installations.
Contact humain, découvertes intellectuelles.

Utiliser

Permet d'utiliser une infrastructure, des outils de télécommunication.
Utiliser l'ordinateur.
Utiliser les langues étrangères.
Utiliser l'Internet.
Utiliser un ordinateur pour usage personnel car je n'en ai pas.

Intéressant, enrichissement, passion

Faire des formations intéressantes, encadrer des séjours de vacances.
Rencontrer des clients qui ont des activités intéressantes.
Beaucoup de relations et enrichissement intellectuel.
Passion des chevaux.

Voyages

Voyager et faire des patrouilles dans la nature.
Accompagner des voyages scolaires.
Interprétation au cours des voyages.
Les voyages grâce au comité d'entreprise.
Les voyages que je ne pourrais pas me permettre.
Négociation, prise de décisions, voyages.
Visite d'entreprise, voyages.

Voyages et contacts à l'étranger

Contact avec les gens, voyages à l'étranger.
Le contact international.
Organisation sorties des élèves + voyages à l'étranger.
Suivre des séminaires à l'étranger.
Voyager à l'étranger et en France.
Voyager à l'étranger et rencontres.
Visiter des pays étrangers ou des villes.

« Au travail, avez-vous l'occasion de faire des choses qui vous plaisent et que vous ne pourriez pas faire ailleurs ? Si oui, lesquelles ? »
(Les plaisirs des aides-soignantes, ingénieurs et comptables)

Aides-soignants et agents hospitaliers

Plaisir pour soi, enrichissement personnel	**Plaisir altruiste**
Formation continue en ethno-psychatrie. Rencontrer les gens, j'apprends énormément, ouverture, connaissances. Rencontrer une fourchette de catégories sociales différentes. Beaucoup de contacts. À domicile, c'est plus riche sur le plan relationnel. Discuter avec des gens. Parler. Mon travail en lui-même. **Technique** Utilisation de matériels de pointe. Art-thérapie.	Aider des personnes en difficulté. La disponibilité, l'apaisement des souffrances. Donner du courage aux malades. Attention aux autres. Utile, apporter quelque chose aux autres. Les soins aux malades. M'occuper des malades. Aider à mettre au monde des bébés. **Activités latérales** De l'équitation. L'information, jeux avec les patients, randonnées pédestres. **Le contact avec les collègues** Discuter avec les collègues.

On s'en convaincra en examinant comment se distribuent, au sein d'une même profession, les sources de plaisir invoquées par les actifs de trois professions très différentes et bien représentées dans notre échantillon : les aides-soignants et agents hospitaliers, les ingénieurs et les comptables. Les personnels soignants sont loin de tous partager le plaisir de donner et de soulager les autres ; ils peuvent aussi tirer de l'exercice de leur métier des satisfactions plus personnelles liées au contact, à l'élargissement de leur horizon social comme à la pratique de techniques de pointe. De même, un comptable n'est pas condamné à ne jouir à travers ses logiciels que des plaisirs austères, des bilans et des équilibres entre recettes et dépenses ; il peut aussi

Ingénieurs

Autonomie La liberté de choix. Avoir une activité suivie et organisée. **Mon travail** Spécificité de ce travail. Mon activité professionnelle. **Aspects particuliers** Des études de produits. Travail sur des avant-projets. Du conseil. **Découvertes et voyages** Voyager. Voyages. Visites de pays étrangers. Contact avec les gens, voyages à l'étranger. Langues.	**Technique** Apprendre de nouvelles techniques. Technique de pointe. **Activités informatiques** L'ordinateur. Surveillance du réseau. Moyens d'informations sur le site. **Contacts humains valorisants** Rencontre de personnalités. Rencontrer des clients qui ont des activités intéressantes. Être en contact avec des élus. **Les à-côtés** Activités au comité d'entreprise.

Comptables

Contact Le type de travail que je fais. Contacts humains. La relation avec le public, les clients. Les contacts avec les collègues et la clientèle, et les tâches journalières. Rencontrer des gens. **Contenu de l'activité** S'occuper de questions juridiques et sociales. **Technique** Comptabilité, classement, courrier. L'informatique.	Travail sur ordinateur. Travailler sur informatique. Travailler sur micro. **Les à-côtés** Marche à pied. **Être utile** Avoir des contacts et me sentir utile. Études de certains dossiers. Prévention de l'alcoolisme.

éprouver du plaisir dans la marche à pied, le contact avec autrui, voire dans un sentiment de servir les autres.

Cette dispersion des sources individuelles de plaisir au sein des professions s'effectue néanmoins dans le cadre plus général d'associations privilégiées entre des propriétés sociales et des sources de plaisir. C'est ainsi que les femmes sont plus nombreuses que les hommes à se situer au carrefour des plaisirs éprouvés dans les contacts avec autrui et dans l'aide et l'assistance apportées aux autres ; les hommes étant quant à eux plus nombreux au carrefour de la joie de créer et de tous les plaisirs liés à la découverte, aux voyages et à l'enrichissement personnel.

De même, une séparation assez sensible oppose les professions manuelles et ouvrières aux catégories intellectuelles : les premières trouvent davantage de plaisir dans l'action du *faire* et dans la réalisation, les seconds dans le contact avec autrui et les plaisirs de la découverte. Le plaisir d'aider les autres et de rendre service est statistiquement plus développé parmi les employés et les catégories intermédiaires des services publics : professionnels de la santé et de l'éducation, en particulier. Le type d'agrément trouvé au travail est aussi fortement lié au diplôme. C'est l'absence de diplôme général, et non pas le fait d'avoir un diplôme technique ou professionnel, qui semble prédisposer les individus à s'accomplir dans l'espace des activités instrumentales : les individus ne possédant pas de diplôme, les titulaires d'un CAP, d'un BEP ou d'un bac technique ou professionnel s'accomplissent beaucoup plus nettement que les autres dans le domaine du *faire*.

Enfin, la structure des réponses par tranches d'âge révèle une baisse continue de la proportion des réponses mentionnant une activité instrumentale au sens strict, et une hausse continue de la part des réponses mentionnant l'interaction avec autrui, après 30 ans. Ce mouvement se poursuit au-delà de 60 ans.

Ces grandes constantes statistiques qui découvrent des associations entre des caractéristiques sociales et professionnelles et les quatre sources de plaisir ne sont pas contradictoires avec l'ouverture de l'éventail des types d'agrément au sein d'une même profession. Les différents individus opèrent, selon leurs goûts ou leurs dispositions particulières, une réappropriation personnelle de leur activité professionnelle, certains étant plus sensibles à l'aspect relationnel, d'autres au plaisir de créer, etc. Mais toutes les professions, tous les métiers n'offrent pas aux individus qui les exercent un éventail aussi ouvert des sources de plaisir. Les travaux d'exécution, répétitifs, étroitement contrôlés, où le travailleur, isolé du monde extérieur, ne manipule que des pièces ou n'actionne que les commandes d'une machine relativement simple, n'offrent à ceux qui les pratiquent aucune possibilité matérielle de découvrir quoi que ce soit de nouveau dans le cadre de leur travail – et encore moins d'entretenir un contact avec autrui. La parcellisation des tâches les empêche également d'établir un lien direct entre les tâches qu'ils accomplissent et la fonction (ou l'utilité finale) des produits finis auxquels ils contribuent, une automobile par exemple. Le sentiment d'utilité ou le plaisir de travailler pour les autres est lui aussi difficile à se représenter, et encore plus à éprouver spontanément. C'est la raison pour laquelle les catégories ouvrières et employées sont les moins nombreuses à déclarer que « oui, elles ont l'occasion de faire, dans le cadre de leur travail, des choses qui leur plaisent ». C'est dans ces milieux professionnels que la séparation entre le travail et le hors-travail est la plus tranchée, le plaisir et le bonheur relevant exclusivement du hors-travail.

Très rares en effet sont les ouvriers, qualifiés ou non, qui ont précisé à l'enquêteur la nature « des choses qui leur plaisaient » dans leur travail. Et quand ils ont répondu, l'horizon de cette réappropriation personnelle des plaisirs du métier se révèle très restreint. La spécialisation des tâches effectuées dans un univers technique étanche condamne ceux qui s'y plaisent à trouver leur plaisir dans la définition technique de leur tâche et à déclarer à l'enquêteur que ce qui leur plaît dans leur travail, c'est… leur travail. Ainsi de ces fraiseurs et de ces conducteurs d'engin déjà évoqués, qui regardent leur activité principale dans le travail comme une source de plaisir. Ouvriers d'un autre type, les magasiniers interrogés manifestent au contraire que leur profession offre davantage d'espace à une réappropriation personnelle de leurs activités et aux plaisirs qu'ils peuvent procurer. Des quatre sources de plaisir identifiées précédemment, seul celui qui est procuré par le fait d'aider les autres n'est pas représenté chez les ouvriers. En revanche, les plaisirs plus probables le sont bien : l'enrichissement personnel (« bricoler pour moi »), le plaisir technique (« utiliser un ordinateur »), le contact avec autrui (« contact avec les clients sur les pièces auto »).

Plus on s'élève dans la hiérarchie sociale, et plus l'activité professionnelle propre à une profession se diversifie, s'autonomise, s'intellectualise et élargit ainsi la gamme des sources potentielles de plaisir et de satisfactions.

Résumons-nous

Lorsque les actifs sont invités à repérer des choses qui leur plaisent au travail, ils résistent massivement à cette sollicitation : pour 62 % d'entre eux, le travail n'apporte aucun plaisir qu'ils ne pourraient se procurer ailleurs.

L'un des plaisirs principaux que les individus trouvent au travail, c'est qu'il est l'occasion privilégiée de « contacts » : il intègre, il socialise. Voilà pourquoi les travailleurs jouent le jeu de leur travail malgré les inégalités ; voilà pourquoi il leur est si difficile de le distinguer du hors-travail, et pourquoi son absence prolongée est si coûteuse pour ceux qui la subissent.

Cette forme de plaisir au travail a pris le pas sur le plaisir de *faire*, plaisir que le mouvement ouvrier valorisait si hautement il n'y a pas si longtemps encore.

Enfin, la gamme des agréments s'élargit à mesure que l'on gravit les échelons de la hiérarchie sociale. Lorsque la liberté au travail est mince, le salaire bas et la position méprisée, les sources de plaisir sont rares.

9

Bonheurs et malheurs au travail

Les raisons de souhaiter, ou non, voir son enfant s'engager dans la même voie que soi diffèrent grandement d'une catégorie sociale à l'autre. Pourtant, les réponses données résultent bien d'une réflexion globale sur le travail, prenant peu ou prou en compte la plupart de ses aspects. La preuve : presque toutes les réponses qui expriment, sous une forme ou sous une autre, un rapport heureux au travail sont associées à une fréquence plus élevée du souhait de voir ses enfants embrasser la même activité. Un tel souhait est, en règle générale, plus probable quand chacune des diverses occasions de bonheur au travail répertoriées dans l'enquête est présente, et moins probable quand une ou plusieurs des sources de malheur est recensée. Pourtant cet indicateur n'est pas suffisant pour rendre compte de la diversité des situations de bonheur et de malheur au travail.

Quand le bonheur présent est mesuré à l'aune de l'avenir de ses enfants

Le travail que l'on souhaite pour ses enfants doit d'abord et avant tout être intéressant : 41 % de ceux qui déclarent « s'impliquer beaucoup dans leur travail, *parce que ça* [*les*] *intéresse* », seraient heureux qu'un de leurs enfants s'engage dans la même voix contre seulement 8 % de ceux qui déclarent « s'impliquer peu » par manque d'intérêt. Certes, déclarer s'impliquer beaucoup dans son travail à cause de l'intérêt qu'on y trouve est plus souvent une concession verbale à une norme sociale que l'expression d'un véritable état d'esprit : les deux tiers des enquêtés ont fait cette réponse ! Il est néanmoins significatif que toutes les questions faisant appel au registre de l'intérêt au travail soient fortement liées au souhait de voir ses enfants s'engager dans la même profession. Un travail intéressant est un travail qu'on peut estimer souhaitable pour les siens ; c'est aussi un travail qui confère une identité professionnelle suffisamment valorisée pour qu'on ait envie de la transmettre.

Un lien quasiment aussi fort (44 % contre 29 %) existe avec la satisfaction de trouver dans son travail l'occasion de faire des choses qui plaisent et qu'on ne pourrait pas faire ailleurs. Si les « choses qui plaisent » ne sont pas forcément des choses « intéressantes » ou « passionnantes » (elles peuvent, par exemple, être des choses agréables), elles n'en traduisent pas moins un rapport au travail de type psychologique, différent du souci explicite de transmettre un capital.

Même en ce sens élargi, le registre de l'intérêt psychologique n'est pas le seul qui soit étroitement lié au souhait de transmettre son activité à ses enfants. Tel est aussi le cas de l'intérêt matériel. On ne souhaite que moins d'une fois sur cinq (19 %) à ses enfants un travail que l'on juge soi-même « très mal » payé par rapport à l'activité qu'on y déploie. Le pourcentage monte à 28 % si le travail est seulement jugé « assez mal » payé. Il s'élève à 39 % quand le travail est « normalement » payé et atteint 48 % pour un travail « bien » ou « très bien » payé.

Inversement, les aspects pénibles, humiliants, angoissants du travail sont associés à une moindre fréquence de ce souhait. À titre d'exemples : 24 % de ceux qui ont le sentiment d'être exploités souhaitent que leurs enfants s'engagent dans la même voie qu'eux contre 41 % de ceux qui n'éprouvent pas ce sentiment ; le sentiment que le travail vieillit prématurément (24 % contre 38 %).

Ces résultats confirment notre intuition initiale : exprimer le souhait que ses enfants exercent la même activité que soi peut être considéré comme un résumé synthétique d'un rapport heureux au travail, même si les critères d'appréciation et les sources de satisfaction varient grandement selon les catégories socioprofessionnelles et les individus.

Le fait que ces sources de bonheur, *a priori* fort différentes, se laissent ainsi résumer suggère immédiatement l'hypothèse qu'elles sont liées entre elles et qu'on peut, de ce fait, parler d'un rapport globalement heureux ou malheureux au travail. Cette hypothèse est juste, mais en partie seulement. Si l'on considère deux à deux les diverses réponses à des questions de l'enquête qui expriment, chacune, une forme de bien-être, de satisfaction ou de bonheur au travail, le lien qui les unit est la plupart du temps positif, mais… pas toujours. Certes, les réponses à un grand nombre de questions de ce genre sont positivement corrélées. Exemples : être passionné par son travail (ou du moins ne pas y être indifférent ou hostile au point de s'écarter de la norme qui incite à se déclarer tel) et trouver dans son travail l'occasion de faire des choses qui plaisent : l'enquête propose ici deux mesures, toutes deux imparfaites, et donc complémentaires, d'une même forme de satisfaction, de bien-être ou de bonheur procurés par le travail. De même, juger que le mot « passion » décrit bien sa situation professionnelle est (encore) plus fréquent lorsque le travail permet de faire des choses qui plaisent et qu'on ne pourrait pas faire ailleurs : 68 % contre 49 %.

Dans un autre ordre d'idées, parmi les personnes qui se jugent bien ou très bien payées compte tenu du travail fourni, seules 16 % considèrent que leur travail les vieillit prématurément. Le pourcentage est du même ordre pour ceux qui s'estiment seulement normalement payés : 18 %. Mais il s'élève à 26 % parmi les travailleurs qui se jugent assez mal payés et atteint 45 % chez ceux qui estiment être très mal payés. Les mauvaises conditions de travail, source d'un vieillissement physique ou psychologique accéléré, ne sont pas compensées financièrement autant que la plupart des gens concernés l'estimeraient juste. D'autre part, les emplois mal rémunérés sont souvent des emplois qui n'offrent aucune perspective de carrière à ceux qui les exercent, ce qui engendre un sentiment de vieillissement social. S'estimer bien payé par rapport au travail fourni, ne pas considérer que le travail est source de vieillissement constituent deux mesures, approchées et complémentaires, d'une forme de « bonheur » professionnel. Elles sont positivement corrélées.

Heureux et mal payé

Cette belle série de corrélations positives entre deux variables mesurant des aspects différents d'un rapport heureux au travail est rompue par deux exceptions notables et particulièrement significatives : travail « passionnant » et travail « bien payé » relèvent de deux univers différents. La proportion des personnes interrogées qui déclarent que le terme « passion » décrit bien leur travail ne varie que de 51 à 58 % quand on passe de ceux qui se disent très mal payés à ceux qui se disent bien ou très bien payés. De même, déclarer que le travail procure l'occasion de faire des choses qui plaisent (ou non) n'entretient pas de lien direct avec le fait de considérer que ce travail vous vieillit prématurément : la fréquence est de 21 % dans le premier cas, 25 % dans le second. Nous avons ici affaire à des dimensions du bonheur au travail qui, sans jamais s'exclure, ne se superposent pas non plus : ce qui suggère l'existence de formes de « bonheur » relativement indépendantes.

Il existe donc bien une tendance majeure au cumul des différents aspects positifs du travail. Mais cette tendance, qui n'est pas générale, se double d'une seconde qui, sans la contrarier, tend à diversifier les formes de rapport heureux (ou malheureux) au travail. La grande diversité des raisons invoquées pour souhaiter que ses enfants s'engagent dans la même voie, ainsi que la pluralité des sources de plaisir évoquées par les personnes interrogées (contacts, don de soi, création, technique, voyages, etc.), l'indiquent clairement. Il est donc exclu, sur la base de ces constats, d'additionner les unes aux autres les différentes sources de bonheur et d'aboutir, au terme de cette sommation, à un classement des travailleurs – du plus heureux au moins heureux –, selon leur degré de bonheur. On passerait à côté d'un fait fondamental et de grande portée sociologique : le bonheur des uns n'est pas de même nature que celui des autres. Il est tout aussi impossible d'esquisser une typologie culturaliste des différentes formes de bonheur professionnel. On négligerait alors un autre fait essentiel : loin de s'opposer, ces formes peuvent aussi bien souvent se cumuler. Il est donc nécessaire de recourir à une méthode statistique qui permette de rendre compte de ces deux dimensions, d'en comprendre l'articulation et de traiter simultanément l'ensemble des formes de bonheur ou de misère au travail exprimées par l'enquête.

Hiérarchie du bonheur, diversité des satisfactions

Une analyse factorielle des correspondances multiples (a.c.m.) permet de traiter simultanément l'ensemble des éléments du rapport au travail appréhendés par l'enquête et d'en restituer toutes les dimensions[1]. Cette analyse le confirme : les différentes formes de

1. L'analyse factorielle permet, par ses stylisations, de produire un résumé qu'on peut considérer comme optimal de toutes ces formes de rapport au travail et de leurs articulations. Ce résumé est toutefois dépendant de ce qu'il résume, c'est-à-dire de la pertinence et de la sélection des variables de l'enquête et de l'analyse. Un retour réflexif s'impose donc. Le problème principal est ici celui de la conception du questionnaire. Nous avons pris pour variables actives toutes celles qui nous ont paru relever principalement du rapport subjectif au travail. La frontière est souvent floue en ce qui concerne les conditions de travail entre le subjectif et l'objectif. Nous avons dû exclure de l'analyse (et traiter en variables supplémentaires) des questions qui

bonheur professionnel tendent à se cumuler. Mais l'analyse factorielle montre aussi la coexistence de formes différentes de rapport au travail. Les premières se structurent autour de degrés différents d'investissement personnel dans son travail : certains s'investissent beaucoup et en retirent des bénéfices psychologiques (et éventuellement matériels) importants alors que d'autres se tiennent en retrait : une chose est claire, cette dimension de la relation des individus à leur travail est directement liée à leur situation sociale et au montant des ressources économiques, culturelles, sociales... qu'ils détiennent. Ce sont les mieux dotés qui s'investissent le plus.

Un autre type de rapport au travail s'ordonne à partir d'une opposition entre celles et ceux qui expriment des souffrances, ressentent leur situation de travail comme « insoutenable » et ne pouvant pas durer à ceux qui se félicitent au contraire des avantages, matériels ou symboliques, que leur procure le travail. Cette dimension du rapport au travail n'est plus, celle-là, directement liée au classement dans les grilles usuelles de perception de l'espace social : sexe, âge, statut social, niveau d'instruction. Bien qu'elle soit associée à des transformations sociales objectives, notamment l'accroissement de la pression au travail, l'expression de la souffrance est une démarche individuelle qui peine à trouver une mise en forme collective.

Le bonheur existe

Les mêmes individus tendent à cumuler les diverses formes de bonheur au travail envisageables : telle est la conclusion la plus évidente de l'analyse. Elle est matérialisée par le premier axe factoriel (l'axe horizontal, ouest – est). Toutes les modalités traduisant des sentiments de plaisir, de satisfaction, de bien-être, de bonheur (car-

n'avaient pas été posées dans les mêmes termes aux titulaires d'emplois stables et aux travailleurs précaires. Nous avons aussi traité en variables supplémentaires des questions sur les « aspects du travail qui vous semblent importants » (« sortir de chez soi », « rencontrer des gens », « avoir un revenu », « se sentir utile », « avoir des horaires qui laissent du temps pour soi et sa famille », « avoir une grande liberté dans son travail »). Ces questions sont médiocrement rédigées. Outre qu'il s'agit de questions « en batterie », ce qui porte à des effets de halo (ou d'inattention), on ne saisit pas clairement s'il s'agit d'aspects de son travail ou du travail en général. Enfin, pour éviter des liaisons statistiques artificielles, nous avons dû éliminer de la liste des variables actives les questions sur les sujets de conversation relatifs au travail, toutes filtrées par le fait d'avoir parlé du travail avec ses proches au cours de la semaine précédant l'enquête. On trouvera en annexe la liste des modalités des variables actives, accompagnée des pourcentages recueillis par les diverses réponses possibles aux questions.

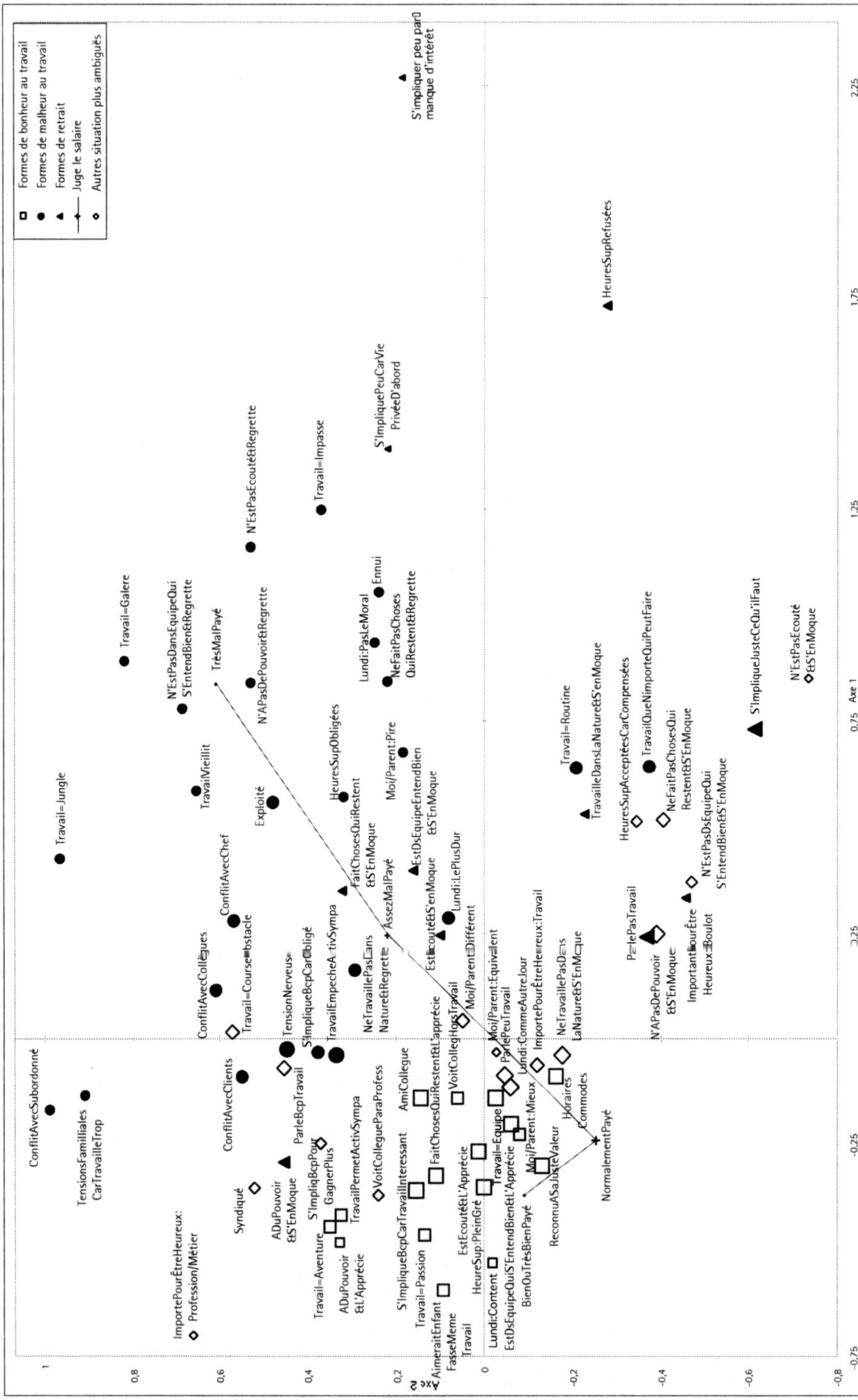

Graphique 1
Les différentes composantes du bonheur et du malheur au travail

rés) sont, sur le graphique 1 (p. 196), à l'ouest de l'origine, et même à l'intérieur d'un cône centré sur le premier axe factoriel, en direction de l'ouest. Il n'y a pas d'exception. Des formes de bien-être ou de bonheur en toute logique difficilement compatibles se révèlent statistiquement conciliables : ainsi, comme on l'a déjà vu, vivre son travail comme une aventure n'empêche nullement de juger ses horaires commodes, la probabilité n'en est ni augmentée ni diminuée. Bien entendu, et nous aurons l'occasion d'y revenir longuement, il existe des formes différentes de bonheur (et aussi de malheur) au travail. Il n'empêche : en première approximation, ces formes de bonheur différentes sont le plus souvent positivement liées. Par exemple, retirer de son travail une satisfaction toute personnelle (« Au travail, avez-vous l'occasion de faire des choses qui vous plaisent et que vous ne pourriez pas faire ailleurs ? Oui ») augmente modérément, mais augmente quand même la probabilité d'avoir « l'impression d'être reconnu à sa juste valeur ».

Ce que mesure le premier facteur de l'a.c.m. est donc une sorte de « degré de bonheur au travail ». Cependant l'enquête apparaît comme un instrument grossier pour mesurer le bonheur (en dehors même des problèmes de concepts et de définition) et bien plus fin lorsqu'il s'agit de mesurer l'absence de bonheur ! Les individus qui cumulent de nombreux éléments de bonheur au travail sont beaucoup moins finement différenciés que ceux qui en sont généralement privés : c'est la conséquence du fait qu'à beaucoup de questions de l'enquête, la norme est de fournir une réponse optimiste, qui a dès lors peu de pouvoir discriminant, tandis que la réponse opposée signale un malaise assez fort pour s'exprimer malgré les censures sociales.

Cette réserve, importante, n'implique pas que la gradation du bonheur proposée par l'analyse soit dénuée de signification. Il est rassurant sur le plan de la méthode, et intéressant du point de vue de l'interprétation, de constater qu'une des réponses les plus caractéristiques de ce que nous appellerons, pour être concis à défaut d'être « sociologiquement correct », le bonheur au travail est le fait de répondre « oui » à la question « Seriez-vous ou auriez-vous été heureux que l'un(e) de vos enfants s'engage dans la même activité que vous ? ».

Nous l'avons vu : il s'agit d'une question que les personnes se sont sûrement presque toutes posée avant l'enquête, une question à laquelle on ne leur demande pas de fabriquer une opinion pour les besoins de la cause. Et elles sont capables d'argumenter leurs réponses. Or non seulement la réponse est globalement liée au premier facteur, mais encore le pourcentage de « oui » s'élève rapidement et régulièrement avec le « degré de bonheur » mesuré par ce facteur : de 4 % pour les 10 % les « moins heureux » à 82 % pour les 10 % les « plus heureux ». Le bonheur au travail tel que nous l'évaluons à travers l'ensemble de l'enquête tend donc à se confondre avec le désir de voir son identité professionnelle prolongée à travers ses enfants, ce qui, inversement, justifie d'avoir étudié en détail les déterminants et les formes de ce désir.

Une autre réponse caractéristique du cumul des bonheurs est d'ailleurs d'estimer sa situation professionnelle meilleure que celle de sa mère (pour les femmes) ou de son père (pour les hommes) au même âge : la question du bonheur au travail apparaît ici s'apprécier non seulement à partir du travail en soi, mais dans le cadre du destin de la lignée et d'une trajectoire considérée dans son ensemble.

Le bonheur au travail a, bien entendu, beaucoup à voir avec les éléments classiquement constitutifs de la qualification (graphique 2, p. 199). Il naît du fait d'« avoir du pouvoir et l'apprécier » (d'ailleurs, déclarer « avoir du pouvoir, mais pouvoir s'en passer » est aussi lié, bien que moins nettement, à un état de bonheur), d'être « reconnu à sa juste valeur », d'avoir un travail que « n'importe qui [ne] pourrait [pas] faire », qui n'est pas « une routine », et dans lequel on n'a pas « le sentiment d'être exploité » mais celui d'« être écouté » et de « l'apprécier ».

C'est un travail qui donne « l'occasion de faire des choses qui plaisent et qu'on ne pourrait pas faire ailleurs » ; c'est aussi un travail qui donne le sentiment de « faire des choses qui restent » (une autre façon de se prolonger, non plus ici à travers ses enfants, mais par la trace qu'on laisse dans le monde).

Le bonheur au travail tend donc à aller de pair avec un fort investissement dans l'activité professionnelle. Il est caractéristique du bonheur professionnel de déclarer que « aventure » et « passion » (deux mots qui décrivent aussi bien des loisirs fortement investis : il existe un « salon aventure-passion ») « décrivent bien [la] situation professionnelle ». Il est également caractéristique de déclarer « s'impliquer beaucoup dans son travail » parce qu'on est intéressé par celui-ci. Fort logiquement, « si un travail en cours réclame de rester plus longtemps sur le lieu de travail », on le fait « de plein gré ».

Bien entendu, il ne faut pas prendre ces déclarations au pied de la lettre. Il est surprenant, pour ne pas dire inquiétant, de constater que la majorité des personnes interrogées reconnaissent dans leur travail une « passion », et que près des deux tiers déclarent rester au travail après l'heure de leur plein gré. Comme on l'a déjà dit, faire preuve

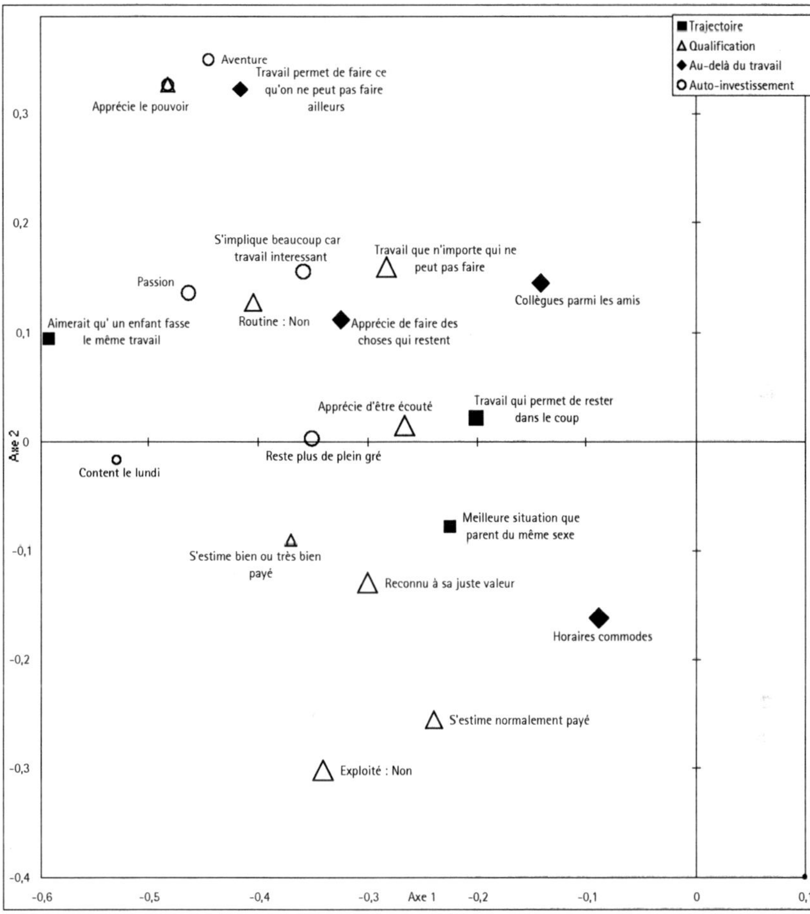

Graphique 2 : Les différents éléments du bonheur. Détail.

d'intérêt et de bonne volonté vis-à-vis de son travail est plus ou moins la norme, ce qui rend difficile l'expression d'opinions qui seraient perçues comme déviantes (cette expression n'en ayant alors que plus de force). Il serait donc imprudent de tirer des conclusions en termes de comportements ou de sentiments profonds du fait que 62 % des enquêtés (plutôt que 43 ou 71 %) restent volontiers après l'heure en cas de besoin. Ce n'est pas ce que nous faisons ici. L'analyse factorielle n'informe pas sur les niveaux absolus mais sur la structure, c'est-à-dire sur l'opposition entre ceux qui ont fait cette déclaration et ceux qui ne l'ont pas faite. L'analyse met en évidence des cohérences et des oppositions sensées dans les opinions exprimées : ces liaisons, positives ou négatives, sont probablement beaucoup moins perturbées par la situation d'enquête que les niveaux absolus des réponses. Surtout, on le verra, les réponses aux questions subjectives, les opinions, peuvent être reliées à des caractéristiques objectives des individus, de leur emploi et de leur travail, d'une manière qui serait inexplicable si elles n'étaient que des *artefacts*.

Heureux et malheureux à la fois

De même que les réponses relatives aux formes de bonheur étaient à l'ouest de l'origine, celles qui expriment des formes de malheur (cercles) sont à l'est sur le graphique 1 (p. 196). Quelques items font exception, mais ils sont proches de l'axe vertical sur le graphique et leur signification est en fait ambiguë. Il est clair, par exemple, qu'avoir des relations difficiles avec des subordonnés est une situation qui est susceptible d'être vécue douloureusement. Mais d'aucuns y trouvent le motif d'une satisfaction (« c'est dur, mais j'impose ma volonté »). Les individus en position de responsabilité hiérarchique qui déclarent avoir des relations difficiles avec les salariés sous leurs ordres sont plus nombreux que les responsables n'éprouvant pas ces difficultés à déclarer « avoir du pouvoir » (79 % contre 69 %), et notamment « avoir du pouvoir et l'apprécier » (57 % contre 48 %) ; au contraire, plus du quart de ceux qui ont de bonnes relations avec leurs subordonnés déclarent qu'ils n'ont pas de pouvoir et que ça ne les gêne pas. De même, déclarer que « au cours des six derniers mois, des tensions ont été provoquées avec la famille ou l'entourage parce qu'on se consacrait trop à son travail » peut signaler soit des victimes d'une forte pression, soit des personnes qui se réalisent dans leur travail au détriment de leur vie familiale. Ce genre d'ambiguïté n'est pas, ou du moins pas seulement, le produit d'une mauvaise formulation de la question posée : elle est constitutive de beaucoup de situations de travail.

Si l'on tient à part ces réponses renvoyant à des situations ambivalentes, les formes de souffrance, de malaise ou de malheur au travail tendent, elles aussi, à se cumuler. Par exemple, reconnaître dans son travail « une course d'obstacles » ne diminue pas, comme on pourrait s'y attendre, la probabilité d'y éprouver de l'ennui, mais l'augmente. L'ennui est également plus fréquent chez ceux qui estiment que leur travail les « expose à une tension nerveuse importante ». Il existe quelques exceptions, mais en fait elles sont, ici encore, relatives à des situations ambiguës. Ainsi, associer le terme de « routine » à son travail réduit le risque d'y éprouver une forte tension nerveuse, et aussi, assez logiquement, la probabilité d'y voir une course d'obstacles. Mais si la routine peut apporter l'ennui (c'est le cas pour un bon quart de ceux qui jugent leur travail routinier), elle est aussi le signe d'une organisation bien huilée. Quant à la course d'obstacles, on sait que d'aucuns s'y adonnent en dehors de toute obligation professionnelle, et si elle engendre bien souvent une forte tension nerveuse, il n'est pas rare qu'elle soit vécue comme une aventure.

L'analyse statistique opère donc une séparation entre les formes de bonheur (à l'ouest de l'origine) et les formes de malheur (à l'est). Connaître une forme de bonheur diminue le risque d'éprouver la plupart des formes de malheur, et vice versa. Mais ceci n'implique pas que toutes les formes de malheur et toutes les formes de bonheur s'excluent mutuellement. Par exemple, le travail qui empêche de faire « des activités qu'on aimerait faire ou faire davantage » est assez souvent celui qui donne « l'occasion de faire des choses qui plaisent et qu'on ne pourrait pas faire ailleurs ».

Il y a plus : le malheur n'est pas exactement le négatif du bonheur. La « région du bonheur », la partie du plan où se trouvent des items exprimant satisfaction, plaisir, bien-être, bonheur, n'occupe pas la totalité du semi-plan occidental, mais un angle un peu moins ouvert, centré sur l'axe horizontal. Surtout, les modalités du malheur, loin de se répartir dans tout le demi-plan oriental, sont situées dans un angle plutôt centré sur la première diagonale que sur l'axe horizontal. C'est le quadrant nord-est qui est, à proprement parler, la « région du malheur ».

À l'est, nord et sud confondus, se trouvent de nombreux items caractéristiques de l'absence de bonheur : le travail ne permet pas de rester dans le coup, ne donne pas le sentiment d'être utile aux autres, ce n'est ni une passion, ni une aventure, il ne procure pas la fierté du travail bien fait, ou encore on ne souhaite pas que ses enfants aient la même situation. Mais dans le quadrant sud-est, les formes de malheur sont ambiguës : le sentiment que le travail est une routine, dont nous avons déjà parlé ; « l'impression que ce qu'on fait, n'importe qui pourrait le faire » qui ne traduit pas seulement l'aliénation, mais aussi, le cas échéant, l'intégration. Au-delà, entre le sud-est et le sud (graphique 1, p. 196, losanges), les inconvénients du travail sont relativisés : on n'a pas le sentiment d'être écouté, ni celui de faire partie d'une équipe qui s'entend bien, ni de faire des choses qui restent, ou encore on n'a pas de pouvoir, mais, au bout du compte, « ça ne gêne pas ». Le travail ne permet pas de faire des choses qui plaisent et qu'on ne pourrait pas faire ailleurs, mais il n'empêche pas non plus de se livrer à ses activités favorites. Quand on l'évoque dans la définition du bonheur, c'est plutôt comme un « boulot », mis à distance de soi. On s'implique « juste ce qu'il faut ». Bref, ce n'est plus le malheur, c'est le « retrait[1] ». Le travail ne procure pas de bonheur, mais il n'est pas non plus la source d'un malheur visible : on peut s'en protéger, le tenir à sa place. Il ne crée pas de difficultés avec l'entourage parce qu'on s'y consacrerait trop, les amis sont bien distincts des collègues. Reste que, comme l'ont montré des travaux de psychodynamique du travail, le retrait peut avoir un coût psychologique élevé.

Le malheur se traduit au contraire par la souffrance psychique, le sentiment de la dévalorisation sociale et du déclin, ou celui de l'oppression économique (graphique 3, p. 203). Dans son travail, on éprouve de l'ennui ; le premier jour de la semaine, on « n'a pas le moral ». On ne se sent pas reconnu dans un travail perçu comme une « galère » ou une « jungle ». Le travail est une « voie de garage », qui vieillit prématurément l'individu, lui donne le sentiment d'avoir une situation moins bonne que celle de son père ou sa mère au même âge ; il ne le souhaite pas pour ses enfants. Ou encore il se considère comme mal payé par rapport au travail qu'il fait, voire exploité.

Les frontières entre les attitudes de retrait et l'expérience du malheur sont parfois moins nettes dans la réalité qu'elles n'apparaissent sur un graphe d'analyse factorielle. Les deux entretiens suivants rendent néanmoins sensibles les principales composantes d'un comportement de retrait.

Une mise à distance volontaire de la sphère professionnelle

François F., âgé de 50 ans, travaille depuis l'âge de 17 ans dans la même grande entreprise de photographie. Muni d'un bac chimie qu'il a pu passer tout en travaillant dans le cadre de la formation professionnelle, il a exercé le métier de chimiste une quinzaine d'années en laboratoire puis a occupé des postes dont le lien avec la chimie comme activité était de plus en plus ténu. Depuis cinq ans, suite à une restructuration, il a quitté l'unité de production pour s'occuper du traitement des réclamations des clients. Dans le questionnaire, il

1. Selon l'expression de Renaud Sainsaulieu, qui avait déjà identifié cette attitude parmi les ouvriers des années 1970. Voir Renaud Sainsaulieu, *L'Identité au travail*, Paris, Presses de la Fondation nationale des sciences politiques, 1977.

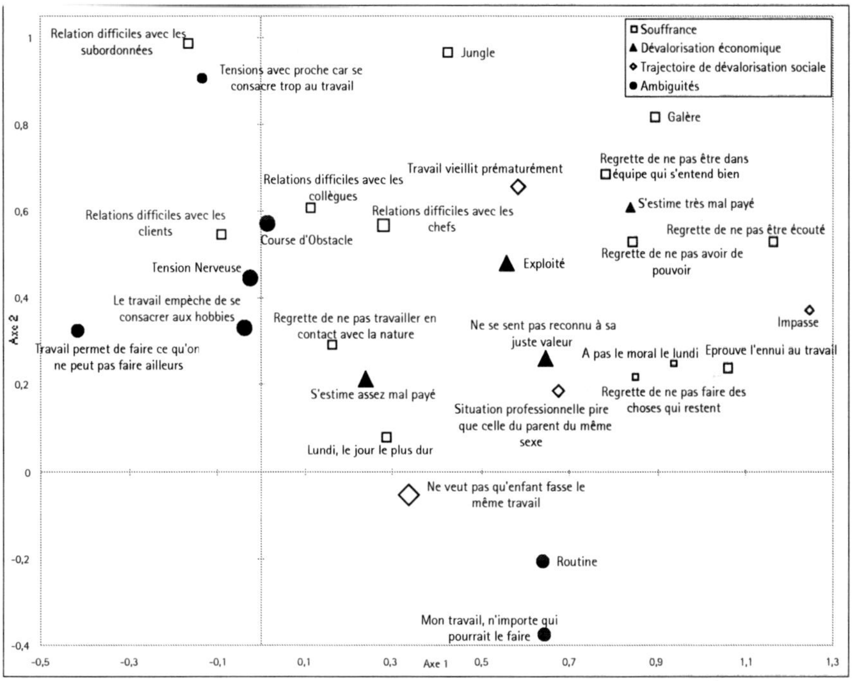

Graphique 3 : Les éléments du malheur, détail

qualifie son travail à la fois d'« équipe » et de « jungle », et déclare que les motifs de satisfaction et d'insatisfaction s'équilibrent à peu près ; il parle d'une tension nerveuse importante et dit ne pas avoir le moral le premier jour de la semaine, il trouve que son travail le vieillit prématurément et il se sent parfois dépassé. Parallèlement, il a le sentiment d'être reconnu à sa juste valeur, il considère qu'il ne travaille jamais à un rythme élevé et s'implique juste ce qu'il faut, et il apprécie la grande liberté qu'il a dans son travail, ainsi que ses horaires qui laissent du temps pour soi et sa famille ; il ne rapporte d'ailleurs jamais de travail à la maison et reste plus longtemps sur son lieu de travail seulement quand il y est obligé. L'entretien[1], mené quelques mois plus tard, permet de mieux saisir ce rapport contrasté au travail où les motifs d'insatisfaction semblent nombreux mais pourtant

1. Entretien réalisé par Delphine Serre dans le cadre de l'enquête, déjà présenté dans le chapitre 5.

tenus à distance et comme relativisés par une volonté explicite de marquer la frontière entre la sphère professionnelle et la vie privée.

François parle du nouveau poste qu'il occupe depuis cinq ans comme « plus stressant » que l'ancien, du fait du contact avec la clientèle : son travail consiste essentiellement à répondre aux réclamations des clients par téléphone. Ce contact engendre « la peur, enfin c'est pas la peur... de pas répondre à leur attente en fait, ou de pas répondre suffisamment rapidement pour les dépanner ». Ce stress est accentué par le « morcellement des départements » et les « problèmes de segmentation » entre services qui font que « le client ne ressent pas bien le service apporté ». Or, depuis deux ou trois ans, des audits réguliers réalisés tous les trois mois donnent un poids important à ce que pensent les clients puisque leurs évaluations donnent lieu à une « note » censée représenter la « performance » réalisée.

Même si François déclare ne pas être « au rendement » et bénéficier d'une grande liberté dans son travail, un sentiment de lassitude s'exprime nettement.

> [Le soir, je suis] **un peu saturé.** C'est comme actuellement le téléphone, comment dire, l'habitude de répondre au téléphone, quand j'arrive ici, je suis saturé. Donc c'est ma femme ou mon fils qui répondent et si c'est pour moi on vient me chercher, sinon je ne réponds pas directement, c'est très rare.

Cependant, le stress et la lassitude ne semblent pas dominer son rapport au travail, ce qui peut être analysé comme le produit d'une mise à distance volontaire de la sphère professionnelle : François explique ainsi comment une règle de vie qu'il a consciemment mise en pratique est de « ne pas [s]e laisser bouffer par le boulot » :

> – J'essaie de m'arranger pour avoir des horaires réguliers, tout ça pour la qualité de vie. Parce que je vois trop de gens autour de moi qui se font bouffer par le boulot, qui font des horaires impossibles, et je pense sincèrement qu'au bout du compte, on leur dira, comme on dit à tout le monde, « on n'a plus besoin de vous, allez voir ailleurs ». Donc je ne veux **pas en faire de trop** non plus. [...] **Pour pas me faire bouffer par le boulot**. [...] Moi j'ai vu des collègues, je vois des collègues dans les services d'à côté qui samedi-dimanche amènent du travail chez eux. Ça, ça me hérisse les cheveux sur la tête – les quelques cheveux qui me restent. Ou qui restent tard le soir pour travailler.
>
> *– Et les heures supplémentaires qu'ils font, elles sont payées ?*

– Non non, elles sont pas payées, absolument pas.

– *Ils sont obligés ?*

– Il y a des gens qui se sentent obligés, il y a des gens peut-être qui sentent leur poste menacé et qui essaient d'en faire plus pour, je ne sais pas, il y a des cas qui sont différents. Moi **j'ai jamais voulu marcher dans cette voie**.

Cette possibilité de tenir le stress à distance est tout d'abord rendue possible par certaines conditions objectives, et notamment l'autonomie dont il dispose dans l'organisation de son travail :

> Ce qui m'importe le plus, c'est la liberté de travailler, c'est-à-dire pas avoir un patron derrière le dos qui vous demande des comptes sans arrêt, ou qui vous dit « fais ci, fais ça ». Moi je dois être maître de ce que je fais, je sais ce que j'ai à faire et je ne veux pas qu'on vienne interférer dans mes affaires.

Cette stratégie de « retrait » s'appuie en outre sur l'existence d'une « passion » hors travail, la géologie, à partir de laquelle s'ordonnent les centres d'intérêt et les priorités. Alors que la géologie, pensée comme « vocation », est la seule chose qui l'intéresse vraiment (« je dirais presque, il n'y a que ça qui m'intéresse ») et est investie comme un véritable travail, l'activité professionnelle salariée est pensée comme un simple « boulot ».

> Moi je travaille chez XXX et je pourrais être intéressé par la photo, mais c'est pas le cas. **Je ne suis pas intéressé par la photo**. [...] En dehors du travail, il ne faut pas me parler de photo, il ne faut pas me parler de... ah non non. Et puis **j'aime pas la photo** en plus. Par exemple, dans mon cadre professionnel, je vais voir des expositions, des choses comme ça et... (*il soupire*). C'est très rare que je trouve qu'un photographe ait du talent ou alors, ce sont des photos qui sont orientées, avec des reportages, des morts, des guerres, des choses comme ça. Je trouve que non, c'est pas bien. [...] **Je fais mon boulot mais je suis pas passionné** non, je suis pas passionné.

Dans le cas de François F., le retrait et la mise à distance de la vie professionnelle dominent. Son travail ne lui permet pas de réaliser ses aspirations scolaires (cf. chap. 5) et est essentiellement source d'insatisfactions. Cependant, ces éléments « de malheurs » au travail sont contenus par la stricte séparation qu'il fait entre travail et hors-travail. Pierre P. incarne une autre forme de retrait.

Un fatalisme résigné

Pierre P., âgé de 42 ans, est ouvrier magasinier-cariste dans une entreprise de cartonnerie depuis vingt-cinq ans. Après avoir entamé (et arrêté) un CAP pour être peintre alors qu'il aurait voulu être chauffagiste, il a été embauché dès l'âge de 16 ans dans l'entreprise où travaillait déjà son père. Face à l'enquêtrice[1] qui lui demande ce qui le rend heureux dans son travail, il répond en riant, avec son épouse (ancienne ouvrière actuellement au foyer) à côté de lui :

> Lui : Parce que ça vous rend heureux de travailler, vous ?! (*Ils rient*). Je vais travailler, je ne suis pas heureux d'aller travailler, je vais travailler parce que je suis obligé d'aller travailler…
>
> Elle : Ben oui, faut bien, oui. Sinon y a rien qui rentre, hein ! (*Elle rit.*)

Le travail semble ici n'être apprécié que pour les satisfactions matérielles qu'il rend possibles : il est avant tout le moyen de s'assurer un salaire. Il ne procure en soi pas de satisfactions particulières : les seules satisfactions propres au travail évoquées dans l'entretien sont liées à la présence des « copains » mais cette camaraderie relève d'une époque désormais révolue puisque Pierre a dû changer d'équipe contre son gré il y a un an. Dès lors, à la question sur ce qui lui plaît au travail, il ne sait que répondre : « Oh, qu'est-ce qui me plaît ? Non c'est la routine… Maintenant c'est comme ça. » La question même de l'intérêt du travail, et encore plus celle du « bonheur » au travail, paraissent donc complètement incongrues à cet ouvrier qui, d'emblée, avait manifesté beaucoup de réticences au moment de la négociation de l'entretien (« c'est pas la peine, j'ai rien à dire… je travaille dans le carton » ; « de toute façon ça changera rien ce que je pourrais dire »).

Dans le questionnaire, Pierre qualifie son travail de « galère », d'« impasse » et de « routine ». Il s'estime exploité et plutôt mal payé par rapport au travail fourni. L'entretien permet de mieux cerner son rapport au travail et de saisir que son insatisfaction n'est pas due à l'intensité du travail mais plutôt à la dégradation des conditions de travail, et à la dévalorisation de sa position depuis le rachat de l'entreprise et l'arrivée du nouveau directeur.

La situation de travail de Pierre P. se caractérise en effet par le fait qu'il « chôme » une partie du temps, étant donné que l'entreprise ne

1. Entretien réalisé par Vanessa Pinto dans le cadre de l'enquête.

marche pas bien depuis un an et demi : «Je suis au chômage, je chôme tout simplement, là, bon, on était à vingt-quatre heures par semaine, là on est arrivés quand même à trente-deux heures par semaine.» Cette moindre occupation, qui signifie bien sûr une baisse de salaire, en partie compensée par des allocations, va de pair avec le sentiment d'être méprisé par le nouveau directeur, qui «tutoie tout le monde» et n'a «aucun respect» alors même qu'«il ne connaît rien du tout au carton» :

> Moi, il m'a changé d'équipe. Pourquoi, je sais pas. [...] J'ai demandé, il m'a simplement dit : «Un cultivateur, quand il veut avoir des bons veaux, il faut les changer d'herbages.» C'est bien pour un directeur. Il nous prend pour du bétail, quoi, c'est tout. Quand vous l'entendez parler comme ça... (*Il rit.*) Ah ouais, il nous prend pour des vaches. Bon, le principal c'est de travailler quand même un peu.

Cette dépréciation symbolique des ouvriers s'accompagne d'une dégradation matérielle de l'entreprise, dont la saleté est soulignée avec insistance. Vécue comme un laisser-aller et un abandon, cette détérioration est associée à des soucis d'économie excessifs, ceux-là mêmes qui font peser une menace de licenciement sur les ouvriers. Pierre met alors en relation la saleté qui gagne du terrain et les licenciements massifs (9 réalisés sur 19 envisagés au départ par le directeur) :

> Lui : Avant on avait un directeur, attention, il y avait un bout de carton qui était à terre il fallait le ramasser [...] [maintenant l'usine] elle est dégueulasse. J'ai jamais vu ça. Oh oui, on néglige tout ! Vous verriez les bureaux ! Moi j'ai un bureau... on peut même plus mettre les pieds dedans. Si je le nettoie pas, ben... Avant y avait des femmes de ménage. Bon ça doit coûter trop cher. Allez pof ! les femmes de ménage (*il sourit*) [...]. Dès qu'on a commencé quelque chose, ça doit être déjà fini. Il ne se rend pas compte qu'il y a le temps de nettoyage...
>
> Elle : Si t'es pas heureux il te dit «y a la porte», alors bon...
>
> Lui : Il y a le temps du nettoyage, il y a le temps de lavage et tout ça, et ça il le compte pas dans le temps. [...] Il y a les bureaux... vous passez le pied comme ça c'est... Vous voyez la trace de crasse tellement que ça devient dégueulasse. J'ai jamais vu une usine comme ça. [...] L'aspirateur était passé toutes les semaines dans l'usine et tout ! Tandis que là... Il n'y a même plus le temps de le passer, il licencie tout ! (*Il rit*).

Face à cette situation de travail, la position de «retrait» est rendue possible à la fois par la nature des attentes à l'égard du travail (avoir un salaire) et la conviction qu'il sera toujours possible de trouver un autre emploi, ne serait-ce qu'en intérim, en cas de licenciement ou de faillite :

> Lui : Quand on n'est pas fainéant, on trouve du boulot. Parce que du boulot, y en a quand même. [...] Parce que même en intérim, on trouve du travail.
>
> Elle : Oui, en boîte d'intérim, ça marche quand même en boîte d'intérim.
>
> Lui : Oui dans le coin, tiens, j'ai vu ça sur un journal, faut voir comment les intérims ils ont augmenté en quantité, c'est incroyable. Moi je dis : celui qui veut vraiment pas travailler, il travaille pas, et puis c'est tout. Celui qui veut travailler, vraiment travailler...

Le poids de cette morale ouvrière du travail se comprend au regard de l'enracinement familial de Pierre et son épouse dans le milieu ouvrier : les parents de Pierre, un de ses frères et une sœur ont eux aussi travaillé comme ouvriers dans cette entreprise de cartonnerie ; son beau-père, victime d'un grave accident du travail, était également ouvrier ; quant à son fils aîné, Pierre souligne qu'il n'est « pas fainéant » car, pour faire son stage de CAP de boulangerie, il se lève à deux heures du matin. Cette éthique de la besogne explique en un sens le fatalisme résigné à l'égard du travail (rien de positif n'en est attendu), mais il constitue aussi une protection efficace pour le tenir à distance. C'est cette tension qu'exprime le couple à deux voix :

> – *Et la chasse et le foot ça vous permet d'oublier tout ça ?*
>
> Lui : Oh oui ! Oh ben, même là, je n'y pense plus, hein ! Oh non non, moi, l'usine j'y vais huit heures et puis c'est tout. J'y vais pour gagner mon petit salaire, et puis c'est tout.
>
> Elle : On peut pas faire autrement.

Investissement de soi et stress

La partie nord du premier plan factoriel juxtapose donc, en les séparant mais en les faisant voisiner, la plupart des formes du malheur avec certaines formes du bonheur au travail. Ce qui rassemble ces sentiments en première analyse contradictoires (et effectivement peu ou prou opposés dans la dimension est-ouest du premier facteur), c'est souvent le fait qu'ils traduisent une place importante du travail dans la vie (graphique 4, p. 210). Deux modalités caractéristiques[1] rassemblent ceux pour qui le travail est irremplaçable : « avoir du pouvoir et l'apprécier », « le travail donne l'occasion de faire des choses qui plaisent et qu'on ne pourrait pas faire ailleurs ».

Ce travail qui apporte avant de rapporter est aussi un travail exigeant, prenant : il empêche de se livrer à des activités qu'on aimerait faire ou faire davantage, il crée des difficultés avec l'entourage parce qu'on s'y consacre trop. Il déborde sur la vie hors travail : on parle beaucoup de son travail et, accessoirement, certains amis sont des collègues ou d'anciens collègues. La mobilisation qu'exige le travail explique la « tension nerveuse importante » qu'il suscite, et peut-être les relations parfois difficiles avec les collègues, les subordonnés, les chefs ou les clients. Lorsque les bénéfices ne sont pas à la hauteur des sacrifices consentis à un travail qui « vieillit prématurément », les personnes concernées s'estiment très mal payées par rapport au travail qu'elles font, et ont le sentiment d'être exploitées.

Le sens des positions au nord du graphique varie évidemment selon qu'elles se situent du côté du bonheur ou du côté du malheur. Des expressions à forte charge émotionnelle[2] ont été soumises, en début de questionnaire, aux personnes interrogées en leur demandant si elles décrivaient bien leur situation professionnelle. La plupart des réponses « oui » se situent dans la moitié nord du graphique, ce qui est cohérent avec l'idée d'une plus grande pression exercée par le travail sur la vie (graphique 4, p. 210). Mais lorsqu'on se déplace du nord-ouest au nord-est, « l'aventure » devient « galère ». Quand la place du travail dans la vie est grande, quand le travail est source d'une forte tension nerveuse, il n'y a pas loin du bonheur à la souffrance. L'implication devient forcée ; l'aventure devient course d'obstacles, puis jungle ; le travail qui permet de faire des choses qu'on ne pourrait pas faire ailleurs empêche ou restreint ces activités hors travail ; aux difficultés relationnelles avec les subordonnés se substituent ou s'ajoutent des difficultés dans les relations avec les collègues ou les supérieurs hiérarchiques.

Les valeurs positives (nord) du second facteur traduisent un fort investissement dans le travail. Mais cet investissement peut entraîner des déceptions. Avoir du pouvoir et l'apprécier est, certes, plus fréquent dans des situations où le poids du travail dans la vie est

1. Ce sont celles qui apportent la plus forte contribution au facteur.
2. « Une équipe », « une galère », « une jungle », « une passion », « une course d'obstacles », « une impasse », « une routine », « une aventure ».

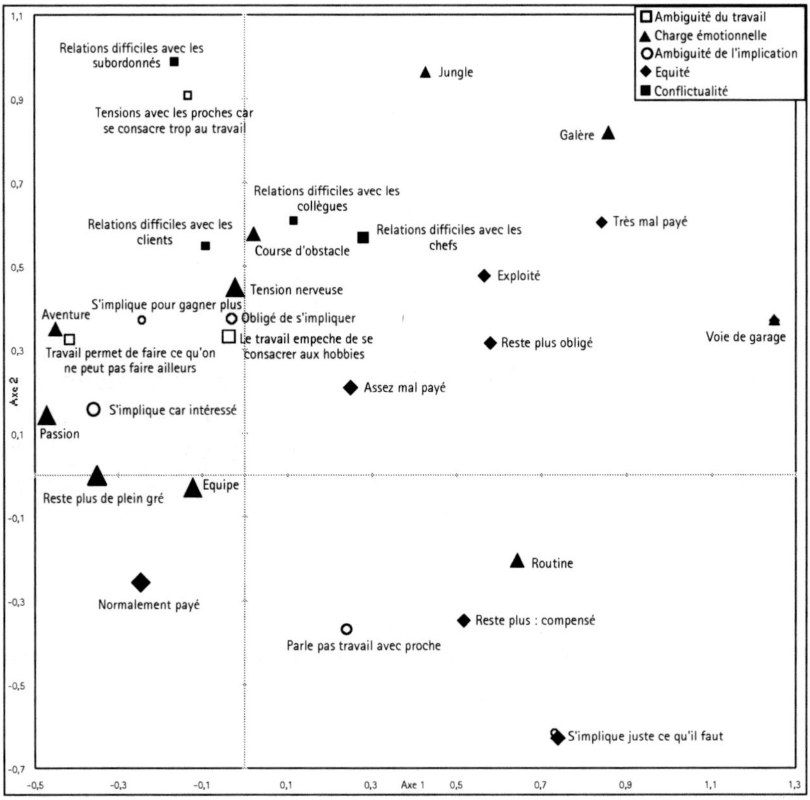

Graphique 4 : La pression exercée par le travail

important. Mais avoir du pouvoir et déclarer « pouvoir s'en passer » traduit une pression du travail encore plus importante, très éloignée d'une attitude de retrait. Occuper une position de pouvoir résulte en effet la plupart du temps d'un investissement préalable, réalisé dans la formation ou la vie professionnelle. Le pouvoir fait objectivement partie des bénéfices de cet investissement. S'il ne correspond pas aux aspirations de la personne, le rapport subjectif entre bénéfice et investissement risque d'être faible. De même, « apprécier » de « travailler dans une équipe qui s'entend bien », « être écouté », voire « faire des choses qui restent » ne traduit pas un niveau d'investissement dans le travail spécialement élevé. Le poids du travail dans la vie est maximal pour ceux qui « regrettent » de ne pas avoir de pouvoir, et surtout de ne pas être écoutés ou de ne pas travailler dans une équipe qui s'entend bien.

Dès lors qu'il est déçu, ce fort investissement se traduit par «le sentiment d'être exploité», d'être «très mal payé compte tenu du travail fourni». Au contraire, ne pas juger qu'on est exploité, s'estimer «normalement payé compte tenu du travail fourni», et aussi éprouver «le sentiment d'être reconnu à sa juste valeur» ne traduisent pas seulement un état de bonheur au travail, mais sont également caractéristiques d'une pression modérée du travail.

Les réponses sur le degré d'implication dans le travail et ses causes s'expliquent bien à partir de la structure ainsi mise au jour. Même dans des situations de travail d'où le bonheur est absent, «s'impliquer juste ce qu'il faut» (au sud-sud-est) traduit la possibilité d'une forme minimale d'équité, d'un équilibre entre la faiblesse des bénéfices et la modération des investissements, l'existence de garanties contre une emprise excessive du travail (il n'y a pas assez de pression sur la personne pour l'obliger à s'impliquer plus qu'elle ne le fait). Au contraire, déclarer «ne pas pouvoir faire autrement» que de «s'impliquer beaucoup» est caractéristique d'une forte pression. «S'impliquer beaucoup pour gagner plus d'argent» traduit un rapport au travail analogue (du point de vue des dimensions correspondant aux deux premiers facteurs), tandis que s'impliquer beaucoup dans le travail parce qu'il est intéressant (réponse la plus courante dont on ne discutera pas ici le degré de sincérité) traduit déjà une pression moindre (et un degré de bonheur plus élevé)[1]. L'opposition entre équité et pression se traduit aussi dans les réponses relatives aux attitudes adoptées «lorsqu'un travail en cours réclame de rester plus longtemps sur le lieu de travail» : au nord-est, on «le fait parce qu'on est obligé»; au sud-est, on «le fait parce qu'on va récupérer ou être payé en heures supplémentaires»; rarement (car l'équité relative n'est pas la liberté complète), on peut se permettre de refuser. L'absence de pression favorise aussi le sentiment d'équité dans les situations de bonheur : c'est lorsqu'elle n'est pas trop forte qu'on s'estime «reconnu à sa juste valeur» ou «normalement payé par rapport au travail qu'on fournit».

Résumons-nous : le premier axe factoriel – horizontal – traduit le degré de bonheur au travail (en fonction des questions posées dans

1. Les réponses «Je m'implique peu par manque d'intérêt» et «Je m'implique peu pour privilégier ma vie privée» sont trop rares pour qu'on puisse en tirer des conclusions solides. Il semble néanmoins que les formes individuelles de résistance qu'elles représentent traduisent surtout le malheur au travail et non le retrait que facilite plutôt une régulation collective de la pression.

l'enquête) : ce degré croît d'est en ouest. Le second axe factoriel – vertical – traduit le degré de pression au travail, croissant du sud au nord : pression au sens de « stress », de pression intérieure ou d'oppression inéquitable. Au nord-ouest, le bonheur est lié à un fort investissement personnel et à de fortes gratifications. Au sud-ouest, le bonheur provient non pas tant de l'ampleur des bénéfices que du sentiment d'en avoir pour son travail. Au nord-est, au cumul de diverses formes de souffrance s'ajoute un sentiment d'injustice lié à une pression excessive s'exerçant sur les individus. Au sud-est, l'impression que « ce qu'on fait, n'importe qui pourrait le faire » traduit une dévalorisation sociale et une absence de bonheur au travail, modérée par un bas niveau de pression s'exerçant sur soi en tant qu'individu singulier et la possibilité de tenir son travail à distance et de se mettre en retrait. Près des deux tiers des personnes qui se situent du côté du bonheur déclarent que « dans leur travail, les motifs de satisfaction l'emportent », et moins de 1 %, que ce sont les motifs d'insatisfaction. Dans le quadrant sud-est (retrait), un quart des individus seulement se déclarent satisfaits, mais pas plus de 5 % insatisfaits : ce qui l'emporte, du moins dans les déclarations, c'est l'idée que « les motifs de satisfaction et les motifs d'insatisfaction s'équilibrent à peu près ». Dans le quadrant nord-est, la satisfaction devient encore moins fréquente (16 %), et l'expression d'une franche insatisfaction, si elle reste très minoritaire, n'est plus marginale (19 %).

Le graphe (graphique 5) suivant résume sous une forme stylisée toute cette configuration :

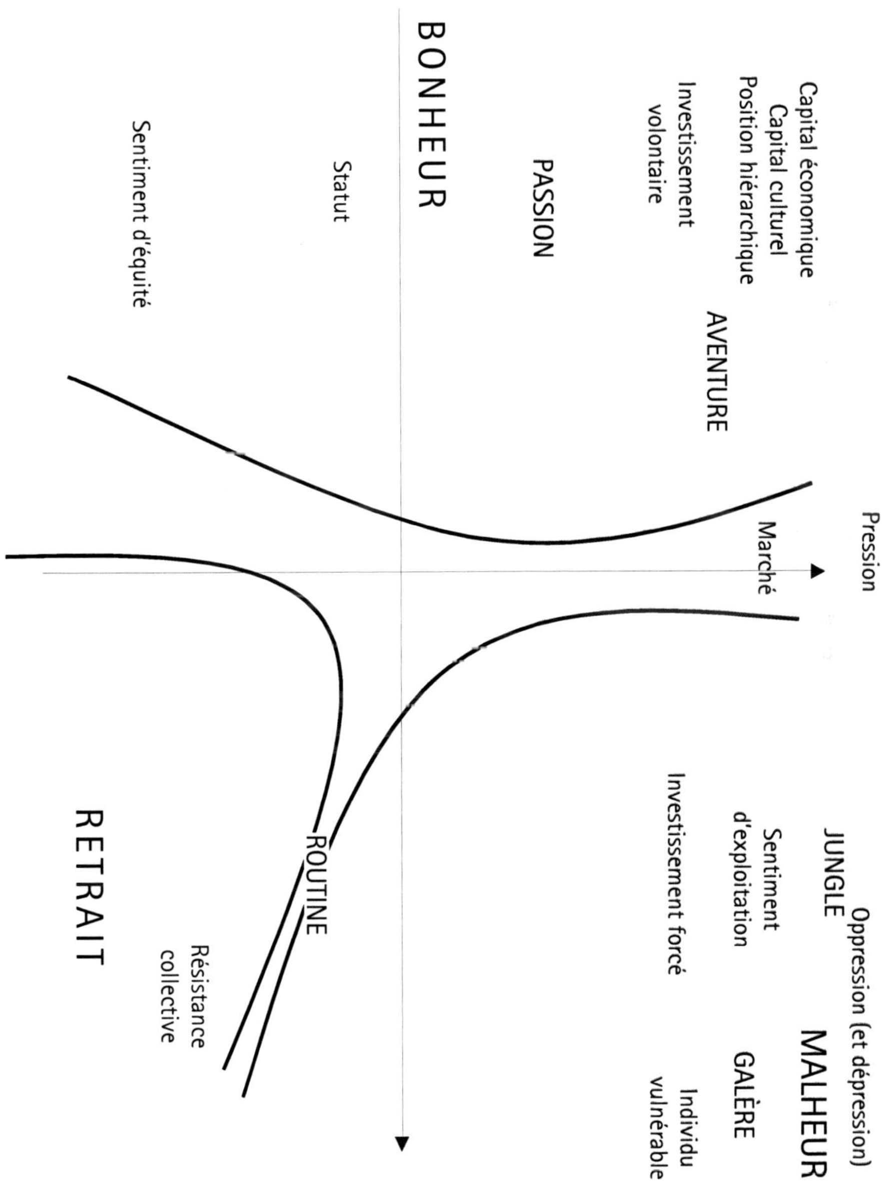

Graphique 5 :
L'espace des rapports subjectifs au travail

TROISIÈME PARTIE

Résistances collectives, souffrances individuelles

10

Attitudes de classes et trajectoires personnelles

Le bonheur au travail, la pression qu'on y ressent sont liés, on va le voir, aux différentes composantes du statut social. Pourtant, aucun statut social, y compris les plus élevés, ne garantit un rapport exclusivement heureux ou malheureux au travail. Il y a dans tous les milieux des individus qui se déclarent plus satisfaits qu'insatisfaits, et d'autres, plus insatisfaits que satisfaits. Il y a dans tous les milieux des individus qui seraient heureux (... ou malheureux), si l'un de leurs enfants s'engageait dans la même activité professionnelle qu'eux. Ainsi : 20 % des ouvriers, 20 % des non-diplômés et 20 % des salariés les moins payés (soit un travailleur sur cinq de chacune de ces catégories les moins bien loties) déclarent souhaiter que leur enfant suive les mêmes traces qu'eux. Plus significativement encore, près de la moitié des pères et des mères situés en haut de la pyramide sociale souhaitent que leurs enfants s'engagent dans une autre activité que la leur. En bas de l'échelle, la part de ceux pour qui les motifs de satisfaction l'emportent sur les motifs d'insatisfaction est aussi élevée, puisqu'elle tourne autour de 45 %. Près d'un individu sur deux.

Dans quelle mesure les différents rapports au travail dégagés par l'analyse factorielle sont-ils influencés par des déterminants sociaux ? A première vue, l'investissement et le retrait sont des attitudes déterminées socialement. L'expression de la souffrance est, en revanche, moins associée à une position précise dans l'espace social. Comment en rendre compte ? Par quels processus sociaux ?

DÉTERMINISMES ET VARIATIONS SUBJECTIVES

L'analyse statistique des rapports subjectifs des personnes enquêtées à leur travail met au jour leur diversité au sein d'un même groupe socio-professionnel. Les positionnements à l'intérieur de chaque groupe peuvent ainsi être représentés dans un graphique, issu de l'analyse factorielle décrite au chapitre 9, qui résume les réponses à l'ensemble des questions relatives au rapport au travail. Le graphique 6 (p. 219) montre, au sein de l'espace structuré par les deux grandes dimensions mises au jour par l'analyse précédente – niveau de satisfaction et degré de pression –, le positionnement des cadres et celui des ouvriers, à la même échelle. L'ensemble des points représentant chaque groupe comporte, certes, une sorte de noyau dans sa partie ouest (cadres) ou sud-ouest (ouvriers). Mais l'un et l'autre s'étalent largement vers l'est, et surtout le nord-est, pôles du retrait et de la souffrance. Au sein de chaque groupe, le rapport au travail est donc loin d'être homogène.

Les deux catégories sociales apparaissent cependant nettement décalées l'une par rapport à l'autre : le nuage des cadres tire vers le bonheur (nord-ouest), tandis que celui des ouvriers tire vers le malheur et le retrait (nord-est, sud-est). De fait, le nord-ouest du graphique est presque uniformément couvert de carrés noirs (symbole choisi pour représenter les cadres), et le sud-est de cercles qui représentent les ouvriers.

La variété des positions subjectives au sein d'un groupe n'est donc nullement exclusive d'un fort déterminisme social. L'appartenance au groupe des cadres ou à celui des ouvriers n'impose pas à chaque individu un même rapport déterminé au travail : il n'y a pas à proprement parler de norme de groupe qui la fixerait. En revanche cette appartenance peut entraîner des positionnements subjectifs majoritaires.

Dans quelle mesure les déterminations du rapport au travail relèvent-elles du statut social, ou bien d'autres circonstances ? Pour approfondir cette question, nous allons mettre à profit l'observation que nous venons de faire, à savoir que la direction sud-est/nord-ouest distingue nettement les cadres des ouvriers. Or, il s'agit de l'axe du bonheur qui mesure le degré d'investissement récompensé dans le travail. La direction sud-ouest/nord-est se caractérise, au contraire, par une variabilité maximale au sein de chaque groupe : elle mesure le degré de souffrance exprimé dans les réponses à l'enquête. Étu-

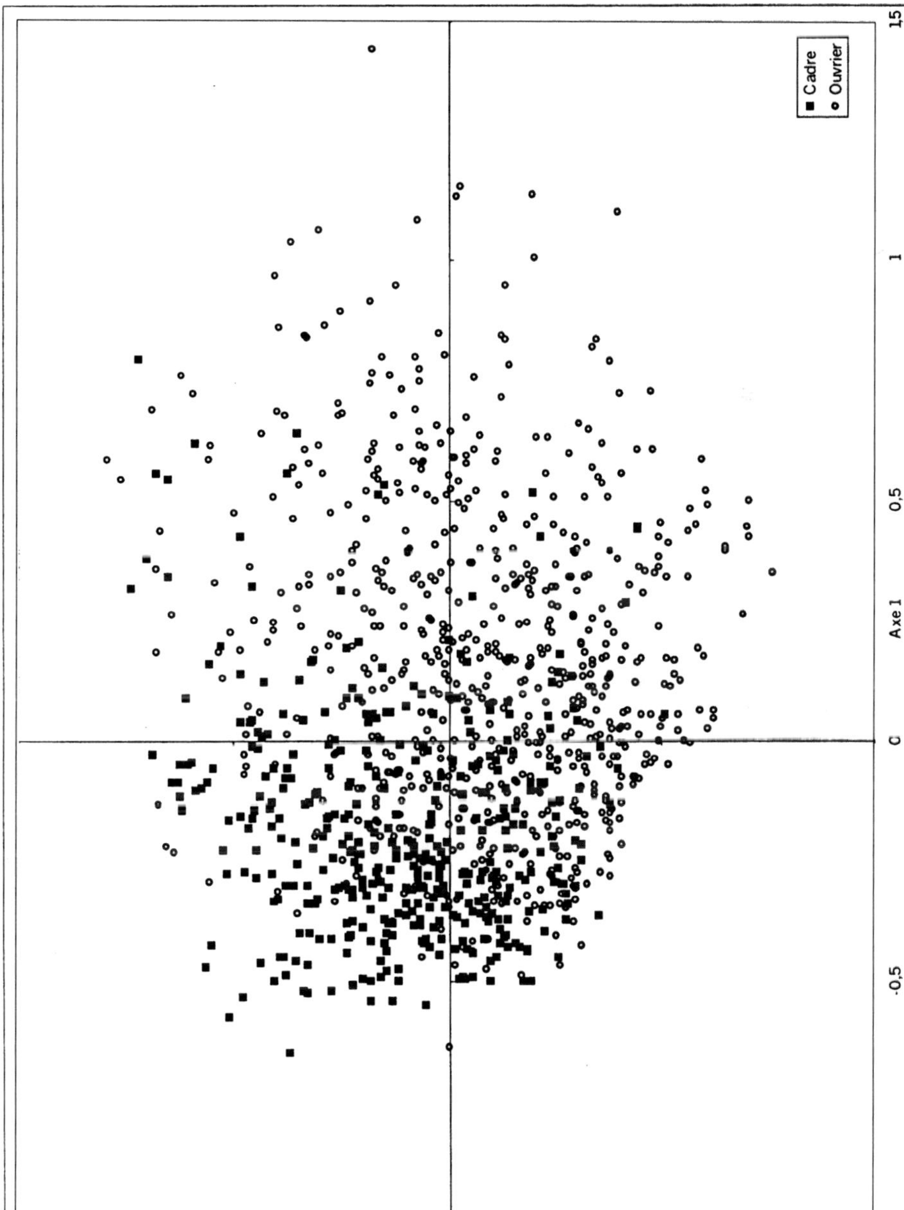

Graphique 6
Le positionnement des cadres et des ouvriers dans l'espace des attitudes à l'égard du travail

dions le positionnement des individus sur ces deux axes à l'aide d'une étude économétrique analogue à celle que nous avons pratiquée au chapitre précédent.

INVESTISSEMENT ET RETRAIT : DES DESTINS COLLECTIFS

Un phénomène s'impose avec netteté : l'investissement dans le travail est très fortement associé au statut social et aux caractéristiques objectives du travail. Quelles sont les variables qui expliquent cet investissement ?

L'investissement résulte avant tout de la détention d'un capital économique ou culturel : les résultats précédemment exposés en termes de « bonheur » et de « pression » le montraient déjà. On retrouve ici un lien que Pierre Bourdieu s'est attaché à mettre en évidence : l'intérêt que les agents sociaux portent aux enjeux d'un univers social et l'investissement de leur libido (au sens psychanalytique du terme) sont d'autant plus grands qu'ils disposent de ressources susceptibles de leur assurer le succès dans cet univers social.

Fondamentalement déterminé par les capitaux détenus, l'investissement est encore fortement accru par la réussite de leur mise en œuvre : accès à des responsabilités hiérarchiques, à une position de dirigeant, de cadre ou d'intermédiaire, ou, plus simplement, reconnaissance d'une qualification. À un moindre degré, l'utilisation d'un ordinateur, qui réactive des formes scolaires d'intérêt au travail et qui a valeur d'inclusion dans la fraction « moderne » du salariat, celle qui a un avenir, est aussi génératrice d'investissement[1]. Les avantages procurés par le travail, comme un bon salaire ou même le statut de la fonction publique, augmentent l'investissement dans le travail : tout comme le salaire, le statut apparaît, pour employer le langage des économistes, comme une forme d'incitation.

La longue durée du travail est souvent associée à un fort investissement dans ce travail. Le sens de la causalité n'est d'ailleurs pas évident : finit-on par s'investir dans un travail très prenant, ou travaille-t-on beaucoup parce qu'on s'investit fortement dans son travail ? Ou fait-on l'un et l'autre parce qu'on est un cadre ? La même remarque vaut pour le travail du week-end. En revanche, la qualité

1. Voir Christian Baudelot et Michel Gollac, « L'informatique au travail », et Michel Gollac et Francis Kramarz, « L'informatique comme pratique et comme croyance », *Actes de la recherche en sciences sociales*, n° 134, 2000, pp. 4-21

des conditions de travail influe peu sur le degré d'investissement dans ce travail. Seuls liens significatifs : ce degré varie positivement à mesure que grandissent l'autonomie procédurale et le sentiment de responsabilité vis-à-vis de l'entreprise, des collègues ou de l'environnement et de soi-même.

Le retrait, comme l'investissement, dans le travail, caractérisent des catégories à la fois bien repérées statistiquement et bien constituées socialement. Massivement ressentie, l'absence de valeur sociale reconnue au métier exercé conduit, on l'a vu, ceux qui sont au bas de l'échelle à refuser de voir leurs enfants s'engager dans la même activité. Elle se traduit aussi par un faible investissement psychologique dans l'emploi : on ne s'investit pas dans ce qui n'a pas de valeur. De même l'absence de capital susceptible d'être valorisé dans l'activité économique porte à ne pas s'y investir psychologiquement. Plusieurs mécanismes se cumulent pour aboutir à ce résultat. L'éducation reçue dans la famille, ainsi que le rapport plus ou moins heureux à l'institution scolaire, modèlent la vision du monde en général et du travail en particulier. C'est ainsi que le « détachement », l'aptitude à ne porter qu'une attention minimale à ce qu'on est obligé de faire, tout comme son contraire, le « sérieux », l'« ambition », ou encore la « curiosité », sont des produits de l'histoire sociale, familiale et scolaire qui orientent les pratiques professionnelles. Mais ces attitudes peuvent également être délibérées, par exemple : « puisqu'on fait semblant de me payer, je fais semblant de travailler ». Pourquoi s'investir dans un travail mal payé où un surcroît d'effort ne rapporterait qu'un supplément de rémunération misérable ? Tandis que le même degré d'effort peut rapporter gros à un cadre s'il débouche sur une promotion ou à un chef d'entreprise s'il lui permet, par exemple, d'emporter un marché.

Plus généralement, l'effort qui valorise un capital, matériel ou humain, en plus de la force de travail de celui qui le consent, est nécessairement plus rentable que l'effort qui n'a pas d'autre effet que l'augmentation temporaire de cette force de travail. Cette attitude ne résulte d'ailleurs pas forcément d'une hostilité *a priori* ou d'un calcul rationnel. Elle peut provenir d'expériences pratiques au cours de la vie professionnelle : « Pour ce que ça m'a rapporté », « quand on voit ceux qui se décarcassent et qui ensuite sont jetés par leur entreprise » ; ou, au contraire, « ça a été dur au début mais ça en valait la peine ».

La relative homogénéité des trajectoires dans un milieu social donné peut conduire à la formation de comportements majoritaires – quand bien même ils ne sont pas unanimes. Les variables sociales, qui déterminent le plus l'investissement sont : le diplôme, la propriété des capitaux économiques, le statut professionnel et les responsabilités hiérarchiques. Le retrait se trouve plutôt associé aux situations dominées : caractérisées par l'absence de diplôme, des « bas niveaux de qualification », etc. Pour stigmatisantes qu'elles soient, ces conditions réunissent néanmoins les individus qu'elles désignent et elles le font d'une manière qui n'est guère contestable, ni à leurs propres yeux ni à ceux d'autrui. Elles facilitent la formation de conduites collectives de retrait qui ne peuvent pas être réduites à des attitudes de repli passif sur soi-même. Qu'on pense, par exemple, au « freinage » de la production chez les ouvriers des industries tayloriennes. Le retrait suppose au contraire une mobilisation, qui est souvent collective. Il faut résister à la pression de l'entreprise et à la pression morale de l'idéologie dominante pour « s'impliquer juste ce qu'il faut », ou pour n'attacher guère d'importance au fait d'avoir du pouvoir ou de réaliser des choses qui restent. Une telle mobilisation n'est rendue possible que par une organisation, au moins informelle, et une certaine identité collective. Retrait au travail, ou au contraire investissement de soi dans l'activité professionnelle, apparaissent donc comme des destins collectifs.

La souffrance au travail peut être ressentie dans tous les milieux sociaux

Au contraire du retrait et de l'investissement, l'expression d'une souffrance au travail semble relativement peu influencée par les grands clivages sociaux que repèrent le diplôme, le statut d'indépendant ou la catégorie socioprofessionnelle. Si environ un ouvrier sur deux exprime un niveau de souffrance supérieur à la moyenne, c'est aussi le cas de 37 % des cadres et de 43 % des professions intermédiaires. Le pourcentage d'individus se classant dans le quart des actifs qui expriment les niveaux de souffrance les plus élevés varie un peu plus selon le groupe social, mais pas tellement : de 19 % parmi les cadres à 31 % parmi les ouvriers non qualifiés, en passant par les professions intermédiaires (23 %), les employés (25 %) et les ouvriers qualifiés (29 %), les indépendants étant de leur côté assez exposés avec des taux de 23 % chez les patrons et 31 % chez les agriculteurs. Autrement dit, même si un niveau social élevé confère une protection relative contre la souffrance au travail, celle-ci, du moins selon les déclarations des travailleurs eux-mêmes, affecte toutes les catégories sociales, en même temps qu'aucune appartenance sociale ne condamne nécessairement, ni même majoritairement, à un niveau élevé de souffrance. « Ils n'en mouraient pas tous, mais tous étaient atteints. »

Sans doute les formes de la souffrance changent-elle avec les groupes sociaux. Sans doute également, les formes d'expression de la souffrance comme le sentiment d'être autorisé à l'énoncer varient fortement d'un milieu à l'autre.

Mais ce sont surtout les conditions de travail qui déterminent l'expression de la souffrance. Une durée du travail élevée, au-delà de 45 heures par semaine, accroît la souffrance ressentie, du moins en moyenne. Une forte intensité du travail a un effet encore plus marqué. Et la plupart des mauvaises conditions de travail recensées dans l'enquête – travail de nuit, bruit, saleté, postures pénibles, risques d'accident – apparaissent comme des causes potentielles de souffrance au travail.

Les conditions de travail engagent, certes, une collectivité, mais elles sont vécues fondamentalement sur un mode individuel car elles sont le produit d'une rencontre entre un individu particulier et certaines des caractéristiques de son travail. La même tâche effectuée avec les mêmes instruments et avec les mêmes contraintes procédurales, temporelles, etc., se traduira ou non par une posture pénible selon les propriétés et les habitudes physiques du travailleur. La prise de risque, la nécessité d'une attention soutenue, des contacts difficiles avec le public seront vécus différemment selon le profil et les expériences de chacun.

Parce que la souffrance est liée à une rencontre particulière, ses causes sont multiples et toujours difficiles à cerner. Les variables qui déterminent le plus le niveau de souffrance exprimé ne sont évaluées par aucune institution. Seuls la durée du travail et le travail de nuit font exception[1]. L'intensité, principale cause de souffrance, n'est pas objectivée[2]. La question de son évaluation émerge à peine dans le débat social, sous l'effet de l'intensification du travail[3]. Quant à sa

---

1. Le travail de nuit fait l'objet d'une définition légale. La durée du travail est clairement définie dans de nombreux cas. Cependant, sa mesure peut faire l'objet de controverses (par exemple sur l'inclusion ou non des pauses). Et, aussi bien dans certaines professions traditionnelles (par exemple le petit commerce) que dans des professions en expansion (pour ce qui concerne principalement les cadres), sa définition même est incertaine.

2. Il est possible de mesurer assez précisément un certain nombre de déterminants des rythmes de travail (sans doute pas tous), mais ce n'est pas ce qui est fait dans cette enquête, et surtout cette mesure, si elle présente un intérêt scientifique, ne renvoie pas à une expérience sociale très claire.

3. Giusto Barisi, « Formulation d'indicateurs de l'intensité du travail », Rapport d'études de l'Iseres-CGT, 2000.

définition, elle est loin d'être évidente[1]. Si le bruit fait l'objet de mesures et de définitions légales, celles-ci correspondent mal aux situations pratiques. La probabilité d'accident de travail n'est évaluable que de façon très grossière. Et personne n'est en mesure de définir, et encore moins de mesurer, la saleté d'un lieu de travail ou la pénibilité d'une posture.

Des mécanismes existent, qui limitent la variabilité des conditions de travail vécues et perçues. Un premier dispositif intervient pour limiter l'expression, voire la perception, des mauvaises conditions de travail et contenir les souffrances qu'elles engendrent dans des bornes acceptables. Des groupes de travailleurs confrontés aux pénibilités et aux risques élaborent des stratégies (inconscientes) de défense, individuelles et collectives, contre la souffrance et la peur[2]. Ils en censurent l'expression. Ils valorisent l'endurance, l'insensibilité à la douleur physique ou morale, au point qu'on observe des conduites paradoxales de prise de risque, de non-évitement de la souffrance. Les nouveaux sont soumis à des sortes de rites d'initiation. Ces conduites défensives se rencontrent aussi bien dans le bâtiment, où le risque est clairement visible, que dans la chimie ou le nucléaire, où la difficulté à contrôler le processus est évidente, dans l'artisanat physiquement pénible, ou même dans certaines activités intellectuelles ou artistiques où l'on doit affronter le risque de ne plus être compétent, de ne plus plaire à un public versatile, etc. En somme, il existe deux ordres de raisons pour que la souffrance au travail ne s'exprime pas : lorsque les travailleurs parviennent, par leur activité, à contenir la souffrance, ou lorsque la souffrance vécue est refoulée – ou censurée.

Un second mécanisme repose sur les stratégies d'adaptation. Les travailleurs ne sont pas seulement exposés à telles ou telles conditions de travail. Ils contribuent activement à les déterminer. L'activité réelle de travail ne résulte pas, en effet, des seules contraintes

1. Philippe Zarifian, « La mise sous tension de la productivité du travail : du temps linéaire à l'articulation de temps hétérogènes », *Performances humaines et techniques*, n° hors série, septembre 1999, et « Productivité, logique de service et mutations du travail », *Revue française de gestion*, n° 126, novembre–décembre 1999. Voir aussi Frédéric de Coninck, « Performance, capacité d'action, qualification : trois points de vue sur l'intensification du travail », *in* Gilles Jeannot et Pierre Veltz (éd.), *Le Travail entre l'entreprise et la cité*, La Tour-d'Aigues, Aube, 2001.

2. Damien Cru, « Les règles du métier », *in* Christophe Dejours (éd.), *Plaisir et souffrance dans le travail*, Paris, éd. de l'AOCIP, 1987. Voir aussi Christophe Dejours, *Travail : usure mentale. De la psychopathologie à la psychodynamique du travail*, Paris, Bayard, 1993.

imposées par l'entreprise : ordres et consignes, nature et état des outils, des machines ou des logiciels, modes d'emploi, normes quantitatives ou quantitatives, délais, etc. Chaque travailleur essaie d'élaborer un compromis entre ces contraintes et d'autres préoccupations : préserver sa santé et sa sécurité, avoir la maîtrise de son travail, se ménager des temps pour souffler ou réfléchir, améliorer et valoriser ses compétences, respecter et promouvoir ses valeurs, réaliser un projet de vie. Des travailleurs différents vont donc exécuter la même tâche en s'y prenant différemment, d'une manière adaptée aux caractéristiques de chacun. Si cette adaptation est possible, la posture ne sera pénible ni pour le petit ni pour le grand. Bien entendu, dans bien des situations, l'adaptation est, sinon impossible, du moins imparfaite : tel est le cas des organisations tayloriennes ou fordiennes, où la rigidité des procédures limite grandement la marge de manœuvre des opérateurs.

Si cette adaptation est difficile, c'est aussi que les dispositions constituées dans la famille ou à l'école ne sont pas parfaitement ajustées au poste. Certes, l'adaptation est possible. Ainsi les agriculteurs, qui sont presque tous enfants d'agriculteurs, avaient en partie intériorisé les contraintes de leur métier, et, d'une manière générale, les enfants tendent quelque peu à rester dans la même filière professionnelle que leurs parents[1]. Mais ce mouvement n'a toutefois ni la force ni la généralité de la reproduction du niveau social entre générations. La préadaptation aux conditions de travail futures peut aussi se faire lors de la formation. Les apprentis s'accoutument plus ou moins aux lois et aux contraintes du métier; les élèves de l'enseignement technique au monde de l'usine; la formation des médecins les prépare à des horaires de travail très lourds[2]. Les individus peuvent aussi, à la suite d'une longue série d'« erreurs », choisir une profession en harmonie avec leurs caractéristiques personnelles. Mais il s'en faut de beaucoup que la socia-

1 Michel Gollac et Pierre Laulhé, « Les composantes de l'hérédité sociale : un capital économique et culturel à transmettre », *Économie et statistique*, n° 199-200, mai 1987, pp. 95-105.

2. Voir les contributions de Gilles Moreau et de Nathalie Frigul et Annie Thébaud-Mony, *in* Gilles Moreau, *Les Patrons, l'État et la formation des jeunes*, Paris, La Dispute, 2002. Un cas limite est celui où la formation opère une sélection des individus en fonction de leur adaptation, notamment psychologique, aux conditions de travail. Tel est le cas des pilotes de chasse (voir Dejours, *op.cit.*) et d'autres métiers où le risque est extrême. Autre exemple : la formation des guides de haute montagne est à la fois une sélection et un entraînement aux conditions de travail matérielles et morales du métier. Dans de telles professions, l'investissement de soi et les satisfactions qu'apporte l'activité professionnelle l'emportent de beaucoup sur les souffrances que peuvent engendrer des conditions de travail très rudes.

lisation ou la formation soient toujours adaptées aux conditions de travail futures. C'est probablement de moins en moins le cas. L'insertion sur le marché du travail est erratique, les déclassements fréquents tant l'offre de diplômés du supérieur excède aujourd'hui le nombre de postes de cadres supérieurs : une grande partie des emplois non qualifiés sont aujourd'hui occupés par des individus qualifiés qui n'ont pas trouvé de poste à la hauteur de leur certification. Ces déclassements en cascade provoquent la souffrance. La précarité favorise une multiplicité d'expériences plus subies que choisies. Le risque de chômage peut même inciter bien des travailleurs à conserver un emploi qui correspond mal à leurs particularités physiologiques ou psychologiques. D'autre part, les conditions de travail changent très vite en raison des transformations rapides de l'organisation des entreprises. Les travailleurs se trouvent ainsi face à des conditions de travail auxquelles ils n'étaient pas préparés. Autant de décalages qui engendrent de la souffrance.

Les révélateurs de la souffrance

La souffrance s'exprime donc massivement dans notre enquête, au point d'ailleurs que les spécialistes de psychodynamique du travail avec qui nous avons eu l'occasion de parler s'en sont étonnés, habitués qu'ils sont à l'autocensure. Cette nouveauté doit être éclairée à la lumière d'une série de phénomènes, propres aux années 1980-1990, qui sont venus déstabiliser l'équilibre entre contraintes du travail, activité des travailleurs et conduites défensives : la réorganisation des entreprises et de la vie économique, la désaffiliation des travailleurs et l'effritement des groupes sociaux, mais aussi la nouvelle légitimité de l'expression des affects.

Les nouvelles formes d'organisation de la production rendent difficile la recherche d'un compromis entre exigences du travail et préservation de la santé et de la personnalité[1]. L'intensification du travail oblige à travailler de la manière la plus rapide, ce qui n'est pas

1. Nous n'entendons nullement suggérer que les réorganisations s'identifient à un malheur généralisé, et encore moins que les formes traditionnelles d'organisation, taylorienne, fordienne ou domestique permettaient l'épanouissement des travailleurs. Mais elles avaient suscité des formes de résistance et abouti à des compromis. Luc Boltanski et Ève Chiapello (*op. cit.*) montrent bien comment l'installation des nouvelles formes de management et les souffrances qu'elle entraîne sont inséparables de la critique des anciennes et donc d'améliorations de la condition des travailleurs.

forcément adapté aux particularités de chacun[1]. Les mauvaises conditions de travail recensées dans l'enquête expriment en fait plus qu'elles-mêmes : elles traduisent l'impossibilité pour les individus concernés de faire face, de concilier les exigences de leur travail et de leur santé.

Le malheur au travail est lié au sentiment de perdre pied provoqué par de mauvaises conditions de travail. Déclarer qu'il arrive « souvent » de « se sentir dépassé », « de ne pas avoir les compétences pour accomplir son travail » est caractéristique de ce malheur au travail. C'est en revanche plutôt dans les situations de retrait que les personnes déclarent qu'elles ne se sentent jamais dépassées. Le bonheur suppose d'être « rarement » dépassé, d'avoir presque toujours les compétences requises, de ne pas perdre pied mais de n'être pas non plus sous-employé[2].

Le sentiment de perdre pied, de ne pouvoir faire face à l'intensification du travail, à sa difficulté, aux mauvaises conditions de travail, peut se traduire par le sentiment que « le risque de perdre son emploi actuel au cours de l'année est élevé », voire « très élevé ». Minoritaire, cette expression est très caractéristique des situations où le malheur au travail est grand et la pression intense. Ceci reste vrai « toutes choses égales par ailleurs »[3].

La désaffiliation objective des travailleurs, leur plus grande soumission au jeu du marché, l'affaiblissement des statuts, ont donc pour effet d'augmenter la pression au travail et, par là, d'accroître le risque de malheur d'une façon qui n'a pourtant rien d'automatique. Cette désaffiliation tend aussi à briser les groupes sociaux. Une conséquence possible en est l'affaiblissement des attitudes défensives : la censure de la souffrance et de la peur ne peut être que col-

1. Antoine Laville, Catherine Teiger et Jacques Duraffourg, « Conséquences du travail répétitif sous cadence sur la santé des travailleurs et les accidents », rapport n° 29, laboratoire d'ergonomie du CNAM ; Jacques Leplat et Xavier Cuny, *Introduction à la psychologie du travail*, Paris, PUF, 2e édition, 1984 ; Corinne Gaudart, « Vieillir mais tenir la cadence », *Gérontologie et société*, n° 77, 1996.

2. Les études épidémiologiques montrent que les troubles du sommeil sont, toutes choses égales par ailleurs, beaucoup plus fréquents chez les travailleurs exposés à des contraintes cognitives auxquelles ils ont du mal à faire face que chez ceux qui sont à l'abri de toute contrainte cognitive forte. Le meilleur sommeil, toutes choses égales par ailleurs, est cependant le fait des travailleurs qui affrontent des contraintes cognitives mais ne jugent pas difficile d'y faire face (cf. Annie Touranchet, Claire Dantec, Olivier Durand, François Gendreau et Virginie Plessis, « Âge, contraintes de travail et santé des cadres », *in* Francis Derriennic, Annie Touranchet et Serge Volkoff, *Âge, travail, santé*, *op. cit.*).

3. Le sens de la causalité n'est cependant pas évident. Cf. chap. 11.

lective. Mais cette réapparition d'une souffrance refoulée s'inscrit dans un processus plus général.

La politisation des conflits entre dominants et dominés avait permis historiquement de constituer certaines formes de souffrance comme des problèmes collectifs. Ceci a eu deux effets. D'une part, la résistance à la domination a permis de la limiter. Les personnels dominés sont parvenus à construire des situations de retrait objectif. D'autre part, l'existence de groupes comme le groupe ouvrier a longtemps constitué un rempart contre le mépris de classe et la brutalité symbolique, favorisant le retrait moral. La destruction du groupe ouvrier[1] et, plus généralement, la désaffiliation d'une partie des salariés[2] ont brisé ce rempart collectif contre le malheur et livré des individus dépouillés des formes traditionnelles de leur appartenance sociale à des souffrances vécues sur le registre psychologique du malheur individuel[3].

Cette souffrance qui ne trouve pas d'expression politique est vécue comme une iniquité. Les mauvaises conditions de travail, le sentiment que l'emploi n'est pas sûr engendrent le sentiment d'être mal payé par rapport à son travail[4], le sentiment d'être exploité. La souffrance au travail engendre donc une révolte, même si elle n'est pas (encore) collective et efficace. Que le travail soit vécu sur le mode de la souffrance individuelle, physique et psychique, n'empêche pas que l'origine sociale de cette souffrance soit reconnue. Inversement, les formes enracinées de résistance à la domination (retrait) ne sont pas exemptes d'une forme paradoxale d'adhésion, du sentiment d'un échange en quelque sorte équilibré dans la mesure où l'on peut s'impliquer « juste ce qu'il faut[5] ».

---

1. Voir Stéphane Beaud et Michel Pialoux, *op. cit.*

2. Robert Castel, *op. cit.*

3. Nos résultats détectent aussi les traces de la résistance à ce processus de réduction des individus à leur individualité. La déclaration par les personnes de leurs mauvaises conditions de travail est un signe de l'objectivation de celles-ci. Et cette objectivation résulte de processus sociaux qui sont de l'ordre de la construction de causes collectives et de collectifs. Cependant sur le graphique des variables supplémentaires, les mauvaises conditions de travail déclarées par ceux qui « craquent » apparaissent relativement peu éloignées de l'origine, donc assez peu représentatives du malheur (direction nord-est) alors que des groupes sociaux, comme les ouvriers non qualifiés, sont bien représentatifs de situations extrêmes dans la dimension investissement-retrait. Le malheur au travail a du mal à s'objectiver.

4. Cette question sera examinée dans le chapitre 12.

5. Comme cas typique de cette attitude, on peut évoquer les immigrés turcs en France interviewés par Roger Establet, qui louent assez massivement l'attitude « réglo » du patronat français, lequel exige le respect de la discipline industrielle (notamment en matière d'horaires) mais s'abstient d'escroqueries subalternes, paie effectivement les heures supplémentaires, etc. Voir Roger Establet, *Comment peut-on être français ?*, Paris, Fayard, 1997.

Les situations de retrait sont très caractéristiques des catégories populaires. Le malheur et la souffrance touchent au contraire des personnes appartenant à des groupes divers. Voilà qui facilite la minimisation de leur fondement social. La personne en souffrance sera perçue comme « un individu qui craque », ou pire, un « déprimé », un « douillet », un « paresseux »... Convertir cette souffrance individuelle en protestation collective (et donc légitime) est une entreprise difficile, pour laquelle les syndicats sont, ou du moins ont été jusqu'à une date récente, d'un faible secours. En effet, la souffrance individuelle, la « déprime », la difficulté qu'éprouvent certains à assumer leur travail tendent à diviser les collectifs : des collègues pourront se rallier à l'idée qu'il s'agit de problèmes individuels et porter des jugements moraux négatifs, au nom des valeurs du travail ou de la virilité, ou en valorisant l'égalité rompue par ceux qui « n'assument pas leur part de travail[1] ». En outre, le syndicalisme français manque des forces nécessaires pour effectuer le travail très lourd qui consiste à référer les cas individuels à des causes générales, c'est-à-dire à construire ces causes.

Du bonheur à la souffrance

Un entretien réalisé avec un cadre d'une entreprise de matériel électronique éclaire ces résultats de deux façons. Il permet de donner un contenu individuel concret à une certaine forme de souffrance au travail qui déborde largement les frontières du monde ouvrier, puisqu'il s'agit d'un cadre. Il montre aussi que les différents rapports au travail que notre enquête statistique a mis au jour (investissement, retrait, souffrance, etc.) doivent être considérés comme des pôles extrêmes entre lesquels circulent les individus. Bien qu'elles définissent des façons de se situer subjectivement par rapport au travail, bien qu'elles se structurent à partir des opinions exprimées par les individus interrogés, ces grandes attitudes sont loin de constituer des propriétés ou des dispositions individuelles permanentes dont les différents travailleurs seraient porteurs du début jusqu'à la fin de leur vie professionnelle. Produit précaire de la relation qui s'établit à un moment donné entre un poste de la division du travail et la trajectoire sociale d'un individu, chacune de ces grandes attitudes ne fixe pas à vie celles et ceux qui l'adoptent dans un état permanent qui les définirait pour toujours. Il suffit que cet équilibre (ou ce déséqui-

1. Voir Michel Pialoux et Stéphane Beaud, « Permanents et temporaires », *in* Pierre Bourdieu (éd.), *La Misère du monde*, *op. cit.*

libre) s'altère ou se rompe pour que le même individu se déplace au sein de cet espace. Que le travail s'intensifie, que la reconnaissance diminue, que la confiance fasse défaut, et un travailleur heureux commence à souffrir. Il passe du carré du bonheur et de l'investissement à celui de la souffrance et du malheur individuel. C'est précisément le cas de ce cadre.

Jacky J. raconte son arrivée dans l'entreprise vingt-cinq ans auparavant[1]. Il a commencé comme technicien, « en bas de l'échelle » dit-il, et a « passé tous les échelons, du plus petit jusqu'à cadre ». S'identifiant à l'entreprise, il en parle en des termes très affectifs : c'est sa « maison », il s'y est attaché comme à « un enfant qui grandit », a affronté avec elle toutes les menaces qui pesaient sur son devenir : « C'est comme un enfant, quand il grandit, petit à petit, tu prends à cœur son avenir, ce qu'il va faire, et caetera, parce que tu vis avec. » Comme il n'y a pas eu d'embauches pendant toutes ces années, la familiarité avec le personnel renforçait ce sentiment d'appartenance :

> Dans cette usine qu'est impersonnelle, y'a des tas de gens avec qui tu as bossé pendant des années, et ces gens-là, tu les apprécies, et ces gens avec qui tu as vécu, avec qui tu as échangé des choses, [...] y a une espèce de relation qui se crée qui fait que tu peux pas t'en fiche...

Un an avant l'entretien cependant, l'usine a connu des changements qui ont bouleversé l'équilibre de Jacky. Il s'est alors senti « comme un étranger dans [sa] propre maison », a eu l'impression de « [se] faire voler l'usine ». Lui qui allait au travail en chantant fait une dépression qui dure trois mois. Tout un univers s'écroule, ce à quoi il croyait vacille, « explose ».

> L'année dernière était vraiment une année difficile... alors que durant vingt-quatre ans, j'étais vraiment... souvent, j'arrivais le matin au travail en chantant, j'étais heureux ; j'aimais mon travail, je l'ai toujours aimé, j'aimais les gens avec qui je travaillais, j'étais heureux. Et depuis un an, j'étais pas heureux, j'allais au boulot vraiment comme au bagne.

Tout au long de l'entretien, il oppose ainsi un « avant » et un « après ». « Avant », son travail lui procurait une impression de relative « harmonie ». Il occupait une position « filtre » entre la fabrication et « ceux qui sont au-dessus », position dans laquelle il trouvait un équilibre parce qu'il se sentait soutenu par ses responsables et que l'équipe qu'il dirigeait était « soudée », les gens se connaissaient

1. Entretien réalisé par Marie Courcelaud dans le cadre de l'enquête.

depuis longtemps, l'usine fonctionnait comme une mécanique bien huilée dont il était un rouage essentiel. Cette position devient intenable lorsqu'un nouveau responsable arrive. Pour Jacky, c'est autour du « Hollandais » que se cristallise le basculement : la souffrance au travail est essentiellement rattachée à un problème de personnes. « Il a tout cassé ce que j'avais fait », « il voulait tout changer ». Désormais responsable d'un service annexe, Jacky se sent lui aussi évincé du centre, relégué à la périphérie (« nous, on est considérés comme des sous-traitants, on est pas tout à fait dans la même équipe ») et déclassé (« je fais la même chose en plus petit »). Surtout, il est dépassé par les changements qu'il observe, ne les comprend pas. C'est sous une forme concrète et euphémisée qu'il exprime cette incompréhension : il explique qu'il n'est pas parvenu à apprendre la langue anglaise malgré ses efforts, condamné à ne pas « comprendre » ce que lui disait le « Hollandais ». Mais au-delà de la langue, c'est tout ce que représente pour lui ce « Hollandais » qui le dépasse.

La souffrance engendrée par cette situation est vécue comme individuelle, Jacky la traduit à l'aune de sa propre expérience sans la relier directement à des transformations plus générales du marché du travail, pourtant perceptibles dans son propos. Ce « Hollandais » symbolise une nouvelle organisation du travail qui ne prévoit plus de place pour les cadres autodidactes ancien modèle. Ce cadre nouvelle formule prend la place de l'ancien. « Avant, mieux valait parler le sarthois », confie Jacky : la promotion interne valorisait le savoir-faire lentement accumulé, le sens pratique, la mémoire du « vécu de l'entreprise », la relative proximité avec les ouvriers faite d'expériences professionnelles et de valeurs partagées – le travail bien fait, la bonne entente, l'équipe soudée (comme au rugby) – contrairement au recrutement des cadres « en externe » qui privilégie les titres scolaires et les connaissances théoriques.

> Un jeune, comme ça, qu'arrive, il sait pas tout le vécu, s'il y a un problème, ça l'empêchera pas de dormir. Moi, ça m'empêchera de dorm- parce que je sais ce que ça représente pour le gars. Parce que je les connais, j'ai tout vu, j'ai tout vécu, tout ça, je sais tout ça par cœur ; donc des fois, je me dis, c'est peut-être pas trop bon de trop connaître, de trop savoir ce qui s'est passé, parce que au niveau décision, c'est sûr que c'est une contrainte. Mais d'un autre côté, si tu fais n'importe quoi, tu peux mettre le feu aux poudres ; de temps en temps, il est bon d'avoir cette notion de vécu, d'histoire d'une entreprise... Parce que l'entreprise, c'est quelque chose qui a ses lois, ses coutumes.

C'est ainsi tout un ensemble de compétences liées à la promotion interne qui sont disqualifiées. Cette évolution est d'autant plus angoissante pour Jacky qu'il sait que sa qualification n'a de valeur qu'à l'intérieur de l'entreprise, qu'elle n'est pas transférable sur le marché du travail « externe » puisqu'elle ne repose sur aucun diplôme « officiel ». À 49 ans, Jacky sait qu'il ne retrouverait pas d'emploi équivalent dans une autre entreprise.

Malgré tout, il conserve des habitudes d'intense investissement dans son travail : « Moi, quand je m'en vais, le soir, j'ai pas vu passer une minute de la journée. [...] La journée, je l'ai vécue, et je l'ai vécue complètement. » Deux mois avant l'entretien, souffrant d'une entorse, il a été arrêté pour une durée d'un mois mais n'a pu s'empêcher de retourner à l'usine au bout de huit jours. Il voudrait prendre davantage de recul à l'égard de son travail, se mettre un peu plus en retrait, mais n'y parvient pas, comme si son ethos professionnel le lui interdisait. Il explique qu'il n'a jamais pu « laisser ses soucis à l'usine », qu'il s'est habitué aux réveils nocturnes liés aux problèmes à résoudre et illustre son sentiment par une anecdote à laquelle il a assisté au début de sa carrière :

> Il y avait une fille qui s'était fait passer un savon par son responsable, elle avait pleuré pas mal et tout, et le lendemain, son responsable la voit revenir les yeux encore rouges, il lui dit : « Ben, qu'est-ce que vous avez ? » Elle lui dit : « Vous m'avez passé un savon hier soir et j'ai mal dormi, j'y ai pensé toute la nuit. » Alors, le responsable, il lui dit : « Écoutez, quand vous rentrez comme ça, les ennuis de l'usine, vous les mettez dans la poche de votre blouse, vous mettez votre mouchoir par-dessus, et quand vous rentrez à la maison, vous oubliez tout ça. » Elle lui dit : « Mais je peux pas parce que j'amène la blouse à la maison. »

La blouse, collant presque à la peau, pourrait être interprétée ici comme une métaphore de l'ethos professionnel. L'investissement, synonyme d'épanouissement dans une configuration antérieure où l'habitus et le poste étaient en adéquation devient source de souffrance dans un contexte nouveau d'organisation du travail porteur pour Jacky J. de relégation. Dans cette nouvelle configuration, l'investissement fonctionne comme un piège et le retrait serait peut-être plus protecteur.

MALAISE INDIVIDUEL ET MALAISE SOCIAL

Dans le retrait comme dans le malheur, on se plaint de l'instabilité de sa situation, de l'absence de perspectives positives. Mais il faut bien distinguer les choses. Le retrait correspond plutôt à l'impossibilité d'une véritable carrière et à une insécurité d'emploi structurelle. La souffrance est davantage associée au constat que l'avenir, de l'individu ou de la profession, est bouché : on retrouve là l'idée d'un investissement déçu. Cette plainte qui, par exception, renvoie à un collectif constitué, est au demeurant peu caractéristique. Et l'insécurité se combine aux mauvaises conditions de travail, à la pression, dans la figure de la « galère ».

De même que le registre économique n'est pas absent quand il est question d'exprimer sa souffrance, (cf. la dénonciation de l'inadéquation du salaire au travail), le registre psychologique n'est pas absent non plus des critiques formulées par ceux qui sont dans le retrait, mais sous la forme de la dénonciation, dévalorisante, d'un travail peu intéressant. Critiquer un travail sans utilité est le signe d'une pression plus forte (cette critique peut traduire un conflit de valeurs). Le constat que la profession n'est pas valorisée ou valorisante est plus fréquent dans le retrait. Le regret de n'être pas reconnu, c'est-à-dire la déception personnelle que cause un investissement dans un travail non récompensé, caractérise l'expression de la souffrance.

Les plaintes associées à cette souffrance traduisent les différentes formes de la pression : intensité, complexité mal maîtrisée, horaires lourds. Elles s'expriment plus fréquemment sur un registre corporel ou psychique, et moins directement social. Mais la dénonciation de formes d'injustice économique n'en est pas absente, bien qu'elle ne corresponde pas aux formes naguère classiques de dénonciation de l'exploitation. Ces critiques ont donc un caractère doublement personnel : elles renvoient à des sensations personnelles plus qu'à des faits bien objectivés ; elles traduisent une situation personnelle plutôt que celle d'un ensemble de travailleurs constitué comme homogène. Mais qu'il s'agisse d'une expression personnelle n'autorise nullement à penser qu'elle traduise un état psychologique « anormal » dont l'origine serait peut-être extérieure au travail. Les plaintes –, un salaire trop bas pour le travail effectué, un travail pas assez reconnu, des conditions de travail difficiles à soutenir –, correspondent clairement aux formes objectives de pression subies. Pour autant, la façon dont elles se manifestent, c'est-à-dire l'expression de la souffrance, ne leur confère pas l'évidence qui se construit par la constitution d'une situation vécue en condition partagée.

Le malaise individuel ne se laisse pas facilement appréhender comme un malaise social. Si la souffrance au travail n'est pas reliée de manière évidente aux déterminants sociaux habituellement utilisés dans l'analyse économétrique et dans l'explication sociologique (diplôme, PCS, salaire...), c'est que les causes sociales sont à rechercher ailleurs, dans des trajectoires (cf. chapitre 5) ou dans des processus. L'intensification du travail, la précarisation sociale, la « déstabilisation des stables », la désaffiliation sont à l'origine des souffrances au travail qui traversent les groupes sociaux.

11

Affiliations et désaffiliations

De même que le rapport au travail n'est pas simplement heureux ou malheureux, les situations de travail ne sont pas seulement « bonnes » ou « mauvaises » : elles peuvent présenter des aspects contradictoires. La configuration que nous avons mise au jour, élaborée à partir d'un échantillon représentatif de l'ensemble des travailleurs, confirme des résultats obtenus à partir d'autres approches théoriques dont les modèles d'échantillonnage et les variables diffèrent des nôtres. Voilà qui rassure quant à la robustesse de la structure mise en évidence.

Les recherches de Robert Karasek figurent parmi les contributions les plus importantes sur le stress au travail. Or, Karasek a montré que les effets du travail sur la santé dépendent de deux dimensions : les exigences du travail (quantité, complexité, contrainte de temps) et ce qu'il appelle la « latitude décisionnelle » (c'est-à-dire un degré d'autonomie qui combine la possibilité de choisir les modes opératoires et la capacité de peser sur les décisions).

En croisant exigences et autonomie, Karasek construit un graphique qui n'est pas sans rappeler l'espace des rapports au travail que nous venons de décrire. Pour faciliter la comparaison, nous proposons un schéma de la représentation de Karasek où les exigences du travail figurent en ordonnée et l'autonomie en abscisse. Une des diagonales du graphique (sud-est/nord-ouest) correspond aux possibilités de développement offertes par le travail : elle oppose la situation marquée par la passivité (faibles exigence et faible autonomie) à la situation active (fortes exigences et forte autonomie). Cette dimension est voisine de ce que nous désignons comme degré d'investissement dans le travail : les situations actives correspondent à un fort investissement, et les situations passives au retrait. Karasek montre, grâce au suivi d'une cohorte, que le passage à une vie professionnelle active a des répercussions sur la vie extraprofessionnelle et favorise notamment l'accès à des formes de loisirs culturellement légitimes.

La deuxième diagonale oppose les situations à faible tension psychique (faibles exigences et forte autonomie) à celles à forte tension psychique (fortes exigences et faible autonomie). Les situations « à forte tension psychique » correspondent assez bien à celles que nous avons appelées « souffrances au travail ». L'étude longitudinale montre que l'accroissement du degré de tension psychique entraîne une sous-utilisation des compétences et un stress plus élevé. Il s'accompagne d'une plus grande fréquence des maladies mentales, cardio-vasculaires et ostéo-articulaires. À l'origine, le propos de Karasek était de montrer qu'un accroissement des contraintes n'était pas forcément dommageable aux travailleurs : il pouvait être contrebalancé par une plus grande autonomie. Bien-être ou malheur ne résultent pas d'une seule caractéristique du travail. Les effets de l'intensité du travail varient effectivement selon la prévisibilité du travail, les moyens matériels, l'autonomie, l'entraide, la sûreté des carrières.

Karasek, en collaboration avec Töres Theörell, s'est par la suite attaché à souligner le rôle d'une troisième dimension des conditions de travail : le soutien social sur lequel le salarié peut en principe compter au travail, soutien à la fois technique et émotionnel. Toutes choses égales par ailleurs, l'absence de soutien accroît les risques de sous-utilisation de compétences comme les risques de maladies mentales et cardio-vasculaires[1].

Les situations sociales ne doivent donc pas être appréciées seulement sous leurs aspects individuels : caractéristiques du travail personnel, valorisation sociale, mise en œuvre d'un capital économique ou culturel. Le collectif de travail importe aussi, comme l'a montré l'École des relations humaines dès les années vingt. Ce collectif est une unité technique, un élément de l'organisation du travail : il apporte ainsi une aide, souvent indispensable, à la réalisation du travail. Et ce soutien produit l'affiliation, ce sentiment d'appartenir à une communauté qui apporte au travailleur des satisfactions affectives.

1. Robert Karasek et Töres Theörell, *Healthy Work : Stress, Productivity, and the Reconstruction of the Working Life*, New York, Basic Books, 1990.

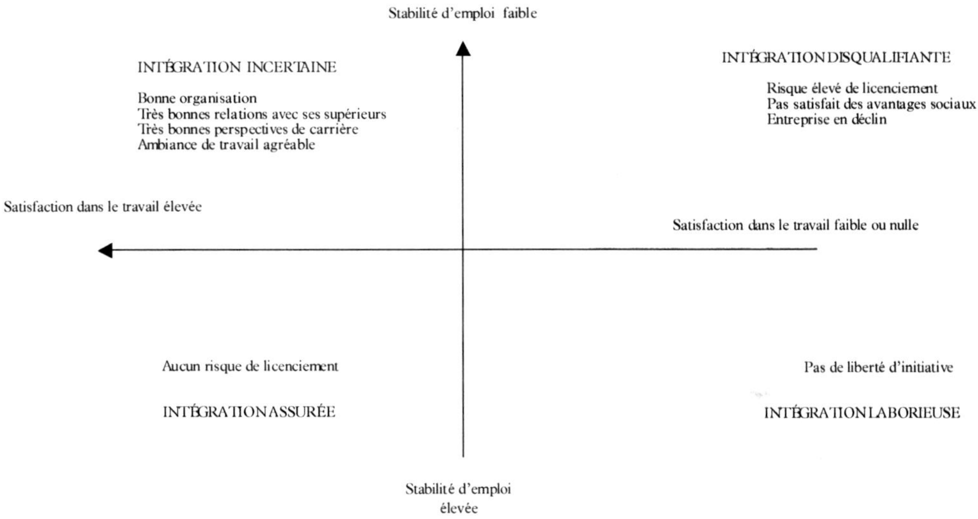

Graphique 7
Quatre types d'intégration professionnelle
(d'après Serge Paugaum, *Le Salarié de la précarité*, *op. cit.*, p. 106)

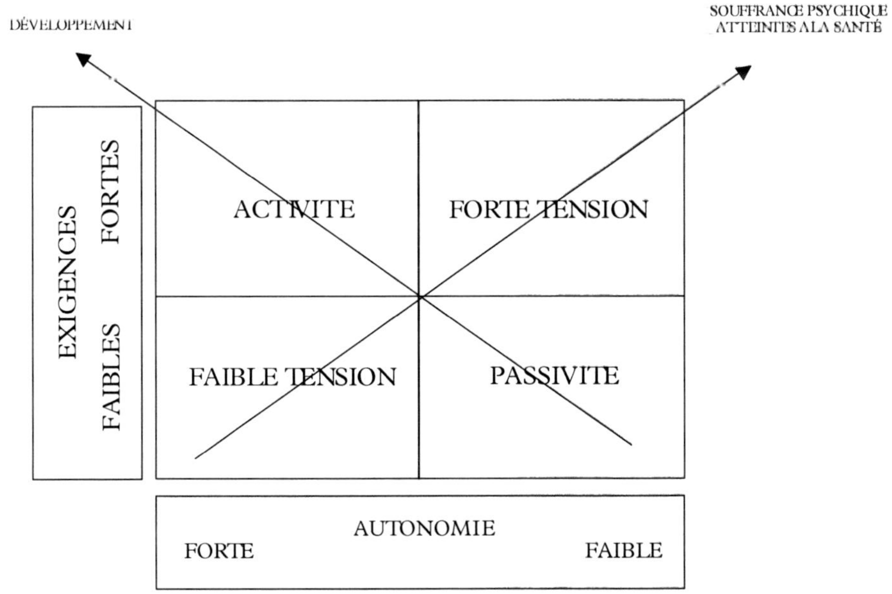

Graphique 8
L'influence du niveau d'exigence et du degré d'autonomie sur la santé mentale
(d'après R. Karasek et T. Theörell,
Healthy Work : Stress Productivity, and the Reconstruction of the Working Life, op. cit.)

Le travail sociologique récent de Serge Paugam explore le lien entre rapport au travail et intégration sociale. S'inspirant notamment de réflexions de Robert Castel, il émet l'hypothèse que l'intégration, et donc la précarité, ont plusieurs dimensions. L'exploitation d'une enquête statistique lui a permis en effet de dégager deux axes de structuration des réponses : l'un s'interprète comme un degré de satisfaction dans le travail, l'autre comme un niveau d'engagement social et de stabilité de l'emploi[1]. Serge Paugam met ainsi au jour l'existence d'un continuum allant de l'intégration à la disqualification, là où l'on se contente souvent d'oppositions binaires : précaires contre stables, exclus contre inclus[2].

Il est alors possible de caractériser quatre types de rapport au travail et à l'emploi, correspondant aux quatre quadrants. Serge Paugam parle d'« intégration assurée » lorsque la satisfaction dans le travail se conjugue avec un fort engagement social et la stabilité de l'emploi : c'est l'idéal (au sens ordinaire) de l'intégration dans et par le travail. Un travail satisfaisant mais une situation d'emploi et un engagement précaires caractérisent l'« intégration incertaine ». Si la stabilité de l'emploi est assurée mais la satisfaction au travail fait défaut, on parlera d'« intégration laborieuse ». Enfin, l'« intégration disqualifiante » (car il s'agit tout de même d'une forme, minimale, d'intégration) est caractérisée par l'absence simultanée de satisfaction dans le travail, de stabilité de l'emploi et d'engagement social. Cette structure des positions subjectives par rapport au travail rappelle, elle aussi, celle que nous avons établie sur la base de notre enquête.

Serge Paugam montre aussi que la précarité du travail ou de l'emploi est associée à un défaut d'intégration dans d'autres sphères de la vie sociale. Les difficultés de l'intégration professionnelle altèrent ainsi la vie familiale, qu'il s'agisse des relations dans le couple, entre parents et enfants ou avec la famille plus éloignée.

Le lien entre rapport au travail et rapport au syndicalisme est plus complexe qu'on ne pourrait le croire *a priori*. Les revendications prioritaires varient selon le type d'intégration. L'adhésion syndicale dépend grandement des caractéristiques sociales et du type d'entreprise : en contrôlant ces variables, grâce à des techniques économétriques, Serge Paugam montre qu'une intégration mal assurée peut

1. Le souci de considérer simultanément la précarité du travail et celle de l'emploi dans l'analyse de l'intégration sociale inspire également l'ouvrage coordonné par Frédéric Abécassis et Pierre Roche, *Précarisation du travail et lien social. Des hommes en trop*, Paris, L'Harmattan, 2001.

2. Serge Paugam, *op. cit.*

accroître l'adhésion lorsque l'entreprise est en crise. Néanmoins, les menaces sur l'emploi s'accompagnent de diverses formes de désillusion quant à l'efficacité de l'action syndicale. La même situation entraîne ce que l'auteur appelle « un radicalisme dépolitisé » : plus grande sensibilité à l'injustice sociale, critique de l'économie de marché, positionnement plus à gauche, mais qui n'entraîne pas une plus grande proximité aux partis de gauche, moindre participation électorale.

Travail collectif, travail individuel

Outre les deux premiers axes de notre configuration, proches de ceux dégagés par d'autres travaux, un troisième facteur apparaît à travers les données de notre enquête, qui oppose les attitudes à l'égard d'un travail organisé collectivement, souvent sur un mode industriel ou bureaucratique, et les attitudes à l'égard du travail artisanal. Travail artisanal et organisation industrielle et bureaucratique déterminent des rapports au travail différents et, dans une certaine mesure, opposés (cf. graphique 9, p. 240).

Dans les organisations industrielles ou bureaucratiques, l'absence de bonheur amène, de la part des enquêtés, des réponses conformes aux descriptions classiques de l'activité taylorisée par la sociologie du travail. Le travail suscite, avant tout, « l'ennui ». Ce n'est certes pas « une passion ». C'est un travail que « n'importe qui pourrait faire », qu'on considère comme « une routine ». On n'y éprouve pas le sentiment de « faire des choses qui restent ». À cette dénonciation de la monotonie et de la faible qualification du travail s'ajoute celle des maux dus à l'occupation de positions subalternes dans des organisations structurées : les personnes concernées estiment n'avoir pas de pouvoir et déclarent le regretter. Elles regrettent aussi de ne pas « être écoutées ». Elles font état de relations difficiles avec leurs chefs. Ces malheurs, liés au fait de subir une organisation industrielle-bureaucratique, s'accompagnent de résistances également spécifiques. L'implication est mesurée : juste ce qu'il faut. Si l'on accepte de travailler en dehors des horaires normaux pour finir un travail ou parer à une urgence, c'est uniquement en échange d'une contrepartie monétaire.

Ces résistances, au demeurant, ne sont pas incompatibles avec le bon fonctionnement d'une organisation taylorienne ou assimilée : elles en font même d'une certaine façon partie. Taylor lui-même prônait un échange économique équilibré entre salariés et employeurs,

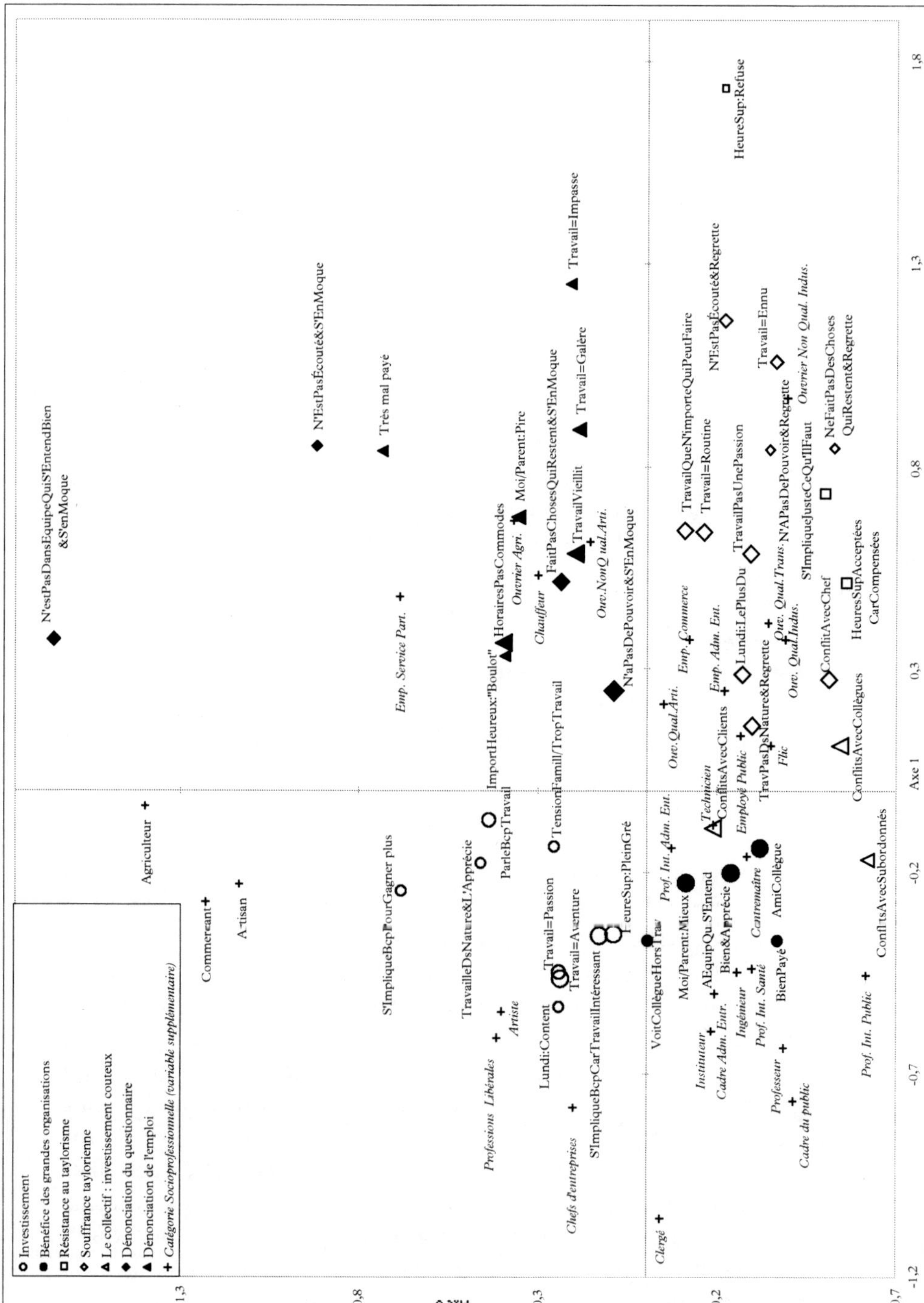

Graphique 9
Les dimensions individuelles et collectives du rapport au travail

son système était fondé sur l'intérêt économique et non sur d'autres formes de motivation. Les formes de résistance plus agressives à l'égard de l'entreprise, comme le fait de refuser de rester en dehors des horaires normaux quoi qu'il arrive, ou de déclarer s'impliquer peu dans son travail (que ce soit parce qu'on privilégie sa vie privée ou parce que le travail est inintéressant), sont bien plus rares. L'organisation industrielle-bureaucratique s'accommode fort bien, bon gré, mal gré, d'une faible implication des salariés. Mais il ne s'agit pas toujours pour autant d'un retrait : les exécutants des organisations tayloriennes ne sont pas à l'abri de la souffrance, l'ennui et l'humiliation hiérarchique. Ce sont eux qui, de manière caractéristique, déclarent le plus que « le premier jour de la semaine, c'est le jour le plus dur ».

Le travail organisé sur un mode collectif peut aussi être source de bonheur. Un bonheur qui n'est pas sans mélange, car il est difficile d'éviter toute friction avec les collègues et les subordonnés. Mais on travaille en équipe, et on apprécie le fait d'appartenir à un groupe qui s'entend bien. Certains amis sont des collègues ou d'anciens collègues de travail, et il arrive de se retrouver entre soi en dehors du travail. De manière moins caractéristique, les grandes organisations apportent aussi une bonne rémunération, et on y est plus enclin à se dire « bien ou très bien payé compte tenu du travail fourni ». C'est plutôt là aussi qu'on jugera sa situation professionnelle meilleure que celle de ses parents.

Les tenants d'une vision réductrice et individualiste du travail pourront juger que les bonheurs apportés par l'organisation collective relèvent plutôt des à-côtés du travail que du travail proprement dit. En fait, s'intégrer à une équipe, voire entretenir des relations amicales avec des collègues implique de surmonter les difficultés qui naissent des relations entre collègues, de construire et de maintenir en permanence des liens de coopération sinon d'amitié. Entretenir des relations difficiles avec certains collègues est une caractéristique souvent jugée pénible du travail collectif, mais tout à fait ordinaire : un bon quart des actifs déclarent éprouver ce genre de difficultés, ce qui ne les empêche pas de trouver autant que les autres que l'expression « une équipe » s'applique bien à leur travail, et d'avoir des collègues pour amis. Qu'il faille faire un effort dans les relations signale la rupture avec l'univers des entreprises familiales, où les rapports affectifs et personnels déjà établis structurent les rapports de travail et où les tensions graves ne peuvent être apaisées que par un départ.

L'investissement de soi se reconnaît mieux dans les types de rapport au travail qui reviennent à le vivre comme une « passion » individuelle. On « s'implique beaucoup dans son travail », pour « gagner plus d'argent » certes, mais aussi parce que le travail « intéresse ». C'est une « aventure », le contraire d'une routine. « Si un travail en cours réclame de rester plus longtemps sur le lieu de travail », on « le fait de plein gré ». Et le premier jour de la semaine, on est « plutôt content ». Le travail est aussi, pour les agriculteurs bien sûr, mais pas seulement, l'occasion appréciée d'un contact avec la nature. Revers de la médaille, le travail déborde sur la vie hors travail. Non seulement c'est un sujet de conversation avec les proches, mais encore il arrive que « des tensions soient provoquées avec la famille ou l'entourage parce qu'on se consacre trop à son travail ».

Il n'y a pas si loin, en réalité, du travail vécu comme « passion » au fait de s'impliquer beaucoup dans son travail parce qu'on « ne peut pas faire autrement ». Et le rapport individuel au travail peut s'accompagner de malheur : juger ses horaires malcommodes, s'estimer « très mal payé compte tenu du travail qu'on fournit » sont des réponses caractéristiques. Plus encore que le travail taylorisé, ce travail individualisé sans bonheur amène à juger sa situation plus mauvaise que celle de ses parents. Ceci reste vrai à origine sociale égale. En fait, même dans le cas où le bonheur l'emporte, le travail individuel s'accompagne de jugements moins optimistes sur la mobilité sociale par rapport à la génération précédente. C'est chez les salariés artisanaux peu qualifiés que le sentiment de stagnation, voire de déclin, est le plus répandu. Mais il est aussi relativement fréquent chez les petits indépendants, surtout si on les compare aux salariés de niveau comparable. Le travail artisanal et individuel est économiquement dévalorisé par rapport au travail effectué dans le cadre de grandes organisations. Il l'est aussi socialement. La critique, justifiée, de l'aliénation taylorienne a souvent fait perdre de vue deux points importants. D'une part, et conformément aux vues de Taylor, les travailleurs des organisations tayloriennes, fordiennes, ou bureaucratiques sont relativement bien payés (à l'exception des femmes ouvrières) et jouissent d'une relative stabilité d'emploi. D'autre part, le travail industriel est un moyen d'échapper à l'oppression, qui s'exerce dans la vie domestique, voire dans l'entreprise familiale.

Alors que le questionnaire de l'enquête permet de rendre compte de la souffrance engendrée par les organisations tayloriennes, la situation vécue par les travailleurs peu qualifiés des organisations artisanales, particulièrement ceux qui travaillent de façon relativement isolée, lui échappe en partie. Bien que conscients de cette difficulté, nous n'avons pu la surmonter. Notre regard a été orienté par notre propre culture professionnelle et les préoccupations de la sociologie du travail, qui, malgré des efforts récents de redéploiement, s'attache surtout à la description de l'univers industriel et bureaucratique. Vis-à-vis des travailleurs isolés, nos questions manquaient de pertinence et, juste retour des choses, leurs réponses ne sont pas dénuées non plus de quelque impertinence. « Là n'est pas la question ! » semblent-ils souvent nous répondre. Travaillent-ils dans une équipe qui s'entend bien ? Non, mais « ça ne les gêne pas ». Ont-ils le sentiment d'être écoutés ? Non plus, et ça ne les gêne pas non plus. Et pour ceux qui se sentent écoutés, ils « pourraient s'en passer ». Ne pas avoir de pouvoir n'est pas tellement un problème pour eux. Bref, aucun des enjeux proposés dans notre questionnaire ne correspond exactement au vécu du travail individuel, artisanal[1].

Mais cet échec relatif[2] de l'enquête n'est pas sans portée sociologique : il prolonge le constat de la faible objectivation des conditions de travail et des formes d'organisation du travail dans l'univers artisanal. De même que les mauvaises conditions de travail tendent à y être déniées, les souffrances psychologiques (ou les joies) ne peuvent se dire dans le langage des revendications sociales traditionnelles ou de la culture d'entreprise qui valorise « l'intérêt du travail ». Dans le monde artisanal, le vécu de ce travail reste, plus encore qu'ailleurs, une affaire privée. Cela nuit d'ailleurs à l'amélioration des conditions objectives de travail et contribue sans doute au sentiment de déclin social des travailleurs artisanaux.

La difficulté du questionnement statistique résultant d'une insertion sociale problématique explique bien la situation des personnels de service, des ouvriers artisanaux non qualifiés[3], des ouvriers agricoles ou même des chauffeurs. L'observation de la passation des questionnaires a montré que c'était parmi ces catégories que l'interrogation soulevait le plus de difficultés : certaines questions, voire la

---

1. Cinquante enquêtés déclarent ne pas faire des choses qui restent, n'être pas écoutés, ne pas travailler dans une équipe qui s'entend bien, n'avoir pas de pouvoir, et que rien de tout ceci ne les gêne. Trente-huit d'entre eux, soit 76 %, sont agriculteurs, petits patrons, personnels de service ou ouvriers artisanaux.

2. On remarquera que le traitement statistique conduit ici à un retour réflexif et à la critique de l'outil, d'autant plus aisément, il est vrai, qu'il peut s'appuyer sur des observations d'une autre nature.

3. Catégorie qui comprend notamment les femmes de ménage travaillant en entreprises.

problématique générale du questionnaire, apparaissaient en total décalage par rapport aux situations concrètes[1]. La situation très particulière des petits indépendants (artisans, petits commerçants, agriculteurs) est également cohérente avec les résultats d'observations directes, cette fois par entretiens. Ceux-ci révèlent un discours très différent de celui des salariés. Ils mettent aussi en évidence, à côté d'expressions de bonheur, des témoignages de souffrance. Les indépendants se plaignent du poids excessif du travail, et du manque de temps. Les petits indépendants évoquent aussi, de façon plus ou moins précise, un travail sans perspective, l'avenir incertain de leur entreprise et de leurs enfants. On peut regretter *a posteriori* que le questionnaire n'ait pas inclus de questions plus précises relatives au fait d'accumuler et de transmettre (ou non) un capital. Certains artisans (un pâtissier notamment) évoquent en entretien le choix douloureux auquel ils sont confrontés de répondre aux souhaits de la clientèle ou d'innover. La question sur la « fierté du travail bien fait » n'est pas assez sélective (trop peu de réponses négatives), et celle qui porte sur l'assimilation du travail à une « passion » n'est pas assez précise, même s'il apparaît que finalement, les réponses affirmatives doivent être prises au sérieux plus largement qu'on n'aurait pu le penser de prime abord. Nombreux sont les indépendants qui associent le travail à une « passion ». Ceci rapproche les indépendants, surtout les chefs d'entreprises, des professions artistiques et libérales, souvent exercées sur le mode de la vocation bien que, dans le cas des professions libérales au moins, les revenus qu'elles procurent soient substantiels.

Souvent définies elles aussi comme des vocations, les professions enseignantes ou les professions médico-sociales de niveau intermédiaire sont cependant marquées par leur insertion dans des organisations bureaucratisées. Il en va de même des autres cadres et professions intermédiaires, des employés et des ouvriers industriels. Les ouvriers qualifiés artisanaux sont plutôt du côté du travail collectif que du travail isolé. C'est aussi le cas des employés de commerce, catégorie qui apparaît ici en cours d'industrialisation, en raison sans doute de l'expansion de la grande distribution.

Le caractère collectif du travail apparaît globalement plus marqué dans le secteur public. Cependant, l'analyse « toutes choses

1. Voir Céline Bessière et Frédérique Houseaux, « Suivre des enquêteurs », *Genèses*, n° 29, 1998.

égales par ailleurs » montre qu'il n'y a pas de différence entre les salariés de la fonction publique et les salariés des entreprises qui ont plus de cinq ans d'ancienneté. Les dispositions à l'égard du travail correspondant au pôle collectif ne sont pas liées à un statut particulier mais à un mode de management caractérisé par la stabilité de l'emploi, l'organisation collective du travail et une gestion bureaucratisée des ressources humaines. Entretiens d'évaluation et évaluation sur critères mesurables (autrement dit la bureaucratisation de la familiarité et sa subordination aux logiques industrielles et marchandes) tendent à instituer un rapport au travail qui est celui du pôle collectif du troisième facteur. Il en va de même pour l'existence de périodes de pointe (devoir travailler à un rythme élevé pendant environ la moitié du temps de travail), forme très moderne d'intensité du travail, qui correspond plutôt à la recherche de la flexibilité interne par les grandes organisations qu'aux nécessités du service personnel. La flexibilité externe, caractérisée par l'emploi précaire de droit (contrats à durée déterminée, intérim, stages, etc.) ou de fait (une faible ancienneté en est un indice), induit un rapport à l'emploi qui tend à ressembler à celui des travailleurs artisanaux. L'instabilité de l'emploi pourrait être un facteur d'individualisation du rapport au travail et freiner le processus d'affiliation à un collectif de travail.

Menace sur l'emploi, souffrance au travail

Le caractère individuel ou collectif de l'organisation du travail détermine donc en partie le type de bonheur qu'on peut trouver dans son travail comme le type de souffrance qu'on peut y éprouver. Il n'est pas en soi un gage de bonheur ou de malheur. L'organisation industrielle ou bureaucratique parcellise le travail, mais permet une vie sociale quotidienne intense ; le travail organisé sur un mode artisanal peut être vécu comme une vocation ou comme une relégation. Dans les deux cas, l'intégration sociale est possible : par l'insertion dans une organisation collective ou dans un métier. Dans l'un et l'autre cas, elle n'est pas garantie. Le type d'organisation, tel que nous l'avons décrit au paragraphe précédent, détermine l'appartenance à un groupe concret de personnes avec lesquelles on travaille. Il n'implique pas directement l'affiliation à un groupe social ou la désaffiliation, même si les formes d'affiliation varient et si le risque de désaffiliation est plus élevé dans les emplois artisanaux peu qualifiés.

L'affiliation est une notion complexe. Elle ne se réduit pas à la stabilité de l'emploi, qui en constitue pourtant une composante essentielle[1]. Quand l'emploi est menacé, que devient le rapport au travail ? On demandait aux personnes interrogées si elles estimaient que le risque de perdre leur emploi était « à peu près inexistant », « faible », « élevé » ou « très élevé ». Ressentir ce risque comme élevé ou très élevé correspond à un niveau de bonheur au travail très bas et à une pression très forte. L'organisation individuelle du travail est associée à une perception plus pessimiste de la pérennité de l'emploi, mais ce point est relativement secondaire et, lorsqu'on raisonne toutes choses égales par ailleurs, ce lien disparaît. Au contraire, lorsqu'on évalue par des techniques économétriques la contribution des différents éléments de la situation socioprofessionnelle au rapport subjectif au travail, la perception du risque de perdre son emploi a, toutes choses égales par ailleurs, un impact massif sur le degré de bonheur et le degré de pression. Entre ceux qui jugent ce risque élevé ou très élevé, d'une part, faible ou inexistant, d'autre part, l'écart est aussi important qu'entre les sans-diplômes et les diplômés du supérieur. Craindre pour son emploi est donc associé, à caractéristiques de la personne et de son travail données, à une probabilité beaucoup plus élevée d'exprimer une souffrance au travail.

Le sens de la causalité n'est cependant pas évident *a priori*. L'angoisse d'un licenciement (ou d'une démission plus ou moins forcée) peut amener à juger négativement son travail. Symétriquement, une pression excessive peut créer le sentiment qu'on ne réussit pas à faire face aux exigences du travail et donc engendrer la crainte de perdre son emploi. Une analyse plus détaillée montre cependant que cette crainte ne correspond pas à une perception différente des aspects concrets du travail, mais à une altération profonde des jugements synthétiques sur la situation sociale d'emploi et de travail. C'est bien l'instabilité de l'emploi qui paraît être ici le facteur causal, et c'est en faisant cette hypothèse que nous allons décrire ce que nous estimons être ses effets.

« Une galère ! » Ceux qui se sentent menacés de perdre leur emploi tendent tout particulièrement à estimer que cette expression décrit bien leur situation professionnelle. Une situation sur laquelle ils portent un regard globalement très pessimiste : ils l'estiment très souvent moins bonne que celle de leur parent de même sexe et ne la souhaitent pas, toutes choses égales par ailleurs, pour leurs enfants.

1. Voir Robert Castel, *op. cit.*

Ce travail sans avenir tend à être perçu comme un travail qui vieillit prématurément celui qui l'exerce. Vieillissement social, plus que vieillissement physique sans doute : le travail est « une impasse », il ne permet pas de rester dans le coup. La perte probable de l'investissement professionnel incline à se sentir exploité et à s'estimer mal payé relativement au travail fourni. Partant, les travailleurs qui craignent de perdre leur emploi ne se sentent guère reconnus à leur juste valeur. Ce défaut de reconnaissance est lié à l'incertitude sur l'emploi, mais sans doute aussi au style des relations sociales : on ne se sent pas écouté, les situations de tensions avec les supérieurs hiérarchiques et les collègues sont fréquentes, c'est « la jungle ». Ici aussi, causes et conséquences sont enchevêtrées : il est difficile de maintenir des relations hiérarchiques sereines quand l'emploi est menacé, et inversement, de fortes tensions et l'absence de reconnaissance peuvent engendrer des craintes pour son emploi. Il y a renforcement réciproque : les craintes pour l'emploi rendent particulièrement pénible, toutes choses égales par ailleurs, le fait de ne pas éprouver le sentiment d'être écouté.

La menace sur l'emploi tend à obliger à se consacrer davantage à son travail. Mais, dans le même temps, elle fait obstacle à un investissement heureux. On s'implique un peu plus par obligation, nettement moins par intérêt. On reste moins souvent de son plein gré pour terminer un travail au-delà de l'horaire normal, mais on le fait plus souvent par obligation. Cette situation est source de tension nerveuse. À cette tension (strictement professionnelle) s'ajoute celle qui naît des relations avec les proches du fait que le travailleur se consacre trop (et, on l'a vu, pas de son plein gré) à son activité professionnelle. Même dans la vie familiale, le travail menacé et d'autant plus prenant devient une nuisance. Dans les conversations avec les proches, l'intérêt du travail occupe une moindre place alors que les conversations sur l'avenir de l'emploi occupent le devant de la scène. Pourtant les travailleurs concernés ne disent pas moins que les autres trouver dans leur travail l'occasion de faire des choses qui leur plaisent et qu'ils ne pourraient pas faire autrement. Peut-être est-ce parce qu'ils ont la tête ailleurs qu'ils disent, massivement, éprouver dans leur travail de l'ennui, et, assez souvent, le regardent comme relevant de la routine[1].

1. Une autre explication serait que les travailleurs effectuant des tâches monotones, répétitives, et auxquels il est reconnu peu d'initiative, seraient les plus menacés par les transformations des organisations.

Néanmoins, comme nous l'avons dit, la perception des éléments concrets du travail ne dépend pas de la stabilité perçue de l'emploi. Même quand celui-ci paraît menacé, le travail ne permet pas moins, n'empêche pas plus de faire des choses qui plaisent. Les relations avec les collègues ou les clients ne sont pas modifiées. Les horaires ne sont pas jugés moins commodes. Il n'empêche que le premier jour de la semaine, on n'a pas le moral au moment de reprendre ce qui est perçu comme « une course d'obstacles ». Ce désarroi est bien lié à la situation d'emploi. Mais qu'il soit menacé n'empêche pas de continuer à éprouver, en fonction des autres caractéristiques de sa situation sociale et de son travail, le sentiment du travail bien fait. Néanmoins, on a sensiblement moins le sentiment d'être utile aux autres et, on l'a vu, d'être reconnu à sa juste valeur.

Quand jugements d'utilité et jugements de beauté ne coïncident plus

La psychodynamique du travail a élaboré les notions de « jugement d'utilité » et de « jugement de beauté », qui constituent pour elle les deux composantes de la reconnaissance du travail[1]. Le jugement d'utilité est porté, selon des modalités diverses, de l'extérieur du groupe des pairs, tandis que les jugements de beauté sont internes à celui-ci. Ils définissent le travail bien fait, la « belle ouvrage ». Ils portent sur le « respect des règles du travail ou des règles de l'art » et sur l'originalité du travail, ce qui le différencie du travail commun, mais, précise Christophe Dejours, « à condition que soient respectées d'abord des règles communes ». Yves Clot[2], s'inspirant de travaux de linguistique, parle de conformité à un « genre » et de « style » personnel. Les travailleurs qui perçoivent leur emploi comme menacé ressentent donc le jugement d'utilité porté sur eux par l'entreprise et sa hiérarchie comme un jugement négatif (moindre sentiment d'être utile aux autres, moindre sentiment d'être reconnu à sa juste valeur), tandis que les jugements de beauté émanant du groupe des pairs et intériorisés (le travail bien fait) ne sont pas altérés. Si le risque de désaffiliation économique n'altère pas le sentiment de « bien faire son travail », qui est un sentiment de reconnaissance par les pairs, ce

1. Christophe Dejours, *Travail : usure mentale, de la psychopathologie à la psychodynamique du travail*, Paris, Bayard, 1993.

2. Yves Clot, *La Fonction psychologique du travail, Paris,* PUF, 1999.

risque rend tout de même plus précieuse l'affiliation au groupe des pairs : les travailleurs les plus pessimistes sur l'avenir de leur emploi y voient un peu moins souvent, toutes choses égales par ailleurs, « une équipe », et surtout, lorsqu'ils n'ont pas le sentiment de travailler dans une équipe qui s'entend bien, ils le regrettent tout particulièrement.

Dans le travail artisanal solitaire, on n'éprouve évidemment pas le sentiment d'appartenir à une équipe qui s'entend bien. En l'absence de pression particulière, cette solitude paraît « naturelle » et ne provoque pas l'expression d'une souffrance. Au demeurant, l'appartenance à un groupe professionnel structuré ne passe pas forcément par la cohabitation quotidienne. Mais la pression accroît considérablement le regret de ne pas appartenir à une équipe : à la fois parce que cette situation est plus fréquente lorsque l'intensité du travail est forte et parce qu'elle est beaucoup plus douloureusement ressentie.

Si le néo-management valorise l'équipe, unité temporaire de coopération technique, il réduit la part du collectif au sens fort de groupe social. La coopération dans le travail quotidien se fait au sein du groupe des collègues habituels. Mais, avec l'importance croissante du capital culturel dans le travail (par exemple lorsqu'il s'agit de mettre en œuvre les nouvelles technologies de l'informatique), c'est le réseau personnel de chacun, constitué sur une base élective, en fonction des ressources culturelles et sociales personnelles, qui permet l'apprentissage, l'entretien et l'accumulation des compétences. Or, maintenir et augmenter ses compétences par ses propres moyens est devenu indispensable dans des entreprises qui mettent de plus en plus en demeure chacun de gérer sa propre carrière. L'individualisation de la gestion des ressources humaines accroît ainsi l'importance des relations personnelles au détriment des relations au sein d'un ancien groupe de pairs devenus concurrents et inégaux. Les clivages liés à la formation ou à l'âge tendent ainsi à s'accentuer, créant la « mauvaise ambiance » et abandonnant chacun à la solitude face à la pression du travail[1].

L'affaiblissement des appartenances statutaires et la transformation des formes concrètes de travail livrent des individus isolés à la pression des entreprises. Les travailleurs n'ont alors pas d'autre

1. L'existence de statuts d'emploi différents au sein d'une même unité de travail rend presque inévitables ces clivages : par exemple lorsque permanents et intérimaires se côtoient sur une chaîne de montage. Voir Stéphane Beaud et Michel Pialoux, *op. cit.*

choix que de s'investir, peu ou prou, dans leur travail. Mais ces travailleurs ne sont pas de pures victimes. Ils sont aussi des acteurs lorsqu'ils s'impliquent dans leur activité professionnelle et y investissent ainsi leur capital, notamment culturel. Cet investissement est largement fondé sur l'intérêt trouvé au travail. Mais on vient de le voir, la peur du chômage induit une implication forcée. Pour certains auteurs, la peur joue ainsi un rôle croissant dans la vie de travail[1]. Au moins depuis les travaux de Mayo[2] et de ses disciples, les dirigeants rêvent de substituer l'intérêt au travail à l'intérêt économique à travailler. L'invention des formes d'organisation post-tayloriennes, l'extension de la scolarité et la « destruction des défenses du monde du travail » donnent corps à cette utopie, au moment même où la contrainte économique pesant sur les travailleurs – salariés et indépendants – est plus forte qu'elle ne l'a jamais été depuis des décennies. L'« excitation[3] » s'ajoute à l'incitation[4].

La mise en œuvre des nouvelles technologies de l'informatique illustre parfaitement la façon dont les entreprises mettent à profit les dispositions favorables d'une part croissante de leur main-d'œuvre. L'effort considérable, et non rémunéré, que représentent l'apprentissage et la domestication de ces techniques repose largement sur la capacité d'une grande partie des utilisateurs, notamment ceux qui appartiennent aux catégories moyennes, à envisager, dans leur pratique, les outils informatiques non seulement comme des outils professionnels, mais aussi comme des biens culturels ; et partant, à s'investir dans leur usage un peu comme dans une pratique culturelle[5].

Cet exemple a une portée générale. L'intellectualisation du travail ne s'accompagne pas du recul de sa part matérielle : pour une grande part, les pénibilités, les nuisances, les risques physiques persistent. L'expression a pourtant un sens, au-delà de la seule expansion des exigences cognitives : de plus en plus de salariés ont, et doivent adopter, à l'égard de leur travail, une attitude d'intellectuel. Ils s'y investissent d'ailleurs un peu comme un intellectuel, un artiste, un sportif s'investit dans un univers intellectuel, artistique ou spor-

1. Christophe Dejours, *Souffrance en France, la banalisation de l'injustice sociale*, Paris, Seuil, 1998.

2. George Elton Mayo, *The Human Problems of an Industrial Civilisation*, New York, MacMillan, 1933.

3. Voir Luc Boltanski et Ève Chiapello, *loc. cit.*

4. Laquelle tend à retrouver la forme du bâton, plutôt que de la carotte.

5. Christian Baudelot et Michel Gollac, « L'informatique au travail », *op. cit.*, et Michel Gollac et Francis Kramarz, « L'informatique comme pratique et comme croyance », *op. cit.*.

tif. Ce n'est pas un hasard si le management ne cesse d'assimiler l'entreprise au monde de la science, de l'art ou du sport…

Les univers de la science et de l'art tendent à fonctionner sur le mode de « champs » assez largement autonomes tels que les a définis Pierre Bourdieu. Dans sa forme idéal-typique, un champ est un ensemble d'agents placés en situation de concurrence face à un enjeu commun ; mais cet enjeu est défini de façon interne, de sorte que ces agents sont aussi en concurrence pour en imposer la définition. Les univers en question sont polarisés, d'une part, selon le degré d'excellence de leurs membres, d'autre part, à travers l'opposition de diverses formes d'excellence. Cette opposition est limitée par le fait qu'il est essentiel pour les agents de faire reconnaître leur appartenance au champ avant de s'y distinguer. Fondée sur la substitution d'une forme d'excellence à une autre sous l'effet de l'action des membres du champ, la dynamique du champ est principalement interne. Il ne s'agit là que d'un modèle, et celui-ci n'est jamais parfaitement réalisé. Mais il se traduit, dans la réalité, par une double contrainte exercée par deux normes particulièrement contraignantes : être reconnu comme membre du champ, pouvoir l'influencer par son style ou du moins s'y exprimer comme personne autonome. Ces contraintes sont aussi les récompenses symboliques de l'investissement dans les enjeux du champ.

Mais le monde de l'entreprise n'est pas celui de la science ou de l'art, ni non plus celui du sport. L'analogie perd de sa pertinence à mesure qu'on descend les degrés de la hiérarchie sociale et professionnelle. Les règles, les conventions, les hiérarchies, encadrent davantage les actions et les positions dans les entreprises que dans le monde intellectuel ou artistique. Surtout, l'autonomie des acteurs y est, la plupart du temps, beaucoup plus difficile à établir et à maintenir. Non que l'entreprise soit un monde où régnerait une seule logique (« l'horreur économique ») : sa performance peut être définie de diverses manières, qui induisent autant de manières de mettre à l'épreuve et d'apprécier les performances de ses salariés. Mais ceux-ci n'ont qu'une influence très limitée sur la définition de ces enjeux.

Si la coexistence de deux logiques, l'une portée par les travailleurs et l'autre par la hiérarchie, n'est pas nouvelle, une série d'évolutions tend aujourd'hui à créer des situations paradoxales, de double lien (*double bind*), difficilement tenables. Les salariés sont à la fois plus soucieux d'eux-mêmes et plus poussés par le management à développer une action personnelle qu'ils peuvent se représenter comme intéressante, voire créative. Toutefois, les critères d'appréciation de cette action sont mal définis, parce que les collectifs, les groupes de pairs, sont moins stables, en raison des changements incessants dans l'organisation des entreprises et la gestion de leurs « ressources humaines » : ils n'ont pas le temps d'élaborer des systèmes de valeurs collectifs auxquels les individus puissent se référer ou qu'ils puissent intérioriser. Et surtout, les jugements d'utilité sont devenus plus contraignants du fait que les sanctions économiques sont désormais plus fortes en raison du risque de chômage et de l'individualisation des carrières salariales. « Voir son utilité reconnue » et « bien faire son travail » sont alors deux désirs contradictoires. Le conflit produit de la souffrance, une souffrance proportionnelle à l'intensité de l'investissement psychologique dans le travail[1].

La fonction publique, une position à part

En contrepoint de la pression sans bonheur que diffusent les nouveaux modes de management des entreprises et de gestion des ressources humaines, l'appartenance à la fonction publique paraît ouvrir l'accès à un bonheur sans pression. Plus exactement, toutes choses égales par ailleurs, elle augmente le degré de bonheur, sans influer sur le degré de pression. Elle augmente donc l'investissement au travail, mais en réduisant le risque de malheur. Si les salariés du secteur public résistent mieux à la pression du nouveau management, ce n'est pas uniquement parce que leur statut leur assure la sécurité de l'emploi. L'effet de l'appartenance à la fonction publique sur le rapport au travail n'est pas l'envers de celui de la précarité ou de l'expérience du chômage. Le statut fonde une identité collective, qui se manifeste à travers une idéologie spécifique, et qui renforce la résistance.

L'effet le plus évident de l'appartenance à la fonction publique est, pour la majorité de ses agents, la sécurité de l'emploi. Celle-ci est un élément important du bonheur au travail : il s'agit d'une sécurité que l'on souhaite transmettre à ses enfants[2]. Être fonctionnaire,

1. Les organisations nouvelles sont porteuses de plusieurs logiques (voir Pierre Veltz, *Le Nouveau Monde industriel*, *op. cit.*). Il peut en résulter une ouverture pour les acteurs disposant de fortes ressources. Pour nombre de salariés, cependant, c'est une source de souffrances accrues car l'incertitude sur les évaluations crée une inquiétude permanente (voir Thomas Périlleux, *Les Tensions de la flexibilité : l'épreuve du travail contemporain*, Paris, Desclée de Brouwer, 2001).

2. Et que l'on transmet souvent, en effet. Voir François de Singly et Claude Thélot, *Gens du privé, gens du public*, Paris, Dunod, 1989. L'idéologie de la fonction publique peut d'ailleurs contribuer à l'hérédité sociale du statut de fonctionnaire.

ou assimilé, est un rempart contre l'incertitude, facteur de pression pour les salariés du privé. Mais ce n'est pas tout. Le travail dans la fonction publique est organisé de manière différente que dans le privé[1]. Il est soumis aux exigences du service public. Mais celles-ci ne s'imposent pas directement aux salariés : la puissance que leur statut confère à ceux-ci permet de trouver des compromis favorables. Un exemple entre mille, le cas de Catherine.

Catherine C.[2] est directrice d'un centre d'hébergement de la Protection judiciaire de la jeunesse. Âgée d'une cinquantaine d'années, elle est très impliquée dans son travail, et se dit heureuse d'être fonctionnaire. Elle a perdu son mari, éducateur comme elle à l'époque, alors que leurs trois enfants étaient en bas âge. Rapidement débordée, fatiguée, elle a pu se mettre à mi-temps quelques années pour mener de front sa vie professionnelle et sa vie de mère. Elle a toujours été très investie dans sa fonction et n'hésitait pas à proposer à des jeunes placés en foyer de l'accompagner lors de ses promenades dominicales ou à l'occasion d'un réveillon s'ils étaient esseulés. En 1990, elle a passé le concours pour être directrice, dans l'idée qu'il fallait qu'elle s'occupe de son avenir après avoir élevé ses enfants. Elle s'est associée aux différents projets mis en place dans le cadre de la politique de la Ville, s'est intéressée aux nouvelles mesures éducatives, a participé à plusieurs ateliers de réflexion :

> Faut rien en attendre de cette administration, faut pas attendre de reconnaissance, c'est clair… Mais on a énormément de liberté ! Je ne suis pas d'accord avec les gens qui disent que quand on est fonctionnaire, on n'a pas de liberté. Bon, ça nécessite une mobilité géographique… Mais, moi, mes enfants, ils sont tous les trois dans le secteur privé, je mesure… À la PJJ, j'ai toujours eu la possibilité d'innover, de changer, tout en étant dans un cadre très sécurisant. Si j'avais été dans le privé, quand je me suis retrouvée toute seule avec mes enfants, je sais pas comment j'aurais fait si y avait eu cette angoisse en plus… Moi, je trouve que la fonction publique, ça offre une sécurité pour essayer des choses. Parce que je serais pas une risque-tout, je n'aurais jamais pu me mettre à mon compte par exemple… Professionnellement, j'ai souvent été très heureuse… J'ai suivi beaucoup de formations, j'ai rencontré plein de gens intéressants, jamais je suis restée plus de cinq ans quelque part, j'ai toujours cherché l'ouverture, les montages d'opérations… Après, quand c'est monté, quand ça roule, ça m'intéresse moins, alors je pars…

---

1. Michel Gollac et Serge Volkoff, *Les Conditions de travail*, *op. cit.*

2. Entretien réalisé par Isabelle Coutant dans le cadre d'une thèse de sociologie en cours.

La flexibilité des horaires est plus grande dans la fonction publique que dans le secteur privé, mais elle est gérée d'une façon moins dommageable aux salariés. Travailler certains dimanches ou certaines nuits y est plus fréquent. Il est fréquent aussi que le service public ne tolère pas d'interruptions en dehors des pauses. Mais les horaires des « fonctionnaires », s'ils sont plus souvent atypiques, leur sont communiqués plus longtemps à l'avance. Les agents de la fonction publique sont ainsi mieux à même de concilier vie professionnelle et vie familiale. Il est plus rare aussi dans le secteur public de ne pas bénéficier de quarante-huit heures consécutives de repos chaque semaine. Cette organisation du temps de travail est appréciée : toutes choses égales par ailleurs [1], les agents de la fonction publique tendent davantage à juger leurs horaires commodes.

En ce qui concerne le rythme de travail, les salariés de la fonction publique sont également moins dépendants des fluctuations de la demande que ceux du privé, où les activités de service direct n'ont pourtant pas la même importance. La fonction publique est sans doute, paradoxalement, moins bureaucratique que le privé : en tout cas, les normes et autres standards de quantité et de qualité y sont moins largement diffusés. Ses salariés décrivent moins souvent leur travail, toutes choses égales par ailleurs, comme une « course d'obstacles », moins souvent aussi comme une « routine », plus souvent comme une « aventure » ; ils y éprouvent moins souvent de l'ennui.

Mais surtout, face à des situations difficiles, les salariés du public bénéficient de davantage d'aide et de coopération. Ils pensent plus souvent que le mot « équipe » décrit bien leur travail ; ils ont, semble-t-il, plus souvent le sentiment d'appartenir à une équipe qui s'entend bien [2].

Cette situation objective retentit sur leur rapport subjectif au travail. Cette organisation collective s'accompagne d'un fort investissement dans la profession : les membres de la fonction publique reconnaissent volontiers dans leur travail une « passion ». Leur travail leur permet souvent de faire des choses qui leur plaisent et qu'ils ne pourraient faire autrement. Ils s'impliquent en raison de l'intérêt du travail, et non pour gagner plus (ce qui serait d'ailleurs, compte tenu

---

1. La durée du travail et le sexe sont déterminants dans l'appréciation des horaires. On a étudié l'impact de l'appartenance à la fonction publique sur le rapport au travail en contrôlant ces variables ainsi que le capital économique professionnel (3 postes), le diplôme (3 postes), les responsabilités hiérarchiques, le revenu professionnel (3 postes), l'intensité du travail (3 postes), le degré d'autonomie, les modes d'évaluation du travail.

2. Toujours « toutes choses égales par ailleurs ».

des règles de rémunération, peu réaliste). Ce qui les caractérise avant tout, c'est le sentiment de faire quelque chose d'utile aux autres. Que ce sentiment soit fondé ou non, cette idéologie spécifique contribue à l'existence d'une forte identité au sein du service public.

Parmi les enquêtés, les salariés du public se disent plus souvent que les autres fiers de leur rôle et heureux de leur sort. Ils ont davantage le sentiment d'être plutôt bien payés par rapport au travail qu'ils font, un travail qui d'ailleurs leur « permet de rester dans le coup ». Ils ont le sentiment d'être plus écoutés que les autres. En outre, les travailleurs du public tendent à apprécier ce qu'ils ont : le sentiment d'être écouté, la bonne équipe, l'intérêt du travail, et affectent de se désintéresser de ce qui leur est plus mesuré : l'argent et le pouvoir.

« Un fonctionnaire, ça fonctionne »

Cependant, la mission peut être difficile à tenir dans la confrontation à un nouveau public. Si l'appartenance à la fonction publique est une protection contre la souffrance au travail, elle ne fonctionne pas à 100%, comme l'exprime une jeune enseignante, Stéphanie S., dont le discours est emblématique de la nouvelle génération[1]. Professeure dans un collège de la banlieue parisienne depuis un an, elle a 24 ans, son père est ingénieur dans l'est de la France. Elle dénonce l'attitude de l'administration à l'égard des jeunes enseignants. Le caractère aléatoire des mutations et la durée des trajets entre son domicile et le collège (trois heures de train par jour) cristallisent ce qu'elle ressent comme une absence de considération du ministère. À cette impression de n'être qu'un « pion » s'ajoute ce qu'elle ressent comme une absence de considération de la part des élèves :

> Là, je me dis, je pourrai jamais faire ça pendant trente ans ! Mais on est pas mal à être pleins de contradictions comme ça ! Et c'est vrai que c'est quand même dur d'arriver en tout début dans un endroit comme ça. [...] J'avais mon mari qui travaillait en banlieue parisienne, j'avais demandé la banlieue sud, j'ai eu Gonesse. J'ai une heure et demie de train pour venir, trois heures de transport par jour. J'en peux plus. Là, je me dis, si être fonctionnaire, c'est être muté comme ça n'importe où,

1. Entretien réalisé par Isabelle Coutant dans le cadre d'une thèse de sociologie en cours.

c'est vraiment l'horreur ! On n'est pas considérés... C'est pas toujours facile d'avoir une mauvaise image. Par le ministère, on n'est pas considérés du tout, par les gens, c'est pas non plus... ça dépend. Il n'y a pas beaucoup de gens qui... pas qui admirent, mais qui valorisent cette profession. Faut être archi-équilibré par ailleurs ! Et même en étant archi-équilibré par ailleurs, on a vite fait de sombrer. C'est ça qu'est très très dur : il suffit que ça n'aille pas, un tout petit problème, pour que ça n'aille plus du tout du tout. Étant donné qu'on est face à des gamins pas faciles ou qui ont plein de problèmes, on peut pas se permettre nous d'en avoir.

Elle est tiraillée entre sa tentation de « prendre des libertés par rapport au programme » pour intéresser davantage les élèves et la nécessité de s'y conformer en prévision de l'inspection de fin d'année :

Ce que je trouve un peu dur, c'est qu'on est là pour enseigner une matière avec un inspecteur qui menace de passer toute l'année pour voir si on a bien fait nos séquences alors qu'en fait, on est face à des enfants qui savent à peine lire, qui comprennent rien à rien et qui pensent qu'à une chose : à s'amuser ou à vous déstabiliser. Qu'est-ce qu'on doit faire, nous ? Y a un décalage énorme. Moi, je veux bien enseigner dans un endroit comme ça, mais dans ce cas-là, on me dit : essaie de leur apprendre bien à se débrouiller dans la vie, à comprendre le journal... On est obligés de s'arranger tout seuls, de faire notre propre mixture.

Elle se demande quelle est sa mission, et s'interroge sur sa fonction dans un collège qui, selon elle, est plus un lieu de rencontre, de sociabilité adolescente, que d'apprentissage. Elle s'inquiète des conséquences de la politique de « passage systématique » dans la classe supérieure. Et, finalement, si elle est « victime », elle réalise que c'est essentiellement d'un « système » :

Quand j'ai passé le CAPES... J'étais pas naïve, je pensais pas que ça allait être formidable... Quand même, je l'ai souhaité, et même après cette année-là, ça me plaît toujours. Mais ça me plaît dans le sens où je redéfinis moi-même ma mission. Et ce qui me déplaît, c'est d'être fonctionnaire parce que je trouve qu'on doit faire passer un message auquel j'adhère pas et ça, c'est assez dur. C'est ce dont je n'avais pas pris conscience au départ. [...] Comme on est fonctionnaire, on doit obéir aux directives gouvernementales sans discuter. On nous a quand même dit, ici, dans une réunion : « Un fonctionnaire, ça fonctionne. » On apprend aux élèves à réfléchir, à avoir un esprit critique, à essayer d'être acteurs de leurs choix, et après, on nous dit, « un fonctionnaire, ça fonctionne » ! Donc de laisser passer des gamins qui ont le droit de redoubler qu'une fois entre le CP et la troisième... Voilà, on fonctionne.

« On est complètement démunis face à la situation », poursuit-elle, expliquant qu'elle a le sentiment de devoir toujours se remettre en cause, se justifier, « lutter » – le champ sémantique de la lutte, du combat, est récurrent –, et que c'est « épuisant ». Elle considère que le message de l'IUFM est ambigu, qu'on leur conseille de prendre de la distance : si elle estime effectivement que « y a pas de survie si on prend pas de recul », elle précise que « y a pas d'un côté le prof et d'un côté l'individu », parce qu'il est difficile de ne pas s'impliquer dans son travail.

Ce peut être aussi la diffusion de nouvelles priorités qui engendre de la souffrance : lorsque la gestion du service public est profondément modifiée, en particulier lorsque des dirigeants y importent sans précaution les dispositifs et les valeurs du privé, les agents de la fonction publique se trouvent confrontés à des dilemmes cornéliens. Faudra-t-il, par exemple, accepter à la Poste que le courrier des entreprises passe avant celui des usagers, au prétexte que les premières peuvent faire appel à des distributeurs privés quand les seconds sont captifs ? Faut-il vendre des services rentables à des usagers qui n'en ont pas besoin ? Les valeurs des agents de la fonction publique[1] étant fort différentes de celles de la haute fonction publique, il en résulte une forme très particulière d'intensification du travail et de souffrance sociale[2] : les agents sont contraints de se plier, *nolens volens*, aux nouvelles priorités instrumentées par de nouveaux critères de gestion et s'efforcent en même temps de maintenir un service public qui corresponde à leurs exigences morales.

Les travailleurs sont ainsi soumis à plusieurs types d'injonctions contradictoires. Parfois, ce sont les prescriptions venues de la direction qui se contredisent ; parfois ces prescriptions sont cohérentes mais bouleversent les valeurs dont ils sont porteurs. Les salariés se voient aujourd'hui fermement invités à intérioriser les prescriptions, à convertir des objectifs gestionnaires en impératifs moraux. Bien sûr, ce rêve managérial n'est pas pleinement exaucé. Il n'empêche que l'investissement dans le travail, dont on peut de moins en moins s'abstraire, transforme les conflits de normes gestionnaires en conflits de normes morales. Il accroît ainsi la pression qui dégénère

1. Michael Lipsky, *Street-Level Bureaucracy : Dilemmas of the Individual in Public Services*, New York, Russell Sage, 1980.

2. Voir Pierre Bourdieu, « La démission de l'État », *in* Pierre Bourdieu (éd.), *La Misère du monde*, *op.cit.*

en souffrance lorsque les ressources manquent pour la surmonter[1]. La souffrance que risquent d'engendrer ces formes de pression est elle-même à la source d'une nouvelle contradiction. Pour la contenir, selon l'expression d'un des guichetiers des allocations familiales observés par Vincent Dubois[2], «il faut savoir mettre le travail à part». Une telle attitude est difficile à adopter lorsque, dans le même temps, il est prescrit de s'investir personnellement dans son travail[3].

Ces formes de souffrance ont été particulièrement bien décrites dans le secteur public. Elles s'y manifestent avec d'autant plus d'éclat que l'idéologie des agents est forte, la justification des pratiques managériales souvent faible, et la transition brutale : les enquêtes statistiques sur les conditions et l'organisation du travail montrent que les nouvelles formes de travail se répandent aussi vite dans le secteur public que dans le secteur privé, même si le niveau de départ est différent. Mais, sous une forme plus discrète, des conflits entre impératifs gestionnaires et conception professionnelle du travail bien fait sont sans doute plus fréquents encore dans le secteur privé. En tout cas, la situation que décrit notre enquête est celle où l'appartenance à la fonction publique offre majoritairement la possibilité d'une résistance efficace.

1. On a montré, dans le cas des policiers, que l'accent mis sur tel ou tel aspect d'une fonction hétérogène dépend de la structure des capitaux détenus. Voir Dominique Monjardet, «La culture professionnelle des policiers», *Revue française de sociologie*, 1994.On doit sans doute considérer la capacité à se situer sur plusieurs scènes à la fois comme une propriété structurale. On peut faire l'hypothèse qu'elle est forgée par la socialisation scolaire, puis les décalages entre titre et poste. On peut même se demander si la capacité à être un acteur distancié n'est pas une compétence nécessaire à la tenue de certains postes (à la fois pour supporter le désenchantement que suscite le poste, et pour ne pas se sentir «mouillé» par ce que le poste implique de faire).

2. Vincent Dubois, *La Vie au guichet*, Paris, Economica, 1999.

3. La capacité à la maintenir est vue souvent uniquement comme une compétence personnelle alors qu'elle dépend surtout «de la manière dont ce que les [agents] font est régulé et agencé». Voir Jean-Marc Weller, «La relation de service et l'indifférence morale de l'agent public. L'épreuve de l'arbitraire», *in* François Hubault, *Comprendre que travailler c'est penser, un enjeu industriel de l'intervention ergonomique*, Séminaire Paris-I, 26-26 mai 2000, Toulouse, éd. Octares, 2001.

12

Le salaire console-t-il du malheur au travail ?

Pourquoi les individus acceptent-ils de souffrir au travail ? Question choquante pour tous ceux qui souffrent au travail, et que l'on semble soupçonner d'avoir fait un mauvais choix ; question incongrue pour tous les spécialistes des sciences sociales, qui savent que la souffrance, comme la plupart des émotions et des sensations, s'éprouve mais ne relève pas d'un choix délibéré. Pourtant, si la souffrance au travail ne se choisit pas, face à un emploi et aux conditions de travail qui lui sont associées, les acteurs conservent une certaine latitude et peuvent adopter diverses stratégies : faire ce qu'on appelle du « freinage », chercher un autre emploi et démissionner, essayer d'obtenir une promotion, s'investir dans des actions collectives pour obtenir une transformation des conditions de travail, s'en remettre à l'inspection du travail, etc. Le travailleur d'aujourd'hui n'est plus attaché à son poste comme le serf à la glèbe : si les personnes en recherche d'emploi sont en général prêtes à accepter 80 % des offres d'emploi qui se présentent[1], ce qui donne au refus une place limitée, les changements d'emploi sont loin d'être négligeables : 35,4 % des hommes et 33,6 % des femmes ont changé d'emploi en cinq ans entre 1988 et 1993[2].

Si les emplois assortis de conditions de travail particulièrement pénibles peuvent ainsi faire l'objet de stratégies d'évitement, ils pour-

1. Cf. Pierre Cahuc et André Zylberberg, « Ouvertures économiques », *Économie du travail*, De Boeck Université, 1996, p. 67.

2. Simone Chapoulie, « Une nouvelle carte de la mobilité professionnelle », *Économie et statistique*, n° 331, 2000, pp. 25-46. L'enquête Insee « Formation, qualification professionnelle » de 1993 sur laquelle est fondée cette étude ne permet malheureusement pas de distinguer les changements d'emploi « volontaires » et ceux qui sont « subis » (à la suite d'un licenciement).

raient tout aussi bien faire l'objet d'une redéfinition qui les rendrait plus attractifs. À la suite d'Adam Smith, l'économie libérale du marché du travail estime d'ailleurs, à partir de ce raisonnement, que le marché conduit à verser des salaires plus élevés aux salariés assurant des emplois pénibles.

Le marché du travail est soumis, comme tout marché, à la loi de l'offre et de la demande. Si les caractéristiques d'un poste particulier sont moins attractives que ne le sont celles d'un emploi ordinaire, l'entrepreneur ne trouvera pas de candidat. Son principal moyen pour le rendre attractif sera alors d'augmenter le salaire offert. Ainsi, comme dans *Le Salaire de la peur*, où une compagnie de pétrole américaine va jusqu'à offrir 2 000 dollars (de 1950) pour transporter de la nitroglycérine sur 500 kilomètres, les pénibilités physiques ou psychiques (comme la peur) engendreraient un supplément de rémunération.

Attardons-nous plus particulièrement sur la première proposition d'Adam Smith, dans *La Richesse des nations* : « Les salaires du travail varient suivant que l'emploi est aisé ou pénible, propre ou malpropre, honorable ou méprisé[1]. » Toutes les pénibilités au travail, physiques, psychiques, ou même sociales (honorabilité), font l'objet d'une compensation monétaire via le salaire. Selon cette théorie, la souffrance au travail fait l'objet d'une compensation salariale. Adam Smith propose un bien étrange calcul entre « les avantages et les désavantages du travail » : un calcul abstrait dont les termes ne sont pas quantifiés *a priori*. Et pourtant, il est bien des situations où les acteurs sont conduits à se représenter leur choix sous la forme d'un calcul de ce type.

Ainsi, Rémi R., ingénieur, chef d'une équipe en recherche et développement informatique rencontré dans une salle de marché d'une grande banque française, éprouve de grandes souffrances au travail. À la mésentente structurelle, fondée sur la domination du *trading* en matière d'ingénierie recherche et développement[2], s'ajoutent des circonstances aggravantes : un chef (*trader*), nommé entre Rémi R. et ses anciens supérieurs, récupère une grande partie de ses

1. Cf. Adam Smith, *La Richesse des nations* (1776), Paris, GF-Flammarion, 1991, pp. 174-181.

2. Voir Olivier Godechot, *Les Traders*, Paris, La Découverte, 2001. Le *trader* a pour tâche de faire fructifier un portefeuille de titres financiers (appartenant à sa banque) en prenant des décisions d'achat ou de vente de produits financiers. L'*ingénieur recherche et développement* met au point des modèles mathématiques, des logiciels de tarification des produits financiers et d'aide à la décision dont se servent quotidiennement les traders.

anciennes prérogatives et critique quotidiennement son style de conduite de l'équipe en répétant que « ses subordonnés ne l'aiment pas ». Sans lui être fondamentalement hostile, son équipe de subordonnés, tournée vers le *trading*, « oublie » de lui rendre compte de ses activités et d'appliquer ses directives. Cette situation est difficile à vivre pour Rémi : atteint de douleurs permanentes à l'estomac, il s'interroge sur la possibilité d'intenter une action pour harcèlement. Toutefois, son poste a été positionné en matière de rémunération sur un profil de *trader* et il peut toucher les bonnes années un bonus de plus de deux millions de francs (300 000 euros). Partir, c'est pour lui risquer de devoir renoncer à un niveau de vie auquel sa famille et lui se sont habitués. C'est ainsi que ce niveau de salaire exceptionnellement élevé l'a convaincu de garder son poste pendant plusieurs années, avant qu'il finisse par démissionner.

Certes, dira-t-on, la souffrance est ici le fait d'une configuration singulière, liée à la remise en cause des prérogatives de Rémi R. et de sa capacité à gérer son équipe. Elle n'est pas le fruit de conditions de travail structurellement pénibles. Les rémunérations très élevées que l'on rencontre dans ce type d'univers professionnel ne sont pas, loin s'en faut, la conséquence d'une quelconque compensation de mauvaises conditions de travail. Il ne s'agit pas là d'un *salaire de la peur*. Cependant, dans le cas de Rémi, le niveau de salaire a bien fonctionné, pour un temps, et de son point de vue, comme une compensation des souffrances qu'il connaît au travail[1].

Vue de loin, l'idée que les conditions de travail pénibles – responsables d'une part non négligeable de la souffrance au travail – sont compensées par le salaire peut paraître largement infondée, tant l'opposition est forte entre les postes d'encadrement qui cumulent bonnes conditions de travail et salaires relativement élevés, et les postes d'exécution qui associent souvent des conditions de travail pénibles et des salaires beaucoup plus faibles, voire très faibles. Mais il ne faut pas oublier que le salaire, selon la logique même d'Adam Smith, rémunère plusieurs facteurs. Il doit compenser les études, la responsabilité, les risques, en même temps que la pénibilité. La

1. Nous ne sommes pas exactement ici dans la situation prévue par la théorie économique selon laquelle les souffrances au travail sont objectivées, à la fois du point de vue des travailleurs et des employeurs, par la fixation des salaires sur le marché du travail. Les supérieurs de Rémi R. n'ont pas forcément conscience de la souffrance à ce poste dans cette situation. Toutefois, comme c'est souvent le cas dans la finance, pour fixer la rémunération de Rémi R., dont ils estiment malgré tout le travail, ils s'efforcent d'évaluer la somme qui rendrait Rémi suffisamment « heureux » pour qu'il renonce à partir (terme employé explicitement dans ce milieu professionnel).

logique des différences compensatoires peut être respectée dans les faits sans qu'elle saute pour autant aux yeux des salariés. Pour la détecter, il faut comparer les métiers à niveau de compétence et de responsabilité équivalent : les travailleurs de nuit ne sont-ils pas souvent mieux payés que les travailleurs de jour ? Les convoyeurs de fonds n'ont-ils pas obtenu une prime de risque que ne touchent pas les chauffeurs ordinaires ?

De nombreuses analyses économétriques traquent depuis une trentaine d'années ces différences compensatoires et cherchent à les identifier[1]. Pour la France, Christian Baudelot et Michel Gollac[2] ont observé que seules certaines conditions de travail spécifiques sont associées à des suppléments de rémunération. Si l'exposition aux pénibilités très objectivées et réglementées comme le travail de nuit ou le travail en équipe alternante (3 × 8), permet d'être un peu mieux payé, l'exposition aux pénibilités moins objectivées ou instituées, donc plus difficiles à mesurer ou à évaluer, comme le froid, la manipulation de charges lourdes, ou l'impossibilité de quitter son travail des yeux, ne génère pas de rémunération supplémentaire, voire pis, est associée à des postes moins bien payés, toutes choses égales par ailleurs.

L'analyse de la variation de la rémunération en fonction des conditions de travail permet donc déjà d'apporter une première forme de démenti à la théorie d'Adam Smith : toutes les pénibilités au travail ne sont pas compensées par un salaire plus élevé. Et pour celles qui le sont, le supplément de salaire attribué est souvent moins le résultat d'un mécanisme marchand que d'une mobilisation collective qui a réussi à faire inscrire les avantages un moment arrachés au patronat dans les textes réglementaires : accords d'entreprises, conventions collectives, décrets et lois[3].

1. Cette littérature est parfois classée sous la rubrique « salaire hédonique », prouvant bien qu'au-delà de la variation du salaire en fonction des conditions de travail, c'est la prise en compte dans le salaire du plaisir et du déplaisir au travail qui est au centre de cette approche. Voir par exemple J. Cañada Vicinay, « Les équations hédoniques de salaires et la perception subjective des conditions de travail », *Économie et prévision*, n° 131, 1997, pp. 155-174.

2. Voir Christian Baudelot et Michel Gollac, « Salaires et conditions de travail », *Économie et statistique*, n° 265, 1993, pp. 65-84.

3. À la décharge d'Adam Smith, celui-ci précise que sa théorie n'est valable que pour un marché parfait : « Cette égalité [dans la somme totale des avantages et désavantages des divers emplois du travail et des capitaux] ne peut avoir lieu que dans ces emplois qui sont bien connus et qui existent depuis longtemps dans la localité [...], qui sont dans leur état ordinaire, ou dans ce que l'on peut appeler leur état *naturel* [...], qui sont la seule ou la principale occupation de ceux qui les exercent » (*La Richesse des nations, op. cit.*, pp. 190-192).

L'existence, objective ou non, de suppléments de rémunération visant à compenser diverses formes de pénibilité au travail ne répond toutefois que partiellement au problème soulevé par la théorie des différences compensatoires. Cette théorie suppose en effet que les individus évaluent subjectivement les avantages (salaire, qualités du travail) et les désavantages (pénibilités du travail) de leur emploi. Rien ne dit que quand il y a prime (travail de nuit, par exemple), les salariés la trouvent suffisante! Rien ne dit que là où le chercheur discerne une pénibilité méritant compensation (être exposé au froid), le salarié voit les choses comme lui. C'est ainsi que pour apprendre si le salaire peut être considéré ou non comme la consolation de toutes les souffrances endurées au travail, il faut quitter la sphère des équations de salaire et entrer dans l'univers des attentes salariales.

COMPTE TENU DE VOTRE TRAVAIL, DIRIEZ-VOUS QUE VOUS ÊTES BIEN PAYÉ, NORMALEMENT PAYÉ OU MAL PAYÉ ?

Notre enquête[1] offrait pour traiter ce problème, les réponses à l'une des questions du questionnaire : « Compte tenu du travail que vous fournissez, diriez-vous que vous êtes 1. Très bien payé, 2. Plutôt bien payé, 3. Normalement payé, 4. Plutôt mal payé, 5. Très mal payé ? » Cette question a été interprétée dans un sens très précis : on considère ici que les enquêtés se positionnent sur l'échelle qui va de très bien payé à très mal payé *en fonction de l'écart entre le salaire qu'ils touchent et le salaire qu'ils attendent pour le travail qui est le leur.* Si les salariés définis par telles ou telles propriétés sont moins satisfaits que l'ensemble, on considérera qu'ils s'attendaient à plus pour cet ensemble de propriétés, de même s'ils sont plus satisfaits, on considérera qu'ils pourraient se contenter de moins. En particulier, si ceux qui connaissent des conditions de travail difficiles sont, toutes choses égales par ailleurs, plus insatisfaits que les autres, cela signifie que dans l'ensemble le salaire ne joue pas son rôle de compensation des

1. Un article élaboré sur la base de nos données a été consacré à cette question en juin 2000 dans une revue de l'Insee, par deux chercheurs ayant participé à l'enquête. Cf. Olivier Godechot et Marc Gurgand, « Quand les salariés jugent leur salaire », *Économie et statistique*, n° 331, 2000. Nous remercions les auteurs de nous avoir autorisés à reprendre l'essentiel de leur démonstration et une partie de leur texte. L'article ne tient compte que des jugements des salariés et écarte par conséquent les indépendants (professions libérales, artisans, commerçants, chefs d'entreprises, agriculteurs).

conditions de travail pénibles : il ne console pas des souffrances endurées au travail.

Cette question subjective, proposant aux personnes interrogées d'évaluer elles-mêmes leur salaire sous l'angle de la justice, ne prenait pas les enquêtés au dépourvu : le protocole de questionnaire les avait conduits auparavant à se remémorer, à évaluer et à objectiver certaines caractéristiques de leur travail, en particulier les conditions de travail. La question précédente portait ainsi sur le revenu du travail : « *Quel est le revenu net provenant de votre activité professionnelle (primes comprises)* ? » Les personnes interrogées avaient donc, au moment où elles devaient répondre, toutes les cartes en main.

« Compte tenu du travail que vous fournissez, diriez-vous que vous êtes 1. Très bien payé, 2. Plutôt bien payé, 3. Normalement payé, 4. Plutôt mal payé, 5. Très mal payé ? »
(La satisfaction par rapport au salaire)

	Femmes	Hommes
Très bien payé	1 %	1 %
Plutôt bien payé	10 %	10 %
Normalement payé	48 %	46 %
Plutôt mal payé	35 %	34 %
Très mal payé	7 %	9 %
Total	100 %	100 %

La réponse la plus souvent donnée – quasiment la majorité – est la neutralité, tandis que 40 % des individus se déclarent mal ou très mal payés. À l'inverse, la satisfaction, même modérée, est rarement exprimée[1]. Il est difficile de conclure que presque la moitié des salaires versés seraient « justes », ou que les salariés seraient dans l'ensemble plutôt mal payés. Il faut, en effet, faire la part du caractère conventionnel des expressions proposées par l'enquête et de la subjectivité, structurée socialement, qui se manifeste à travers l'appré-

1. Des résultats comparables apparaissent dans l'enquête « Étude des conditions de vie » 1986-1987 de l'Insee, où 25 % des personnes se jugent mal payées, 58 % moyennement payées et 17 % bien payées. (Cf. Carole Galindo, « Équité et inéquité salariales en France : une analyse empirique par sexe », document du laboratoire de microéconomie appliquée du CNRS.).

ciation retenue par chacun. Telles quelles, les réponses révèlent simplement une certaine réserve des jugements que l'on retrouve fréquemment lorsqu'il est question de donner son opinion.

Les salaires moyens mensuels selon le niveau de satisfaction par rapport au salaire

	Femmes	Hommes
Très bien payé	11 520 F	14 531 F
Plutôt bien payé	9 149 F	14 152 F
Normalement payé	7 912 F	11 027 F
Plutôt mal payé	6 744 F	9 070 F
Très mal payé	5 458 F	6 520 F

À un même niveau de satisfaction donné, correspondent pour les hommes et les femmes des salaires moyens très différents. C'est d'autant plus frappant que la distribution des réponses des femmes est peu différente de celle des hommes, alors que les salaires des femmes sont plus faibles et moins dispersés que ceux des hommes. Cela traduit des différences d'expression de la satisfaction au travail entre hommes et femmes[1], et invite à procéder à des analyses séparées par sexe.

À chaque classe de satisfaction correspond une élévation de 2 000 francs en moyenne dans l'échelle des salaires moyens. Cette relation n'est pas surprenante, mais elle ne va pas de soi. L'énoncé de la question conditionne la réponse à la nature du travail fourni et il exclut un jugement absolu sur le salaire, ou rapporté aux besoins. On pourrait donc imaginer en théorie que les personnes interrogées considèrent toujours justifié leur salaire, élevé ou faible. Or, ce n'est manifestement pas le cas.

Pour explorer plus en profondeur les attentes salariales, nous avons mis en vis-à-vis deux estimations économétriques : l'estimation des déterminants du salaire d'un côté, l'estimation des déterminants de la satisfaction salariale, de l'autre[2]. Si les variables qui font

1. Cf. chap. 6 et les travaux d'Andrew Clark, «Job satisfaction and gender : Why are women so happy at work ?», *Labour Economics*, vol. 4, 1997, pp. 341-372.

2. Les variables explicatives de la satisfaction salariale sont les mêmes que celles qui sont utilisées pour l'équation de salaire. Pour chaque variable explicative de l'équation de satisfaction, le paramètre estimé est interprété comme l'écart pour ce critère entre salaire perçu et salaire attendu.

beaucoup varier le salaire, toutes choses égales par ailleurs, n'entraînent pas de modification du jugement sur le salaire, on pourra dire que ce critère de variation du salaire est intégré, accepté, voire même qu'il est considéré comme juste. Au contraire, lorsqu'une variable entraîne une forte modification du jugement, nous considérerons que les salariés attendent, voire trouveraient juste, que le salaire varie en fonction de ce critère autrement qu'il ne le fait dans la réalité[1].

L'appréciation du caractère juste ou injuste d'un salaire peut se référer à deux grands ordres de réalité. Le premier relève de la nature du travail accompli : simple ou complexe, pénible ou aisé, part de la valeur ajoutée au produit final, conditions de travail. Le second, des « qualités » du travailleur : sa qualification, son expérience, son âge, son sexe, son ancienneté. Les hommes et les femmes qui s'estiment mal ou très mal payés fondent-ils leur sentiment d'injustice sur le fait que les mauvaises conditions de travail qu'ils affrontent sont insuffisamment compensées par des suppléments de salaire ? Reprochent-ils au contraire à la distribution des salaires de faire la part trop belle à des écarts qu'ils jugent excessifs entre niveaux de formation, professions, expérience et ancienneté ? Ou se plaignent-ils à la fois de ces deux sources d'injustice ?

Pénibilité du cadre de travail

Seules deux pénibilités attachées au poste de travail font l'objet de compensations financières positives significatives pour les hommes : les inhalations dangereuses et la tension nerveuse. Les fortes amplitudes thermiques entraînent en revanche un salaire significativement plus faible (– 6 %, l'effet est semblable à celui du froid dans les enquêtes utilisées par Baudelot et Gollac). Contrairement aux hommes, les femmes ne bénéficient d'aucune compensation remarquable pour l'exposition à des nuisances. Elles touchent un supplément de salaire pour le travail sur ordinateur, mais ce dernier est probablement associé à de bonnes conditions de travail ou à des qualifications particulières qui demandent rémunération.

Les salariés exposés à la tension nerveuse sont moins satisfaits, toutes choses égales par ailleurs, de leur salaire. En suivant l'interprétation spécifique que nous faisons de cette question, nous pou-

1. Nous renvoyons le lecteur intéressé par le détail de la démonstration et les tableaux des résultats à l'article d'Olivier Godechot et Marc Gurgand, *op. cit.*

vons dire que la compensation positive que reçoivent les hommes pour un travail entraînant une tension nerveuse est insuffisante par rapport à leurs attentes. De même, la promiscuité et la saleté, caractéristiques de travail qui ne sont pas facilement observables et qui font peu l'objet de codification dans le droit du travail et dans les conventions collectives, diminuent très significativement le niveau de satisfaction. La probabilité d'avoir un accident n'entraîne pas de véritable compensation et laisse insatisfaits les salariés masculins.

Les femmes semblent mieux s'accommoder des pénibilités au travail. Seules deux conditions de travail sont insuffisamment compensées par rapport à leurs souhaits : les postures fatigantes, très fréquentes dans l'industrie et les activités de service (caisses, nettoyage, service hôtelier), ainsi que la tension nerveuse.

Enfin, de même qu'ils désirent que l'exposition à la saleté soit mieux compensée, les hommes souhaitent, comme Adam Smith, que l'absence d'honorabilité, mesurée par l'exercice d'une profession qu'ils jugent « mal vue », le soit également. De fait, les professions mal vues ne reçoivent aucune compensation et, chez les femmes, ce sont même celles qui ont une profession « bien vue » qui perçoivent le plus.

Ainsi, contrairement à la proposition d'Adam Smith, c'est plutôt l'ordre des attentes relatives au salaire (surtout pour les hommes) que le salaire lui-même qui varie en fonction du caractère aisé ou pénible, propre ou malpropre, honorable ou méprisé de l'emploi.

Pénibilité du rythme de travail

La pénibilité du travail n'est pas seulement due aux caractéristiques objectives du travail, mais aussi à la manière dont le travail est organisé et se déroule dans le temps. Selon qu'elle est lente ou rapide, diurne ou nocturne, autonome ou hétéronome, une même tâche, indépendamment des conditions objectives d'environnement (saleté, inhalations dangereuses, etc.), peut être plus ou moins aisée ou pénible, et les salariés peuvent s'attendre, lorsqu'ils l'assument à recevoir un supplément de salaire.

Lorsqu'elles sont inévitables et subies, les fameuses cadences « infernales » doivent aussi être considérées comme pénibles. Mais de très longues périodes d'attente, comme dans les métiers de surveillance, peuvent également engendrer un sentiment de pénibilité et faire baisser la satisfaction. Dans le questionnaire, les enquêtés devaient indiquer la fréquence des périodes pendant lesquelles ils travaillent à un rythme élevé. Or, la variation de la durée des périodes de travail intense n'entraîne quasiment aucune variation significative de salaire pour les hommes. Au contraire, les niveaux d'insatisfaction s'élèvent régulièrement et fortement à mesure que s'allongent ces périodes d'intensité[1]. Le contraste entre l'insensibilité du salaire à ces variations et la forte sensibilité des degrés de satisfaction signale une demande de compensation et de meilleurs ajustements des salaires aux conditions de travail de chacun.

Pour les femmes, le fait d'avoir à travailler la moitié du temps ou plus à un rythme élevé entraîne un supplément de salaire significatif de l'ordre de 8 %. Moins sensibles que les hommes à l'intensité du travail, les femmes souhaitent que l'on tienne davantage compte, par la compensation salariale, de la possibilité de s'interrompre. Les femmes sont depuis longtemps les principales victimes des formes les plus autoritaires du taylorisme. L'impossibilité de s'interrompre est fréquente dans les activités hautement féminisées des services et du commerce. Mais pour les hommes comme pour les femmes, le fait de pouvoir s'interrompre (toujours, parfois, rarement, jamais) n'influe guère sur le salaire. On trouvera une confirmation de ce phénomène dans la relative fréquence des grèves, même récemment, dans les usines de main-d'œuvre féminine pour obtenir ou conserver le droit à la pause (par exemple, « le droit d'aller aux toilettes »).

Le travail à horaires variables de type 2 × 8 et 3 × 8 pour les hommes comme pour les femmes est relativement bien compensé (9 à 10 % de plus que les salariés aux horaires constants), ainsi que le travail de nuit pour les hommes (+ 5 à + 7 %). Les salariés concernés peuvent y voir sur le moment une compensation suffisante lorsqu'ils sous-estiment les conséquences à long terme. Si les hommes et plus encore les femmes sont satisfaits de la compensation du travail en 2 × 8 ou 3 × 8, les hommes souhaiteraient cependant toucher davantage pour le travail de nuit lorsqu'il est fréquent[2]. L'effet des horaires choisis ne va pas dans le même sens pour les hommes et pour les femmes. Pour les femmes, les horaires choisis vont de pair avec un salaire plus élevé (+7 %) qui leur convient, tandis que les hommes manifestent une satisfaction élevée lorsqu'ils bénéficient de tels horaires, alors même qu'ils ne touchent pas de supplément pour cela.

1. Il s'agit d'une des variables les plus significatives pour les hommes.

2. Le travail de nuit féminin est souvent lié aux professions de la santé. Il donne lieu dans ce cas à des accords spécifiques.

Salaire et sécurité de l'emploi

Travailler dans un cadre sûr, avec un contrat à durée indéterminée dans un secteur où le risque de chômage est faible est évidemment considéré comme un confort. Dans l'enquête, seule une variable permet d'éclairer l'idée d'une compensation de l'incertitude : le statut de l'emploi. Elle distingue en effet deux catégories d'actifs, les actifs à durée indéterminée et les actifs dotés d'un contrat de travail à durée déterminée (apprenti, stagiaire, intérimaire, CDD), lesquels connaissent bien plus l'incertitude de la prolongation de leur activité. La réglementation des contrats à durée déterminée et des contrats par intérim oblige les employeurs à verser une prime légale aux salariés qui connaissent de tels statuts[1]. Cette prime légale ne suffit cependant pas à ramener les salaires versés aux actifs employés en CDD, intérim ou apprentissage au niveau de ceux des actifs en CDI, car cette caractéristique est associée à une rémunération moyenne plus faible tant pour les hommes que pour les femmes. Si les hommes semblent s'accommoder de cet état de fait (peut-être cette situation est-elle pour eux moins incertaine que pour les femmes), les femmes sont au contraire très insatisfaites de leur sort dans ce cas.

Salaire et capital humain

L'appréciation du caractère juste ou injuste d'un salaire se réfère non seulement aux conditions de travail, mais aussi aux « qualités » supposées d'un travailleur. Encore une fois, Adam Smith, liant salaire et coûts de l'apprentissage, anticipe sur la théorie contemporaine du capital humain[2] : « les salaires du travail varient suivant la facilité et le bon marché de *l'apprentissage*, ou la difficulté et la dépense qu'il exige[3] ».

Cette proposition, sans être nécessairement confirmée par les données de l'enquête, n'est pas infirmée. Pour les hommes comme

1. Outre l'indemnité de congés payés, le salarié en CDD ou en intérim a droit à une indemnité de précarité de situation. Cf. article L. 122-3-4 du Code du travail.

2. Gary S. Becker, *Human Capital*, Columbia University Press, 1964. L'auteur prédit que le coût actualisé de l'acquisition du capital humain (général ou spécifique) qui engendre une productivité marginale plus élevée doit être compensé par la somme des flux de revenus actualisés du travail.

3. Adam Smith, *op. cit.*

pour les femmes, le salaire augmente avec le niveau de diplôme (capital humain général), avec l'âge[1] et l'ancienneté dans le dernier emploi (capital humain spécifique).

Les indicateurs de satisfaction de l'enquête sont relativement insensibles à ces écarts de salaire, toutes choses égales par ailleurs. Les hommes et les femmes semblent donc accepter les grandes hiérarchies du diplôme, de l'âge et de l'ancienneté. Contrairement aux hommes, les femmes s'attendent toutefois à une variation du salaire moins grande en fonction du diplôme qu'elle ne l'est réellement. En effet, les femmes diplômées du supérieur (bac + 3 et plus) semblent particulièrement satisfaites par le montant de leur rémunération, leur niveau de satisfaction étant significativement plus fort que celui des femmes sans diplôme ou n'ayant que le certificat d'études. Que le salaire des femmes les plus diplômées excède leurs attentes est peut-être dû à la variation du salaire en fonction du diplôme, légèrement plus grande, toutes choses égales par ailleurs, pour les femmes que pour les hommes. Les femmes diplômées du supérieur rattraperaient ainsi une partie de leur retard sur leurs confrères et en tireraient un surcroît de satisfaction.

Salaire et responsabilités

En établissant une relation entre le salaire versé et le degré de confiance à accorder au travailleur, Adam Smith dans sa quatrième proposition – « les salaires du travail peuvent varier suivant la plus ou moins grande confiance qu'il faut accorder à l'ouvrier » – devance la théorie moderne de l'agence[2]. Selon cette théorie, les écarts de salaire reflètent moins les différences de pénibilité entre les postes de travail qu'ils ne donnent la mesure des montants des primes qu'il convient d'accorder si l'on veut s'assurer de l'engagement optimal du salarié. Ils révèlent des différences dans la définition des postes, qui conduisent à attribuer à leurs occupants plus ou moins de liberté, plus ou moins de tâches contrôlables, et donc un montant plus ou

1. Le salaire augmente en fonction de l'âge jusqu'à un niveau maximum de 52 ans pour les femmes et de 50 ans pour les hommes pris dans leur ensemble. Pour les hommes cadres, le salaire augmente jusqu'à 46 ans, maximum après lequel il redescend légèrement. Comme toujours lorsqu'on a affaire à une estimation en coupe transversale, il est difficile, pour interpréter ces résultats, de démêler les effets d'âge et de génération.

2. Cf. Anne Perrot, *Les Nouvelles Théories du marché du travail*, Paris, La Découverte, 1992.

moins élevé de prime d'incitation. De ce fait, il est difficile de distinguer l'analyse de cette proposition de celle des statuts sociaux ou hiérarchiques.

Deux variables de l'enquête permettent pourtant d'objectiver une telle proposition : d'une part, la question : « Avez-vous des subordonnés ? » ; d'autre part : « Une erreur de votre part aurait-elle des conséquences graves ? » Les personnes interrogées qui déclarent avoir des subordonnés reçoivent, hommes ou femmes, sensiblement plus, et cette compensation sur le marché du travail est en phase avec les attentes des salariés. À l'inverse, il n'y a pas de compensation salariale pour les personnes dont les erreurs pourraient avoir des conséquences graves, ce qui suscite une certaine insatisfaction, surtout chez les femmes.

Le décalage entre ces deux phénomènes – la reconnaissance salariale de ceux qui ont des subordonnés, mais l'absence de reconnaissance pour ceux dont les erreurs auraient des conséquences graves – montre que les entreprises ont plus tendance à valoriser les formes de responsabilités positives et visibles dans les organigrammes (qui traduisent des positions hiérarchiques) plutôt que les formes négatives et invisibles de la confiance.

Terminons l'examen des variations de la satisfaction salariale en étudiant les effets de la catégorie socioprofessionnelle. Variable synthétique, elle peut aussi bien exprimer des différences de difficulté d'apprentissage, de pénibilité physique et morale, de risques de rupture de contrat, de confiance accordée au salarié, comme de statut social ou culturel. Elle ne permet donc pas de valider l'une ou l'autre des propositions théoriques énoncées. La catégorie socioprofessionnelle influence pourtant fortement la rémunération. Même à situation de travail, d'ancienneté et de diplôme égale, la catégorie sociale reste très significative pour expliquer les variations du salaire des hommes comme des femmes, ces dernières se résignant moins que les hommes aux inégalités statutaires.

Concluons. Les mauvaises conditions de travail sont dans l'ensemble pas ou peu compensées par des suppléments de salaire. Les salariés trouvent injuste qu'elles ne le soient pas ; lorsque des compensations existent, ils jugent insuffisant le montant du supplément de rémunération versé. Ainsi, le salaire ne joue pas son rôle de compensation des conditions de travail pénibles et plus généralement de consolation des souffrances au travail. Quant aux variables de statut – profession, niveau de diplôme, âge, expérience, ancienneté, branche, etc. – qui engendrent de fortes variations de salaire, elles semblent plus souvent acceptées, au sens où ceux qui n'en bénéficient pas ne se déclarent pas, en général, moins satisfaits que les autres. Des différences sensibles se dessinent à ce sujet entre les hommes et les femmes.

Les attentes des hommes se rapprochent plus des propositions d'Adam Smith que celles des femmes. Alors même qu'elles ne reçoivent aucune compensation pour un grand nombre de pénibilités physiques, les femmes semblent moins en attendre. Les hommes, eux, témoignent sur le marché du travail d'un comportement plus « économique » : leurs attentes sont plus proches de celles que l'économie attend du marché du travail, même si celui-ci ne les rémunère pas toujours. Ils acceptent en général la hiérarchie des professions, des diplômes, de l'âge et de l'ancienneté, et demandent souvent des compensations pour des pénibilités physiques, morales ou sociales, non rémunérées. Une partie importante de la variation de la satisfaction salariale des femmes tient à leur place dans la hiérarchie socioprofessionnelle, comme si en s'insérant dans une hiérarchie des salaires qu'elles trouvent exagérée, elles éprouvaient une forte surprise, positive ou négative.

« SI VOUS BLOQUEZ LES SALAIRES, VOUS BLOQUEZ LE TRAVAIL... »

Le traitement économétrique auquel nous venons de procéder permet de décomposer les différentes dimensions du rapport entre salaire et satisfaction (ou insatisfaction) au travail. En fonction du rythme et des conditions de travail, de la sécurité ou l'insécurité de leur emploi, du volume des responsabilités qui leur incombent, mais aussi en fonction de leur âge, leur diplôme, ou leur ancienneté, hommes et femmes sont effectivement plus ou moins bien payés et jugent subjectivement être plus ou moins bien payés. L'analyse d'entretiens permet de mesurer combien ces différents aspects se combinent de façon complexe et contradictoire dans les situations concrètes pour former au final un jugement global sur le salaire.

« Très mal payé !!! » C'est la réponse qu'a donnée Yves L. lors de la passation du questionnaire. L'analyse plus précise de l'entretien[1], réalisé quelques mois plus tard, permet de motiver cette réponse. Yves L. a 62 ans au moment de la passation du questionnaire ; il est

1. Réalisé par Martine Lurol dans le cadre de l'enquête.

chauffeur-livreur de viande à Rungis. Un mois après le passage des enquêteurs, il est licencié de son entreprise, qui a fait faillite. Au moment de l'entretien, il est donc à la retraite depuis quelques mois et porte un regard rétrospectif très amer sur son ancienne entreprise. Pour comprendre son jugement très négatif sur son salaire, il importe de revenir sur la trajectoire professionnelle d'Yves L.

Il a passé toute sa carrière dans la même entreprise familiale de viande en gros : de l'âge de 15 ans jusqu'à 30 ans (1951-1966) en tant que « fort des Halles », manipulant jusqu'à 60 tonnes de viande par jour, puis après un accident du travail qui lui paralyse la main droite, comme chauffeur-livreur de viande. Deux grandes ruptures marquent sa trajectoire professionnelle. La guerre d'Algérie, d'abord. Lorsqu'il en revient, son patron le réembauche immédiatement et lui donne même un coup de pouce financier. Cet épisode scelle une relation privilégiée, un brin paternaliste, entre Yves et son patron de l'époque. Yves évoque au cours de l'entretien des « bêtises » et des séjours en prison dans sa « jeunesse », épisodes après lesquels son patron l'a toujours réembauché :

> Ce patron, bon je sortais [de prison], il me disait : « Ben, tu as encore fais le con [...] alors tu vas te tenir tranquille ? » « Oui, de toute façon je ne demande qu'à travailler. » « Allez, hop, au bureau, prends une blouse et puis vas-y. » Le soir, on se réunissait, on avait fini le travail. « Tu es sorti [de prison]. Qu'est-ce que tu as là, maintenant, tu n'as rien, bien sûr ? Bon, madame P. [la secrétaire], vous passerez à la banque demain, vous lui ramènerez... tu as besoin de combien 10 000 francs (AF), 150 000 francs ? » Alors... j'avais une dette si vous voulez avec ce monsieur, et par correction je ne suis jamais parti, parce qu'à une période je gagnais 600 000 ou 700 000 francs (AF) par mois, j'avais des sociétés qui me connaissaient bien, qui me proposaient plus d'un million (AF), et je les ai refusés...

Les rapports entre Yves et son patron sont alors fondés sur une certaine confiance réciproque faite d'engagements mutuels. Le patron soutient Yves en cas de « coups durs », et lui accorde régulièrement de « petites augmentations » qui lui permettent de maintenir son pouvoir d'achat, tandis qu'Yves, se sentant redevable, se refuse à quitter l'entreprise familiale, même lorsqu'on lui propose un salaire plus élevé. À l'époque, c'est-à-dire jusqu'à la fin des années soixante-dix, si le questionnaire « Bonheur et travail » avait été proposé à Yves, il n'aurait sans doute pas répondu qu'il était « très bien payé ». Cependant, son salaire relativement faible était compensé par une

« ambiance », celle des Halles de Paris, faite de contacts humains et de relations personnelles, étroites, familières avec les autres employés – et tout particulièrement le patron[1].

La seconde rupture intervient en 1978-1980, lorsque le vieux patron de l'entreprise familiale de viande en gros des Halles cède la place à son gendre.

– Quand ce monsieur a pris sa retraite, parce qu'il était très âgé, c'est son gendre qui a repris la succession... et son gendre avait des dents de requin, lui alors, il a tout supprimé [les primes], voilà et on s'est retrouvés avec des salaires de misère, pour vous dire j'ai fini ma carrière au mois de février 1997 avec 670 000 francs par mois [6 700 francs]... vous voyez un peu ?

– *Avec combien d'années de travail derrière vous ?*

– Quarante-trois ans, vous vous rendez compte ? 670 000 francs, alors bien sûr avant que j'aie été mis à l'index, parce que la maison a fermé, a fait faillite, parce que ce monsieur était un mauvais gestionnaire, il a bouffé l'affaire...

C'est en prenant comme point de repère la situation antérieure, avec son ancien patron, qu'Yves évalue en 1998 ses conditions de travail et sa rémunération depuis 1980. La nature du travail en lui-même a très peu changé : « Mes conditions de travail, on avait les mêmes [...] on travaillait ce qu'on peut appeler dur, on travaillait dur. » Mais ses relations avec son patron ont basculé dans la défiance. Yves juge particulièrement injuste la suppression des primes – primes de conduite et prime d'encaissement – ainsi que la non-revalorisation de son salaire depuis l'arrivée du gendre à la tête de l'entreprise.

– Je vais vous dire... chauffeur-livreur, je peux faire appel au témoignage de... puisque c'est moi qui étais le chef, vu mon ancienneté, j'avais quand même cinq camions que je gérais, avec cinq gars... voyez. Je peux vous dire que je peux faire appel aux témoignages des ouvriers qui étaient avec moi à l'époque, et croyez-moi que c'est pas du pipeau. On commençait à des fois 5 heures du matin au moment des fêtes. Là, on avait énormément de travail, je peux vous le certifier, on rentrait il était 11 heures du soir, quand ce n'était pas minuit, ça vous va ?

– *Vous aviez là, en heures supplémentaires ?*

1. Cf. chap. 8 : « Les quatre sources de plaisir au travail ». Une analyse de l'entretien avec Yves L., pp. 173-174, explicite cet aspect du bonheur au travail issu des « contacts humains ».

– Rien, rien du tout.

– *En travail de nuit?*

– Rien, rien absolument rien, et si vous réclamiez, eh bien royalement, il vous disait comme ça : « Mais Yvon, je ne vous empêche pas d'aller travailler ailleurs, moi, vous savez, chacun est libre, moi je ne peux rien vous donner, vous comprenez », il tirait, il tirait toute la couverture sur lui. Alors, ce qui s'est passé, vous comprenez, il nous a désintéressés du travail, alors quand j'avais de nouveaux clients à voir, ben j'allais plus les voir, en quoi que j'étais intéressé ? en rien du tout, il ne m'intéressait en rien, donc je ne m'intéressais plus à la société et les trente personnes que nous étions à travailler, tous on se consultait, ils disaient : « Bon, il nous gruge, eh bien qu'il continue le travail lui-même, nous c'est fini », on ne voulait plus travailler, on ne faisait strictement, que ce qu'on avait à faire. Moi je livrais par exemple vingt-cinq ou trente clients, il me restait cinq clients dans le camion, je disais après tout, je ne vais pas passer la nuit dans le camion pour lui faire plaisir, il ne veut pas me payer, je ramène les clients. Le lendemain je ramenais les cinq clients, alors bien sûr : « Oui, comment ? », je lui disais : « Non, mais vous rigolez, j'étais debout à 5 heures du matin, je suis rentré chez moi, il était 6 heures du soir, qu'est-ce que vous me donnez, rien du tout ? » Je lui dis alors : « Excusez-moi, moi je fais comme tout un chacun : je travaille, vous me payez, vous ne me payez pas, je ne travaille pas, voilà ! » Puisque, bon, j'étais assez vieux dans la société pour me permettre de dire ça, de dire la vérité. Alors, bien sûr, il prenait excuse sur ces règles gouvernementales qui soi-disant lui avaient été imposées, il m'a sorti des articles : « Voilà, Yvon, voilà la note de service, interdiction d'augmenter les ouvriers... » Alors je disais, bon vous ne pouvez pas m'augmenter sur mon statut de chauffeur-livreur, j'encaisse votre argent et puis tout... puisque j'encaissais, des fois je revenais avec un million, deux millions, deux millions et demi d'encaissement de chèques, en liquide, en tout vous voyez, alors je lui dis, à partir de ce moment-là, vous n'avez qu'à me mettre chauffeur-livreur-encaisseur. Je change de statut et vous n'avez qu'à me donner un salaire convenable. « Je ne peux pas. » « Alors, à ce moment-là, allez encaisser vos clients, je ne vais pas les encaisser. »

Jusque dans les années quatre-vingt, avec son ancien patron, Yves doit assumer une charge de travail importante : horaires lourds, travail de force, responsabilités (de la caisse notamment). Cependant, cette charge de travail est compensée par une relation personnalisée avec le patron qui donne des coups de pouce financiers en cas de coups durs, assure la progression du pouvoir d'achat par de petites augmentations et offre des primes pour récompenser le travail bien fait, la bonne conduite ou la prise de responsabilité (« pas d'erreur dans mes encaissements, j'avais encaissé 100 000 francs, je donnais 100 000 francs, je touchais la prime, par contre, s'il y avait une erreur dans mes comptes, il me retirait ma prime d'encaissement, c'était normal, c'était légal »). Au total, si le salaire n'est pas très élevé, et même si Yves aurait pu toucher davantage ailleurs, dans une autre société, sa rémunération est perçue par lui comme juste et compense la dureté du travail.

En revanche, à partir de l'arrivée du gendre, la rémunération d'Yves est amputée de toutes les primes qui sont désormais réunies dans une prime globale d'ancienneté (dont le montant s'avère, à l'usage, inférieur aux primes antérieures). Par ailleurs, le salaire d'Yves ne progresse plus comme auparavant, d'autant plus que la situation économique se détériore. Au total, Yves se retrouve coincé dans cette entreprise familiale de viande en gros :

> Il m'avait fait des promesses, il m'avait dit : « Non, mais Yvon, laissez-moi me mettre en place et tout, on s'arrangera, je garderai le même statut que mon beau-père vous avait offert, il y a pas de problème, vous pouvez me faire confiance », et puis ça a duré deux ou trois ans, bon, après il était un peu tard, hein, parce que la situation se dégradait un peu partout dans les entreprises.

Yves juge qu'il est très mal payé, non seulement parce que son salaire ne tient pas compte des horaires de travail très lourds et de la pénibilité du travail (comme avant 1980), mais aussi, et contrairement à ce qui se passait du temps de son ancien patron, parce que ses responsabilités (à la tête de cinq camions) et la qualité du travail (l'encaissement) ne sont pas pris en considération dans sa rémunération. Surtout, son ancienneté dans l'entreprise ne lui apporte pas de surcroît de salaire : la prime est très vite bloquée et ne tient aucun compte des quarante-deux ans passés dans la société. Enfin, il va sans dire que le coup de pouce en cas de coups durs, c'est fini. Finalement, comme le prédit la théorie économique, le sentiment d'être mal payé l'incite à une conduite de retrait : baisse de productivité et moindre implication dans le travail.

13

Le sentiment d'injustice

Les souffrances au travail ne trouvent donc pas de consolation dans le montant de la rémunération. Cette situation est potentiellement génératrice d'un sentiment d'injustice : à la pénibilité physique et morale des conditions de travail s'ajoute le mécontentement de ne pas être récompensé financièrement à la hauteur de l'investissement et de la difficulté du travail. Souvenons-nous : lorsqu'on leur demande si elles seraient heureuses que leurs enfants fassent le même métier qu'eux, de nombreuses personnes interrogées comparent spontanément conditions de travail et rémunération : « métier trop dur vis-à-vis du salaire perçu » (charpentier), « trop dur, mal payé » (ostréiculteur salarié), « trop stressant, trop fatigant, pas bien payé » (opératrice d'assemblage). Certains, plus rares, associent la qualité du travail et l'importance de la rémunération : « C'était une place sûre et bien payée, en plus [un] travail plaisant » (professeur d'éducation physique), « Travail intéressant, sécurité de l'emploi et bien payé » (technicien)...

Mal payé, exploité, ou non reconnu à sa juste valeur ?

Il est fréquent de trouver dans son univers proche, parmi les voisins, les amis, les collègues, ses concurrents, etc., des personnes ayant le même revenu mais à qui l'on épargne certaines difficultés du travail, ou d'autres, mieux payées pour un travail similaire. Comme le suggéraient Adams et Homans dans les années soixante[1], le senti-

1. Pour une présentation des thèses d'Adams et Homans, on pourra consulter Jean Kellerhals, Marianne Modak et David Perrenoud, *Le Sentiment de justice dans les relations sociales*, Paris, PUF, coll. « Que sais-je ? », 1997, ainsi que Bénédicte Reynaud, « Les théories de l'équité, fondements d'une approche cognitive du salaire d'efficience », *Revue économique*, n° 1, 1993.

ment de justice ou d'injustice s'éprouve généralement à l'occasion de comparaisons. Dans le monde du travail, chacun comparerait à autrui le rapport de sa contribution à sa rétribution. Lorsque ces deux rapports sont inégaux, la comparaison engendrerait un sentiment d'iniquité. Les amis, la famille, les collègues, les concurrents : autant de proches avec qui l'on peut esquisser des comparaisons de ce type.

Nadine N., une assistante de vie à mi-temps s'occupant de personnes âgées, qui avait déclaré dans l'enquête se sentir plutôt mal payée tout en se disant « reconnue à sa juste valeur » et « non exploitée », se livre dans l'entretien post-enquête à une série de comparaisons avec le métier de femme de ménage – à la fois proche et distant[1] :

> – *Ils ne vous demandent pas d'effectuer des travaux parfois difficiles ?*
>
> – Non, de toute façon, on n'est pas là pour faire des nettoyages de plafond ou des choses comme ça. On est là pour leur tenir leur maison propre, passer l'aspirateur, repasser le linge, des choses tout à fait concevables. S'il y a des grands travaux, c'est carrément les femmes de ménage. Mais elles sont payées le double de moi. Oui, moi ça doit me revenir à 35 francs de l'heure, quelque chose comme ça, les femmes de ménage, elles en sont à 60… Nous, c'est à moitié du bénévolat.

Travail, salaire, la comparaison de Nadine est plus complexe qu'il n'y paraît. Elle semble d'abord concéder que la difficulté, la pénibilité, les grands travaux sont du côté des femmes de ménage, mais lorsqu'il s'agit de comparer les salaires, elle « oublie » de prendre en compte la pénibilité des travaux ménagers pour ne retenir que le rapport de rémunération : « Elles sont payées le double de moi » et « Nous, c'est à moitié du bénévolat ». Cette comparaison salaire-travail permet de prendre la mesure de l'importance des opérations de comparaison autant que de leur ambivalence. Loin d'être une comparaison *toutes choses égales par ailleurs,* la comparaison spontanée sélectionne des critères deux à deux, tout en négligeant les termes qui n'entrent pas dans la comparaison. Même s'il lui ressemble, le travail de la femme de ménage n'est, pour Nadine, pas comparable à celui qu'elle effectue : « Je ne suis pas une femme de ménage, le ménage n'est qu'une part négligeable de mon activité », telle est bien, dans son esprit, la signification réelle de la comparaison. Elle peut

1. Entretien réalisé par Joseph Confavreux dans le cadre de l'enquête, et déjà introduit au chapitre 8.

alors comparer les deux emplois, sans prendre en compte le contenu de travail, afin de mieux mettre en évidence l'injustice des écarts de salaire. Parler de bénévolat plutôt que de vol, c'est aussi, dans son esprit, mettre au centre de son activité la dimension valorisante de l'aide « gratuite » aux personnes dans le besoin.

Même si nous avons trouvé une cohérence d'ensemble à la variation collective du sentiment d'être bien ou mal payé, on comprend comment, au niveau individuel, ce type de comparaison peut engendrer des sentiments multiformes d'injustice. Un actif dispose d'une gamme de critères formels ou de circonstances concrètes pour mettre en évidence un traitement inégal en sa défaveur (ou éventuellement en sa faveur) [1] : durée et intensité du travail, difficulté physique et intellectuelle, pénibilité physique ou morale des conditions de travail, etc. La nomenclature des pénibilités et des difficultés du travail n'est pas close. En outre, les sentiments à l'égard d'une comparaison favorable et défavorable ne sont pas symétriques [2]. Une comparaison qui fait de nous un être favorisé est potentiellement gênante si elle ne peut être justifiée par un critère qui la transforme en droit ou en mérite. Mais une comparaison qui fait de nous un être défavorisé a une résonance plus universelle par la force de l'indignation qu'elle suscite. Aussi a-t-elle plus de chances d'être retenue et affirmée.

La question sur le sentiment d'être bien ou mal payé n'était pas la seule à offrir aux enquêtés l'occasion d'exprimer leur opinion sur la justesse de la contrepartie du travail. D'autres lui étaient fort proches : « Vous arrive-t-il d'éprouver dans votre travail l'impression d'être reconnu à votre juste valeur ? » « Vous arrive-t-il d'éprouver dans votre travail le sentiment d'être exploité ? », et permettaient d'exprimer des nuances différentes du sentiment de justice ou d'injustice. La formulation « Se dire bien, normalement ou mal payé, compte tenu de son travail » suggère aux enquêtés de comparer leur revenu à une *norme de revenu du travail* (reposant sur un ou plusieurs principes de fixation) ; « Être reconnu à sa juste valeur » permet l'ex-

1. Homans et Adams ont sans doute raison lorsqu'ils affirment que le sentiment de justice et d'injustice s'éprouve à l'occasion de comparaisons. Mais en outre, ils supposent, hypothèses cette fois discutables, que les individus sont, d'une part, capables d'effectuer un total des plaisirs et des déplaisirs pour mener la comparaison, et qu'ils interprètent et totalisent, d'autre part, les contributions et les rétributions de la même façon (cf. la discussion de Jean Kellerhals, Marianne Modak et David Perrenoud, *op. cit.*).

2. Sur l'asymétrie des jugements d'équité, on pourra consulter Daniel Kahneman, Jack Knetsch et Richard Thaler, « Fairness as a constraint on profit seeking : entitlements in the market », *American Economic Review*, 76, 4, 1986, pp. 728-741.

pression des *multiples dimensions de la reconnaissance* : gratifications matérielles d'un côté, considération de l'autre ; « Être exploité », enfin, est une expression qui permet aux enquêtés de qualifier le *partage des produits du travail* entre le salarié et son environnement de travail. On est exploité lorsque le produit de notre travail nous échappe et profite à un autre. Ou bien, plus généralement, comme le proposent Luc Boltanski et Ève Chiapello, lorsqu'on peut mettre en évidence que « le malheur des petits fait le bonheur des grands [1] ».

Proches en tant qu'elles permettent toutes les trois l'expression d'une injustice, ces trois questions diffèrent toutefois en ce qu'elles expriment des formes différentes d'injustice : inadéquation par rapport à une norme, déficit de reconnaissance, iniquité du partage des fruits du travail. Ainsi, dans le cas évoqué plus haut, Nadine se sent-elle mal payée en comparant son salaire à celui des femmes de ménage. Mais elle ne se sent pas exploitée, parce qu'elle estime que ni son employeur, la Croix-Rouge, ni ses clients, les personnes âgées, ne sont véritablement en situation de profiter d'elle.

Elle s'estime même « reconnue à sa juste valeur », parce que son métier lui donne souvent l'occasion de recevoir des signes d'affection et de reconnaissance de la part des personnes dont elle s'occupe. À l'autre pôle de l'échelle salariale, il arrive que des *traders* se sentent à la fois très bien payés et exploités, très bien payés en raison des sommes faramineuses qu'ils reçoivent chaque année lors de la distribution des primes (les « bonus »), mais exploités lorsqu'ils comparent la part du profit qu'ils touchent à celle que perçoit leur supérieur[2].

La nuance spécifique à chacune de ces questions ne les empêche pas d'être fortement corrélées (tableau page suivante).

La réserve (« vous arrive-t-il ») de la question « éprouver dans son travail l'impression d'être reconnu à votre juste valeur ? », ainsi que l'absence de référence à une reconnaissance *salariale* explique sans doute que, même parmi les personnes qui se déclarent très mal payées, la majorité se sentent pourtant reconnues à leur juste valeur. Dans la question en quelque sorte inverse, « Vous arrive-t-il d'éprouver dans votre travail le sentiment d'être exploité ? », la corrélation est beaucoup plus nette, ce qui traduit la proximité plus grande entre ces deux questions. La notion d'exploitation a cependant une réso-

1. Luc Boltanski et Ève Chiapello, « Éléments d'une grammaire générale de l'exploitation », in *Le Nouvel Esprit du capitalisme*, *op. cit.*, pp. 461-466. La mise en exergue de l'exploitation s'oppose frontalement à la logique de justification selon laquelle, selon les mêmes auteurs, « le bonheur des grands fait celui des petits ».

2. Olivier Godechot, *op. cit.*

		Vous arrive-t-il d'éprouver dans votre travail l'impression d'être reconnu à votre juste valeur ?			Vous arrive-t-il d'éprouver dans votre travail le sentiment d'être exploité ?		
		Oui	Non	Total	Oui	Non	Total
Compte tenu du travail que vous fournissez, diriez vous que vous êtes	Très bien payé	83 %	17 %	100 %	13 %	83 %	100 %
	Plutôt bien payé	75 %	25 %	100 %	18 %	82 %	100 %
	Normalement payé	72 %	28 %	100 %	25 %	75 %	100 %
	Plutôt mal payé	59 %	41 %	100 %	59 %	41 %	100 %
	Très mal payé	51 %	49 %	100 %	84 %	16 %	100 %

Lecture : 83% des personnes qui se disent très bien payées éprouvent l'impression d'être reconnues à leur juste valeur. *Champ :* actifs salariés.

nance politique forte, et c'est sans doute pourquoi une discontinuité apparaît : le terme n'est vraiment retenu que par les personnes qui se disent, à un degré ou à un autre, mal payées. Mais il est brutalement abandonné par celles qui se disent normalement payées.

La proximité de ces trois questions et leurs nuances spécifiques peuvent être aussi explorées par une analyse de leurs déterminants. Une première conclusion se dégage immédiatement de cette confrontation : toutes choses égales par ailleurs, les trois grandes variables qui se réfèrent dans notre enquête à des valeurs de justice sont beaucoup plus sensibles aux effets des conditions de travail et de la pression temporelle qu'aux grands clivages sociaux que sont le diplôme, la catégorie sociale, l'âge ou le sexe. Plus particulièrement, l'exposition à la tension nerveuse, à la promiscuité, à la saleté, le fait de travailler la nuit plus d'une fois par semaine sont des facteurs qui contribuent à la fois au sentiment de ne pas être reconnu à sa juste valeur, d'être mal payé et d'être exploité. L'intensité du travail (« travailler plus de la moitié du temps à un rythme élevé »), si elle ne modifie pas le sentiment de reconnaissance, conditionne fortement le sentiment d'être mal payé ou exploité.

Ainsi, les pénibilités du travail et son intensité nourrissent ces trois formes du sentiment d'injustice. Les variables « classiques » jouent en général un moindre rôle, mais elles permettent de jeter un coup de projecteur sur les implications politiques de chacun de ces sentiments. Dans les trois cas d'ailleurs, une pratique religieuse régulière diminue le sentiment d'injustice sous ces trois formes. Au contraire, l'absence de croyance religieuse contribue à l'expression d'une indignation. Comme en 1843, la pratique religieuse est toujours cet « universel motif de consolation et de justification » ; et en cas d'absence de religion, « la critique du ciel se transforme en critique de la terre[1] ». L'athéisme est d'ailleurs corrélé avec des positions politiques marquées à gauche[2], et peut-être est-ce aussi la corrélation de ces sentiments de justice avec un positionnement politique qui est ici capturée.

Le sentiment d'être bien ou mal payé varie peu en fonction de la catégorie sociale et du diplôme. Il varie en revanche très fortement avec le revenu. Le sentiment d'être mal payé, très fort en dessous de 8 000 francs, tend à s'estomper à mesure que le revenu s'élève, mais demeure toujours faible chez les jeunes salariés âgés de moins de 30 ans, qui semblent avoir intériorisé et accepté les forts écarts de revenus qui séparent aujourd'hui les plus jeunes des plus âgés.

Le sentiment de n'être pas reconnu à sa juste valeur est celui qui se révèle le moins dépendant des grands clivages sociaux : 32 % des personnes interrogées estiment qu'elles ne sont pas reconnues à leur juste valeur dans leur travail et les écarts entre les catégories extrêmes sont faibles : 39 % des ouvriers non qualifiés le déplorent et 25 % des cadres supérieurs. En apparence, ce sentiment ne semble pas varier non plus en fonction du diplôme : 33 % des sans-diplômes, 28 % des détenteurs du certificat d'études, 32 % des BEP-CAP, 36 % des bacheliers et 29 % des bac + 3 et plus disent l'éprouver. Mais lorsqu'on entre dans la logique du « toutes choses égales par ailleurs », on s'aperçoit que le diplôme est très significatif : à poste et revenu du travail donnés, les peu diplômés concèdent bien plus qu'on les reconnaît à leur « juste valeur » que les haut diplômés. Ces derniers se trouvant potentiellement surqualifiés dans certains postes estiment que leur « juste valeur » requiert des récompenses matérielles et symboliques que la définition du poste est incapable d'offrir. Cette nuance montre bien qu'alors que la question « bien payé–mal payé » met en jeu l'idée que l'on se fait de son travail et du mode de détermination des revenus du travail, l'item « être reconnu à sa juste valeur » met en jeu l'idée que l'on se fait de sa propre personne, de l'ensemble de ses potentialités de travail et non de ses réalisations actuelles.

Le sentiment d'être exploité est plus souvent attesté chez les salariés du secteur privé que parmi les salariés du public ou les indé-

1. Karl Marx, *Introduction à la critique de la philosophie du droit de Hegel* (1843), in *Œuvres, Philosophie*, Paris, Gallimard, « Bibliothèque de la Pléiade », 1982, pp. 382-383.

2. Guy Michelat et Michel Simon, *Classe, religion et comportement politique*, Paris, Presses de la Fondation des sciences politiques et Éditions sociales, 1977.

pendants, et il se révèle d'abord fort sensible au montant du revenu du travail : plus rare au-dessus de 10 000 francs par mois, il est très vif en dessous de 8 000 francs. C'est aussi celle des trois variables du sentiment de justice qui est la plus sensible à la catégorie socioprofessionnelle. Le sentiment d'être exploité, plus que l'absence de reconnaissance ou que l'impression d'être mal payé, est un sentiment de classe.

Perception de l'injustice et implication

Ces trois questions dénonçant les injustices sont inégalement distribuées selon les conditions de travail et leur perception.

Le tableau suivant permet de visualiser la distribution de ces trois jugements de valeur dans l'espace des attitudes qui se dégage de notre enquête. C'est dans le « carré ouvrier » du sud-est, celui du retrait, d'un faible niveau de satisfaction et d'une implication minimale que le revenu moyen est le plus bas, mais c'est dans le carré nord-est des souffrances individuelles que la part des individus qui s'estiment mal et très mal payés, compte tenu du travail fourni, est la plus forte, alors même que le revenu du travail médian y est sensiblement plus élevé (7 000 francs/mois contre 6 200 au sud-est). Tout se passe comme si la possibilité de mesurer son effort et de tempérer son niveau d'implication permettait aux ouvriers de rétablir un peu d'équité et d'être ainsi moins sensibles aux souffrances infligées à d'autres par une intensification des rythmes de travail et de la pression temporelle. De fait, les plus fortes valeurs atteintes par les réponses exprimant des sentiments d'injustice se trouvent dans le carré des souffrances individuelles et les plus faibles dans le carré du sud-ouest, qui se caractérise par un haut niveau de satisfaction doublé d'un faible degré de pression consentie ou subie. Le carré de l'investissement maximum dans le travail, au nord-ouest, ne va pas non plus sans quelques insatisfactions : si le niveau de revenu et le degré d'implication y sont les plus élevés, les profits symboliques (la reconnaissance) et matériels (le revenu) ne sont pas toujours à la hauteur des espérances. Le sentiment d'être exploité est loin d'être absent.

La perception du salaire selon la relation au travail

(Cf. graphique 5, p. 213)

Nord-Ouest **Bonheur et auto-investissement** Revenu du travail mensuel médian : 9 850 F. Je ne suis pas reconnu à ma juste valeur : 23 %. J'ai le sentiment d'être exploité : 36 %. Je suis mal ou très mal payé, compte tenu du travail fourni : 40 %. Je m'implique au travail juste ce qu'il faut : 5 %.	**Nord-Est** **Pression subie et souffrance exprimée** Revenu du travail médian : 7 000 F. Je ne suis pas reconnu à ma juste valeur : 62 %. J'ai le sentiment d'être exploité : 77 %. Je suis mal ou très mal payé, compte tenu du travail fourni : 68 %. Je m'implique au travail juste ce qu'il faut : 21 %.
Sud-Ouest **Bien-être et tranquillité** Revenu du travail médian : 8 100 F. Je ne suis pas reconnu à ma juste valeur : 12 %. J'ai le sentiment d'être exploité : 11 %. Je suis mal ou très mal payé, compte tenu du travail fourni : 23 %. Je m'implique au travail juste ce qu'il faut : 15 %.	**Sud-Est** **Faible satisfaction et implication minimale** Revenu du travail médian : 6 200 F. Je ne suis pas reconnu à ma juste valeur : 42 %. J'ai le sentiment d'être exploité : 42 %. Je suis mal ou très mal payé, compte tenu du travail fourni : 45 %. Je m'implique au travail juste ce qu'il faut : 56 %.

La classe ouvrière n'a plus le monopole de l'exploitation

La coexistence du sentiment d'exploitation avec, d'un côté, le sentiment d'être mal payé, et de l'autre, de mauvaises conditions de travail n'a pas de quoi étonner. Il s'agit d'une association vieille comme le monde… capitaliste sous sa forme industrielle. Depuis la naissance du salariat, la conscience de l'exploitation correspond au sentiment de percevoir une rémunération inférieure à la valeur de la contribution apportée par son travail. Elle a toujours été associée à des conditions de travail dures, voire infernales, qui « estropiaient les corps » : longueur de la journée de travail, rythmes et cadences imposés par les machines, accidents du travail, etc. Engels et Marx, bien sûr, mais aussi bien des auteurs moins révolutionnaires qui ont décrit les conditions de travail dans les entreprises en France ou en Angleterre au XIXe siècle ont dénoncé cet état de fait. Les revendications exprimées sur ce thème dans toutes les usines du monde n'ont d'ailleurs jamais cessé. Si les conditions de travail ont dans beaucoup d'entreprises connu des mutations technologiques considérables, le noyau dur et ancien des revendications ouvrières n'a rien perdu de son actualité : compte tenu du travail que je fournis, je suis mal ou très mal payé ; mon salaire ne correspond pas à ma contribution au produit final ; je suis, dans ces conditions, exploité au sens premier du terme.

Il n'est pas besoin de lire *Le Capital* pour se sentir exploité. Louis Althusser affirme même que les ouvriers « peuvent comprendre [*Le Capital*] plus facilement que tous les spécialistes bourgeois, aussi savants soient-ils, parce que *Le Capital* parle de l'exploitation dont ils sont l'objet [1] ». L'affirmation d'Althusser souligne ainsi la proximité entre les conceptions marxistes savantes de l'extraction de la plus-value et le sens commun de l'ouvrier. Le patron profite, il nous vole, il nous gruge… Il se fait une fortune sur notre dos… Il ne nous paye pas *nos* heures supplémentaires, *nos* primes de nuit… Il nous tue au travail, il nous vole notre santé… Ainsi, sans prendre la forme subtile de la distinction travail–force de travail de Marx, il est possible de représenter en langage indigène le patron comme un exploiteur qui *profite* du travail, qui s'approprie le travail, et le salarié comme un exploité dont une partie du travail, volée, ne lui est pas payée.

Au moment de l'enquête, Yves L., le chauffeur-livreur de viande déjà présenté, se déclarait « très mal payé », « exploité », et « pas reconnu à sa juste valeur »[2]. Payé à peine plus que le SMIC à l'âge de 60 ans, puis licencié, Yves a perdu à son travail une partie de ses capacités corporelles : un tendon du bras droit sectionné, un poumon enlevé à la suite des allées et venues entre la température extérieure et les – 35 °C de la chambre froide, toutes blessures qui l'ont obligé à renoncer au métier de « fort des Halles » de sa jeunesse pour un

1. Louis Althusser, *Positions*, Paris, Éditions sociales, 1976, p. 49. Article paru dans *L'Humanité*, le 21 mars 1969.

2. Entretien réalisé par Martine Lurol dans le cadre de l'enquête. Une partie de cet entretien a déjà été présentée aux chapitres 8 et 12.

emploi de chauffeur-livreur. Mais plus que les pertes corporelles, c'est la faiblesse du salaire, la non-rémunération d'une partie du travail, qui est à l'origine du sentiment d'exploitation qui est le sien : heures supplémentaires non payées, longues journées de travail allant généralement de 5 heures du matin à 8 heures du soir, temps de transport compris, promesses patronales non tenues, absences d'incitations au travail, sentiment d'une dégradation du niveau de vie à partir des années quatre-vingt.

Cette représentation du patron comme un homme qui gruge, rechigne à reconnaître le travail, toujours prêt à trouver de bonnes raisons de ne pas payer, induit un sentiment d'exploitation propre au groupe ouvrier. Ce sentiment peut être tempéré par un rapport ambivalent, notamment dans les PME où des liens personnels entre patrons et salariés peuvent s'établir. Cette proximité peut aussi, à l'inverse, exacerber les rapports d'exploitation et favoriser leur mise à jour. L'exploitation s'incarne alors concrètement dans la personne du patron. Le cas de Yves L., comme on l'a vu, est exemplaire de cette ambivalence. Alors qu'avec le premier patron les liens personnels transfiguraient les rapports d'exploitation en relations d'amitié et d'aide, l'exploitation s'éprouve quotidiennement avec le second, et est même quantifiée.

Les profits de l'entreprise sont connus, les marges prélevées sur les clients et le mode de vie du patron aussi : « Tenez-vous bien ! explique Yves. Il prenait 600 000 ou 700 000 francs [AF] par semaine dans chaque caisse, à son profit, en liquide, à son profit, voilà ! [...] Il allait à l'île Maurice en voyage avec toute sa famille, [...] en cure dans les Landes en thalassothérapie. » Le changement de patron coïncide avec la perception de la relation salariale sous le seul angle du rapport d'exploitation.

L'étonnant ne réside donc pas dans l'association « exploitation-absence de reconnaissance-mauvais salaire », mais ailleurs. Les degrés de satisfaction au travail mesurés par notre enquête se trouvant, on l'a vu, très dépendants de la catégorie sociale, on pouvait s'attendre à trouver ceux qui se reconnaissent dans le concept d'exploitation, comme ceux qui partagent le sentiment d'être mal ou très mal payés, dans le carré du sud-est. C'est en effet dans cet espace que se concentrent majoritairement les catégories ouvrières, qualifiées et non qualifiées, qui se distinguent des autres par un moindre degré de satisfaction au travail, un rapport moins heureux à leur profession, des attitudes de résistance collective qui s'expriment par des attitudes de retrait ou des degrés très contrôlés de l'implication personnelle (« Je m'implique juste ce qu'il faut »).

Surprise, c'est au contraire dans le carré des souffrances individuelles que s'exprime le sentiment d'être exploité et d'être mal ou très mal payé compte tenu du travail fourni. Ces souffrances individuelles ne sont, rappelons-le, l'apanage d'aucune catégorie sociale bien définie. Elles sont éprouvées, à des degrés divers, par des individus issus de toutes les catégories sociales interrogées dans le cadre de l'enquête. De même, si le taux des personnes éprouvant le sentiment d'être exploitées varie assez fortement en fonction des différentes couches socioprofessionnelles (de 24 à 52 %), l'association traditionnelle entre ouvriers et victimes de l'exploitation aurait suggéré une amplitude encore plus forte.

Incroyable, mais vrai : un quart des artisans, commerçants et chefs d'entreprises et des diplômés du supérieur, près de 30 % des cadres supérieurs, près de 40 % des employés et des agriculteurs déclarent éprouver le sentiment d'être exploités, alors que ce sentiment n'est désormais partagé que par un peu plus d'un ouvrier sur deux. L'exploitation n'est plus un « privilège ouvrier », puisqu'un petit patron – artisan ou commerçant – sur quatre et près d'un cadre sur trois s'estiment exploités...

Hier, le sentiment d'être exploité se rencontrait principalement au sein du monde ouvrier[1]. Les occurrences du verbe « exploiter[2] » au sein d'un échantillon d'un millier de textes littéraires et scientifiques « représentatifs » de la production savante de la période allant de 1848 à 2000 manifestent son étroite association avec le monde ouvrier[3].

> « Un petit fabricant de Roubaix, dur et fin, comme il faut pour **exploiter les ouvriers** » (Michelet, 1848, *Journal*). « Et il montrait les **mineurs exploités** » (Zola, 1885, *Germinal*). « Le patron le plus honnête est bien forcé de suivre la dure loi de la concurrence, d'**exploiter ses ouvriers** » (Zola, 1883, *Au Bonheur des dames*). « Le négociant n'a plus qu'un but, **exploiter l'ouvrier** » (Huysmans, 1891, *Là-bas*). « L'exploi-

1. Voir Robert Castel, *op. cit.*

2. D'après *Le Grand Robert*, le sens d'*exploiter* comme « se servir de (qqch., qqn) en n'ayant en vue que le profit, sans considération des moyens » daterait des années 1840 et aurait été vulgarisé par les écrits de Proudhon.

3. Cette recherche a été opérée à partir du corpus « Frantext ». N'ont été retenus que les usages où le verbe « exploiter » a pour objet des personnes ou des groupes de personnes. Dans l'ensemble du corpus, les autres usages du verbe – exploiter un bien (mine, champ, forêt, entreprise, etc.), un sentiment (faiblesse, jalousie), ou un événement (un succès, un échec...) – sont évidemment bien plus fréquents.

« Vous arrive-t-il d'éprouver dans votre travail le sentiment d'être exploité ? » (oui)

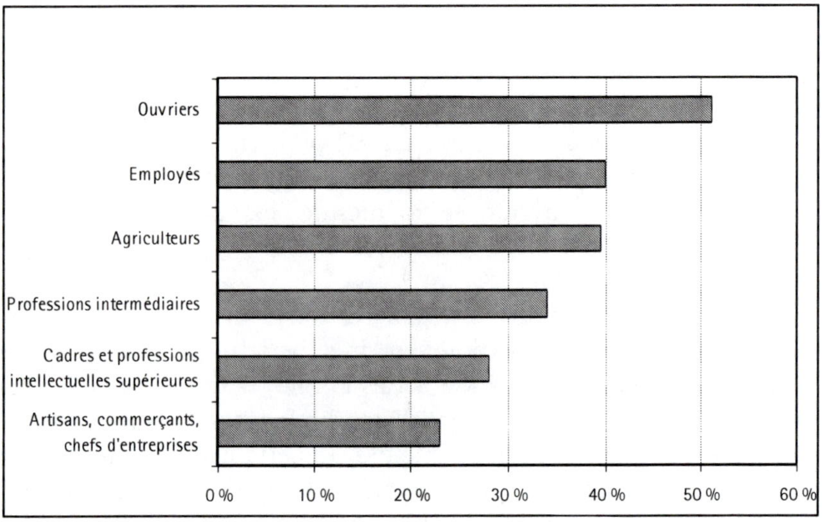

tation bourgeoise et capitaliste ayant atteint pour ainsi dire la limite de tolérance vitale des **classes exploitées** » (Jaurès, 1901, *Études socialistes*). « Monta vers lui la clameur de tous les opprimés : **prolétaires exploités**, peuples persécutés, l'Arménie massacrée... » (Romain Rolland, 1911, *Jean-Christophe – Le buisson ardent*). « Ces miséreux, qui sollicitaient une aumône, n'avaient rien de commun avec les **travailleurs exploités**, qui revendiquaient le droit de vivre, et leur indépendance, et leur dignité » (Roger Martin du Gard, 1936, *Les Thibault – L'été 1914*). « Les **poètes** dignes de ce nom refusent, comme les **prolétaires**, d'être **exploités** » (Éluard, 1939, *Donner à voir*). « Le travail forcé du bagnard, de l'esclave ou du **travailleur exploité** » (Ricœur, 1949, *Philosophie de la volonté*). « On traitait les **travailleurs** en criminels pour s'autoriser à les **exploiter** » (Simone de Beauvoir, 1955, *Les Mandarins*). « Mais aujourd'hui, il n'a plus de **patron pour l'exploiter** » (Bernard Clavel, 1968, *Les Fruits de la mer*). « Nous étions habitués à voir le monde en noir et blanc : les riches et les pauvres, les **exploiteurs et les exploités**, en un mot, les **ennemis de classe** et les justes » (Andreï Makine, 1995, *Le Testament français*), etc.

Bien sûr, l'ouvrier n'est pas la seule personne à être exploitée. Plus généralement, *le peuple* peut l'être. L'*homme* est bien souvent exploité, dans sa généralité – ce qui peut signifier l'ouvrier – (« cette loi rigoureuse de **l'homme exploité par l'homme** » (George Sand,

1855, *Histoire de ma vie*) ou plus rarement dans sa masculinité (« un **homme exploité par une femme**, trahi, moqué, déshonoré par elle » (Bourget, 1890, *Physiologie de l'amour moderne*). La femme et l'enfant ne sont pas en reste, et sont aux prises avec une exploitation économique – et plus encore morale : « Elle comprend que l'habile homme a joué la passion auprès d'elle pour **l'exploiter** », (Goncourt, 1878, *Journal*), « L'enfant est soit enfermé, soit **exploité**... » (Dolto, 1985, *La Cause des enfants*), etc. Hormis ces exceptions, les autres professions ou groupes sociaux ne sont, dans la littérature, que rarement exploités. Patrons, bourgeois, entrepreneurs, capitalistes apparaissent essentiellement comme des exploiteurs, sauf à vouloir dégager des effets de symétrie[1]. Les ingénieurs, les cadres, les employés, les artisans, les marchands n'apparaissent pas comme des objets de l'exploitation. Les paysans, les domestiques le sont quelquefois, surtout lorsque derrière des contrats en apparence libres avec d'autres partenaires, se cachent des relations de subordination réelles : « le paysan d'Espagne n'est pas un homme riche mais un **fermier exploité** par un **propriétaire** sans vergogne » (A. T'Serstevens, 1963, *L'itinéraire espagnol*), « une bonne espagnole **exploitée** par un **banquier** suisse » (Hanska, 1984, *Les Amants foudroyés*).

Cette rapide plongée dans les usages du verbe exploiter depuis le milieu du XIXe siècle rappelle la force du lien entre les ouvriers et l'exploitation. Du milieu du XIXe siècle au milieu du XXe, le travail exploité est le travail ouvrier, le travail ouvrier est le travail exploité. Ce que nous savons des luttes sociales de cette période nous permet d'affirmer que l'exploitation était beaucoup plus qu'une modélisation abstraite de la détresse ouvrière par les classes cultivées : le sentiment d'être exploité était alors largement répandu au sein même de la classe ouvrière. Même s'il s'éprouvait sous les formes individuelles et singulières de la chair meurtrie, du corps estropié, du dos brisé et de très mauvaises conditions d'existence et de salaires insuffisants, la conscience de l'exploitation était un sentiment collectif, éprouvé quotidiennement par tous les membres d'une classe et devenait par là un ciment d'unité, un principe d'identité et un moteur particulièrement efficace des actions collectives, que les luttes soient syndicales ou politiques. L'exploitation de l'ouvrier a d'ailleurs servi de modèle, en particulier à la suite de Mai 1968, pour penser d'autres formes de subordination : exploitation des femmes, des

1. « L'ouvrier exploité par le maître, le maître par l'ouvrier, qui a le salaire chaque jour (l'autre, à la fin, a la banqueroute) » (Michelet, 1848, *Journal*).

élèves, des étudiants, exploitation des écrivains, des artistes, exploitation des ingénieurs.

Aujourd'hui, comme le montre l'enquête, le degré minimal d'investissement et la stratégie du retrait demeurent, comme hier, une attitude spécifiquement ouvrière. La modalité « Je m'implique au travail juste ce qu'il faut » figure dans le carré sud-est, caractéristique d'un très faible niveau de satisfaction au travail et qui rassemble une grande part des ouvriers. D'un autre côté, le sentiment d'être mal ou très mal payé, compte tenu du travail fourni, le sentiment de n'être pas reconnu à sa juste valeur, comme celui d'être exploité ne sont plus associés à ces attitudes de retrait. Ils cessent aussi de constituer des attitudes caractéristiques des seules catégories ouvrières. Ils en débordent largement les frontières pour se retrouver partagées par de nombreux individus appartenant à toutes les catégories sociales.

En même temps qu'il élargit considérablement le périmètre social de la notion d'exploitation et le prive de son ancrage objectif, ce découplage en transforme aussi le contenu : les aspects psychologiques et moraux sont désormais privilégiés. Le sentiment d'être exploité, celui d'être mal ou très mal payé ne sont plus les manifestations d'une conscience collective, elles signalent désormais des souffrances individuelles. Ce ne sont pas, d'une profession à l'autre, les mêmes conditions de travail qui produisent ces souffrances, mais une gamme diversifiée de pressions très différentes qui sont vécues et mises en forme par les individus de façon analogue. Pour une raison simple : elles procèdent, les unes et les autres, des mêmes causes. Quelles qu'en soient les formes concrètes, ces mauvaises conditions de travail se traduisent toujours par une intensification du travail ainsi que par une précarisation des statuts qui s'exprime, dans l'enquête, par la conscience du risque d'être licencié, l'identification de son travail à une impasse et le sentiment que le travail vous vieillit prématurément. Autant de facteurs qui se sont généralisés au cours des vingt dernières années et qui n'épargnent aujourd'hui aucune profession. Associées à une augmentation de la pression temporelle, elles témoignent de situations difficiles à supporter. Ces difficultés peuvent objectivement varier d'une catégorie sociale à une autre ; au sein d'une même catégorie, les uns et les autres ne l'éprouveront pas non plus sur un mode aussi douloureux. À une riposte de classe silencieuse et factuelle – le retrait – s'oppose ainsi un sentiment douloureux d'injustice et de mauvais traitement : « Je ne suis pas reconnu à ma juste valeur », « J'ai le sentiment d'être exploité », « Compte tenu du travail fourni, je suis mal ou très mal payé ».

Le fait d'être à son compte, d'être indépendant, d'être son propre patron, permet de ne pas avoir à travailler pour quelqu'un, de ne pas subir ses ordres, de ne pas lui profiter directement. Cette situation de liberté et d'autonomie économique, pendant longtemps principal rêve d'ascension sociale pour les ouvriers[1] (être à son compte pour ne plus avoir de patron, de petit chef, etc.), devait protéger de l'exploitation. C'est ainsi que l'indépendant n'a pas à subir le partage inéquitable des fruits du travail. Mais il faut compter aussi avec toutes les relations d'échanges, certes plus contractuelles, mais potentiellement aussi inéquitables et génératrices de formes de subordination, que l'indépendant doit nécessairement nouer avec des partenaires plus puissants que lui : fournisseur, propriétaire, banquier, donneur d'ordre, client, État[2]. La caractérisation d'une relation d'exploitation est, certes, plus complexe pour les indépendants : elle suppose, en l'absence de patron ou d'actionnaires, personnages identifiables, que l'on parvienne à désigner un sujet abstrait de l'exploitation (l'État, les supermarchés, les fournisseurs, la concurrence). Mais le sentiment d'exploitation, lui, s'exprime bel et bien aujourd'hui, et il s'agit d'une expérience bien connue des indépendants – qui se disent volontiers « étranglés », avec le sentiment de devoir toujours en faire plus et d'être pourtant toujours plus menacés –, impression qui a pu alimenter les ressentiments et les flambées de radicalisme périodique de la boutique depuis un siècle, du mouvement du général Boulanger à celui de Pierre Poujade, des phalanges financées par le parfumeur Coty dans les années trente à la contestation des grandes surfaces par Gérard Nicoud dans les années soixante-dix.

Fortement ancré, notamment dans le monde de la boutique, ce sentiment d'être écrasé par les « gros » n'est pas aisément formulé sous forme d'exploitation. Cette qualification, même si elle gagne du terrain dans cet univers professionnel, ne va toujours pas de soi. C'est ainsi que Michel M, confiseur-chocolatier au Havre, ne s'est pas déclaré exploité lors de l'enquête, et pourtant, un entretien[3] post-enquête n'en révèle pas moins un sentiment qui, par bien des

1. Florence Weber, *Le Travail à-côté, op. cit.* Bernard Zarca, *L'Artisanat français, du métier traditionnel au groupe social,* Paris, Economica, 1986. François Gresle, « L'indépendance professionnelle. Actualité et portée du concept dans le cas français », in *Revue française de sociologie,* XII, 1981, pp. 483-501.

2. Louis Lorvellec, « L'agriculture sous "contrats" », in *Le Travail en perspectives,* dir. Alain Supiot, Librairie générale de droit et jurisprudence, Paris, 1998.

3. Entretien réalisé par Anne Hertzog dans le cadre de l'enquête.

aspects, se rapproche du sentiment d'être exploité (il s'était d'ailleurs dit très mal payé compte tenu de son travail).

> Là c'est plus comme avant… L'artisanat, **on l'a tué** ! Ça c'est sûr, hein ! Disons que… bon, y a vingt-cinq ans, on gagnait bien notre croûte dans l'artisanat. Vraiment, c'étaient les âges d'or du métier, hein ! Et maintenant, on est tellement **écrasé par les charges** et tout euh… que c'est plus la peine, hein, c'est vraiment plus la peine. Là, je vois, tous les commerçants du quartier qui parlent de ça, y disent « c'est pas la peine de continuer ». Y en a beaucoup qui pensent fermer, hein, carrément ! Là y avait un marchand de vin qui était là, ben, c'est pareil, la dame elle a dit « ben pff, j'arrête, c'est pas la peine ». Nous, surtout, ce qui nous a fait mal au départ, vraiment au départ, ça a été **les grandes surfaces, qui nous ont tués**, ça c'est sûr. Mais même après, c'est… bon on a voulu je sais pas… y a eu tellement de charges qu'il a fallu payer, on n'a pu rien faire.

Le plus surprenant, cependant, est moins l'existence d'un sentiment d'exploitation diffus chez les indépendants que son importance chez les cadres. Pendant longtemps, la rémunération du cadre était pensée sur le modèle du traitement des fonctionnaires ou des émoluments des officiers ministériels bien plus que sur celui du salaire. Le salaire était la rémunération de l'ouvrier qui vend sa force de travail. Le cadre, l'ingénieur, qui entrent dans une relation de confiance, ne pouvaient être l'objet de ces échanges marchands avec leur employeur (salaire contre sueur) : comme le signale Robert Castel à propos des premiers fonctionnaires, la logique de l'échange est dans ce cas du don/contre-don[1]. À la différence du pur échange marchand, comme la vente ou le salaire ouvrier, la relation de don/contre-don échappe au calcul et à la mesure. Le patron offre au cadre des appointements, tels que celui-ci puisse tenir son rang dans l'entreprise et à la maison, et que son jugement ne soit pas altéré par la frustration. En échange, le cadre offre sa loyauté à son patron. Si cet échange s'inscrit dans la logique don/contre-don, et si les dons sont accordés avec largesse, il n'est pas question pour le cadre de mégoter, de calculer, de disputer, de regarder dans l'assiette du voisin.

Ce type de relation n'était possible que dans des structures où l'encadrement et les ingénieurs constituaient une petite élite que le patron devait mettre dans sa poche. Or, depuis une trentaine d'an-

1. Robert Castel, *op. cit.*, p. 155.

née, les structures de production se sont profondément transformées, et avec elles les modes de rémunération. La proportion des cadres a augmenté rapidement au cours des trente dernières années. À la faveur de la crise, les structures sociales des grandes entreprises ont été bouleversées : celles-ci ont externalisé les activités de production et, avec elles, leur population ouvrière ou employée. Elles ont, en revanche, concentré les activités de conception, de décision, de commercialisation. Au sein du secteur des banques, par exemple, la part des cadres employés dans des entreprises comme la Société générale, le CIC, ou la BNP, entre 1978 et 1996, a doublé : elle est passée de 15 à 20 % de la main-d'œuvre à 30 ou 40 % [1]. Le cadre ou l'ingénieur n'est plus le bras droit de son patron. Il gravite dans un univers de cadre. Sous sa responsabilité, des cadres, et au-dessus de lui, des cadres aussi.

La transformation managériale venue des États-Unis a également contribué à bouleverser la structure des rémunérations : alors que le système de la part variable « incitative » – salaire à la pièce, primes de productivité – était traditionnellement réservé au monde ouvrier (il s'agissait de lutter contre le « freinage »[2]), celui-ci s'est considérablement développé au cours des vingt dernières années dans l'encadrement – tandis que son poids diminuait dans le salaire ouvrier[3]. La rémunération variable (commissions, augmentations individualisées, primes, bonus, et maintenant pour quelques-uns stock-options) récompense le travail fourni et distingue la valeur du cadre. Du coup, la relation personnelle entre le patron et le salarié cède la place à une relation de compétition entre cadres pour gravir les échelons de la hiérarchie. À ce jeu de la concurrence, il faut savoir s'imposer face aux autres, « jouer des coudes », bien négocier son salaire. Surgissent alors les « petits malins » qui « vont plus vite », profitent du travail des autres pour se mettre en valeur, « faire du flan »...

La prise en compte de ce contexte permet de comprendre pourquoi le sentiment d'être exploité est à la fois aigu et nouveau au sein des populations de cadres. L'enquête montre d'ailleurs qu'il est très fortement corrélé avec « des relations difficiles avec son chef ». Bien sûr, il est difficile de savoir si les relations difficiles avec le chef en

---

1. Michel Ferrary, « Mécanismes de régulation de la structure des qualifications et spécificité du capital humain. Une analyse du capital social des conseillers bancaires », *Sociologie du travail,* vol. 44, n°1, 2002.

2. Bernard Mottez, *L'Évolution des formes de rémunération,* Paris, CNRS, 1966.

3. Thomas Coutrot, *Critique de l'organisation du travail,* Paris, La Découverte, coll. « Repères », 1999.

question sont la cause ou l'effet du sentiment. Néanmoins, certaines techniques de décomposition du poids des deux causalités suggèrent que si les deux logiques sont à l'œuvre, la première est un peu plus significative. Dans l'hypothèse où les mauvaises conditions de travail sont à l'origine de la dégradation des relations, ce serait le conflit avec le supérieur qui conduirait l'enquêté à se sentir exploité et à désigner son chef comme le sujet de l'exploitation dont il est l'objet. Dans les grandes entreprises, le rapport d'exploitation, loin d'être exclusivement perçu comme un rapport de classes, pourrait alors être vécu comme un rapport entre des personnes.

Injustice et mobilisation

Les aspects psychologiques et moraux de l'exploitation sont désormais privilégiés par les acteurs eux-mêmes. La dimension de classe de l'exploitation (salariés exploités par les capitalistes, ouvriers exploités par la bourgeoisie) cède la place à une perception très globale d'exploitation sans sujet ou à sujet flou (la concurrence, l'État, la Société), ou bien encore à une forme interpersonnelle d'exploitation (« Je suis exploité par mon supérieur, par Untel, par tel service », etc.). D'une profession à l'autre, et dans des conditions de travail variées, une gamme diversifiée de pressions de natures très différentes finissent néanmoins par être vécues de façon unifiée comme des « souffrances » : mauvaises conditions de travail, mise en concurrence des salariés, intensification du travail, précarisation des statuts, impossibilité de la négociation, imposition d'heures supplémentaires, menaces de licenciement, traitement inéquitable des salariés, etc.

La situation décrite en entretien par Suzanne S., secrétaire de direction de 50 ans travaillant dans une petite PME, est, de façon aiguë et sans équivoque, vécue sur le mode de l'injustice : dans le questionnaire, Suzanne s'était dite plutôt mal payée, exploitée et pas reconnue à sa juste valeur, un concentré des formes variées de pression que subissent de manière plus diffuse de nombreux salariés[1] :

> **[Baisse du salaire]** Ça fait quand même plus de 1 000 francs par mois en moins [conséquence de la baisse de son salaire, à la suite des difficultés de l'entreprise. À la suite de cette baisse, son salaire net est passé à 10 800 francs par mois (1 650 euros)]. **[La pression du chô-**

1. Entretien réalisé par Laura Lima dans le cadre de l'enquête.

mage] Comme disaient beaucoup de personnes, c'est mieux encore que le chômage. [...] **[Besoins inchangés]** Mon propriétaire ne va pas me demander si j'ai mon salaire réduit ou pas. Le loyer est toujours le même, il n'a pas été réduit lui. **[Aucune contrepartie]** Et pourtant, on n'a pas eu de réduction d'horaire, rien du tout. On n'a pas été réaugmenté depuis quatre ans. [...] On n'aura jamais ce que l'on a perdu, même si la situation s'est stabilisée. C'est terminé. **[Aucun pouvoir de négociation]** Ça, c'est un petit chantage aussi, même s'il peut nous rattraper, il ne le fera pas. Parce qu'il estime... et puis il profite aussi de la crise économique. Comme il y a du chômage un peu partout, vu notre âge, il sait très bien qu'on ne pourra pas aller ailleurs, c'est tout. S'il savait qu'on pouvait aller ailleurs, il nous aurait vite remis nos 15 %. [...] **[Intensification du travail]** Il nous presse comme des citrons pour pas grand-chose. On n'en fait jamais assez. **[Travail gratuit]** On devrait partir à 17 heures le vendredi, mais on arrive à partir qu'à 18 heures. Il ne respecte même pas les horaires. Je vois même les jeunes stagiaires chez nous, combien de fois ils sont restés jusqu'à 8 heures le soir. **[Menace]** Il nous dit «Mais il y en a d'autres qui attendent votre place si vous n'êtes pas contente». Si on n'est pas content, on peut aller ailleurs. Et il sait qu'on ne pourra pas. [...] **[Iniquité]** Elle [sa collègue], quand elle est entrée dans la société, elle a eu 3 000 francs de plus que moi, et je fais le même travail qu'elle... Peut-être qu'elle s'est mieux défendue. Elle est arrivée après moi. Ils sont allés la rechercher et elle a exigé, c'est normal, un salaire plus important du fait qu'elle a démissionné de la société où elle était. [...] **[Arbitraire]** Elle est plus jeune, elle a au moins huit ans de moins que moi. Ce n'est pas encore une question d'âge. Elle fait pratiquement le même travail, mais j'ai quand même 3 000 francs de moins qu'elle. Et notre patron ne veut pas nous mettre au même salaire pour le moment. Ça ne l'intéresse pas. Du chantage... «On n'a pas assez d'argent», alors que...

Comme hier, les souffrances et les frustrations au travail sont le produit de phénomènes collectifs : rythmes économiques, organisation du travail, rapports de force entre les employés et les employeurs, etc. Mais elles se déclinent et s'éprouvent aujourd'hui sous des formes singulières : concurrence avec les collègues, conflits avec les chefs, sentiment de ne pas être à la hauteur, de devoir faire des choses contraires à ses valeurs[1], etc. Elles ne sont pas prises en charge par les organisations syndicales classiques, si ce n'est parfois, et de façon éphémère, par des coordinations.

1. La portée déstabilisante de ces deux sentiments est expliquée dans Christophe Dejours, *Souffrance en France,* Paris, Seuil, 1998.

D'autres formes de prise en charge semblent s'esquisser avec le développement de nouveaux modes de perception de ces situations de travail : ainsi de la notion de « harcèlement moral » qui offre une sorte de compromis entre vécu individuel et construction collective de la souffrance au travail[1]. Définir une situation de travail comme harcèlement moral, c'est privilégier, au niveau de ses causes, la personne du harceleur, donc l'expérience immédiate du harcelé, et laisser de côté ce qui, dans l'organisation, rend l'action de celui-ci possible. En même temps, le harcelé trouve une identité collective, celle de victime de harcèlement moral, qu'il partage avec des centaines de milliers d'autres travailleurs, et il échappe ainsi à l'imputation d'être, par sa personnalité singulière, responsable de ce qui lui arrive.

Comme le remarque Philippe Davezies, cette attribution d'identité, si elle soulage la souffrance, risque de ne déboucher que difficilement, sur une action autre que juridique (le harcèlement moral est récemment devenu un délit), puisque la construction d'une situation comme harcèlement n'appelle *a priori* pas une action sociale pour changer l'organisation, ni une réflexion de la victime sur sa propre identité psychologique. L'étiquetage comme harcèlement moral peut cependant être un intermédiaire de l'action individuelle (le harcelé pouvant s'il le désire se mettre en question sans être rendu coupable de ce qui lui arrive) et de l'action collective, car, en objectivant une injustice, il donne une prise à une « montée en généralité » : pour rechercher les causes du harcèlement et, à partir de là, remettre en cause l'organisation qui l'a permis ou produit, il faut d'abord faire reconnaître que ce harcèlement existe.

La protestation contre ces diverses formes d'injustice est à la fois plus faible et virtuellement plus forte que celle qui émane des mouvements organisés. Plus faible, parce que la force collective de l'organisation lui fait défaut et que la mise en forme de l'injustice comme exploitation n'est plus un socle d'identification collective et de lutte. Ni traditions, ni mots d'ordre, ni défilés. Mais plus forte, en ce qu'elle touche potentiellement des masses considérables de personnes disposant de ressources intellectuelles, sociales et culturelles importantes et bien adaptées aux nouveaux modes de protestation et d'action : recours au droit, aux médias et à l'opinion.

1. C'est sans doute une des raisons de l'immense succès rencontré par l'ouvrage de Marie-France Hirigoyen, *Le harcèlement moral, la violence perverse au quotidien*, Paris, Syros, 1998.

14

L'épisode des 35 heures

Plébiscitée et controversée, la réduction du temps de travail suscite à la fois l'adhésion du plus grand nombre et le rejet violent d'une importante minorité. Elle améliore indiscutablement la situation d'un grand nombre de salariés. Mais elle accroît les inégalités dans le rapport au travail, telles que notre enquête (antérieure, donc, à l'introduction de la fameuse RTT) les avait mises en évidence. Aux salariés les plus qualifiés, qui trouvaient déjà massivement le bonheur dans leur investissement au travail, elle apporte la possibilité de concilier, comme ils le souhaitaient, vie de travail, vie familiale et vie personnelle. Les salariés les moins favorisés n'en retirent pas de pareils avantages. À cet accroissement des inégalités collectives s'ajoute celui des difficultés plus individuelles : la RTT, par ses modalités d'application, est source pour certains de souffrance au travail. Dimensions individuelle et collective se combinent : un surcroît de souffrance frappe souvent les salariés les moins qualifiés, sans que cette souffrance puisse généralement faire l'objet d'une prise en charge collective.

Le retour à une tendance de long terme

La législation de 1998-1999 sur les 35 heures n'a rien d'une innovation sans précédent. Elle marque au contraire le retour à une tradition de politique sociale et aux grandes tendances de la société française. Olivier Marchand et Claude Thélot[1] ont mis en évidence

1. Olivier Marchand et Claude Thélot, *Deux siècles de travail en France*, Paris, Insee-Etudes, 1991.

l'ampleur, sur le long terme, de la réduction du temps de travail : pendant les premières décennies du XIXe siècle, on travaillait en moyenne 3 000 heures par an; dans les années quatre-vingt-dix, 1 600 heures. Depuis le milieu des années quatre-vingt toutefois, la baisse s'était ralentie. Si l'on met à part les salariés à temps partiel, la durée du travail a même augmenté. Cet allongement du temps de travail, à contre-courant de la tendance historique, a été particulièrement marqué pour les cadres.

La réduction du temps de travail fut un des grands thèmes de lutte du mouvement ouvrier pendant la plus grande partie du XIXe siècle, et à plusieurs reprises au cours du XXe. Cette revendication eut même un rôle fédérateur, au niveau national puis international : à partir de 1889, le 1er Mai[1] devint une journée internationale de lutte pour la journée de 8 heures, marquée chaque année par des grèves et des manifestations dans un grand nombre de pays.

La forte mobilisation des travailleurs entraîna l'adoption de lois réduisant toujours davantage la durée légale du travail. En France, c'est après que Villermé[2] eut dénoncé en 1840 l'impact désastreux pour la santé publique des conditions de travail dans le textile qu'on fixa un maximum à la durée quotidienne du travail des enfants. Mais c'est au lendemain de la révolution de 1848 qu'elle fut limitée pour tous les salariés : 10 heures à Paris, 11 heures en province. Le repos hebdomadaire obligatoire fut institué en 1906. La journée de 8 heures fut adoptée en 1919. Le Front populaire, en 1936, généralisa les congés payés et fixa la durée hebdomadaire légale à 40 heures.

Les lois Aubry n'ont donc rien de révolutionnaire en ce qu'elles abaissent la durée légale du travail. Elles innovent cependant sur deux points essentiels. D'une part, en même temps que l'amélioration du bien-être social, elles visent à l'accroissement de l'efficacité économique en facilitant la flexibilité des horaires et de l'organisation. D'autre part, leur adoption n'est pas le résultat de luttes populaires[3], mais l'application d'un programme de gouvernement : programme approuvé par l'électorat, mais conçu par une élite politique.

1. En souvenir d'une grève commencée le 1er mai 1886 à l'entreprise McCormick de Chicago et violemment réprimée.

2. Louis-René Villermé, *Tableau de l'état physique et moral des ouvriers employés dans les manufactures de coton, de laine ou de soie*, Paris, Renouard, 1840.

3. D'une part, la revendication des 35 heures avancée de longue date par certains syndicats ne comportait pas de volet « flexibilité ». D'autre part, il n'y a pas eu de conflits sociaux majeurs sur ce thème.

Les mesures législatives prises depuis plus d'un siècle ont, bien sûr, contribué à la réduction effective de la durée du travail. Le lien n'est toutefois pas aussi direct qu'on pourrait le croire. Les entorses à la loi ont été nombreuses jusqu'à la création de l'inspection du travail en 1892. On autorisa ensuite des dépassements de l'horaire légal théorique, le patronat recourant largement au système des « heures supplémentaires ». C'est pourquoi, alors que l'horaire légal était de 40 heures depuis 1936, ce n'est qu'au début des années quatre-vingt que l'horaire moyen est réellement passé sous la barre des 40 heures : dans les années soixante-dix, les durées maximales autorisées ont été nettement abaissées. Les 35 heures risquent de connaître un destin analogue : une mesure spectaculaire et controversée, qui change sérieusement les choses, mais se voit en partie vidée de son contenu par la possibilité de nombreuses dérogations.

Malaise autour des 35 heures

Depuis quelque temps, la réduction du temps de travail n'a pas bonne presse. La conjoncture politique y est pour beaucoup : l'ensemble de la droite et plusieurs fractions de la gauche ont tout intérêt à la vouer aux gémonies. Leurs critiques n'auraient cependant pas d'écho si elles ne se fondaient sur un malaise réel. Car si les enquêtes quantitatives et qualitatives montrent que la majorité des salariés qui en ont bénéficié sont satisfaits de la RTT, elles indiquent aussi que cette mesure a accru la polarisation des rapports au travail : en accroissant l'écart entre les plus qualifiés et les moins qualifiés, en aggravant certaines situations de souffrance au travail.

Fin 2000 et début 2001, la Direction de l'animation de la recherche, des études et de la statistique (Dares) du ministère du Travail a fait réaliser par l'institut de sondage Lavialle une enquête intitulée « RTT et modes de vie », dont elle avait conçu le questionnaire. Cette enquête représente, à notre connaissance, l'investigation statistique de loin la plus approfondie et la plus fiable sur l'impact de la RTT, au travail et hors travail, bien qu'elle ait été réalisée avant l'entrée en application de la loi dite Aubry II [1]. Le questionnement est suffisamment détaillé pour avancer des conclusions. L'échantillon

1. Celle-ci contient des dispositions spécifiques relatives au temps de travail des cadres, répartis désormais en plusieurs catégories justiciables de modes de décompte différents de leurs horaires.

(un peu plus de 1 500 personnes) est constitué uniquement de salariés à temps complet ayant eu une expérience effective du processus de RTT dans l'établissement qui les emploie : présents dans cet établissement avant l'accord de RTT, ils ont personnellement connu une réduction de leur temps de travail ; c'est donc sur la base d'une expérience vécue qu'ils peuvent faire part de leurs sentiments et opinions.

Si l'on s'en tient aux opinions globales, le bilan de la RTT est « globalement positif » : 59 % des personnes interrogées estiment qu'avec elle leur vie quotidienne s'est plutôt améliorée, contre seulement 13 % qui estiment qu'elle s'est plutôt dégradée[1]. Mais le jugement des salariés est beaucoup plus réservé en ce qui concerne certains aspects importants de leur vie, comme les conditions de travail ou la possibilité de concilier travail et vie hors travail. Il est largement fonction des modalités d'application de la réduction du temps de travail. Le sentiment d'amélioration est très largement dominant dans les catégories sociales élevées, mais minoritaire parmi les femmes non qualifiées[2].

Un pari risqué

Comment implanter le nouveau management en contenant les risques dont il est porteur ? Tel était l'un des paris des 35 heures. Il s'agissait de satisfaire les entreprises : rendre plus « flexible » l'organisation du travail et du temps de travail en faisant en sorte que les salariés y trouvent avantage. Les nouvelles formes de management, en effet, ont pour première conséquence d'accroître la pression. Or, plus la durée du travail est élevée, plus, en moyenne, la pression ressentie et exprimée est élevée, et plus l'insatisfaction que traduisent les réponses aux questions de l'enquête est grande. On pouvait penser *a priori* que réduire la durée du travail permettrait de concilier réorganisation et qualité de la vie au travail. Ce raisonnement séduisant n'a pas résisté à l'épreuve des faits : c'est ainsi que la réduction du temps de travail n'a pas engendré une satisfaction unanime et est même devenue, pour beaucoup, une source de déceptions.

1. Marc-Antoine Estrade, Dominique Méda et Renaud Orain, « Les effets de la réduction du temps de travail sur les modes de vie : qu'en pensent les salariés un an après ? », *Premières informations et premières synthèses*, Dares, n°21, mai 2001.

2. Dominique Méda et Renaud Orain, « Transformation du travail et du hors-travail : le jugement des salariés sur la réduction du temps de travail », *Travail et emploi*, n° 90, avril 2002.

Lorsque, sur la base du lien entre durée du travail et rapport au travail, on estime que la RTT peut contrebalancer l'effet des réorganisations, on suppose qu'un phénomène observé en coupe instantanée est transposable en évolution. À un moment donné, les personnes travaillant un temps t subissent une pression plus importante, toutes choses égales par ailleurs, que d'autres personnes travaillant un temps inférieur. Peut-on en conclure que les mêmes personnes seront exposées à une pression moindre si l'on réduit leur temps de travail ? Peut-être, si l'on a bien pris en compte et mesuré l'ensemble des variables pertinentes. Mais est-on sûr que cela ait bien été le cas ? Il faut en outre tenir compte du fait que le bien-être résulte en partie d'une adaptation de l'individu à la situation qu'il vit : les bénéfices d'un changement peuvent ne se faire sentir qu'à terme.

On a fait aussi l'hypothèse que la réduction de la durée du travail n'a pas d'effet propre sur les réorganisations. En est-on certain ?

Il convient enfin d'examiner plus en détail le lien entre durée du travail et rapport au travail. Premier constat, une durée plus faible ne compense pas une intensité plus forte : or on sait que l'intensification du travail est une des conséquences des réorganisations. Certes, une durée plus faible est associée à une pression moins forte, alors qu'une intensité plus élevée est liée à une pression supérieure. Mais, alors que l'intensité du travail exerce un effet négatif sensible sur le degré de bonheur, une durée du travail plus faible ne l'élève pas et pourrait même, toutes choses égales par ailleurs, être associée à un degré de bonheur légèrement inférieur.

Déjà assez inexacte pour l'ensemble des salariés, l'idée qu'une moindre durée compense une intensité plus élevée s'avère franchement fausse pour les salariés d'exécution, ouvriers et employés. Pour eux, une durée de travail courte demeure associée à un niveau de bonheur équivalent, voire inférieur, alors que l'intensité du travail diminue très fortement celui-ci. Pour les cadres et les intermédiaires, en revanche, durée et intensité n'ont aucun effet statistiquement significatif sur le degré de bonheur.

Durée contre flexibilité

Si les salariés n'apprécient pas unanimement la réduction de leur temps de travail, ce n'est pas en raison des satisfactions que leur procurerait leur travail : le niveau de satisfaction vis-à-vis de la RTT s'accroît, d'une catégorie à l'autre, avec le degré d'*investissement au travail.* Ce sont les transformations qualitatives qui ont accompagné la diminution de la durée du travail qui expliquent les jugements négatifs portés par certains. Que la réduction de la durée du travail soit liée à des transformations des conditions de travail n'est pas nouveau : historiquement, elle s'est même accompagnée d'un accroissement du contrôle exercé par les employeurs sur les horaires et les cadences[1].

Dans le cas des 35 heures, la réduction du temps de travail a d'ailleurs été explicitement présentée comme une occasion de réorganiser le travail et le temps de travail. Les négociations sur la réduction du temps de travail ont également permis d'accélérer des réformes d'organisation correspondant aux tendances actuelles du management (polyvalence, travail en équipes autonomes, tension des flux) et d'instaurer des formes de gestion des horaires donnant plus de souplesse aux entreprises (annualisation et « modulation »). Lionel Jacquot et Nora Setti[2] soulignent l'importance des changements intervenus à l'occasion de la réduction du temps de travail et leurs limites : « La RTT [...] apparaît comme un vecteur de la modernisation [des entreprises], participant à la mutation des organisations temporelles sans bouleverser véritablement la nature des divisions, à la transformation des identités des travailleurs et des collectifs de travail via l'individualisation des premiers et la reconfiguration des seconds, à la rationalisation des moyens de production – et en premier lieu la rationalisation de la force de travail restée vivante. Si le passage aux 35 heures est saisi par le changement dans les manières de travailler et d'échanger, [...] il n'est pas sans reproduire certains "vieux" schémas d'efficacité consistant à jouer sur l'intensité du travail. »

L'intensification du travail

Environ la moitié des personnes ayant répondu à l'enquête Dares considèrent que la RTT n'a pas eu de conséquences sur leurs conditions de travail. Un quart d'entre elles jugent que celles-ci se sont améliorées, et un autre quart qu'elles se sont dégradées. Selon Dominique Méda et Renaud Orain, l'impact des 35 heures sur les condi-

---

1. Voir Alain Cottereau, « Au XIXe siècle, les ouvriers rythmaient leur travail », *Santé et travail*, n°25, 1998.

2. Lionel Jacquot et Nora Setti, « Réduction du temps de travail et gestion des ressources humaines : à la recherche de nouveaux foyers de flexibilité et de productivité du travail et de l'emploi », *Travail et emploi*, n° 92, octobre 2002.

tions de travail a été décisif et conditionne l'appréciation globale de cette mesure : « Une nette amélioration des conditions de travail entraîne presque à coup sûr un jugement positif global. » En revanche, la plus grande partie de ceux qui constatent une nette détérioration de leurs conditions de travail font un bilan négatif. « Ils évoquent la charge de travail, les conditions de travail dégradées et disent que s'il y a du temps, c'est juste pour se reposer. »

L'intensification du travail qui a souvent accompagné la réduction de sa durée paraît bien être une des causes principales de rejet de la RTT. Les salariés qui estiment que cette dernière a plutôt dégradé leur vie quotidienne en donnent pour principale raison le fait d'avoir « moins de temps pour la même charge de travail », et donc des « cadences plus soutenues ». Ils déclarent fréquemment que la RTT a entraîné pour eux « plus de fatigue, plus de stress[1] ».

Lorsque la RTT s'effectue sans révision à la baisse des objectifs, sans embauches en nombre suffisant et sans réorganisation suffisamment efficace, elle accélère automatiquement les rythmes de travail. Lesquels peuvent entraîner une fatigue telle que le temps « libre » supplémentaire ne permet pas de « récupérer ». Bien souvent, la tâche imposée n'est accomplie qu'en sacrifiant les moments creux, ceux qui permettaient de souffler un peu et de rester en deçà du seuil critique de fatigue.

Plus grave encore : certains travailleurs risquent tout simplement de ne pas pouvoir tenir les nouvelles cadences. En dehors de cette situation extrême, l'intensification du travail liée à une RTT mal conduite (du point de vue des salariés) peut compromettre le caractère soutenable du travail, induire angoisse et stress. C'est le cas lorsque le temps économisé est celui qui permettait d'échanger, de capitaliser une expérience collective, de dépasser l'horizon étroit de son poste ou de se préparer à des changements futurs.

La RTT n'est certes pas la cause unique (et encore moins ultime) de l'intensification du travail qui accompagne sa mise en œuvre. Une forte intensification s'observe à la fin des années quatre-vingt et au début des années quatre-vingt-dix, en l'absence de toute législation nouvelle sur la durée du travail et alors que la tendance séculaire à la réduction de cette durée s'était ralentie. En fait, les lois Aubry ont eu pour effet d'accélérer, et surtout de concentrer dans le temps, un processus d'intensification du travail qui se serait produit de toute façon. C'est probablement cette concentration dans le temps qui est

1. Dominique Méda et Renaud Orain, *op. cit.*

à l'origine du rejet politique. Souvenons-nous : la faible résistance des salariés à l'intensification du travail s'explique en partie par la difficulté à lui trouver des causes concrètes – les nouvelles formes d'organisation des entreprises et de la vie économique diluent les responsabilités et permettent aux décideurs de se présenter (et souvent de se représenter) comme de simples agents de mécanismes abstraits (« le marché »). Le lien, peut-être en fait plus accidentel qu'essentiel, entre RTT et intensification a permis, par exception, d'attribuer à cette dernière une cause concrète. Et la souffrance de ceux qui craquaient a certainement été le moteur d'une forme de mobilisation diffuse contre les lois Aubry. Mobilisation qui ne s'est pas traduite directement par un mouvement social ou politique, mais qui a été suffisante pour que devienne crédible un discours présentant la RTT comme un échec social.

L'INSTABILITÉ DES HORAIRES

Depuis 1980, l'instabilité des horaires de travail s'est accrue : ils varient davantage en fonction des besoins des entreprises[1]. Au cours de la période précédant l'introduction des lois sur les 35 heures, cette évolution a cependant été inégale et d'ampleur modérée même si elle a pu, dans certains secteurs ou certaines professions, prendre un tour dramatique. De 1994 à 1997, les entreprises n'ont pas procédé à des transformations massives de leurs systèmes d'horaires[2]. Les accords de réduction du temps de travail ont sans doute été l'occasion d'accélérer sérieusement l'introduction d'une plus grande « flexibilité » dans ce domaine.

Les modalités d'application de la réduction du temps de travail ont en fait été extrêmement diverses, d'une entreprise à l'autre, d'une catégorie de salariés à l'autre. Pour certains, la durée quotidienne du travail a été réduite. Mais pour d'autres, la réduction d'horaire a parfois été inégale d'un jour à l'autre. Pour d'autres encore, une demi-journée par semaine ou une journée par quinzaine est désormais

1. Voir Jennifer Bué et Catherine Rougerie, « L'organisation des horaires : un état des lieux en mars 1998 », *Premières synthèses*, Dares, 1999, n°30.1 ; Pierre Boisard, Jean-David Fermanian, « Les rythmes de travail hors normes », *Économie et statistique*, n° 321-322, 1999.

2. Florence Favre, Jean-Paul François et Nathalie Greenan, « Les changements organisationnels dans les entreprises industrielles : la montée des procédures », *Le 4 pages des statistiques industrielles*, n° 93, 1998.

chômée. Certains ont obtenu des jours de congé supplémentaires. Heures et jours de RTT sont pris dans certains cas au gré du salarié, dans d'autres en fonction des convenances de l'employeur.

En fait, comme le font remarquer Marc-Antoine Estrade et Valérie Ulrich[1], pour la majorité des salariés, les 35 heures n'ont ni accru ni réduit la variabilité des horaires. Mais les mêmes auteurs font observer que 12 % des salariés sont passés d'un horaire régulier à un horaire irrégulier, et que cette diffusion de l'irrégularité en un laps de temps finalement très court a opéré une véritable rupture par rapport à la tendance de long terme. Ils rappellent en particulier que la modulation du temps de travail, qui « s'était diffusée très lentement et principalement dans les entreprises saisonnières [...], a fortement augmenté avec la RTT ».

Or, ainsi que l'observent Dominique Méda et Renaud Orain, « c'est parmi les salariés aux horaires devenus plus variables depuis la RTT qu'on observe la plus forte proportion de salariés qui concluent à une dégradation de leurs conditions de travail » : un tiers contre un quart en moyenne. Néanmoins, dans l'ensemble, le lien entre changements dans l'organisation des horaires et évolution des conditions de travail est plutôt modeste : les horaires sont bien moins souvent cités que l'intensification du travail comme cause de dégradation.

Certes, la plus grande flexibilité des horaires permet d'ajuster les effectifs à la demande, et donc de supprimer tendanciellement les « temps morts » et les « périodes creuses » dans le travail. Il en résulte une intensification du travail. Mais la densification du travail ne passe pas nécessairement par la variabilité des horaires. C'est pourquoi une dégradation des conditions de travail se produit fréquemment même lorsque les horaires demeurent réguliers. La « flexibilité » des horaires n'est seulement, de ce point de vue, qu'une circonstance aggravante.

En revanche, comme le montrent Dominique Méda et Renaud Orain, « la modalité de RTT est déterminante pour les volumes d'activités supplémentaires » extraprofessionnelles. La situation la plus favorable est celle des salariés qui ont obtenu des journées ou des demi-journées régulières ou des journées de congé supplémentaires. Non seulement ils partent plus souvent en week-end (ou, dans le cas

1. Marc-Antoine Estrade et Valérie Ulrich, « La réorganisation des temps travaillés avec les 35 heures : un facteur de segmentation de la main-d'œuvre ? », *Travail et emploi*, n° 92, octobre 2002.

des congés supplémentaires, en séjours longs), mais ce sont eux aussi qui déclarent pouvoir sortir plus souvent dans la journée, consacrer davantage de temps pour bricoler ou même se reposer. « Au contraire, les salariés pour lesquels la RTT consiste en journées de travail plus courtes, n'ont pas vu de révolution dans leur vie quotidienne. »

Du point de vue de la conciliation entre vie professionnelle et vie familiale, Dominique Méda et Renaud Orain montrent que la variabilité des horaires a des effets ambigus. Dans bien des cas, elle facilite cette conciliation. Mais dans nombre d'autres, elle l'entrave. Les modalités d'application de la flexibilité des horaires jouent donc un rôle crucial, selon que les règles encadrant cette flexibilité seront favorables aux salariés ou à l'intérêt de l'entreprise. De plus, un type d'horaires favorable aux uns peut être défavorable aux autres : la « vie familiale » d'un jeune célibataire est bien différente de celle d'une mère[1] de jeunes enfants.

Quand les cadres sont séduits par la réduction du temps de travail

En coupe instantanée, lors de notre enquête en 1997, les durées de travail longues étaient plutôt le fait de personnes très investies dans leur travail et entretenant avec lui un rapport plutôt heureux, même si les durées de travail les plus longues accroissaient le risque de souffrance accrue. Il est probable que le fort investissement des cadres dans leur travail, l'intérêt qu'ils y prennent, est une des raisons pour lesquelles ils ont toléré, au cours des années quatre-vingt-dix, l'accroissement de leur temps de travail au détriment d'autres activités[2].

Avant l'entrée en vigueur des lois Aubry, les cadres se montraient fort réservés vis-à-vis d'une réduction de leur temps de travail. En 1997, ils étaient même les plus nombreux à rejeter toute forme de RTT[3]. Ces réticences, constatait Vanessa Pinto à partir d'une

1. Même si l'on peut le regretter, la RTT n'a pas (encore ?) profondément remis en cause le partage des tâches domestiques. Cf. Marc-Antoine Estrade, Dominique Méda et Renaud Orain, *op. cit.* La loi réaffirme, lors de la réduction du temps de travail, les objectifs d'égalité professionnelle entre les sexes. Pourtant les femmes non qualifiées se voient, plus encore que les hommes non qualifiés, imposer des formes peu avantageuses de RTT (Martine Lurol et Jérôme Pelisse, « Les 35 heures des hommes et des femmes », *Travail, genre et société*, n° 8, sept. 2002).

2. Alain Chenu et Nicolas Herpin, « Une pause dans la marche vers la civilisation des loisirs », *Économie et statistique*, n° 352-353, 2002.

3. Emmanuelle Crenner, « Les opinions des salariés sur la réduction du temps de travail », *Économie et statistique*, n° 321-322, 1999.

enquête par entretiens[1], émanaient surtout de ceux qui cumulaient le plus d'attributs de cadres (position hiérarchique, formation, salaire, etc.) et étaient aussi les plus investis dans leur travail. Ils paraissaient privilégier leur travail par rapport à leur vie personnelle.

Une part des cadres craignaient ainsi de perdre en partie la maîtrise de leur temps. Le fait que leur journée débordait les horaires réglementaires ne constituait que l'autre face d'un travail dont le rythme était peu contrôlé. Une réduction du temps de travail en minutes leur aurait été très préjudiciable, qu'elle reste lettre morte ou conduise à une gestion plus serrée de leur charge de travail.

Pourtant, les cadres se sont massivement ralliés aux 35 heures. Pourquoi ? Souvenons-nous que dans l'enquête, les cadres sont ceux qui définissent le bonheur comme une « harmonie entre vie professionnelle et vie familiale », le travail constituant l'une des composantes de ce bonheur. Ils sont aussi très attachés au fait que leur travail soit « intéressant » et que celui de leurs enfants le soit aussi. Beaucoup de leurs attitudes sont inspirées par le souci de valoriser et de transmettre leur capital culturel.

Or, les 35 heures leur offrent un grand nombre de possibilités de satisfaire toutes ces aspirations, en particulier la recherche d'un équilibre entre vie personnelle et vie professionnelle. La RTT a ainsi été pour eux l'occasion, non de désinvestir le travail, mais d'adapter leur mode d'investissement aux transformations de la famille et de la société. La réduction en jours leur a d'abord permis de dégager du temps, sans nécessairement entraîner de réorganisation fondamentale de leurs conditions de travail.

Le travail n'est pas la seule activité qui permette de rentabiliser un capital culturel. En s'investissant dans des loisirs, le capital culturel ne se dissipe pas : certains, comme les voyages, peuvent même contribuer à l'accroître aussi efficacement qu'un surcroît d'activité professionnelle. Le capital culturel entretient donc un rapport au loisir différent de celui du capital économique. Ce dernier ne peut en effet donner accès à des loisirs plaisants que par le biais d'une dépense, d'une perte, voire d'un gaspillage de capital.

Un temps de travail très élevé n'est pas non plus exactement synonyme de travail intéressant. On s'y implique autant pour gagner plus ou par obligation que par intérêt intellectuel. Il ne permet pas de « faire davantage de choses qui restent » et n'apporte pas plus la

1. Vanessa Pinto, *Formes et motifs des réactions des cadres à la réduction du temps de travail*, Rapport pour la Dares, Centre d'études de l'emploi, octobre 2000.

satisfaction du « travail bien fait ». Il ne conduit pas non plus à parler davantage avec ses proches de l'intérêt de son travail. En revanche, modérer son ardeur au travail peut se révéler propice à une heureuse transmission de son capital culturel. Le faire passer à ses enfants exige, en effet, de passer du temps avec eux, un temps où l'on sera détendu, où l'on devra se sentir bien si l'on veut que la communication soit efficace.

Ce cadre supérieur d'une grande entreprise, interrogé par Djordje Kuzmanovic[1], en témoigne avec précision :

> – *Vous diriez que les 35 heures ont amélioré votre vie familiale ?*
>
> – Oui, indéniablement. Par le temps libre dégagé, une meilleure organisation du temps de travail. Pour tout vous dire, ma vie familiale est beaucoup plus épanouie depuis. Mes relations avec ma femme s'en sont ressenties de façon positive. Moi-même je suis moins tendu, moins stressé. L'un comme l'autre, nous avons plus de temps pour la famille, ou plutôt c'est mieux organisé et plus efficient. L'un comme l'autre nous faisons plus de sport – nous avons maigri et nous sommes en bien meilleure condition physique –, nous avons du temps pour des activités artistiques : cela faisait très longtemps que nous n'étions pas allés au théâtre par exemple ; maintenant, c'est possible. Et tout s'enchaîne. Meilleure forme, meilleure humeur, meilleure vie, meilleure relation avec les enfants – je dirais même que cela se ressent sur leurs résultats scolaires. Et encore autre chose, nous avons du temps pour voir nos amis. Notre vie sociale s'est nettement améliorée du fait du temps dégagé.

Il explique aussi comment la réduction du temps de travail lui permet de valoriser son capital culturel dans une activité qui le passionne : la voile.

> Voyez-vous, j'aime faire de la voile. Or, les week-ends prolongés RTT me permettent de me rendre en Normandie et de naviguer, ce que je ne pouvais pas faire avant. Vous savez, le temps de se rendre sur place, revenir, on a à peine le temps de faire quelques ronds dans l'eau. Maintenant, j'ai parfois des week-ends de trois jours, et ces week-ends se transforment en véritables petites vacances lors desquelles je peux me ressourcer pleinement et repartir d'un très bon pied au travail. J'évoque aussi les congés, car avant, j'avais cinq semaines, comme à peu près tout le monde. Maintenant, j'ai huit semaines. Oui, oui. Et j'en suis fier. Et très content. Ainsi, je bénéficie de mes congés antérieurs que je passe

1. Dans le cadre de sa thèse de doctorat en cours « Nouvel esprit du capitalisme et rapport renouvelé au travail ».

en famille, mais maintenant j'ai mes trois semaines à moi et rien qu'à moi, que je mets à profit pour aller naviguer avec mes amis du club de voile. C'est le bonheur.

Les modalités relativement favorables de réduction du temps de travail (dans son cas, il ne s'agit pas de 35 heures) qu'il a obtenues sont dues à sa position dans l'entreprise et aux rapports étroits et privilégiés qu'il entretient avec la direction :

– Mon travail au sein de l'entreprise est autonome. Je m'organise comme je le souhaite, tant que le travail est fait. Je suis cadre supérieur, et mes fonctions m'imposent une lourde charge de travail. Je n'ai jamais fait les 39 heures, ça non. Il m'arrive souvent de travailler 14 heures par jour. Donc les 35 heures opèrent comme une reconnaissance de mon labeur. Je ne peux évidemment pas, étant donné mes fonctions, abandonner mon poste lorsque sonne le gong… Je ne suis pas fonctionnaire. Donc, la réduction du temps de travail ne pouvait en aucune manière s'opérer par une réduction hebdomadaire du temps de travail. La solution consistait en des jours de congé supplémentaires. Libre à moi après de m'organiser comme bon me semble et avec mon collègue pour mener à bien les tâches qui nous incombent et réaliser à temps le cahier des charges.

– Comment avez-vous obtenu des avantages aussi nombreux ? A-t-il fallu négocier âprement ?

– Négocier… Oui et non. Je suis cadre supérieur, j'ai tout de même le souci de l'entreprise et de sa réussite. Donc, je n'exige rien qui soit impossible. Il s'agit là réellement d'une reconnaissance de mes qualités – comme celles de mes collègues –, une reconnaissance du travail bien fait et une carte blanche donnée par la direction, confiante qu'elle était dans notre aptitude à mieux organiser notre travail tout en le menant à bien. Cela a été aussi rendu possible par la relative autonomie de mon emploi dont je vous ai déjà parlé, ainsi que par la bonne entente avec mon collègue sur ce poste. Chez nous, les négociations se sont faites à la carte, individuellement. C'est un grand pas, je pense. Ça permet une meilleure intégration du personnel dans l'entreprise ; si bien sûr les gens sont sérieux. En effet, en tant que cadres, nous connaissions ce qui était possible et ce qui ne l'était pas, au contraire trop souvent de la base qui réclame sans savoir. Et le grand avantage de cette loi sur les 35 heures, c'est qu'elle a permis des négociations ou des discussions à la carte. Donc pas d'impératifs venant d'en haut, de l'État, mais des solutions concrètes au cas par cas.

ACCROISSEMENT DES INÉGALITÉS ET RÉSERVES POPULAIRES

L'opinion des moins qualifiés sur la réduction du temps de travail est beaucoup moins favorable que celle des salariés du haut de l'échelle. Première raison : ils arbitrent différemment entre revenu et temps libre. Occuper son temps libre à des activités intéressantes est plus facile quand on dispose d'un revenu élevé (ou d'un capital culturel qui donne accès à des loisirs « créatifs » et peu coûteux). Pour les plus pauvres, un supplément de revenu peut servir à acheter des équipements ménagers ou des services de base économisant du temps de travail domestique. La perte des heures supplémentaires, en diminuant brusquement les revenus de ménages dont le budget était difficilement compressible (soit parce qu'ils gagnaient peu, soit parce qu'ils étaient endettés), a souvent été difficile à assumer.

C'est ce qu'exprime cet ouvrier d'une chaîne de montage automobile interrogé par Djordje Kuzmanovic :

> – Là où on est baisés, c'est sur les heures supplémentaires.
> – *Comment ça s'est passé ?*
> – Tu vois, avant je bossais, allez, en moyenne, je vais dire 43-44 heures par semaines. Tu vois, quatre-cinq heures supplémentaires. Quatre-cinq heures supplémentaires et parfois plus pour les coups de bourre, eh ben, tu calcules. Ça fait du 20 heures par mois, bien mieux payé que les heures normales. Et avant on s'était débrouillés pour que ce ne soient pas des « récup » [jours de repos], mais qu'on ait bien le salaire en plus.

Cependant, globalement, la diminution ou le gel des rémunérations est assez peu cité par les salariés interrogés lors de l'enquête « RTT et modes de vie » pour expliquer leur sentiment d'une détérioration de leur vie quotidienne : moins que « plus de fatigue, plus de stress », deux fois moins que « cadences plus soutenues ». Même si la façon de poser la question a pu entraîner une certaine sous-estimation (elle ne faisait pas explicitement référence aux heures supplémentaires), la préférence pour le salaire n'est probablement pas la principale source d'insatisfaction.

L'impact des 35 heures sur les conditions de travail est essentiel pour expliquer la déception dans les catégories populaires. Dominique Méda et Renaud Orain montrent que cet impact est jugé positif, en moyenne, par les plus qualifiés, mais que les opinions des non-qualifiés sont beaucoup plus partagées, voire négatives : ils sont plus nombreux à enregistrer une dégradation de leurs conditions de travail – et surtout nettement moins nombreux à ressentir une amélioration. Ainsi 42 % des femmes cadres trouvent que leurs conditions de travail se sont améliorées, mais seulement 21 % des femmes non qualifiées.

Une partie non négligeable des salariés les moins favorisés (35 % des femmes non qualifiées par exemple) ont vu empirer des conditions de travail qui, le plus souvent, étaient déjà difficiles. Or, pour les membres des catégories populaires, que les conditions de travail demeurent inchangées peut suffire à engendrer une déception. L'attente d'une réduction du temps de travail était en effet, en 1999, particulièrement vive chez les salariés exposés à des conditions de travail pénibles[1]. Le fait que ces conditions de travail n'ont pas évolué signifie que la réduction n'a servi, au mieux, qu'à compenser d'autres évolutions[2]. Les attentes vis-à-vis de cette diminution ont ainsi été déçues.

La réorganisation des horaires qui a souvent accompagné le passage aux 35 heures a en outre, on l'a dit, contribué à creuser les inégalités sociales, comme le montrent Marc-Antoine Estrade et Valérie Ulrich[3] à partir des données de l'enquête « RTT et modes de vie ». Les modalités de la RTT ont été, en effet, fort différentes d'un groupe à l'autre. La majorité des cadres ont obtenu des jours de congé supplémentaires à prendre à peu près librement. Pour les professions intermédiaires, la RTT s'est traduite souvent par des demi-journées ou des journées non travaillées à périodicité régulière. Les ouvriers et les employés non qualifiés sont prioritairement concernés par la réduction de la durée quotidienne de travail, et surtout par la modulation des horaires. Or, on l'a vu, ce sont les jours de congé qui ouvrent un nouvel espace de liberté. Des journées de travail plus courtes peuvent être favorables à la préservation de la santé (sous réserve que les horaires ne deviennent ni trop morcelés

1. Voir Emmanuelle Crenner, « Les opinions des salariés sur la réduction du temps de travail », *op. cit.*

2. Ce jugement peut certes, en principe, être purement technique : travailler 35 heures par semaine au lieu de 39 ne change pas *ipso facto*, par exemple, le poids des charges manipulées. Mais il est rare que les conditions de travail s'identifient à un ou même plusieurs aspects techniques précis. Même une charge « lourde » n'est pas un poids déterminé, c'est une charge trop lourde pour le travailleur concerné, compte tenu de l'ensemble des caractéristiques de son travail et de ses caractéristiques personnelles. Dans bien des cas, le fait que les conditions de travail sont demeurées globalement inchangées relève probablement d'un tel jugement synthétique.

3. Marc-Antoine Estrade et Valérie Ulrich, *op. cit.*

ni trop irréguliers), elles ne changent pas la vie. Quant à la modulation, elle fait figure de malédiction lorsqu'elle s'abat sur les plus déshérités. Et le terme de discrimination s'impose lorsque la modulation concerne seulement 4 % des cadres et 10 % des professions intermédiaires, mais 20 % des ouvriers et employés qualifiés et 36 % des non-qualifiés.

De plus, notent les auteurs, « les modalités de RTT [sont] fortement polarisées selon le degré de flexibilité de l'organisation qui prévalait avant la RTT. La modulation s'applique souvent aux salariés dont les horaires étaient déjà imprévisibles, alors que la réduction sous la forme d'une demi-journée ou journée régulière concerne surtout des salariés dont l'organisation du temps de travail était déjà régulière ». Avant la RTT, l'irrégularité des horaires pesait davantage sur les non-qualifiés, surtout les femmes. Or, les inégalités se sont creusées : alors que la variabilité des horaires n'a augmenté que pour un cadre sur dix, c'est le cas pour une femme non qualifiée sur quatre. De même, le caractère imprévisible des horaires s'est accru pour 2 % des cadres, 8 % des hommes ouvriers ou employés qualifiés, 12 % des femmes de ce niveau, 14 % des ouvriers et employés qualifiés hommes et 23 % des femmes !

La réduction du temps de travail a ainsi permis aux cadres de concilier un travail intéressant avec le développement de toutes sortes d'activités extraprofessionnelles : on sait que, tout en étant nombreux à juger que leur travail leur permettait de faire des choses qui leur plaisaient et qu'ils n'auraient pas pu faire ailleurs, ils l'étaient aussi à regretter qu'il les empêche de pratiquer certaines activités hors travail, du moins autant qu'ils l'auraient souhaité. La RTT, et surtout la façon dont elle a été appliquée pour les cadres, a en partie résolu ce problème : même si la diminution du temps travaillé par eux n'est pas toujours très importante, ils peuvent utiliser à plein, et comme ils l'entendent, le temps dégagé. Même si, par ailleurs, les cadres sont nombreux à dénoncer l'intensification de leur travail[1], les nouvelles possibilités d'épanouissement extraprofessionnel qui leur sont offertes compensent la pression au travail. Au total, la RTT tend à leur apporter un surcroît de bonheur.

1. Ce sont même eux qui ressentent le plus cette intensification. Mais ils sont moins nombreux que les autres à estimer que celle-ci se traduit par plus de stress. Cf. Violaine Delteil et Dominique Méda, « Les cadres face à la réduction du temps de travail : toujours loin des 35 heures, mais plus satisfaits en termes de temps dégagé », *Revue française de gestion*, n° 140, 2002.

Tel n'est pas le cas pour une fraction notable des catégories populaires. La dégradation des conditions de travail que certains ouvriers ou employés connaissent avec le passage aux 35 heures accroît leur malheur. Il en va de même lorsque les horaires cessent d'être « commodes ». Certes, la RTT n'a pas apporté du malheur à tous les ouvriers et employés, loin de là. C'est une minorité qui a vu ses conditions de travail se dégrader, ses horaires devenir plus difficiles à gérer. Mais c'est une minorité importante.

Modulation des horaires qui les rend malcommodes et imprévisible, densification du travail, suppression des heures supplémentaires : ces inconvénients vont souvent de pair, comme en témoigne cet ouvrier travaillant sur une chaîne de montage automobile[1] :

> – Plus d'heures sup ! Ces cons ils nous ont passés à l'annualisation. Exactement ce qu'on avait toujours refusé. Résultat, tes heures sup, tu te les tapes toujours et puis bien en plus. Genre, quand ils ont besoin que ça tourne, ça tourne. Il est content le connard d'ingénieur qui avant les 35 heures nous expliquait qu'on devait augmenter les rythmes parce que les nouvelles machines c'était un surcoût pour l'entreprise et que comme elles ne tournent pas tout le temps, alors il faut les rentabiliser. [...]
>
> – *Comment les font-ils tourner en permanence maintenant ?*
>
> – Simple, coco ! Annualisation. Paf dans la gueule. On se tape tous des heures sup, des réorganisations du temps de travail, résultat ils peuvent nous faire bosser quand ils veulent. En plus on décide jamais rien. Mais bon, je dis en permanence, je veux dire en permanence quand ils ont besoin que ça tourne en permanence. Ce mois-là, il leur faut tant ; eh ben, hop, c'est parti les gars, au boulot, 50 heures. Mais c'est pas grave les prolos, on vous donnera des jours de repos. Toujours au lance-pierres et toujours quand on veut pas.
>
> – *Et pour en revenir à l'effet sur vos revenus ?*
>
> – Comme le temps de travail est annualisé, les heures sup ne sont plus des heures sup. Elles sont donc payées pareil. Et je peux t'assurer qu'ils font tout aux ressources humaines pour qu'au final tu ne fasses pas de vraies heures sup, je veux dire des heures qui seront payées plus. Résultat : on a plus que notre salaire normal.

Les effets des horaires irréguliers, de l'intensification du travail et d'éventuelles pertes de revenu tendent à cumuler leurs effets :

---

1. Interrogé par Djordje Kuzmanovic, *op. cit.*

Pour s'organiser, c'est plus dur maintenant. On bosse un peu n'importe quand, et on a des jours de repos n'importe quand. Donc tu vois, quand t'es en famille, c'est un peu la galère. T'as des jours de congé, mais pas en même temps que les autres, les rythmes de travail sont cassés, on est plus fatigué, moins patient. Déjà que c'était dur avant... Pour les vacances, c'est pareil, j'ai plein de collègues qui ont du mal à prendre des vacances en même temps que leur femme. Et je sais que ça fait des histoires. D'une façon générale, on est moins présent pour la famille. Moins présent réellement – on n'est pas là – mais aussi mentalement. Les nouveaux rythmes, ça te colle à la peau, à la tête, à la vie, tout le temps hors du boulot, rien à faire, t'es dedans. Après, t'as la distance qui s'installe.

Comme pour les cadres, mais de façon négative, les effets sur la sphère hors travail sont clairement perceptibles.

La RTT divise davantage les couches populaires

Même si bien des facteurs extérieurs à la sphère du travail et de l'emploi jouent un rôle important dans le vécu des salariés, il n'en est pas moins évident que la minorité qui souffre de l'application des 35 heures est socialement située : « L'accord 35 heures fonctionne [...] comme un révélateur [...] de tensions résultant de l'inégale intégration des salariés[1] », explique Christelle Avril. Jérôme Pelisse a confirmé cette hypothèse par l'analyse textuelle de plusieurs dizaines d'entretiens menés dans cinq entreprises[2]. Il est ainsi parvenu à rapporter les profits et les pertes consécutifs à l'introduction de la RTT aux formes d'intégration dégagées par Serge Paugam[3].

Les salariés qui bénéficient d'une « intégration assurée », pour reprendre la terminologie de Serge Paugam (stabilité de l'emploi et bonnes conditions de travail), portent un regard favorable sur l'application des 35 heures. Ils ont davantage de temps libre et concilient mieux leurs activités professionnelles et non professionnelles. Même quand ils subissent une intensification de leur travail, ils y font face et y voient la preuve de la valeur de leur travail : autrement dit, leur

1. Christelle Avril, « L'application des 35 heures dans une entreprise de transport interurbain, règles juridiques et intégration sociale », DEA de sociologie, ENS-EHESS, 2000.

2. Jérôme Pelisse, « À la recherche du temps gagné : les 35 heures entre perceptions, régulations et intégrations professionnelles », *Travail et emploi*, n° 90, avril 2002.

3. *Le salarié de la précarité*, *op. cit.*

investissement au travail s'accroît, et ils en retirent des bénéfices moraux. Dans l'une des entreprises étudiées où les salariés connaissent une « intégration incertaine » (bonnes conditions de travail mais incertitude sur l'emploi), cette incertitude s'est aggravée avec les 35 heures. Les salariés qui connaissent une « intégration disqualifiante » (travail peu satisfaisant et emploi menacé) sont en général critiques vis-à-vis des 35 heures. Ils, ou plutôt elles (car ce sont le plus souvent des femmes), se plaignent de la « flexibilité » imposée des horaires, de la perte de repères causée par la réorganisation du travail, et déplorent de n'avoir pas été associé(e)s à la négociation et d'avoir été manipulé(e)s, bref d'être méprisé(e)s. Le cas de l'« intégration laborieuse » (emploi stable mais travail insatisfaisant) est plus complexe : même dans l'échantillon limité dont a disposé Jérôme Pelisse, certains insistent sur « la possibilité de se libérer davantage d'un travail peu satisfaisant », donc de se mettre davantage en retrait dans notre terminologie. D'autres regrettent des formes de RTT imposées qui ne leur conviennent pas et déplorent que l'absence d'autonomie et de reconnaissance dans le travail subsiste.

Dans l'ensemble, les modalités et les conséquences de la RTT dépendent donc des formes d'intégration des salariés. Ces formes sont diverses à catégorie socioprofessionnelle donnée. Serge Paugam insiste, à juste titre, sur leur dépendance à la situation et à la politique de l'entreprise. Toutefois, au sein d'une même entreprise, des formes de segmentation existent et le passage aux 35 heures les rend particulièrement sensibles. C'est ce que montre Christelle Avril[1] dans le cas d'une entreprise de transport par autocars.

L'adhésion des conducteurs à l'accord de réduction du temps de travail, pourtant signé par l'ensemble des syndicats, y est fort inégale. Les divergences traduisent deux grands clivages. Le premier résulte de l'histoire de l'entreprise, dont une partie fut un temps organisée en firme séparée. Au gré des partitions et des fusions, les salariés ont eu le sentiment d'être en pointe et de bénéficier de privilèges, ou au contraire d'être à la traîne et victimes de discriminations. Cette histoire est à l'origine de bien des rancœurs et des inégalités de fait qui opposent les divers établissements de l'entreprise. Le deuxième grand clivage sépare les conducteurs à temps complet et les conducteurs à temps partiel. Ces derniers, recrutés plus récemment, n'accèdent que très lentement à un emploi à temps plein. Les

1. Christelle Avril, « Les 35 heures : un révélateur des rapports sociaux dans l'entreprise », *op. cit.*

fluctuations de l'activité de l'entreprise font qu'elle a, semble-t-il, recours depuis longtemps au temps partiel, dévolu traditionnellement aux derniers embauchés. Autrefois, dans le transport, ceux-ci étaient des jeunes qui évoluaient ensuite vers un temps plein. Dans l'entreprise étudiée, il s'agissait souvent de gens qui trouvaient là un emploi de complément. L'inégalité de condition avec les conducteurs plus anciens était supportée comme une inégalité de position dans le cycle de vie, appelée à être corrigée l'âge venant, ou était justifiée par le fait qu'il ne s'agissait pas de l'emploi principal. Aujourd'hui les recrutés de fraîche date sont des travailleurs âgés de 45 à 55 ans qui ont perdu leur emploi précédent. Ils n'ont donc aucun espoir de bénéficier assez longtemps d'une condition d'ancien (à plein temps) pour compenser les inconvénients du temps partiel. Ils n'en sont pas moins considérés comme des « jeunes » par les conducteurs plus anciens, qui les maintiennent dans une position d'attente et ne les intègrent pas pleinement au collectif de travail.

L'inégale intégration des conducteurs se reflète dans les modalités de la RTT. Les conducteurs appartenant aux établissements dominants sont avantagés par rapport à ceux des établissements que l'histoire de l'entreprise a marginalisés. Surtout, les modalités de la réduction du temps de travail sont peu favorables aux (faux) « jeunes » à temps partiel. « Les conducteurs les plus anciens sont ceux pour lesquels les conditions objectives d'application de l'accord 35 heures sont les plus favorables. [...] Ils savent de combien de jours de repos supplémentaires ils disposent et dans quelles conditions ils peuvent eux-mêmes les choisir[1]. » Les conducteurs à temps partiel « ne maîtrisent pas les règles qui leur permettraient de tirer profit de l'accord ». Celui-ci leur est très défavorable : pour eux, le nombre de jours ouvrables a augmenté. Certains sont même perdants financièrement, en raison de la suppression de certaines indemnités. Même quand l'accord leur a permis de passer à temps plein, ils sont encore moins bien traités pour ce qui concerne le choix des horaires ou des jours de congé, et « ils ne sont de surcroît pas autorisés à se plaindre puisqu'ils ont eu la chance de passer avant l'heure à temps plein ».

Les représentants syndicaux interrogés par Christelle Avril sont mal à l'aise face à cette situation, qu'ils connaissent et dénient à la

1. Christelle Avril, « L'application des 35 heures dans une entreprise de transport interurbain, règles juridiques et intégration sociale », DEA de sociologie, ENS-EHESS, 2000.

fois. Car les salariés à temps plein tendent à refuser aux conducteurs à temps partiel le droit d'être partie prenante à la négociation, et dénoncent leur passivité. Il est d'ailleurs exact que ces derniers ont peu pris part à une concertation dont ils se sentaient *a priori* exclus.

Ces conducteurs à temps partiel (et aussi, pour une part, ceux des établissements « mal aimés ») se sentent floués par un accord qui n'a pas pris suffisamment en compte leurs intérêts. Ils se sentent aussi rejetés par un collectif qui relativise les plaintes qu'ils expriment. Condamnés à vivre leurs difficultés sur un mode individuel, ils sont donc poussés un peu plus encore du côté du malheur au travail.

Bonheur pour les uns, souffrance pour les autres

Au total, en quoi les 35 heures ont-elles modifié le rapport au travail ?

La majorité des salariés concernés ressentent une amélioration de leur situation. Il s'agit là d'un acquis essentiel, et il ne faut pas l'oublier. Mais ces évolutions ont été fortement différenciées selon les groupes socioprofessionnels. Fort réticents au départ, les cadres, dans leur grande majorité, ont vu leur vie prendre un tour plus conforme à leur conception du bonheur : un équilibre entre le travail, la famille et l'épanouissement personnel. Et ceci, sans que leur investissement professionnel en souffre ou que ses bénéfices en soient diminués. En moyenne, on peut, en reprenant la terminologie de notre analyse factorielle, parler d'un déplacement de la grande majorité des cadres vers plus de bonheur au travail.

Pour les salariés les moins qualifiés, l'évolution est moins favorable et plus complexe. Une partie d'entre eux s'estiment bénéficiaires et connaissent également, à un moindre niveau, davantage de bonheur au travail. Mais pour beaucoup de salariés peu qualifiés, les effets néfastes du nouveau management l'emportent sur ceux de la limitation de la durée du travail *stricto sensu*. Dans leur cas, la RTT a accru la pression et la souffrance qu'ils exprimaient déjà.

Les plus exposés sont les moins qualifiés et, parmi eux, les salariés des entreprises fragiles, où les syndicats sont faibles, les emplois instables, les salaires bas, les conditions de travail souvent médiocres, les horaires, dès avant la RTT, changeants et malcommodes. Il existe ainsi un lien statistique indéniable entre situation sociale et risque de basculer dans le malheur à la suite d'un passage aux 35 heures désavantageux. Mais il n'y a pas de causalité stricte au niveau individuel.

À situation objective égale, certains ne supporteront pas leurs nouvelles conditions de travail liées aux 35 heures ou ne parviendront pas à concilier leurs nouveaux horaires avec leur mode de vie, sans que cette souffrance soit pour autant partagée par tous : un soutien collectif ne leur est donc pas d'emblée acquis.

À ces difficultés concrètes, souvent très pénibles, s'ajoute un sentiment d'indignité sociale. Même si les conséquences induites varient d'un individu à l'autre, certaines modalités de la RTT, on l'a vu, accroissent indéniablement le malheur. Celles-ci apparaissent ainsi comme un véritable marqueur, soulignant la faiblesse des salariés les moins qualifiés qui n'ont pu bénéficier des formes les plus avantageuses de passage aux 35 heures, alors que d'autres, par contraste, en bénéficiaient grandement.

En outre, ce ne sont pas seulement les inégalités entre grands groupes de qualification qui se sont accrues. Les salariés légitimement déçus par les 35 heures ou, plus précisément, par la façon dont elles se sont concrétisées, représentent les fractions les moins bien loties, les moins bien représentées, les moins bien intégrées socialement de chaque groupe, au niveau global comme au sein des entreprises, voire des collectifs de travail.

Ils éprouvent un véritable malaise, fruit d'une série de facteurs : la souffrance causée par la dégradation des conditions de travail et de vie ; le sentiment d'appartenir à une catégorie défavorisée, et même aux défavorisés parmi les défavorisés ; l'angoisse de se sentir abandonné face à ses difficultés, de n'avoir pas été bien représenté dans la négociation des 35 heures et de ne pouvoir probablement pas compter sur un soutien collectif face à ses problèmes d'horaires ou d'intensité du travail. L'impression d'être désavantagé, de subir les conséquences d'un manquement à l'équité contribue, elle aussi, au malheur au travail. « On est baisés jusqu'à l'os » dit un ouvrier interrogé par Djordje Kuzmanovic. Le spectacle de ceux qui, grâce à leur capital culturel et leurs revenus, jouissent pleinement du temps gagné, renforce le sentiment d'humiliation, celui de n'avoir pas été compris, voire d'avoir été trahis en tant que membres des classes populaires : « Moi je les ai vus ces reportages à la con à la télé sur les bénéfices des 35 heures : blablabla, ils filment des cadres, des patrons, des riches qui font plus de ski, plus de tennis, plus de parapente… Mais nous, on le faisait déjà pas avant. »

Souffrance, isolement, déception vis-à-vis d'une mesure profondément inscrite dans la culture sociale de gauche, ressentiment à l'égard des syndicats : voilà de quoi alimenter pessimisme, populisme, abstention électorale – ou vote radical.

VERS LA CATASTROPHE ?

Améliorer le sort du plus grand nombre au prix de souffrances accrues pour beaucoup et d'un éclatement des catégories populaires : la réduction du temps de travail peut être regardée comme un demi-succès ou un demi-échec.

On tend actuellement à sous-estimer les aspects positifs des 35 heures. On oublie qu'elles ont transformé l'existence de ceux qui, grâce à elles, ont trouvé ou retrouvé un emploi. Ils existent et ils sont nombreux. On oublie aussi qu'elles ont considérablement amélioré la vie quotidienne de beaucoup de personnes ayant de jeunes enfants à charge[1].

Reste que les effets sur le rapport des salariés à leur travail sont inégaux, et parfois très négatifs. Est-ce dû au caractère « uniforme » de la mesure, si souvent dénoncé ? En aucune façon. Toutes les études convergent pour montrer que c'est au contraire le caractère décentralisé des négociations qui a aggravé la situation des salariés en situation de faiblesse, déjà défavorisés au départ. Cette décentralisation a été efficace du point de vue des entreprises : c'est en fonction de leurs besoins que les horaires sont devenus, ou non, plus « flexibles[2] ». Les modalités d'application de la RTT ont été défavorables aux salariés lorsque le rapport de forces leur était défavorable : selon le niveau de la pression sociale, les entreprises ont choisi de retirer un maximum d'avantages des 35 heures ou de rechercher le bon compromis entre leurs intérêts et ceux de leurs salariés[3].

Pour que la réduction du temps de travail soit vraiment bénéfique aux salariés, il aura donc manqué un rapport de forces favorable et des relais efficaces des aspirations collectives et individuelles. Le syndicalisme est aujourd'hui en France dramatiquement faible et a du mal à être autre chose qu'un syndicalisme de délégation. Or, si elle est acceptable – voire efficace – dans des conjonctures où les principaux problèmes sont communs à de nombreuses catégories de sala-

1. Voir Dominique Méda et Renaud Orain, *op. cit.*
2. Voir Marc-Antoine Estrade et Valérie Ulrich, *op. cit.*
3. Voir Thomas Coutrot et Nicole Guignon, « Négociation sociale et performance économique : le cas des 35 heures », *Travail et emploi*, n° 92, octobre, 2002.

riés, cette forme de syndicalisme est inadaptée à la prise en charge de problèmes ressentis comme personnels. La division syndicale et la déplorable disposition considérant qu'un accord existe dès lors qu'un syndicat minoritaire le veut bien ont par ailleurs affaibli la capacité des représentants des travailleurs à prendre en charge les problèmes de chacun : une organisation représentant une fraction d'entre eux peut toujours, et, souvent de bonne foi, juger avantageux un accord… objectivement catastrophique pour d'autres fractions.

Politiquement, tout cela a débouché sur le désastre électoral de la gauche au printemps 2002.

Mais les modalités de sortie des 35 heures qui se profilent risquent d'être plus désastreuses encore. D'une part, il ne saurait exister de symétrie entre la réduction d'hier et l'éventuelle augmentation de la durée du travail, même camouflée, de demain. Les salariés ont adapté leur vie aux 35 heures. Devoir la réadapter à une durée plus longue représenterait pour eux un nouveau coût.

Surtout, conserver l'intensification du travail, la variabilité et l'imprévisibilité des horaires, conséquences de la RTT, mais revenir sur la réduction du temps de travail elle-même, représenterait évidemment, pour les salariés, un cumul de désavantages. La situation serait bien pire qu'avant les lois Aubry.

Le recours à des négociations décentralisées, mais incapables de prendre en compte les cas individuels, conduirait, pour les mêmes raisons, à la même aggravation des inégalités que lors du processus de réduction de la durée du travail.

Socialement, une politique étroitement revancharde déboucherait sur un nouvel accroissement des inégalités sociales, une aggravation des souffrances individuelles vides de sens faute d'une prise en charge sociale. Politiquement, il n'est pas difficile de deviner qui en tirerait (à nouveau) bénéfice.

CONCLUSION

Le bilan est finalement contrasté. Nombreux sont les hommes et les femmes qui trouvent dans leur travail des sources de bonheur. Mais le fait est là : une masse d'individus entretiennent et expriment un rapport malheureux à leur travail. Comment en rendre compte de façon synthétique ?

I

Les profondes transformations de la vie économique et de l'organisation des entreprises au cours des vingt dernières années n'ont pas eu pour but principal le bonheur des travailleurs. Cependant, elles ont pris en compte certaines des critiques portées, de ce point de vue, contre les modes d'organisation antérieurs. Les évolutions du travail traduisent cette ambiguïté. Le travail s'est intensifié. Très rapide au cours de la seconde moitié des années quatre-vingt, l'intensification s'est poursuivie, bien qu'un peu plus lentement, au cours des années quatre-vingt-dix. Mais, d'autre part, l'autonomie des travailleurs s'est accrue, et en même temps que leur engagement, leur sentiment de responsabilité. Alors, au total, plus de bonheur au travail, ou plus de malheur ?

Sans apporter de réponse définitive à cette question, notre enquête aide à la poser en des termes moins simplistes. Replaçons-nous dans le cadre du modèle où le rapport subjectif au travail dépend de quelques caractéristiques sociales de base, et de quelques caractéristiques du travail dont un indicateur d'intensité et un indicateur d'autonomie. Livrons-nous à un exercice qui consiste à faire travailler en dynamique ce modèle statique et synchronique. Considérons un travailleur qui n'a pas le choix de l'ordre de ses tâches, et qui travaille à un rythme élevé moins de la moitié du temps. Supposons que, conformément à l'évolution générale, son travail change : il a désormais le choix de l'ordre de ses tâches, et il travaille à un rythme élevé plus de la moitié de son temps de travail. Quel sera l'effet probable sur son rapport au travail ? Nous avons pu évaluer que, toutes choses demeurant égales par ailleurs, le surcroît d'autonomie va entraîner une élévation sensible du degré de bonheur et laisser inchangée la pression. Mais l'intensification du travail va exercer un effet négatif sur le bonheur, éliminant une bonne part de l'effet positif de l'autonomie. Surtout, elle va se traduire par une augmentation considérable de la pression. Le résultat est donc le suivant : augmentation modérée du bonheur et augmentation forte de la pression. Si l'on se souvient que la pression s'oppose au sentiment d'équité dans la rémunération matérielle et symbolique du travail, on peut déjà avoir un doute sur l'amélioration globale de la situation.

Notre exercice d'école, fondé, rappelons-le, sur les résultats de l'enquête, devient encore plus intéressant si nous rapportons cet effet différentiel à des situations de départ différentes. Supposons que la situation initiale soit placée sous le signe du bonheur : on reste alors dans la zone du bonheur. Supposons maintenant que le travailleur concerné par les changements du travail pratique une attitude de retrait : un effet possible de ce changement sera de le faire basculer dans la zone du malheur. Bien sûr, la frontière entre ces zones est conventionnelle. On pressent néanmoins que les changements peuvent n'être pas seulement quantitatifs (un accroissement du bonheur et de l'investissement), mais aussi qualitatifs (un risque de basculement dans la souffrance l'emporte, alors même que des éléments de bonheur plus nombreux peuvent apparaître).

Il y a plus. L'effet des caractéristiques du travail sur le bonheur dépend du métier exercé. Les observations ethnographiques le montrent : des changements du travail, même positifs, ne répondent pas toujours aux attentes des ouvriers non qualifiés, ces attentes se situant dans d'autres domaines : salaires, horaires, heures supplémentaires[1]… L'enquête le confirme : le surcroît de bonheur apporté par un accroissement de l'autonomie est significativement plus faible pour les ouvriers non qualifiés que pour les autres catégories ; il n'est même pas sûr que l'autonomie augmente leur degré de bonheur.

1. Voir Stéphane Beaud et Michel Pialoux, *op. cit.*

Le lien entre intensité du travail et rapport subjectif au travail est encore plus contrasté entre les groupes sociaux. L'accroissement de la part du temps où il faut travailler à un rythme élevé est sans effet sur le niveau de bonheur des cadres et des professions intermédiaires. Il diminue sans doute le bonheur des employés, détériore massivement celui des ouvriers qualifiés et produit des effets dramatiques sur celui des ouvriers non qualifiés.

Si l'on combine les effets de l'accroissement de l'autonomie avec ceux de l'intensification du travail, la résultante apparaît radicalement différente selon le niveau de qualification. Pour les cadres, le changement se traduit avant tout par un surcroît de bonheur, au prix d'un investissement encore accru. Pour les professions intermédiaires, l'évolution est en gros la même, le surcroît d'implication étant cependant particulièrement sensible. L'évolution est beaucoup moins favorable pour les employés : l'augmentation de la pression l'emporte de beaucoup sur l'amélioration, non significative, du niveau de bonheur. Et c'est encore pire pour les ouvriers qualifiés. Quant aux ouvriers non qualifiés, la résultante de la minuscule amélioration liée à une plus grande autonomie et de la sévère détérioration due à l'intensification se traduit par une aggravation considérable de leur rapport au travail : beaucoup plus de pression, beaucoup moins d'éléments de bonheur. Le cocktail autonomie-intensification fait passer les cadres d'une forme de bonheur à une autre. Il plonge les ouvriers dans le malheur.

Une évolution du travail analogue pour tous se traduirait donc par une aggravation des inégalités dans le bien-être et la détérioration de la situation des plus défavorisés. Certes, l'exercice auquel nous venons de nous livrer est artificiel et ne suffit pas à rendre compte de la complexité des évolutions du travail. Les effets sur lesquels nous raisonnons sont des effets moyens : les changements peuvent revêtir des aspects très différents selon les secteurs, les entreprises, les services, les professions, voire les individus. De plus, ces évolutions ne sont pas exactement les mêmes pour tous les groupes sociaux et nous ne prétendons nullement qu'il y ait une détérioration générale de la situation morale des ouvriers. Reste que le jeu auquel nous nous sommes livrés montre que les évolutions du travail doivent faire l'objet d'une étude fine, tenant compte de la diversité des situations selon la catégorie sociale. Il met en évidence l'ambiguïté de l'implication au travail, et même de l'intensification du travail. Il attire l'attention sur les risques de voir la situation de beaucoup de travailleurs se dégrader en dépit de l'existence d'aspects positifs (en termes de bonheur social) dans les changements actuels. C'est peut-être l'une des explications de la récupération de la critique par le nouveau management : si des cadres, des consultants, des hommes politiques, voire des sociologues projettent leurs propres catégories de perception du travail sur celui des autres en ignorant les effets différentiels du contexte social, ils risquent de pratiquer ou de préconiser des changements générateurs de souffrance, sans pour cela être toujours animés de sombres intentions.

II

Les nouvelles formes de travail tendent à éliminer certaines des formes les plus voyantes et les plus odieuses de la domination qui pèse sur les travailleurs les moins qualifiés. La misère au travail qui résulte directement de la situation sociale tend donc à reculer. Mais ce recul n'est pas celui de la misère de situation en général : le chômage de masse a frappé principalement les classes populaires.

Dans le monde du travail lui-même, il faut limiter la portée de ce recul. Les travaux les plus pénibles, les environnements les plus nuisibles à la santé, les risques d'accidents les plus élevés tendent à se raréfier. Mais de plus en plus de travailleurs subissent de mauvaises conditions de travail. Du point de vue psychologique, l'évolution est analogue. Les situations extrêmes de travail répétitif, prescrit dans ses moindres détails, sans aucune marge d'initiative, se raréfient. Mais les facteurs de charge mentale sont globalement en progression.

Bien des travailleurs sont assez malheureux pour refuser toute valeur à leur profession et souhaiter que leurs enfants fassent autre chose que ce qu'ils considèrent comme le dernier des métiers. Les formes anciennes de travail créaient, et créent encore, des pénibilités physiques et mentales si massives que nul ne peut y échapper. Tout au plus peut-on en contenir les effets négatifs en cherchant à s'en évader par le retrait ou l'adhésion à des conduites et des idéologies défensives de métier.

Les nouvelles formes de travail excluent cette possibilité de retrait. Elles requièrent et suscitent un minimum d'adhésion, d'engagement. Elles reposent sur un minimum de valorisation de la situation professionnelle. De plus en plus nombreux sont les salariés qui ont le sentiment d'investir quelque chose de plus qu'une pure force de travail impersonnelle, et de retirer quelques miettes au moins de cet investissement. Ceux dont l'investissement n'est pas récompensé ne se définissent pas, ou pas seulement, par l'appartenance à un groupe défavorisé, mais par une position individuelle peu enviable ou sein d'un univers (l'entreprise, la profession) valorisé. C'est cette misère de position que traduit à sa manière l'expression du malheur.

Qu'elle s'éprouve et s'exprime sur un registre individuel traduit une réalité sociale : le relâchement du lien entre l'univers social des personnes concernées et leur position professionnelle. Cette individualisation du malheur peut s'accompagner de culpabilité. On tend toujours à s'attribuer la responsabilité d'un échec subi dans un univers dont on partage les valeurs. On tend à traiter comme souffrance psychologique un malheur dont on se refuse à voir les causes sociales parce qu'on adhère, au moins en partie, à l'ordre social qui le produit.

Une contradiction est au cœur des nouvelles formes d'organisation du travail et de mobilisation de la main-d'œuvre. D'un côté, l'engagement dans les projets exige un enthousiasme généralisé et renouvelé de projet en projet. De l'autre, la précarité du travail et celle de l'emploi généralisent l'expérience de la déception.

L'investissement de soi entraîne des attentes et, souvent, des déceptions. Toutes choses égales par ailleurs, les travailleurs confrontés à une forte intensité du travail ne déclarent pas avoir significativement plus ou moins de pouvoir ; plus ou moins le sentiment d'être dans une bonne équipe ; plus ou moins l'impression de faire des choses qui restent. En revanche, lorsqu'ils n'ont pas de pouvoir, ils en souffrent plus ; lorsqu'ils n'ont pas le sentiment d'être dans une bonne équipe, ils en souffrent plus ; lorsqu'ils n'ont pas l'impression de faire des choses qui restent, ils en souffrent plus. Non seulement ils n'ont pas le sentiment d'être écoutés, mais ils en souffrent davantage.

Or, le risque de perdre pied dans le travail, de voir ses investissements anéantis s'élève à mesure que le travail s'intensifie. Et le risque de perdre pied dans cet exercice spirituel à haut risque qui consiste à maintenir les ressorts de son investissement, sa croyance dans le travail et son objet, est lui aussi très élevé. Même si toutes les vocations sont à un certain degré des reconstructions, des « illusions biographiques », la nécessité de se représenter son travail du moment comme une vocation est d'autant plus difficile à réaliser que ce dernier varie au fil des « projets » et que cette variation est rapide, ce qui rend plus difficile l'ajustement de l'habitus au poste.

III

Revenons, au terme de cette enquête, aux origines historiques du débat sur les relations entre bonheur et travail. Helvétius affirmait, à la fin du XVIIIe siècle, que l'homme occupé était l'homme heureux. Que le travail, pour peu qu'il fût modéré, était le plus heureux emploi que l'on pût faire du temps, le menuisier et le charpentier, l'ouvrier et l'artisan devançant sur les marches du bonheur le riche oisif dévoré par l'ennui. Diderot dénonçait là un point de vue de fermier général et attirait l'attention sur l'inégalité flagrante des conditions de travail. Plus de deux cents ans après, les résultats de notre enquête donnent davantage raison au philosophe qu'au fermier général, mais obligent aussi à formuler le débat autrement dans la société d'aujourd'hui.

Tout au long de cette investigation, les différences de statut social se sont révélées déterminantes. La part de bonheur tirée du travail en dépend, mais aussi la conception de la place du travail dans le bonheur. Pour les plus démunis, avoir un travail est l'une des conditions nécessaires pour espérer accéder au bonheur, mais le travail en soi ne leur apporte guère de satisfaction. Les catégories disposant des ressources économiques et culturelles les plus élevées font au contraire du travail une composante parmi d'autres d'une vie heureuse, alors même qu'ils trouvent dans l'exercice en soi du travail des sources de satisfaction. Pour les premiers, la place du travail dans la vie est une question économique alors que les seconds se la représentent souvent comme une donnée psychologique. L'investissement dans un travail « intéressant » et le souci de conserver un équilibre harmonieux entre vie professionnelle et vie personnelle favorisent le désir de prolonger ce bonheur à travers ses enfants.

Le statut social explique le degré d'investissement dans le travail et les formes de satisfaction qui viennent rétribuer cet investissement. Mais il ne rend compte ni de toutes les formes de bonheur au travail, ni, surtout, de toutes les formes de souffrance qui s'expriment à travers les réponses à l'enquête. Un emploi stable, un salaire équitable, une pression modérée, une bonne ambiance sont autant de sources de satisfaction reconnues et appréciées au sein même de catégories qui ne sont pas particulièrement privilégiées. Modération de l'effort, stabilité et équité de l'emploi qui permettent la prévoyance, ces figures du travail dont Helvétius faisait la clé du bonheur se rencontrent encore aujourd'hui dans un très grand nombre de catégories sociales. À l'opposé, des formes de souffrance aiguës sont exprimées par des personnes appartenant, elles aussi, à de nombreuses catégories sociales. Ces souffrances, comme le notait déjà Diderot, sont fréquemment provoquées par de mauvaises conditions de travail et par l'usure qu'elles engendrent. Plus généralement, elles sont dues à deux ordres de raisons qui peuvent cumuler leurs effets : une pression excessive dans le travail et l'absence de perspectives dans l'emploi, la carrière ou la trajectoire sociale.

En dépit des biais de l'enquête, qui donnaient plus de chances à l'expression du bonheur que du malheur, de très nombreuses personnes ont exprimé leur souffrance au travail. Le « carré des souffrances » tel qu'il apparaît dans le quadrant nord-est du graphique factoriel (cf. p. 196) rassemble des personnes dont les situations sociales et les trajectoires biographiques sont en fait très différentes. Des ouvriers qui avaient hier édifié un rempart fragile pour protéger leur attitude de retrait et que les réorganisations du travail et l'insécurité de l'emploi privent de cette protection. Des indépendants – artisans, commerçants, agriculteurs – dont le mode de vie a été déclassé par les transformations économiques et culturelles qui bouleversent le contenu de la valeur travail. S'ils continuent à percevoir leur travail comme « intéressant », voire à souhaiter que leurs enfants fassent la même chose qu'eux, le labeur acharné, autrefois source de revenu, tend à être perçu négativement puisque les longs horaires de travail ne sont plus garants de l'accès à un statut social valorisé. Mais ce « carré des souffrances » réunit aussi des travailleurs issus d'autres catégories sociales, notamment intermédiaires, qui, animées d'une nouvelle conscience de leurs conditions de travail, réalisent soudain que, compte tenu du travail fourni, ils ne reçoivent pas une reconnaissance sociale et une rémunération suffisantes[1]. Recrutés à tous les échelons de la hiérarchie sociale, ils expriment un malaise sous forme d'une souffrance. C'est que la pression exercée par l'intensification du travail favorise l'objectivation de mauvaises conditions de travail et libère ainsi son expression. L'insatisfaction s'exprime dans le registre de l'exploitation, notion qui servait hier à caractériser la condition ouvrière. Il s'agit ici d'un phénomène nouveau. Alors que le mouvement ouvrier était né d'une critique du sort des ouvriers et avait fondé sur celle-ci la remise en question globale de la société

1. Louis Chauvel a montré que ces catégories ne forment plus un groupe en expansion, dont l'avenir serait assuré. Elles sont au contraire menacées par l'affaiblissement de l'État-providence et la réorganisation des entreprises.

industrielle capitaliste, les formes contemporaines de plaintes contre l'exploitation sont plus ponctuelles et dispersées. Ce n'est pas un état qui est dénoncé mais un excès, un abus, un « trop » qui sont stigmatisés. La psychologie l'emporte sur l'économie politique : la souffrance et son expression sont à la base de la critique.

À des inégalités que l'on peut à bon droit qualifier de sociales parce qu'elles correspondent aux divisions les plus reconnues de l'espace social s'ajoutent ainsi des inégalités qu'on peut qualifier d'individuelles[1]. Il ne s'agit pas d'une différence de nature[2]. Les inégalités sont individuelles tant que n'ont pas été constituées les catégories théoriques et pratiques qui permettent de les penser comme sociales. Des inégalités qui, aujourd'hui, nous apparaissent clairement comme sociales ont pu être considérées comme individuelles à une époque où, par exemple, le chômage n'était pas clairement distingué de la malchance, de la paresse ou de l'incompétence[3].

Du point de vue traditionnel d'une analyse en termes de classes, le passage d'une critique globale et radicale à une critique ponctuelle peut être considéré comme une régression car il témoigne d'un déficit de prise en charge collective. De fait, il n'existe plus aujourd'hui de grande organisation politique qui soit en charge du malheur social. Longtemps, l'Église d'un côté, le parti communiste de l'autre ont constitué ces recours. Ils ont su, chacun à leur manière, écouter, canaliser ces sources de mécontentement et organiser des soutiens, impulser des revendications ou des luttes à travers lesquelles les plus malheureux se sentaient à la fois exprimés et défendus. Il n'en va plus de même aujourd'hui. Les difficultés qu'éprouvent les classes populaires à se reconnaître dans le parti dominant de la gauche tiennent en grande partie à ce que, pour elles, le PS fait figure de parti des gens heureux. L'essentiel de son électorat se situe en effet du côté des fractions les plus stables et les plus intellectuelles du salariat, celles qui se déclarent, dans l'enquête, les plus heureuses au travail.

Le fait est là, mais il ne doit pas conduire à la nostalgie. Tout bouge : les contours des classes sociales n'ont rien d'immuable. L'émergence de critiques individuelles rend par ailleurs possible la construction de mouvements collectifs.

---

1. Voir Éric Maurin, « Repenser l'égalité », *Le Monde*, 28 mai 2002.
2. Cf. Luc Boltanski, « La Dénonciation », in *Actes de la recherche en sciences sociales*, n°51, 1984.
3. Rien ne nous assure aujourd'hui du caractère irréversible de ce changement de point de vue.

L'opposition ouvrière au capitalisme dans sa phase fordienne s'accommodait implicitement de mauvaises conditions de travail et du monopole patronal sur l'organisation du travail. La dureté des conditions de travail était même souvent revendiquée comme une source de fierté et de dignité. Les risques étaient aussi déniés et bravés. Cette acceptation implicite du « mauvais travail » explique en partie la lenteur de l'amélioration des conditions de travail comparée au rythme rapide de la croissance économique pendant les Trente Glorieuses. Les bases économiques et sociales de cette résignation ont peu à peu disparu : la féminisation de la population active et la transformation des rapports de genre ont progressivement sapé les fondements matériels du culte de la *virilité* au travail. L'expansion des qualifications intellectuelles a offert de nouveaux supports à l'expression des compétences et de la dignité des travailleurs, et déclassé du même coup les vertus d'endurance au mal. Les nouvelles formes d'organisation du travail réclamant des salariés un investissement plus intense rendent également plus difficiles les attitudes de retrait : or, la mise à distance du travail et celle de la souffrance au travail allaient souvent de pair. L'incertitude des carrières et la difficulté croissante de faire confiance à son entreprise pour assurer son avenir contribuent à rendre sensibles les risques de s'user au travail. L'individualisation des plaintes et le registre souvent psychologique de leur expression traduisent de nouvelles exigences en matière de qualité du travail en même temps qu'ils révèlent le caractère encore embryonnaire d'une cause et d'un collectif susceptibles de la porter.

Il serait également erroné d'opposer une résistance collective centrée sur des attitudes de retrait à une poussière de plaintes et de souffrances individuelles. L'objectivation des conditions de travail est au contraire souvent au cœur des mobilisations collectives de groupes ou de catégories professionnelles. Les enquêtes statistiques montrent comment la perception que se font de leurs conditions de travail les policiers, les cheminots, les infirmières a brutalement changé suite à d'intenses luttes sociales. Plus récemment les gendarmes, les agriculteurs, les médecins ont mis en avant leurs problèmes de conditions et de charges de travail.

IV

Un excès de souffrance appelle un exutoire. La souffrance devenant de moins en moins supportable, un des exutoires possibles consiste à chercher et à trouver des boucs émissaires dans la sphère économique ou sociale. Damien Cartron[1] montre comment, dans les entreprises réorganisées, les travailleurs soumis à une très forte pression, échouant à trouver des causes précises à leur malheur, l'attribuent à des forces obscures et impossibles à maîtriser : la mondialisation, les lois économiques, etc.

Mais nos résultats montrent que la souffrance qui s'exprime s'accompagne de l'émergence d'une conscience plus aiguë de la réalité du travail et des conditions de travail. Les bases intellectuelles d'une intervention des travailleurs sur leur travail sont alors réunies, même si les rapports de force qui permettraient une transformation effective sont défavorables. Cette visibilité du travail aux yeux des travailleurs eux-mêmes est un phénomène nouveau dans la société française. Il est potentiellement d'une grande portée dans la mesure où les transformations du travail ne peuvent pas être décidées d'en haut : elles appellent l'intervention éclairée et tenace des acteurs de première ligne.

Nous assistons, en fait, à ce que Boltanski et Chiapello pourraient appeler les prémices d'un réarmement de la « critique artiste » au niveau des travailleurs eux-mêmes[2]. Ces auteurs distinguent la critique artiste de la critique sociale. La première, fondée sur l'indignation, s'en prend à l'oppression, au désenchantement et à la perte de sens qui caractérisent le monde bourgeois associé à la montée du capitalisme. La seconde, sociale, inspirée des socialistes et des marxistes, s'en prend, elle, aux mécanismes de l'exploitation, à l'inégalité des richesses, à l'égoïsme des intérêts particuliers et à la misère croissante des classes populaires.

La distinction entre ces deux formes de critique est analytique. À l'origine portée par des artistes (Flaubert, Baudelaire, Manet...), la critique artiste a été reprise par des philosophes, des sociologues, des économistes, des moralistes, des hommes politiques, des mouvements religieux. Elle porte, au nom d'une idée morale de l'homme,

1. Damien Cartron, *Excès de vitesse. Les effets de l'intensification sur les pénibilités et les risques,* Centre d'études de l'emploi, 2000.

2. Luc Boltanski et Ève Chiapello, *op. cit.*, p. 83 *sq.*

sur la défense de l'intégrité du corps et de l'esprit du travailleur. Elle dénonce la perte de sens, les mutilations, les violences et les souffrances, physiques et morales, que le travail inflige aux individus. Simone Weil, Hannah Arendt, Georges Friedmann, Pierre Naville, André Gorz sont, entre autres, des représentants éminents de cette tradition critique.

Mais cette dénonciation débouche aussi sur une mise en cause de l'injustice, et peut donc rencontrer la critique sociale. Inversement, le mouvement ouvrier, au-delà des revendications de justice distributive, a maintes fois dénoncé les mauvaises conditions d'existence et de genre de vie imposées aux travailleurs. Rares ont cependant été dans l'histoire les acteurs sociaux qui ont porté simultanément ces deux formes de critique. En 1968 et après, les tenants de revendications dites qualitatives se sont durablement opposés à l'orthodoxie des revendications strictement quantitatives. Le nouveau management a, dans les décennies suivantes, récupéré, en l'isolant, la critique artiste exprimée en 68 et s'en est servie comme d'une arme dirigée contre la critique sociale.

L'expression de la souffrance ne constitue pas, en elle-même, une critique constituée. Mais les plaintes individuelles peuvent être « montées en généralité » grâce au soutien du discours des experts, ergonomes, psychologues, médecins du travail, susceptibles d'apporter des connaissances à des personnels désormais mieux à même de s'en emparer. La revendication d'un travail soutenable est celle d'un travail qui permettrait à chacun de rester lui-même. La souffrance engendrée par des mauvaises conditions de travail peut ainsi conduire à poser la question du sens du travail. Le souci de permettre à chacun de construire des conditions de travail qui lui conviennent permet de poser la question de l'autonomie réelle, et non seulement formelle, dans le travail. D'autant plus que même lorsqu'ils prônent l'épanouissement et la créativité, les nouveaux managers contraignent l'activité, à travers le perfectionnement des contrôles et l'intensité du travail.

Cette critique artiste risque cependant d'être récupérée si elle n'est pas étayée par la critique sociale, c'est-à-dire la remise en cause des inégalités et des rapports de classe. Mais l'effondrement des idéologies qui soutenaient cette critique et les transformations brutales de la condition ouvrière font que les porteurs traditionnels de la critique sociale expriment, aujourd'hui – leurs réponses à l'enquête le confirment –, des sentiments d'impuissance et de honte plus que l'espoir de changements.

La critique artiste et la critique sociale proposent des interprétations différentes de cette souffrance au travail qui s'exprime à travers les réponses à notre enquête. Les tenants de la première mettent en avant que les mauvaises conditions de travail menacent l'intégrité des personnes. C'est ainsi que le travail empêcherait les travailleurs de rester eux-mêmes alors qu'il exige l'engagement personnel de chacun. Les tenants de la deuxième insistent sur le fait que la relation d'emploi est, par son déséquilibre même, une source de souffrance. La rémunération ne serait jamais à la hauteur du don involontaire de soi qu'exige le travail, et l'insécurité de l'emploi ferait obstacle à la pérennité de l'identité personnelle au travail. Ces deux analyses du malaise au travail suggèrent deux voies différentes de sortie : faire en sorte que les individus soient davantage maîtres de leur travail ; inventer des statuts qui sécurisent la relation d'emploi. Pour filer la métaphore spatiale que suggèrent nos représentations graphiques, on peut, pour fuir le nord-est, carré des souffrances, faire cap au nord-ouest, favoriser l'investissement heureux dans le travail : c'est la voie de la critique artiste ; on peut aussi s'orienter vers le sud-ouest, restaurer l'équité de la relation d'emploi : c'est la voie que propose la critique sociale.

La recherche de l'épanouissement est-elle contradictoire avec celle de l'équité ? Un emploi sûr s'oppose-t-il à un travail enrichissant ? La critique artiste peut-elle rejoindre la critique sociale ? Une telle conjonction n'est certes pas assurée, mais nous pensons qu'elle est possible : les souffrances qui sont le moteur de l'une et l'autre critique sont pour une part les mêmes ; l'évolution économique propose à la critique artiste et à la critique sociale des objets communs sur lesquels s'exercer ; des forces sociales existent, susceptibles de soutenir simultanément les deux formes de critique.

En quelques années, l'intensification du travail est passée du statut d'idée ringarde ou farfelue à celui d'idée reçue. Or, l'intensité du travail est une notion qui intéresse aussi bien la critique sociale que la critique artiste : elle est un élément du taux d'exploitation ; elle comprime le travail et limite les possibilités qu'a le travailleur d'inventer librement sa propre activité. De même, des luttes sociales récentes, bien que parcellaires, ont montré combien la notion de précarité pouvait fédérer des revendications tenant aux statuts ou aux carrières salariales, mais aussi au contenu de certains emplois, comme ceux de la restauration rapide, qui sont précaires de fait et non de droit, car les conditions de travail qu'ils proposent ne sont pas soutenables.

Ces convergences conceptuelles seraient de peu d'importance si les tenants de la critique artiste et de la critique sociale devaient rester séparés.

La critique artiste a été portée par les ouvriers de métiers au commencement de la taylorisation. Mais pendant la période d'expansion du taylorisme et du fordisme, elle a surtout été développée par des intellectuels au nom du peuple : Simone Weil, Georges Friedmann, Pierre Naville, nous l'avons dit, parmi tant d'autres. C'est tardivement, au moment où le fordisme amorçait son déclin, que cette critique s'est vulgarisée avant d'être récupérée.

Aujourd'hui, la critique artiste peut être impulsée par ce que nous appellerons le peuple intellectuel. En raison de l'élévation du niveau de formation, de plus en plus nombreux sont ceux qui peuvent s'emparer des divers discours philosophiques, sociologiques, psychologiques, économiques ou ergonomiques, les soumettre à l'examen, voire les produire eux-mêmes. Ces publics accoutumés à s'informer, à analyser et à s'exprimer ne sont plus, de nos jours, des privilégiés du capital culturel. Ils sont au contraire constitués d'une large masse d'individus qui, pour certains d'entre eux au moins, sont exposés à la souffrance dans leur travail et sont loin d'occuper une position dominante sur l'échelle sociale.

Pierre Bourdieu a fréquemment souligné que le cumul d'un capital culturel élevé et d'une position de porte-à-faux social était susceptible d'engendrer des formes inédites d'intervention politique et sociale. La prise en compte des souffrances individuelles dans la définition d'une nouvelle cause commune pourrait déterminer de nouvelles lignes de mobilisation, de nouvelles alliances, de nouveaux clivages sociaux. Critique artiste et critique sociale pourraient alors converger. La lenteur de la construction, en son temps, du groupe ouvrier incite à penser qu'un tel processus ne saurait s'affirmer que sur le long terme.

Quoi qu'il en soit, et même s'il est erroné de parler de dégradation linéaire du travail (le taylorisme n'a pas de quoi susciter la nostalgie), il est difficile d'imaginer que les évolutions actuelles du travail et de l'emploi puissent se poursuivre sans provoquer de conflits majeurs – luttes sociales, crises politiques et drames personnels. Pas plus que les structures, les personnes ne sont flexibles et malléables à l'infini. C'est pourquoi la souffrance au travail appelle de nouvelles formes d'action d'acteurs individuels au profil nouveau et l'émergence de nouveaux acteurs collectifs. Faute de quoi, non seulement la joie au travail demeurera l'oiseau rare, mais le travail redeviendra, pour un nombre croissant d'entre nous, une malédiction.

ANNEXES

Questionnaire de l'enquête

1 **La personne Kish est-elle présente pour répondre au questionnaire ?**

1. Oui 1
2. Non 2

PREKISH

↘ *Si **OUI**, continuer question suivante*

↘ *Si **NON**, l'enquêteur prendra rendez-vous avec la personne Kish pour pouvoir l'interroger lors d'une seconde visite.*

2 **Qu'est-ce qui pour vous est le plus important pour être heureux ?**

- *Question ouverte. Chaque mot sera pris en compte.*

HEUREU

3 **Voici une liste de qualités :**

→ *(cf. CARTE 20)*

Pouvez-vous en citer 4 au maximum *(sans ordre d'importance)* **qui vous paraissent les plus souhaitables dans la vie en général :**

	QUALIT1	QUALIT2	QUALIT3	QUALIT4
01. Sérieux	01	01	01	01
02. Sens de l'effort	02	02	02	02
03. Honnêteté	03	03	03	03
04. Dynamisme	04	04	04	04
05. Culture	05	05	05	05
06. Humour	06	06	06	06
07. Joie de vivre	07	07	07	07
08. Ouverture d'esprit	08	08	08	08
09. Intelligence	09	09	09	09
10. Compétence	10	10	10	10

Activité du Kish

➤ ***L'enquêteur : reporte** les variables **OCCUPA, STATUT** et **NATEMPL** (pages 4 et 5 - tableau composition du ménage) de la personne Kish*

OCCUPA1 STATUT1 NATEMPL1

➤ ***entoure** les modalités des différentes variables dans le tableau ci-dessous pour connaître la partie qui concerne l'enquêté*

OCCUPA1	STATUT1	NATEMPL1	ACTIVITÉ DU KISH	ALLER À LA PARTIE	PAGE
1	1, 2, 3, 4, 5, 6, 7	5, 6 ou zone à blanc	**Actif salarié**	1	38
1	1, 2, 3 ou 4	1, 2, 3 ou 4	**Actif temporaire** *(ex. CDD)*	2	49
2	*Admet toutes les valeurs*	*Admet toutes les valeurs*	**Chômeur**	3	59
5 ou 6	*Admet toutes les valeurs*	*Admet toutes les valeurs*	**Retraité**	4	67
7	*Admet toutes les valeurs*	*Admet toutes les valeurs*	**Personne au foyer**	5	73

➤ ***et reporte** la partie qui concerne l'enquêté :*

QUEST

1 - QUESTIONNAIRE ACTIFS

(Salariés sous contrat à durée indéterminée ou indépendant)

***On parle de votre emploi actuel** (principal).*

1 **Voici une série d'expressions.**
Pouvez-vous me dire pour chacune si elle décrit bien votre situation professionnelle actuelle ? F52
→ *(cf. CARTE 21)*

	OUI	NON	
une équipe	1	2	EQUIP
une galère	1	2	GALER
une jungle	1	2	JUNGL
une passion	1	2	PASSI
une course d'obstacles	1	2	OBSTA
une impasse	1	2	VGARA
une routine	1	2	ROUTI
une aventure	1	2	AVENT

F53

2 **Si vous aviez le choix, quelle profession aimeriez-vous exercer ?**

PROFAIM

3 **Les aspects suivants du travail en général, vous semblent-ils importants ?**
→ *(cf. CARTE 22)*

	OUI	NON	
1. Sortir de chez soi	1	2	ASPECx
2. Rencontrer des gens	1	2	
3. Avoir un revenu	1	2	
4. Se sentir utile	1	2	
5. Avoir des horaires qui laissent du temps pour soi et pour sa famille	1	2	
6. Avoir une grande liberté dans son travail	1	2	

4 **Quelle était la profession principale exercée par chacun de vos parents, leur statut et leur position professionnelle lorsqu'ils avaient votre âge ?**

- *Si l'un des parents était retraité, au chômage, ou décédé, donner sa dernière profession*

	Père	Mère
Profession	PROFP	PROFM
Statut professionnel → *Carte 23*	STAP	STAM
Grade *(si statut = 1, 2 ou 3)*	GRAD	GRAM
Position professionnelle de l'emploi (si statut =1, 2, 3 ou 4) → *Carte 24*	SCOLP	SCOLM

F54

5 **En quelle année avez-vous commencé à travailler dans l'entreprise ou la société où vous travaillez actuellement ?** .... 1 9 _ _ ANNCOM

6 **Quel nombre d'heures de travail effectuez-vous habituellement ?** .... _ _ _ ANBHEUR *par* S M A AFREQ

7 **Vos horaires de travail sont-ils :**

1. Les mêmes tous les jours 1
2. Alternants *(en 2 x 8, 3 x 8, équipes, brigades)*........ 2
3. Variables d'un jour à l'autre, déterminés par l'entreprise, vos responsables 3
4. Variables d'un jour à l'autre, déterminés par vous-même........ 4

AHORAIR

8 **Vous arrive-t-il de travailler :**

a) La nuit
1. Oui, plus de 50 nuits par an *(1 nuit par semaine ou plus)*........ 1
2. Oui, 50 nuits par an ou moins 2
3. Non .... 3 ANBNUIT

b) Le dimanche
1. Oui, plus de 12 dimanches par an *(1 sur 4 ou plus)*........ 1
2. Oui, 12 dimanches par an ou moins 2
3. Non .... 3 ANBDIM

c) Le samedi
1. Oui, plus de 12 samedis par an *(1 sur 4 ou plus)* 1
2. Oui, 12 samedis par an ou moins 2
3. Non .... 3 ANBSAM

9 **Vos horaires sont-ils pratiques ?**

1. Oui........ 1
2. Non 2

ACOMMOD

10 **Combien de temps par jour, mettez-vous pour aller et revenir de votre travail ?** *(y compris le temps d'attente des transports, ou les trajets pour accompagner les enfants à l'école ou sur leur lieu de garde)* .... *heures* _ ATRAJH *minutes* _ _ ATRAJM

- *Coder 0 - 00 si travail à domicile et 8 - 88 si circuit.*

11 **Combien de semaines de congés avez-vous par an ?**........ _ _ ANBCONG

- *Coder 88 si % du salaire*

12 **Pouvez-vous interrompre votre travail comme vous voulez, pour vous détendre ?** *(par exemple pour boire un café, donner un coup de fil, discuter avec des collègues)*

0. Jamais........ 0
1. Très rarement 1
2. A certains moments de la journée........ 2
3. A n'importe quel moment 3

AINTERR

13 **Devez-vous travailler à un rythme élevé ?**

1. Tout le temps 1
2. Plus de la moitié du temps 2
3. Environ la moitiié du temps........ 3
4. Moins de la moitié du temps 4
5. Jamais........ 5

ACADENC

14 **Pouvez-vous choisir :**

	OUI	NON	
- l'ordre de vos tâches	1	2	AORDRE
- votre rythme de travail	1	2	ARYTHM

15 **Une erreur de votre part pourrait-elle avoir des conséquences graves :**

	OUI	NON	
- sur la qualité du produit ou du service	1	2	AERREU1
- sur les coûts financiers	1	2	AERREU2
- sur la sécurité	1	2	AERREU3

16 **Votre travail est-il évalué :**

	OUI	NON	SANS OBJET *(indépendant)*	
1. Par des entretiens d'évaluation	1	2	0	
2. Par une notation	1	2	0	
3. Sur des critères mesurables *(chiffres d'affaires, quantité de pièces produites, ...)*	1	2	0	
4. Autres formes d'évaluation	1	2	0	AEVALUx

17 **Avez-vous des personnes sous votre responsabilité hiérarchique?**

1. Oui 1
2. Non 2

ARESPON

18 **Est-ce que votre travail vous expose :**

	OUI	NON	
1. À une tension nerveuse importante	1	2	
2. À être trop "les uns sur les autres"	1	2	
3. À des bruits qui vous empêchent d'entendre normalement les autres personnes qui vous parlent à deux ou trois mètres de distance	1	2	
4. Au froid, à la chaleur *(en intérieur ou à l'extérieur)*, ou aux intempéries	1	2	
5. À la saleté	1	2	
6. À respirer ou être en contact avec des poussières, des fumées, des subtances dangereuses ou à des radiations	1	2	
7. À des postures ou des mouvements pénibles ou fatigants à la longue	1	2	
8. À des risques d'accidents graves	1	2	AEXPOSx

19 **Avez-vous le sentiment que ce travail :**

	OUI	NON	
- vous vieillit prématurément	1	2	ASENTI1
- vous permet de rester dans le coup	1	2	ASENTI2

20 **Utilisez-vous personnellement un ordinateur dans votre travail ?**

1. Oui 1
2. Non 2

AORDINA

21 **Par rapport à il y a cinq ans, votre travail s'est-il :**

1. Dégradé 1
2. Resté identique 2
3. Amélioré 3
4. Vous n'avez pas assez d'ancienneté pour juger 4

AEVOLU

F55

22 **Avez-vous connu une ou des périodes de chômage depuis la fin de vos études ?**

1. Oui 1
2. Non, jamais .... 2 → **26**

ACHOMA

23 **Si oui, quelle a été la durée de votre plus longue période de chômage ?** .... ADURCHO | S | M | A | ADURFREQ

24 **Quelle a été la durée totale de vos périodes de chômage ?** .... ATOTCHO | S | M | A | ATOTFREQ

25 **Au cours d'une période de chômage :**

	OUI	NON
1. Avez-vous consacré plus de temps à vos proches *(famille, enfants, amis)* ?	1	2
2. Avez-vous amélioré votre formation ?	1	2
3. Avez-vous entrepris des activités que vous aviez envie de faire ?	1	2

AAUCHOx

➤ *Filtre enquêteur :*
a) Si l'enquêté est salarié, poser la question sur le risque de perte d'emploi et de possibilité de promotion.

b) Si l'enquêté est indépendant, poser la question sur la fermeture ou l'agrandissement de l'entreprise (en italiques).

26 Pour vous, au cours de l'année qui vient :	À peu près inexistant	Faible	Élevé	Très élevé	
Le risque de perdre votre emploi *(ou de devoir fermer votre entreprise)* est-il ?	1	2	3	4	APERDR
La possibilité d'avoir une promotion au sein de votre entreprise *(ou d'agrandir votre entreprise)* est-elle ?	1	2	3	4	APROMO

27 Si vous perdiez votre emploi actuel, retrouver un emploi au moins équivalent serait-il pour vous :

1. Très facile 1
2. Plutôt facile 2
3. Plutôt difficile 3
4. Impossible 4

ARETROU

28 Quel est le revenu net provenant de votre activité professionnelle ? ....
(primes comprises)

- *au mois, ou à l'année, notez l'unité choisie*

|_|_|_|_|_|_| F *par* M | A

ASALAIR ASALFREQ

29 Compte tenu du travail que vous fournissez, diriez-vous que vous êtes :

1. Très bien payé 1
2. Plutôt bien payé 2
3. Normalement payé 3
4. Plutôt mal payé 4
5. Très mal payé 5

APAYE

30 Vous impliquez-vous dans votre travail professionnel ?

1. Peu 1
2. Juste ce qu'il faut .... 2 → 32
3. Beaucoup 3

AIMPLIQ

31 Pourquoi ?

		OUI	NON
Si "Peu" :	1. Par manque d'intérêt	1	2
	2. Parce que vous privilégiez votre vie privée	1	2
Si "Beaucoup" :	3. Pour gagner plus d'argent	1	2
	4. Parce que ça vous intéresse	1	2
	5. Parce que vous ne pouvez pas faire autrement	1	2

AIPOURQx

32 Seriez-vous ou auriez-vous été heureux que l'un(e) de vos enfants s'engage dans la même activité que vous ?

1. Oui 1
2. Non 2

AENFAN

33 Pourquoi ?

- *Question ouverte dont la réponse doit être recueillie littéralement*

F56

34 **Vous arrive-t-il de vous sentir dépassé, de ne pas avoir les compétences pour accomplir votre travail :**

1. Souvent 1
2. Parfois 2
3. Rarement 3
4. Jamais 4

ADEPASS

35 **Au cours des 6 derniers mois, avez-vous suivi une formation permanente, ou des stages**

1. Oui 1
2. Non 2

AFORMA1

36 **Avez-vous, au cours des 6 derniers mois, travaillé à la maison pour votre activité professionnelle ?**

	Non jamais	Rarement	Oui parfois	Oui souvent	
Le soir	0	1	2	3	AMAISS
Les jours de repos, le week-end	0	1	2	3	AMAISW
Pendant les vacances	0	1	2	3	AMAISV

37 **Si un travail en cours réclame de rester plus longtemps sur votre lieu de travail :**

1. Vous refusez 1
2. Vous le faites parce que vous êtes obligé 2
3. Vous le faites parce que vous allez récupérer ou serez payé en heures supplémentaires 3
4. Vous le faites de plein gré 4

ARESTER

38 **Selon vous, la profession que vous exercez est-elle, en dehors de votre milieu professionnel :**

1. Généralement bien vue 1
2. Appréciée par les uns, critiquée par les autres 2
3. Plutôt mal vue 3
4. Pas connue 4

AVUE

F57

39 **Vous arrive-t-il d'éprouver dans votre travail :**
→ *(cf. CARTE 25)*

	OUI	NON	
1. La fierté du travail bien fait	1	2	POSITx
2. L'impression d'être reconnu à votre juste valeur	1	2	
3. L'impression de faire quelque chose d'utile aux autres	1	2	

40 **Vous arrive-t-il au contraire d'éprouver dans votre travail :**
→ *(cf. CARTE 26)*

	OUI	NON	
1. Le sentiment d'être exploité	1	2	NEGATx
2. L'ennui	1	2	
3. L'impression que ce que vous faites, n'importe qui pourrait le faire	1	2	

41 **Je vais vous citer un certain nombre de situations, vous allez me dire si vous les rencontrez dans votre travail :**
→ *(cf. CARTE 27)*

	OUI		NON		
	et vous l'appréciez	mais vous pourriez vous en passer	et vous le regrettez	et ça ne vous gêne pas	
1. Travailler dans une équipe qui s'entend bien	1	2	3	4	SITUATx
2. Avoir du pouvoir	1	2	3	4	
3. Faire des choses qui restent	1	2	3	4	
4. Etre écouté	1	2	3	4	
5. Travailler à l'extérieur en contact avec la nature	1	2	3	4	

42 **Vous arrive-t-il d'avoir des relations difficiles avec certains de :**
→ *(cf. CARTE 28)*

	OUI	NON	
1. Vos chefs	1	2	DIFFICx
2. Vos subordonnés	1	2	
3. Vos autres collègues	1	2	
4. Le public, les clients et en général les personnes extérieures à l'entreprise	1	2	

43 **Parmi vos amis, y a-t-il des collègues ou des anciens collègues de travail ?**

1. Oui	1	
2. Non	2	
0. Sans objet, pas de collègues	0	AMIH

44 **Vous retrouvez-vous parfois, avec des collègues en dehors de votre travail ?**

1. Oui, dans le cadre professionnel *(comité d'entreprise, association, ..)*	1	
2. Oui, en dehors de tout cadre professionnel	2	
3. Non	3	
0. Sans objet, pas de collègues	0	AMIF

F58

↘ *Si l'enquêté a un emploi à temps partiel : NATEMPL = 6*
poser la question **45** *sinon aller à la question* **48**

45 **Avez-vous des emplois complémentaires ?**

1. Oui, et vous travaillez au moins 39 heures par semaine .... 1 → **48**
2. Oui, mais moins de 39 heures par semaine 2
3. Non 3

ACOMPLEM

46 **Actuellement, souhaitez-vous travailler davantage ?**

1. Oui à temps plein .... 1 → **48**
2. Oui sans aller jusqu'au temps plein 2
3. Non 3

ADAVANT

47 **Pourquoi préférez-vous un temps partiel à un temps plein ?**

1. Pour vous occuper davantage de votre famille et de vos enfants 1
2. Pour des raisons de santé 2
3. Pour vous livrer à d'autres activités 3

ATMPART

48 **Au cours des 6 derniers mois, des tensions ont-elles été provoquées avec votre famille ou votre entourage, parce que vous vous consacriez trop à votre travail ?**

1. Oui 1
2. Non 2

ATRTARD

49 **La semaine dernière, avez-vous parlé avec vos proches de votre travail ?**

1. Oui, un peu 1
2. Oui, beaucoup 2
3. Non, pas du tout .... 3 → **51**

APARLPRO

50 **Si oui, de quel aspect ?**

	OUI	NON	
De la fatigue du travail	1	2	AFATI
De l'avenir de votre emploi	1	2	AAVEN
Du salaire	1	2	ASALA
Des rapports avec vos collègues	1	2	ARAPP
Du contenu de votre travail *(intérêt, difficultés, résultats)*	1	2	ACONT

51 **Le premier jour de la semaine :**

1. Vous n'avez pas le moral 1
2. Vous êtes plutôt content 2
3. C'est un jour comme les autres 3
4. C'est le jour le plus dur 4

APRJOUR

52 **Parmi vos activités extra-professionnelles régulières, quelles sont celles qui vous apportent le plus de satisfaction ?** **F59**

Nom de l'activité *Inscrire en clair*	Code *(cf. CARTE 29)*	Combien de temps passez-vous à cette activité ? en : jours ou heures/minutes par J = jour S = semaine M = mois A = année	Vous exercez cette activité ? 1. Dans une association 2. Hors association, mais en groupe 3. Seul
ACTIVx	CODACTx	JOURx HEURx MINx FREQx	EXERx
	⊔⊔	⊔⊔ *Jours* **OU** ⊔⊔ *Heures* ⊔⊔ *Minutes* *par* J S M A	⊔
	⊔⊔	⊔⊔ *Jours* **OU** ⊔⊔ *Heures* ⊔⊔ *Minutes* *par* J S M A	⊔
	⊔⊔	⊔⊔ *Jours* **OU** ⊔⊔ *Heures* ⊔⊔ *Minutes* *par* J S M A	⊔
	⊔⊔	⊔⊔ *Jours* **OU** ⊔⊔ *Heures* ⊔⊔ *Minutes* *par* J S M A	⊔

53 **Faites-vous partie d'une :**
→ *(cf. CARTE 30)*

	1. Oui / 2. Non	Quel est votre degré de participation 1. Simple adhérent 2. Participant actif 3. Vous avez une responsabilité
	ASSOCx	DEGREx
	OUI NON	
1. Association ou d'un club sportif ?	1 2	1 2 3
2. Groupement syndical ou professionnel *(associations des anciens d'une entreprise, anciens élèves, ...)* ?	1 2	1 2 3
3. Association culturelle ou musicale ?	1 2	1 2 3
4. Association de parents d'élèves ?	1 2	1 2 3
5. Association à but humanitaire, groupe religieux, groupement ou club politique ?	1 2	1 2 3
6. Association de locataires, de propriétaires, ou syndicat de copropriétaires ?	1 2	1 2 3
7. Autres catégories d'association ?	1 2	1 2 3

54 **Quelle est votre situation actuelle vis-à-vis de la religion ?**
Vous avez :

	RELIG
1. Ni sentiment d'appartenance ni pratique	1
2. Un sentiment d'appartenance sans pratique	2
3. A la fois sentiment d'appartenance et pratique	3
9. Ne sait pas ou ne veut pas répondre	9

F60

55 **Y a-t-il des activités que vous aimeriez faire ou faire davantage, mais que vous ne pouvez pas faire à cause de votre travail ?**

1. Oui 1
2. Non .... 2 → 57

AACTAIM

56 **Si oui, lesquelles ?**

AACTLESQ

57 **Au travail, avez-vous l'occasion de faire des choses qui vous plaisent et que vous ne pourriez pas faire ailleurs ?**

1. Oui 1
2. Non .... 2 ➤ *filtre enquêteur*

AOCCAS

58 **Si oui, lesquelles ?**

AOCCLESQ

➤ *Filtre enquêteur :*

Si l'enquêté a 50 ans ou plus (né en 1946 ou avant), poser la question **59** *, sinon passer directement à la question* **60**

59 **Quand vous pensez à votre retraite, les propositions suivantes expriment-elles votre point de vue ?**

→ *(cf. CARTE 31)*

	OUI	NON	
1. Un repos bien mérité	1	2	ARETRAIx
2. Une période où l'on risque de s'ennuyer	1	2	
3. L'occasion de commencer de nouvelles activités ou de faire ce qu'on n'avait pas eu le temps de faire	1	2	
4. Une période où l'on risque de souffrir de solitude	1	2	
5. Une période où l'on se sent inutile	1	2	

60 **Finalement dans votre travail qu'est-ce qui l'emporte ?**

1. Les motifs de satisfaction 1
2. Les motifs d'insatisfaction 2
3. Les uns et les autres s'équilibrent à peu près 3

AEMPORT

➤ *Filtre enquêteur :*
a) Si l'enquêté est un homme, la situation professionnelle à prendre en considération sera celle du père.

b) Si l'enquêté est une femme, la situation professionnelle à prendre en considération sera celle de la mère.

61 **Et globalement, pensez-vous que votre situation professionnelle est :**

1. Meilleure que celle de votre père/mère lorsqu'il/elle avait votre âge 1
2. Equivalente 2
3. Moins bonne 3
4. Je n'arrive pas à comparer 4
0. Sans objet *(père/mère pas connus)* .... 0 → F90

ASITUATP

62 **Pourquoi ?**

ARAIS

F90

➤ *Question enquêteur :*

Quelles étaient les personnes présentes lors de l'interview ?

	OUI	NON
1. Conjoint	1	2
2. Enfants	1	2
3. Père/mère	1	2
4. Collègues	1	2
5. Autres	1	2

PERSPREx

FIN DU QUESTIONNAIRE

Table des matières

DEUXIÈME PARTIE

LE BONHEUR DES UNS
ET LE MALHEUR DES AUTRES

TROISIÈME PARTIE

RÉSISTANCES COLLECTIVES,
SOUFFRANCES INDIVIDUELLES

Ouvrage réalisé en Plantin et Rotis
par Dominique Guillaumin, Paris.

Ouvrage imprimé en France
par JOUVE

pour le compte des Éditions Fayard, en juin 2011

N° d'édition : 681868U

Dépôt légal : octobre 2008
35-57-1705-9/07